dictionnaire de la mythologie grecque et romaine

LES DICTIONNAIRES DE L'HOMME DU XXe SIÈCLE

Joël SCHMIDT

dictionnaire
de la mythologie
grecque et romaine

LIBRAIRIE LAROUSSE - PARIS

17, rue du Montparnasse, Paris VIe

ISBN 2-03-701014-1

INTRODUCTION

Les mythologies sont généralement inséparables des religions antiques; elles leur confèrent la force de séduction, l'originalité et la gravité indispensables à leur développement et à leur épanouissement; elles enrichissent le culte; elles dispensent enfin au sacré un essentiel élément de crainte.

La mythologie des Grecs et des Romains demeure assurément, pour nous Occidentaux, plus attachante que n'importe quelle autre. Elle apparaît, il est vrai, bien souvent, pour les profanes, quelque peu rebutante et même barbare. On hésite à pénétrer dans son univers de dieux, de héros, de récits épiques et mythiques, qui paraît abstrait, lointain, et figé par la nuit des temps et de l'archéologie, d'où seuls les érudits et les spécialistes peuvent le faire jaillir.

Redonner à la mythologie ses lettres de noblesse, dégager les dieux, les héros, les épopées et les légendes de la fausse obscurité où les a plongés la méfiance du grand public, tels sont les buts et l'ambition de ce dictionnaire. Il ne prétend certes pas donner une idée exhaustive de la mythologie; il n'entend pas interpréter les mythes et dégager leur symbolique; il se défend d'aborder les problèmes des doctrines et des cultes religieux. Aussi un choix parfois délicat a dû être fait, des omissions volontaires apportées dans le corps des articles, mais toujours avec le souci de clarifier et de simplifier, et avec la préoccupation constante de montrer au lecteur que la mythologie n'est pas seulement une des sources de la religion gréco-romaine, mais également l'expression d'une Pensée à la fois vivante et universelle, uchronique et utopique, dont l'homme antique a pu, et dont l'homme moderne peut encore tirer profit.

La mythologie des Grecs et des Romains reste toujours vivante, parce qu'elle est proche de l'humain. On verra que les grands dieux grecs et romains, dont cet ouvrage tente de donner un aperçu aussi complet que possible, ne sont pas des entités abstraites, mais des êtres doués de vie, de qualités et de défauts, peu différents du commun; leur immortalité même, loin de les écarter du monde des mortels, leur assure, au contraire, une valeur d'exemples et de continuelles références; enfin, à travers l'anthropomorphisme des dieux de l'Antiquité, à travers le visible charnel, on perçoit plus aisément l'invisible sacré.

Vivante encore, parce qu'elle met en scène des héros dont les souffrances morales ou physiques, les doutes et les angoisses métaphysiques devant la Mort, l'Amour et le Destin nous touchent et même continuent à nous concerner. On pourra lire dans cet ouvrage la vie des principaux héros de la mythologie, leurs voyages, leurs périples, les dangers qu'ils ont dû affronter et surmonter; on pourra suivre le déchaînement des passions de ces êtres exceptionnels, auxquels, bien souvent, une origine divine donne un puissant relief. A travers l'histoire de ces héros, on participe sans retenue à l'exaltation du courage, à cette « vertu » classique qui continue à façonner peu ou prou la conscience occidentale. Tous ces dieux et tous ces héros sont également la figuration de mythes très anciens qui nous retracent sous forme de légendes ou de contes l'histoire des inventions (Talos et la scie), celle des premières cultures (Triptolème et Déméter pour le blé, Dionysos pour le vin), celle des premières découvertes, et donnent une explication imagée et attrayante à tous les phénomènes naturels dont le sol de la Grèce et de l'Italie était souvent le théâtre.

Ainsi la mythologie gréco-romaine a fondé en quelque sorte les thèmes que, par la suite, la littérature, la morale, les sociétés humaines, et parfois les sciences ont repris et développés. C'est pourquoi nous avons cru essentiel d'accorder une place à des mots comme *amitié*, *création*, *naissance*, *mort*, *déluge*, etc. A ces mots nous avons joint également les noms des principaux pays, villes, fleuves, sources, montagnes: les légendes mythologiques prennent ainsi une valeur d'autant plus efficace et plus réelle qu'elles peuvent être confrontées aujourd'hui encore avec la géographie et avec l'histoire.

Que la mythologie soit chose mouvante, changeante et complexe, c'est un fait. Le tableau des principales sources littéraires de la mythologie que nous avons joint au dictionnaire nous montre, en effet, tout ce que la mythologie doit au développement des littératures grecque et latine. Depuis *l'Iliade* et *l'Odyssée* d'Homère, rédigées au VIII⁰ siècle avant Jésus-Christ, jusqu'à Ovide et Sénèque, plus de dix siècles se sont écoulés. La mythologie a pu être ainsi continuellement remaniée, modifiée, adaptée aux goûts et aux mœurs des temps successifs de l'histoire par les poètes, les tragiques et les historiens. A Homère, dont l'œuvre déborde de vie, a succédé Hésiode, qui, tel un juriste ou un classique, semblable à ce que furent Malherbe et Boileau au XVII⁰ siècle après la grande tempête littéraire du XVI⁰ siècle, a remis quelque ordre dans les généalogies des dieux et dans l'énoncé et la codification des mythes. Puis à la fin du VI⁰ siècle est apparue la tragédie grecque, qui a largement puisé son inspiration, ses sujets et son langage dans la mythologie. Des tragiques comme Eschyle, Sophocle et Euripide ont repris les mythes vieillis par les ans. Ils ont rajeuni et transformé les dieux et les héros des grandes familles légendaires et royales de la Grèce et leur ont donné une convaincante force de vie dans de nouvelles versions auxquelles ce dictionnaire s'est, la plupart du temps, conformé tant dans le corps des articles que dans les tableaux généalogiques. Notons encore qu'afin d'éviter toute surcharge du texte nous nous sommes abstenus d'indiquer, en cours d'article, les renvois possibles à d'autres noms. Le lecteur, s'il le juge nécessaire, aura toujours la possibilité de les faire de lui-même.

Avec l'effacement de la Grèce au II⁰ siècle et la prédominance sans cesse accrue de Rome, la mythologie grecque s'est latinisée. Les Romains, il est vrai, continuèrent d'adorer leurs dieux locaux sous leur nom d'origine — on trouvera à ce propos des articles sur les principales divinités italiques —, mais ils finirent par assimiler leurs principaux dieux à ceux des Grecs. Virgile, dans l'*Énéide*, s'est plu à raconter l'histoire d'Énée, héros national romain, tout comme Homère relatait huit siècles auparavant les aventures d'Ulysse, héros national grec. Ovide, dans *les Métamorphoses*, et bien d'autres poètes latins ont adapté à l'éthique et à l'esthétique purement latines de nombreuses légendes grecques. C'est à leur tradition que nous nous sommes en partie plié. Sénèque, enfin, a emprunté le sujet de ses tragédies aux grands récits mythologiques en les utilisant librement pour en tirer des effets de morale pratique.

Ce simple et trop court survol des littératures antiques gréco-romaines tend essentiellement à prouver que la mythologie ne s'est pas fixée une fois pour toutes : bien souvent, on s'est efforcé d'offrir les différentes versions grecques et latines d'une même légende. Il est impossible, en outre, de passer sous silence l'influence des thèmes mythologiques sur la pensée littéraire du XVI⁰ siècle et du XVII⁰ siècle, sur des poètes comme Chénier, Leconte de Lisle ou Valéry, et, plus près de nous encore, sur Cocteau (le mythe d'Orphée). Souhaitons aussi que le lecteur s'aperçoive aisément qu'il existe des analogies troublantes entre certaines légendes antiques et les légendes ou contes de notre Occident : pensons, par exemple, à Héro et Léandre, préfiguration antique de Tristan et Iseut, à Cupidon et Psyché en face des mythes du Prince charmant, de la Belle et la Bête et de Cendrillon, à Pyrame et Thisbé annonçant Roméo et Juliette. Il serait enfin injuste de nier l'action de la mythologie sur les arts plastiques, antiques et modernes. Notons, cependant, que, pour des raisons d'homogénéité entre l'image et le récit, nous n'avons fait appel, pour illustrer ce dictionnaire, qu'à des documents anciens, pour la plupart œuvres et chefs-d'œuvre de l'art gréco-romain. Puisse, en définitive, le lecteur découvrir dans ce dictionnaire que la mythologie est la traduction vivace et sans cesse renouvelée des grands principes collectifs qui gouvernent l'humanité par-delà le temps et l'espace.

Joël SCHMIDT.

INDEX DES NOMS FIGURANT DANS LES TABLEAUX GÉNÉALOGIQUES

Dans cet index, limité volontairement, le lecteur ne trouvera que les noms des principaux personnages (héros et divinités) qui figurent dans les tableaux généalogiques, annexés à un certain nombre d'articles.

noms	v. tableau à :	noms	v. tableau à :
Abas	Persée	Asopos	Achille
Acamas	Phèdre	Atalante	Athamas
Achille	Achille	Athamas	Athamas
—	Hélène	—	Cadmos
Acrisios	Persée	—	Deucalion
Actéon	Cadmos	Athéna	dieux
Aéropé	Atrides	Atlas	dieux
Æson	Jason	—	Prométhée
—	Salmonée	Atrée	Atrides
Æthra	Thésée	Autolycos	Ulysse
Agamemnon	Atrides	Autonoé	Cadmos
Agavé	Cadmos	Bellérophon	Sisyphe
Agénor	Io	Bélos	Persée
Alceste	Salmonée	Cadmos	Cadmos
Alcmène	Héraclès	—	Io
Amphitryon	Héraclès	—	Œdipe
Anchise	Énée	Callirhoé	Énée
—	Romulus	—	Troie
Androgée	Atrides	Capys	Énée
Andromède	Héraclès	Cassandre	Troie
—	Persée	Castor	Hélène
Anticlée	Ulysse	Cécrops	Thésée
Antigone	Œdipe	Céphale	Ulysse
Aphrodite	dieux	Chioné	Ulysse
—	Énée	Cilix	Io
—	Romulus	Circé	Ulysse
Apollon	dieux	Clyméné	dieux
Arès	dieux	—	Prométhée
Ariane	Atrides	Clytemnestre	Atrides
—	Phèdre	—	Hélène
Aristée	Cadmos	Créon	Œdipe
Artémis	dieux	Créthée	Deucalion
Ascagne	Énée	—	Jason
—	Romulus	—	Salmonée
Asclépios	dieux	Créüse (1)	Deucalion

8

INDEX DES NOMS FIGURANT DANS LES TABLEAUX GÉNÉALOGIQUES

cartes : LA GRÈCE ANTIQUE, LE LATIUM, v. pp. 176 et 177.

ABAS. 1° Petit-fils de Danaos, fils de Lyncée et d'Hypermnestre, grand-père de Danaé, mère de Persée, Abas, douzième roi d'Argos, compte donc, autant parmi ses ancêtres que chez ses descendants, maints héros célèbres.
2° On connaît un autre **Abas**, éponyme des Abantiades, peuple de l'Eubée. Il passait pour être le fruit des amours de Poséidon et d'Aréthuse.

ABÉONA et **ADÉONA.** Divinités romaines qui président au voyage. Abéona est invoquée par ceux qui partent (*abire*); Adéona, par ceux qui reviennent (*adire*).

ABSYRTOS. Fils du roi de Colchide Aiétès, et frère de Médée, Absyrtos eut un sort malheureux. Lorsque Médée prit la fuite avec Jason, elle l'enleva. Mais se voyant poursuivie par Aiétès, elle le tua, mit son corps en pièces et éparpilla ses membres sur la voie que suivait le roi de Colchide, afin que celui-ci, saisi d'horreur, renonçât à son entreprise.

ACADINE. Dans cette fontaine de Sicile, consacrée aux dieux paliques, on jetait des tablettes sur lesquelles étaient inscrits des serments. Selon qu'elles s'enfonçaient ou surnageaient, les serments étaient sincères ou menteurs.

ACAMAS. Trois héros portent ce nom. L'un, fils de Thésée et de Phèdre, fut envoyé auprès des Troyens, afin de réclamer Hélène, enlevée par Pâris. Au cours des négociations, qui se révélèrent infructueuses, Acamas séduisit Laodicé, une des filles de Priam, qui avait répondu favora-blement à ses avances. Peu avant la chute de Troie, il figura au nombre des huit héros qui s'installèrent dans le célèbre cheval et purent s'introduire traîtreusement dans la ville.
Un deuxième **Acamas**, fils d'Anténor et de Théano, se distingua pendant cette même guerre, mais fut finalement tué.
Le troisième **Acamas**, un Thrace, eut un sort analogue : il périt sous les coups d'Ajax.

ACARNAN. Ce fils d'Alcméon et de la nymphe Callirhoé était le petit-fils du célèbre devin thébain Amphiaraos. Son père ayant été tué par Phégée, il put, grâce à la protection de Zeus, grandir avec une rapidité surprenante et parvenir à la taille adulte en quelques mois. Ainsi, il vengea rapidement la mort de son père en assassinant le meurtrier, sa femme et ses enfants. Puis il trouva refuge en Épire, où il fonda, selon Ovide, l'État d'Acarnanie.

ACASTE. L'un des héros de l'expédition des Argonautes, Acaste succéda à son père Pélias, roi d'Iolcos, qui avait été tué par ses filles sur le conseil perfide de Médée. Pour honorer les mânes de son défunt père, Acaste voulut immoler une des parricides; mais Héraclès la lui ravit. Par la suite, Pélée, qui était venu à sa cour pour se purifier du meurtre accidentel du roi de Phthie, dédaigna l'amour d'Astydamie, l'épouse d'Acaste. N'ayant pu réussir à le séduire, cette dernière se vengea, l'accusant d'avoir voulu la déshonorer. Acaste, afin de rester fidèle aux lois sacrées de l'hospitalité, ne le tua pas, mais l'abandonna endormi, après l'avoir désarmé, dans une forêt, afin qu'il fût dévoré par les bêtes féroces. Le centaure Chiron réussit à réveiller Pélée et à l'avertir du danger où l'avait laissé son hôte. Pris d'une colère vengeresse, Pélée revint à Iolcos et mit à mort Acaste et son épouse.

ACCA LARENTIA. Sous ce nom, les Romains connaissaient deux femmes dont les légendes se sont peu à peu confondues. La première est l'épouse du berger Faustulus. Elle éleva les deux jumeaux, Romulus et Remus, recueillis par son mari. La seconde eut droit aux faveurs d'Hercule, qui l'avait jouée et gagnée aux dés avec le gardien d'un temple. Acca Larentia épousa ensuite Tarutius, propriétaire de nombreuses terres, dont elle hérita. A sa mort, elle légua toutes ses richesses à la ville de Rome.

ACHATE. 1° Après la chute et l'incendie de Troie, Énée réussit à s'enfuir avec son père et son fils, d'abord sur le mont Ida, puis en Italie. Achate, l'un de ses amis, n'hésita pas à l'accompagner dans ces périlleux voyages : sa fidélité, depuis lors, est devenue proverbiale.
2° **Achate** est aussi le nom d'une rivière de Sicile dans laquelle fut trouvée pour la première fois la pierre qui porte le nom d'« agate ».

ACHÉLOOS. Ce fleuve, le plus grand de Grèce, limite l'Étolie et l'Acarnanie. Il a été l'objet de multiples légendes. Fils d'Océan et de Téthys, il est le frère de plus de trois mille fleuves, sur lesquels il imposa sa souveraineté. Il apparaît au cours du cycle des douze travaux d'Héraclès, à qui il dispute Déjanire : vaincu par le héros dans un premier combat, Achéloos revint à la charge sous la forme d'un énorme serpent, puis, sur le point d'être étranglé, sous celle d'un taureau furieux.

Mais il fut dompté une nouvelle fois par Héraclès, qui lui cassa une de ses cornes, devenue l'emblème de la corne d'abondance. Quelques auteurs anciens ont interprété ce mythe comme le symbole de la fertilité d'un fleuve vénéré plus que tous les autres par les Anciens, et auquel, selon les conseils de l'oracle de Dodone, on faisait toujours des sacrifices. Quatre nymphes, qui, sur ses rives, avaient omis de l'invoquer dans leurs prières, furent emportées par ses eaux gonflées de colère et métamorphosées en îles (les Échinades).

ACHÉRON. L'Achéron coule en Épire. Il se perd dans une profonde crevasse. Considérant son aspect sinistre et l'étymologie de son nom (« celui qui roule des douleurs »), ainsi que sa fuite dans les entrailles de la Terre, les Anciens l'ont tenu pour un fleuve des Enfers que les âmes des morts, sur la barque de Charon, devaient franchir avant de résider dans leur séjour définitif. Pour rendre compte de l'origine de ce fleuve au rôle capital, les Grecs ont inventé une légende qui lui attribue Hélios pour père et, pour mère, Gaia. Ayant fourni de l'eau aux Titans, lorsqu'ils se révoltèrent contre les Olympiens, Achéron fut précipité par Zeus dans les Enfers. Dans les textes littéraires latins, Achéron désigne le plus souvent les profondeurs des Enfers eux-mêmes.

ACHILLE. Le plus grand des héros grecs, Achille, a été chanté longuement par Homère dans l'*Iliade*. Sa gloire a traversé les siècles. Sa légende s'est enrichie de mille détails. Aussi, par souci de simplification, on distingue généralement l'Achille de la tradition homérique et celui des traditions posthomériques. Fils de Thétis et de Pélée, roi de Phthie en Thessalie, Achille, confié à Phœnix, apprit de ce savant précepteur l'art de l'éloquence et le maniement des armes. On dit égale-

Le dieu Achéloos, le corps recouvert d'écailles de poisson et déroulé comme les méandres d'un fleuve, semble vouloir étouffer Héraclès. Mais le géant a réussi à le terrasser, en le saisissant par la corne, qui est devenue l'emblème de la corne d'abondance. Détail d'un vase.
IVᵉ s. av. J.-C. (British Museum.)

ment qu'il reçut du centaure Chiron des leçons de médecine. Avide de gloire et d'exploits, il suivit, en compagnie de son inséparable ami Patrocle, les deux héros grecs Nestor et Ulysse, qui rejoignaient le siège de Troie. Il préférait, malgré les avertissements de Thétis, une vie courte, mais glorieuse, à une existence plus longue, mais obscure. Sa beauté, sa bravoure, sa fermeté d'âme, la précieuse protection que lui accordèrent Héra et Athéna contribuèrent à accroître sa renommée.

OCÉAN = TÉTHYS **ACHILLE**
     |
  ASOPOS = MÉTOPÉ
       |
    ÉGINE = ZEUS
         |
      ÉAQUE = ENDÉIS
           |
        PÉLÉE = THÉTIS
             |
         ACHILLE

Cependant, le caractère du héros n'était pas dénué de faiblesses. Ombrageux, excessif dans ses passions et ses rancunes, il abandonna la lutte lorsque Agamemnon lui eut ravi Briséis, la belle captive dont il était amoureux. Privés de son appui, les Grecs essuyèrent défaite sur défaite. Mais à la nouvelle de la mort de son ami Patrocle, tué par Hector, Achille sortit de sa réserve et revêtit une armure magique, forgée par Héphaïstos à la demande de Thétis. Il s'engagea de nouveau dans la bataille. Il tua Hector à l'issue d'un combat singulier et traîna le corps de son ennemi tout autour de la ville de Troie, sous les yeux des Troyens épouvantés. Puis, s'apaisant, il finit par consentir, en un beau geste de piété, à restituer la dépouille d'Hector au roi Priam, son père. Les jours du héros étaient toutefois comptés. Achille ne devait pas voir la victoire finale des Grecs. Il tomba, devant les

Achille et Ajax ont délaissé provisoirement les travaux de la guerre de Troie pour le jeu de dés. Ajax (à droite) a posé son bouclier et son casque. Les deux héros expriment l'idée chère aux Anciens de l'amitié forgée par les mêmes idéaux guerriers. Amphore attique. IV⁰ s. av. J.-C. (Musée du Vatican.) [Phot. Alinari - Giraudon.]

portes Scées, au pied des murailles de Troie, frappé de la main de Pâris guidé par Apollon. Il fut enseveli, au milieu des pleurs et des gémissements, sur le rivage de l'Hellespont.

Selon des traditions postérieures, Thétis tenta, à plusieurs reprises, de procurer à son fils Achille l'immortalité. Pour cela, elle le frottait le jour avec de l'ambroisie et le plongeait la nuit dans le feu. Enfin, elle le trempa dans les eaux du Styx. Le corps d'Achille devint invulnérable, à l'exception du talon, par où sa mère l'avait tenu. Lorsque la guerre de Troie éclata, Thétis recommanda à son fils de se déguiser en femme et de se mêler, sous le nom de Pyrrha, au groupe des filles du roi Lycomède, afin d'échapper à la pression des guerriers. Mais Ulysse, ayant appris du devin Calchas que la présence d'Achille dans les rangs de l'armée des Grecs était nécessaire à leur victoire, contraignit

Achille par la ruse à le suivre. Plus tard, au cours du siège de Troie, il fut sur le point de trahir ses alliés par amour pour Polyxène, fille de Priam, mais il périt, le talon percé d'une flèche. Il est vrai que ces récits tardifs, s'ils n'ajoutent rien à la gloire d'Achille, n'ont pas réussi à émousser l'adoration des Grecs pour leur héros préféré, qui, selon une tradition courante, passerait une éternité bienheureuse soit dans l'île Blanche, à l'embouchure du Danube, soit aux champs Elysées.

En fait, bien plus qu'un héros, Achille fut considéré dans l'Antiquité comme un demi-dieu et vénéré en maintes régions de la Grèce. On lui dédia des temples et un culte, notamment à Sparte et à Elis. On l'imagina poursuivant une vie posthume radieuse, entouré de divinités dont il partageait l'existence et les plaisirs au sein d'une joie éternelle, entrecoupée de festins et de combats sans nombre.

Achille est contraint de remettre au roi Agamemnon la captive Briséis, qui s'avance dans une attitude d'humilité et de décence, comme il sied à une esclave soumise. Achille ne pardonnera pas au roi de lui avoir ravi cette femme, et il abandonnera pour longtemps la lutte. Amphore corinthienne.
[Phot. Alinari - Giraudon.] ▶

Dans l'attitude du désespoir, Achille et ses compagnons pleurent sur le corps de Patrocle qui vient d'être tué par Hector. Leurs larmes ne sont pas ridicules. Elles marquent bien, au contraire, l'humanité et la sensibilité de héros trop souvent surhumains. Œnochoé d'argent du trésor de Bernay. (Bibl. nat.) [Phot. Giraudon.]
▼

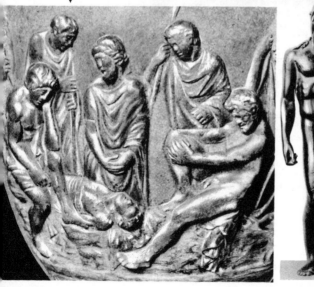

Achille a pris ici les traits d'Apollon. Le héros est le proche parent des dieux. Bronze antique. (Musée du Louvre.)

ACIS. Jeune berger de Sicile, Acis était le fils de Faunus et de la nymphe Symæthis. Sa juvénile beauté l'avait désigné à l'amour de la Néréide Galatée. Mais un jour qu'il la tenait tendrement enlacée, le géant Polyphème surprit les deux amants, et sa jalousie fut telle qu'il arracha un rocher et le lança sur Acis, qui fut écrasé. Le sang qui jaillissait de son corps donna naissance à une rivière, qui, depuis lors, coule au pied de l'Etna.

ACONTIOS. Ce beau jeune homme de l'île de Céos se rendit un jour à Délos, à l'occasion de la fête d'Artémis. Sur son chemin, il croisa Cydippé, jeune et belle Athénienne de grande race, dont il s'éprit sur-le-champ. Pour l'obtenir en mariage, Acontios, à cause de sa condition inférieure, imagina ce stratagème : il écrivit sur un coing les mots suivants : « Je jure, par le temple d'Artémis, de me marier avec Acontios. » Puis il jeta le fruit aux pieds de Cydippé. Intriguée, elle le ramassa. Elle lut l'inscription à haute voix. Elle en saisit soudain le sens et voulut s'arrêter. Il était trop tard. Artémis, témoin et garant des serments, n'autorisait aucun parjure. Trois fois la jeune fille se fiança à un autre qu'Acontios. Trois fois Artémis la frappa de maladie. Son père consulta alors l'oracle de Delphes. Celui-ci lui découvrit la vérité et la ruse d'Acontios. De retour à Athènes, le père offrit la main de sa fille à cet amoureux si persévérant.

ACRISIOS. Ce fils d'Abas combattit son frère jumeau Proétos pour s'assurer la possession du royaume d'Argos, que leur avait laissé leur père. Victorieux au début de la guerre, il fut bientôt repoussé et dut accepter un accord qui établissait le partage du royaume : Tirynthe revint à Protéos, Argos fut le lot d'Acrisios. La vie de ce roi fut marquée par la fatalité. Un oracle ayant prédit qu'il serait tué par le fils de sa fille Danaé, Acrisios fit enfermer celle-ci. Mais Zeus parvint à la rejoindre, et de leur union naquit un fils, Persée. Plus tard, le héros devait tuer involontairement Acrisios en lançant un disque, et c'est ainsi que la prédiction se vérifia.

acropole. La ville haute d'une cité antique, par opposition à la ville basse, porte généralement le nom d'« acropole ». Primitivement, elle constituait un lieu de refuge pour les populations rurales ou urbaines menacées par les invasions ennemies ou par les fléaux naturels. L'idée de protection que les Grecs trouvaient sur les hauteurs rocheuses de leur cité s'est transformée tout naturellement en la notion d'un endroit au caractère sacré. Les dieux, en effet, sont censés sanctifier ces lieux privilégiés d'où tout danger semble être écarté. Les rois, les grandes familles, les tyrans établissent aussi leur demeure sur l'Acropole, cherchant sur ces sommets une sorte de communion directe, et bienfaisante pour leur gouvernement, avec les dieux dont ils se sont rapprochés. En Italie, c'est sur l'acropole qu'on interroge le vol des oiseaux, c'est dans les temples élevés pour s'attirer le concours tutélaire des divinités qu'on examine les entrailles des victimes. Ces dieux marquent souvent de signes leur présence sur l'acropole : ainsi, à une époque relativement tardive, on vénérait sur l'Acropole d'Athènes le trou que Poséidon fit sur un rocher d'un coup de son trident, et les souches de l'olivier qu'Athéna fit jaillir du socle aride. Chaque acropole en Grèce, dans les pays hellénistiques et en Italie, possède ses particularités, sa personnalité, ses dieux locaux. On peut citer, parmi les plus célèbres de ces hauts lieux, Corinthe, Athènes, Tirynthe et Mycènes; en Asie, Troie et l'acropole hellénistique de Pergame, le Capitole à Rome et toutes les collines qui entourent les petites cités étrusques de

L'Acropole, haut lieu de la spiritualité antique, balayée par le souffle et l'inspiration des dieux.
(Phot. Viollet.)

Toscane. Semblables à ces « lieux où souffle l'Esprit », les acropoles sont les collines inspirées de l'Antiquité.

ACTÉON. Ce jeune Thébain, fils du pasteur Aristée et d'Autonoé, était devenu, grâce aux conseils éclairés du centaure Chiron, l'un des plus fins chasseurs de son pays. Mais sa vanité lui fut un jour fatale. Il se targua, en effet, de surpasser Artémis, déesse des Exploits cynégétiques, et d'être plus habile qu'elle. Un jour qu'il poursuivait une pièce de gibier dans les montagnes du Cithéron, il surprit Artémis au bain. Déjà irritée par son insolence, elle ne lui pardonna pas cette dernière faute, et, après l'avoir changé en cerf, elle le fit dévorer par les cinquante chiens qui l'accompagnaient. Ceux-ci, selon certains mythographes, représentent les cinquante jours durant lesquels la végétation, dont Actéon est l'un des emblèmes, cesse totalement de vivre.

ACTOR. Grand-père de Patrocle, Actor fut, selon une des versions de sa légende, roi à Phères, où il reçut et purifia Pélée, meurtrier de Phocos, fils d'Éaque.

ADMÈTE. Roi de Phères, en Thessalie, Admète prit part à la chasse du sanglier de Calydon, à l'expédition des Argonautes et accueillit Apollon, exilé de l'Olympe pour avoir tué les Cyclopes. Il accorda au dieu l'office de gardien de ses troupeaux. Amoureux d'Alceste, Admète, qui devait, pour l'épouser, atteler à son char un lion et un sanglier, demanda conseil à Apollon. Le dieu, lui témoignant sa reconnaissance, l'aida à dompter ces deux bêtes sauvages et à obtenir, de la sorte, la main de la jeune fille. Cependant, dans sa joie, il oublia de sacrifier à Artémis, le jour de son mariage. La déesse décida de le punir. Lorsqu'il pénétra dans la chambre nuptiale, il vit, à la place de son épouse, un amas de vipères sifflantes. Apollon réussit à calmer sa sœur et obtint des dieux qu'Admète échappât à la mort, quand son heure serait venue, si un membre de sa famille consentait à prendre volontairement sa place dans l'empire des Ombres. Il enivra même les Moires, afin que ne fût pas coupé le fil fatal. Admète, pour sa part, supplia ses parents de mourir à sa place. Ils refusèrent. Seule Alceste, par amour, résolut de se sacrifier, mais, grâce à Héraclès, disent les uns, grâce à Perséphone, selon les autres, elle put revoir le roi, et leur heureuse union se prolongea longtemps encore.

Adonis, le protégé d'Aphrodite, déesse de l'Amour. **(Musée de Naples.)** [Phot. Anderson-Giraudon.]

ADONIS. Le mythe d'Adonis est originaire de Syrie. Avant de parvenir en Grèce, il a subi des modifications

Les chiens, sur l'ordre de la déesse Artémis, dévorent Actéon. On aperçoit, derrière le bras levé du malheureux, la tête de l'animal dont il est en train de prendre la forme. L'attitude d'Artémis est à la fois ferme et implacable. **Détail du métope de Sélinonte. (Musée de Palerme.)** [Phot. Anderson.]

en Égypte et à Chypre. Fils de Cinyras, roi de Chypre, et de Myrrha, transformée en un arbre à myrrhe, Adonis fut recueilli par Aphrodite, qui le confia à Perséphone. La reine des Enfers s'éprit du jeune garçon et refusa de le rendre. Aphrodite, qu'Adonis ne laissait pas indifférente non plus, se plaignit auprès de Zeus, et le dieu des dieux décida qu'Adonis serait confié à Perséphone, un tiers de l'année, un autre tiers à la déesse Aphrodite et que, pour le dernier tiers, il serait libre de choisir lui-même son lieu de séjour. Mais la passion de la déesse de l'Amour suscita la jalousie d'Arès, son amant (ou celle d'Apollon, ou d'Artémis, suivant d'autres mythographes). Adonis fut attaqué par un sanglier, envoyé par l'un de ces dieux, qui lui fit d'un coup de boutoir une blessure mortelle à l'aine.

Sur cette mort pleurée par Aphrodite, les artistes et les poètes ont rivalisé d'imagination et de lyrisme. Le sang d'Adonis se changea en anémone, la première et éphémère fleur du printemps, tandis que le sang d'Aphrodite, qui s'échappait des égratignures qu'elle s'était faites après des ronces dans sa hâte de porter secours à son amant, colora les roses blanches en rouge. Jamais dans un mythe symbole ne fut plus apparent. Adonis est l'image de la végétation qui descend au royaume des morts rejoindre Perséphone en hiver, et revient sur terre au printemps s'unir à l'amour pour s'épanouir et fructifier seul en été. Il représente la mort et la résurrection de la nature sans cesse renouvelée au fil des ans.

ADRASTE. La légende de ce roi est liée à l'expédition des Sept contre Thèbes, au cours de laquelle il joua un rôle prépondérant. Jeune encore, il fut obligé de fuir Argos et de rejoindre à Sicyone le roi Polybos, auquel il succéda. Il ne tarda pas à se réconcilier, au moins en apparence, avec Amphiaraos, le meurtrier de son père, à qui il offrit en mariage sa sœur Ériphyle; puis il recouvra la souveraineté sur l'Argolide. Il maria ensuite ses deux autres sœurs Argia et Déipylé, la première à Polynice, qui venait d'être chassé du trône de Thèbes par son frère Étéocle, la seconde à Tydée, qui, après un meurtre, avait dû s'enfuir à Calydon. Adraste résolut, devant les doléances de son hôte, de rétablir Polynice dans ses droits souverains sur Thèbes, et il fut le principal animateur de la guerre des Sept Chefs, passant outre à une prédiction d'Amphiaraos, qui annonçait la mort de tous ceux qui s'engageraient dans cette guerre, à l'exception d'Adraste lui-même. La prédiction se révéla juste : Polynice, Tydée, Amphiaraos, Capanée, Hippomédon,

Parthénopaeos périrent au cours de la lutte. Adraste put regagner ses États grâce à la rapidité de son cheval Arion, cadeau d'Héraclès. La tradition veut que le roi ait pris part à la seconde expédition contre Thèbes, celle des Épigones, avec les fils des six héros morts. Cette fois-ci la victoire fut totale pour l'Argien; mais son fils Ægialée périt et, de chagrin, Adraste le suivit bientôt dans la mort.

AÉDON. Homère raconte qu'Aédon était la fille de Pandaréos et la femme du roi thébain Zéthos. Elle n'avait qu'un seul fils, Itylos, tandis que sa belle-sœur, Niobé, avait mis au monde six fils et six filles. Prise d'un accès de jalousie maladive, Aédon projeta le meurtre d'un de ses neveux; mais elle tua par erreur son propre fils. Zeus pour apaiser sa douleur la métamorphosa en rossignol.

AÉROPÉ. Fille de Catrée, roi de Crète, et femme de Plisthène, la légende a retenu le nom d'Aéropé parce qu'elle fut la glorieuse mère de Ménélas et d'Agamemnon. Remariée, elle périt au cours de la lutte qui opposa Atrée à Thyeste.

ÆSON. Fils de Tyro et de Créthée, fondateur du royaume d'Iolcos, Æson succéda à son père et, marié à Alcimédé, eut un fils, Jason. Cependant, son demi-frère Pélias lui ravit son trône, le retint prisonnier, et envoya Jason conquérir la Toison d'or, en espérant que ce dangereux héritier du trône ne reviendrait pas vivant d'une aussi redoutable expédition. On annonça, en effet, bientôt la mort de Jason, et Pélias n'hésita pas à faire périr Æson. Il lui permit toutefois de se donner la mort en buvant du sang de taureau. En apprenant cette tragique nouvelle, Alcimédé se pendit. Mais Jason n'avait point péri, et certains disent qu'Æson fut ressuscité par Médée, qui, à l'aide d'un philtre

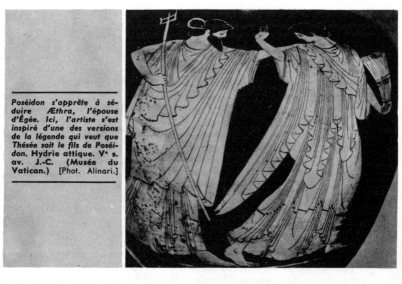

Poséidon s'apprête à séduire Æthra, l'épouse d'Égée. Ici, l'artiste s'est inspiré d'une des versions de la légende qui veut que Thésée soit le fils de Poséidon. Hydrie attique. Vᵉ s. av. J.-C. (Musée du Vatican.) [Phot. Alinari.]

magique, lui rend également la jeunesse.

ÆTHRA. Épouse d'Égée, Æthra s'unit également à Poséidon. Thésée, son fils, revendiquera pour père tantôt le roi d'Athènes, tantôt le dieu. Æthra vécut en Attique, mais fut enlevée, quelques années après la mort de son époux, par les Dioscures, qui l'emmenèrent en esclavage et la mirent au service d'Hélène. Après la victoire des Grecs sur la cité troyenne, elle fut délivrée par ses petits-fils, Démophon et Acamas.

ÆTOLOS. Endymion, roi d'Élide, avait de nombreux fils. Afin d'assurer sa succession, il proclama que le trône reviendrait à celui qui serait le vainqueur dans une course de char. Épéios gagna et devint roi. Ses frères s'enfuirent tous, sauf Ætolos, qui succéda normalement à Épéios. Cependant, au cours des jeux célébrés en l'honneur d'Azan, fils d'Arcas, le char d'Ætolos renversa accidentellement celui d'Apis, fils de Phoronée; ce dernier fut tué. Banni pour ce meurtre involontaire, Ætolos se réfugia au pays des Curètes, sur le territoire de Corinthe, dont il devint le roi et qui prit en son honneur le nom d'*Étolie*.

AGAMÈDE. Avec son beau-fils Trophonios, Agamède fut l'un des plus célèbres architectes légendaires de la Grèce antique. On lui doit notamment les plans de nombreux temples qui furent l'orgueil des cités de Delphes et de Thèbes. Le roi Hyria le convoqua en Béotie et lui demanda de construire une demeure où il lui serait possible de cacher ses trésors. Poussé par le lucre, Agamède s'arrangea avec Trophonios pour qu'une des pierres du bâtiment pût s'enlever facilement; il leur fut ainsi aisé, chaque nuit, de piller impunément le trésor. Hyria, qui voyait ses richesses diminuer, appela l'architecte Dédale à son secours. Celui-ci tendit un piège dans lequel Agamède se trouva pris. Afin d'éviter d'être dénoncé, Trophonios coupa la tête d'Agamède et s'enfuit. Pindare et Plutarque rapportent une tout autre tradition. Ayant achevé de construire un temple à Delphes, Agamède reçut d'Apollon le conseil de se livrer pendant six jours à la joie de vivre; au septième jour, il serait récompensé pour son ouvrage. Le septième jour, en effet, Apollon lui accorda la mort comme l'un des plus grands bienfaits qui puissent être offerts à un mortel.

AGAMEMNON. Sur l'origine et la généalogie de ce roi, les versions diffèrent. Homère le dit fils d'Atrée et petit-fils de Pélops. Ainsi que Ménélas son frère, il fut élevé avec Égisthe, fils de Thyeste, dans la maison d'Atrée. Après le meurtre d'Atrée par Égisthe et Thyeste, qui purent s'asseoir sur le trône d'Argos, Agamemnon et Ménélas s'exilèrent à Sparte. Mais ils y levèrent une armée et purent chasser les usurpateurs. Agamemnon devint souverain d'Argos et l'un des plus puissants rois de tout le Péloponnèse. Il épousa Clytemnestre, fille de Tyndare, qui lui donna trois filles, Iphigénie, Chrysothémis et Laodicée (Électre n'apparaît dans la légende que beaucoup plus tard), et un fils, Oreste. Lorsque Pâris enleva Hélène, femme de Ménélas et sœur de Clytemnestre, Agamemnon résolut de venger son frère. Il fut choisi entre tous, après de nombreuses tractations, pour commander en chef l'expédition contre Troie. Pendant deux ans, on construisit la flotte, on leva les armées qui convergèrent à Aulis, port de Béotie. Par malheur, sur le point de lever l'ancre, Agamemnon se vanta d'avoir tué une biche avec une si grande adresse que même la déesse Artémis n'aurait pu l'égaler. Pour se venger de cette vantardise impie, la déesse interdit

aux vents de souffler sur les voiles des navires grecs et empêcha ainsi le départ de l'expédition punitive contre Troie. On consulta le devin Calchas, qui déclara que seul le sacrifice d'Iphigénie, la plus belle des filles d'Agamemnon, pourrait apaiser le courroux d'Artémis.

Malgré sa tristesse et sa répugnance, mais poussé par l'ambition politique, le roi se soumit, fit mander sa fille sous le fallacieux prétexte qu'on désirait la marier à Achille, roi de Thessalie, et s'apprêta sur l'autel à la faire égorger quand, dit-on, Artémis, enfin calmée, enleva Iphigénie, la transporta en Tauride et lui substitua une biche, qui fut immolée. Le calme plat cessa; la flotte prit le chemin de la Troade. Mais la victoire n'était pas encore à la portée des Grecs. Agamemnon se disputa avec Achille, à propos d'une jeune captive, Briséis, que l'un et l'autre désiraient posséder. Achille, ayant dû se soumettre, se retira sous sa tente et refusa de prendre part aux combats. Agamemnon s'aperçut vite que toute victoire définitive restait impossible si le héros lui refusait son concours. Il se réconcilia donc avec lui et lui renvoya Briséis.

Lorsque les dieux, ayant abandonné les Troyens, permirent aux Grecs de mettre la ville à sac, Cassandre, fille de Priam, échut en partage au roi Agamemnon. Douée d'un don de prophétie particulièrement remarquable, mais condamnée à ne jamais être crue, Cassandre supplia son royal amant de ne pas retourner dans sa patrie : elle prévoyait les funestes desseins de Clytemnestre. Agamemnon ne la crut pas, la rendit mère de deux enfants, Télédamos et Pélops, et regagna ses foyers. Clytemnestre et son amant Égisthe lui firent un accueil hypocritement bienveillant, lui préparèrent un bain pour délasser ses membres et le tuèrent lorsqu'il se

Agamemnon, le chef de l'expédition grecque contre Troie, s'est brouillé avec Achille. Athéna, déesse de la Guerre, mais aussi de la Concorde et de la Raison, tente de réconcilier les ennemis et d'arbitrer leur conflit. Mais Agamemnon et Achille se toisent dans une attitude pleine d'orgueil et de dédain; d'une main rageuse Agamemnon serre son manteau royal. Terre cuite de Tanagra. (Coll. particulière.) [Phot. Giraudon.]

trouva enfin sans armure et sans armes. Cassandre et ses deux nouveaunés subirent le même sort. Plus tard, Oreste vengea la mort de son père. — Parmi les personnages grecs de la guerre de Troie, Agamemnon se détache surtout par sa bravoure, sa ruse ou sa chevalerie, éminentes qualités qui sont l'apanage de héros tels qu'Achille ou Ajax, mais par sa majesté, sa dignité et, nous dit Homère, par ses yeux et sa tête semblables à ceux de Zeus, par sa poitrine égale à celle de Poséidon. S'il n'est pas un héros, au sens antique du terme, Agamemnon est le digne représentant de la race achéenne, celle qui a fait la Grèce.

AGANIPPÉ. Située en Béotie, au pied de l'Hélicon, la fontaine Aganippé jaillit un jour sous le sabot du cheval ailé Pégase. Demeure d'une nymphe, fille de Permessos, cours d'eau de Béotie, elle fut surtout le séjour préféré des Muses. Aussi, pour obtenir l'inspiration, les poètes étanchaient leur soif à ses eaux.

AGAVÉ. Fille de Cadmos et d'Harmonie, femme d'Échion, Agavé fut punie par Dionysos pour avoir calomnié Zeus, amant de Sémélé. Saisie d'une soudaine démence, elle mit en pièces son fils Penthée.

AGÉNOR. Fils de Poséidon et de Libya, ce frère du roi d'Égypte, Bélos, envoya ses fils, Cadmos, Phœnix et Cilix, à la recherche de sa fille, Europe, enlevée par Zeus. Aucun d'eux ne revint.

âges. Les Grecs et les Romains pensaient que l'humanité avait vécu pendant de longs siècles, sous le règne de Cronos, affranchie de la souffrance, et dans un état continuel de joie et de béatitude. Les mortels ne connaissaient sous cet âge d'or ni la haine ni la guerre; ils vivaient toujours jeunes dans l'amour et le respect d'autrui et pratiquaient les jeux et les réjouissances les plus vertueuses. La mort les surprenait dans la paix, et ils s'endormaient sans crainte pour un repos heureux et éternel. Mais Zeus vint détrôner Cronos. Alors succéda à l'âge d'or l'âge d'argent. La terre, quoique fertile, dispensa plus parcimonieusement ses richesses. Le travail devint une obligation. Les hommes commencèrent à connaître la souffrance; on partagea les terres et les biens; chacun s'enferma jalousement derrière les limites de son champ. Puis vinrent finalement les âges d'airain et du fer; ainsi débuta l'ère du crime, de la haine, des guerres, des révolutions et des invasions. Les vices triomphèrent trop souvent sur les vertus. Les malheurs, les maladies, la famine et les épidémies torturèrent sans trêve les hommes. La crainte des dieux s'installa dans tous les cœurs.

Ce mythe d'une humanité heureuse dans les temps primordiaux et pourrie peu à peu par la corruption a été surtout célébré par les Romains, qui vénéraient en Saturne (Cronos) le premier roi des Latins, dont le règne fut, dit-on, si bénéfique à la prospérité de Rome.

AGLAUROS. Athéna confia à cette fille de Cécrops le berceau d'osier d'Érichthonios, en lui ordonnant d'en prendre soin et de ne pas l'ouvrir. Avec ses sœurs Hersé et Pandrosos, Aglauros ne put résister à un violent désir de curiosité et ouvrit le berceau. Elle vit un nouveau-né entouré de serpents, et, frappée ainsi que ses sœurs de folie, elle se jeta avec elles du haut de l'Acropole. Ovide raconte toutefois qu'elles échappèrent à la

mort, et il fait intervenir Aglauros dans les amours d'Hersé et d'Hermès. De plus, Aglauros s'unit à Arès et en eut une fille, Alcippé, qu'un des fils de Poséidon, Halirrhotios, aima. Arès le tua pour se venger.

agriculture. Les Grecs pensaient que l'agriculture naquit en Égypte, dans la vallée du Nil, et qu'on en devait l'invention, notamment celle des céréales, à Isis, tandis que le plant de vigne était un don d'Osiris. Toujours selon les Grecs, l'agriculture fut importée en Grèce par des fugitifs qui introduisirent en même temps dans le pays le culte des deux grands dieux égyptiens. Bientôt, les Grecs identifièrent Isis avec Déméter et Osiris avec Dionysos; et ils prétendirent que Déméter avait donné les premiers grains de blé à Céléos d'Éleusis, avait enseigné l'art de labourer la terre à Buzygès (« celui qui met les bœufs sous le joug ») et celui de semer à Triptolème. De son côté, Dionysos, reçu avec tous les honneurs par le roi Icarios, lui avait offert en remerciement le premier plant de vigne.

AIÉTÈS. Fils du Soleil et de Perséis, ce roi régna d'abord sur Corinthe, puis en Colchide, sur la ville d'Aia. On lui connaît plusieurs épouses, dont la plus célèbre est Idya, mère de Médée. Au début de son règne, Aiétès accueillit à sa cour Phrixos, auquel il donna le fameux bélier dont il consacra la Toison d'or au dieu Arès. Quelque temps après, ce roi vit débarquer dans ses États Jason et les Argonautes, qui, sur ordre de Pélias, venaient chercher le célèbre trophée. Pour l'obtenir, Jason, aidé de Médée, accomplit un certain nombre d'exploits redoutables imposés par Aiétès. Mais le roi finalement se parjura, et Jason dut s'emparer de force de la Toison d'or, puis s'enfuir avec Médée. Celle-ci, afin de frapper d'horreur son père qui s'était mis à leur poursuite, dépeça son frère Absyrtos et répandit les membres du malheureux sur sa route. Aiétès recueillit et enterra les restes de son fils, puis regagna son royaume. Mais pendant son absence, son frère Persès était monté sur le trône, et Aiétès ne put retrouver sa souveraineté légitime qu'en se réconciliant, bien des années après, avec Médée.

AIUS LOCUTIUS. Lorsque les Gaulois de la tribu des Sénons, sous la conduite de Brennus, leur chef, marchèrent sur Rome en 390 av. J.-C., une voix sortie du centre de la voûte céleste annonça l'invasion de la cité par des hordes étrangères. Cependant, personne ne prit garde à cet avertissement. Rome fut effectivement incendiée et pillée. Après la retraite des envahisseurs, les Romains personnifièrent et divinisèrent cette voix prophétique, dont, pour leur malheur, ils avaient négligé l'avertissement, et lui donnèrent le nom d' « Aius Locutius ».

AJAX (le Grand). Trop âgé pour prendre part à la guerre de Troie aux côtés des Grecs, Télamon, roi de Salamine, y envoya ses deux fils, Teucer et Ajax. Ce dernier, dans l'*Iliade*, passe pour le plus vaillant des guerriers après Achille : à lui seul, il repoussa une contre-attaque de Troyens qui menaçaient d'incendier les navires grecs. Il se signala au cours de combats singuliers et blessa même Hector. Mais comme il était écrit que ce dernier ne pourrait mourir que de la main d'Achille, Ajax accepta une trêve. Après la mort d'Achille, Ajax et Ulysse se disputèrent les armes du

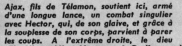

Ajax, fils de Télamon, soutient ici, armé d'une longue lance, un combat singulier avec Hector, qui, de son glaive, et grâce à la souplesse de son corps, parvient à parer les coups. A l'extrême droite, le dieu Apollon. Vase grec. Fin VIe s.-début Ve s. av. J.-C. (Louvre.) [Phot. Giraudon.]

héros, et Ulysse l'emporta; pris d'un soudain accès de démence, Ajax sortit alors la nuit de sa tente et égorgea les troupeaux, pensant tuer des guerriers. Lorsqu'il reprit ses sens, il fut l'objet de la risée générale, et devant ce déshonneur il se jeta sur son épée et se tua. Toujours prompt à envelopper les récits mythiques de métamorphoses et de métaphores, Ovide raconte que le sang d'Ajax donna naissance à une fleur, l'hyacinthe, dont les premières lettres *ai* sont aussi les premières lettres d'Ajax (*Aias* en grec). Télamon vengea la mort de son fils en attirant les vaisseaux d'Ulysse contre les récifs de la côte de son royaume. Le tombeau d'Ajax fut élevé au cap Rhétée. Un culte fut rendu au héros à Salamine et un temple lui fut spécialement affecté.

AJAX (le Petit). Ajax, fils d'Oïlée, roi des Locriens, fut surnommé « Ajax le Petit », non seulement en raison de sa taille, mais aussi par comparaison avec le Grand Ajax,

Casqué, le glaive dans la main droite et le bouclier dans la main gauche, Ajax, fils d'Oïlée, s'apprête à défier les combattants troyens. Monnaie d'Oponte. IV s. av. J.-C. (Bibl. nat. Cabinet des Médailles.)*

fils de Télamon. Il arma une quarantaine de vaisseaux et lutta vaillamment, quoique avec cruauté, contre les Troyens. Son histoire, rapportée par Homère et Virgile, le montre poursuivant Cassandre, fille de Priam, jusque dans le temple d'Athéna, d'où il l'aurait entraînée de force, quoiqu'elle étreignît la statue de la déesse. Outrés de ce sacrilège, les Achéens eux-mêmes voulurent lapider le héros trop audacieux. Mais il put s'enfuir par mer avec sa flotte. Athéna, courroucée, provoqua une tempête dont il réchappa en se réfugiant sur un récif. Là, il brava solennellement les dieux. Poséidon, qui, jusqu'alors, l'avait protégé, saisi de colère, ouvrit le récif d'un coup de son trident et engloutit Ajax, l'impie, dans les flots. Non contente de ce châtiment, Athéna, dépêcha sur la Locride une peste et une famine qui menacèrent d'anéantir tous les Locriens. On consulta l'oracle de Delphes. Celui-ci déclara que la déesse s'apaiserait si, chaque année, pendant mille ans, on envoyait à Troie deux jeunes filles grecques. Si celles-ci parvenaient à échapper aux Troyens et à gagner le temple d'Athéna, on leur laisserait la vie sauve, et elles deviendraient prêtresses du temple. Cette coutume fut, dit-on, respectée.

ALBE-LA-LONGUE. Cette ville d'Italie, située non loin de Rome, fut fondée par Ascagne, le fils unique d'Énée. Ce roi eut plusieurs successeurs légendaires, parmi lesquels Tiberinus, qui se noya dans les eaux du fleuve Albula, appelé depuis « Tibre », et Silvius Procas, père de Numitor et d'Amulius, et grand-père de Romulus et Remus. Dans l'Antiquité, on considérait Albe comme l'une des cités fondatrices de Rome.

ALBUNÉA. Grâce à ses dons de prophétie, cette nymphe, qui compte parmi les plus fameuses sibylles de

Deux divinités de l'Enfer : l'une, génie barbu et repoussant, tient deux serpents ; l'autre, sorte de monstre moitié homme, moitié singe, s'apprête à arracher Alceste à Admète. Dans un tendre enlacement, les époux se quittent. Amphore étrusque. (Bibl. nat.) [Phot. Giraudon.]

l'Italie, rendait ses oracles dans un bois, près de Tibur, à l'endroit où le fleuve Anio (aujourd'hui Teverone) forme une belle chute d'eau et se précipite dans le Tibre avec un bruit semblable à celui du tonnerre, qui passait pour la voix même de Jupiter. Comme, d'autre part, on trouvait dans le voisinage des eaux sulfureuses et un lac d'où s'exhalaient des vapeurs empoisonnées, les Romains pensaient que ces lieux étaient directement inspirés par les dieux.

ALCATHOOS. Fils de Pélops et d'Hippodamie, Alcathoos obtint la main d'Évaechmè, fille de Mégarée, en tuant sur le Cithéron un lion monstrueux qui semait la terreur ; puis il s'installa en Béotie, sur le trône d'Onchestos. Son règne fut marqué surtout par la reconstruction des murailles de Mégare, abattues par les Crétois de Minos, et par l'édification d'une des deux citadelles de la ville. Dans cette gigantesque entreprise, Alcathoos reçut le concours d'Apollon ; la pierre sur laquelle le dieu avait posé la lyre conserva longtemps la propriété d'émettre des sons lorsqu'on la frappait.

ALCESTE. Cette fille du roi Pélias, belle entre les plus belles, ne comptait plus les prétendants qui se disputaient sa main. Son père avait décrété qu'il la donnerait en mariage à quiconque serait capable d'atteler des bêtes féroces au char royal. Le roi de Thessalie, Admète, y réussit et put épouser Alceste. Elle offrit sa vie en échange de celle de son époux, qui avait offensé Artémis. Elle prit du poison, et son âme descendit dans le Tartare. Selon une légende, Perséphone, touchée d'un aussi grand amour, la rendit à la lumière. D'après une autre tradition, Héraclès, hôte d'Admète, descendit aux Enfers, affronta Thanatos, la Mort, et lui ravit Alceste. Elle reste le modèle de la tendresse conjugale.

ALCINOOS. Petit-fils de Poséidon, Alcinoos était le plus célèbre roi des Phéaciens, peuple mythique qui habitait l'île de Schéria, identifiée avec Corcyre. Avec sa femme Arété et sa fille Nausicaa, il accordait sans cesse l'hospitalité aux étrangers, et tout particulièrement aux naufragés. Dans son palais, les Argonautes firent une halte, et le plus connu parmi ses hôtes, Ulysse, trouva refuge chez lui avec ses compagnons, après une tempête qui les avait jetés, démunis de tout, sur les rives de l'île. Alcinoos réconforta les héros et leur offrit ses jardins magiques où mûrissaient toute l'année les fruits les plus rares. Il reconduisit Ulysse jusqu'aux rivages de sa patrie et le déposa endormi sur le sable. Poséidon, irrité des soins prodigués au héros, changea le navire d'Alcinoos en pierre et anéantit le port des Phéaciens.

ALCITHOÉ. Cette fille de Minyas fut changée en chauve-souris, car elle avait refusé de se joindre au cortège du mystère dionysiaque. Ses deux sœurs, Leucippé et Arsippé, se virent frappées de folie pour avoir suivi son exemple. Leucippé dévora son propre fils, avant de s'enfuir avec Arsippé dans la montagne où Hermès changea l'une en hibou, l'autre en chouette.

ALCMÈNE. Fille d'Électryon, roi de Mycènes, Alcmène consentit à épouser Amphitryon, pourtant meurtrier de son père, à condition qu'il vengeât la mort de ses frères. En son absence, elle fut séduite par Zeus, qui avait pris les traits de son époux. Lorsque celui-ci revint victorieux de ses com-

bats, il apprit l'infidélité involontaire de sa femme et voulut la brûler sur un bûcher. Zeus sauva l'infortunée en éteignant les flammes par une averse soudaine. A la mort d'Amphitryon, Alcmène suivit ses deux fils, Iphiclès, fils de son époux, et Héraclès, fils de Zeus, dans leurs exploits. Elle leur survécut et dut s'enfuir à Athènes, après la mort d'Héraclès, pour échapper à la haine d'Eurysthée. Lorsque ce dernier périt, Alcmène lui arracha les yeux. Elle retourna ensuite à Thèbes, où elle vécut jusqu'à un âge avancé. Quand elle mourut, Zeus la conduisit dans l'île des Bienheureux, où elle épousa Rhadamanthe, l'un des trois juges des Enfers.

ALCMÉON. Frère d'Amphilocos et fils du devin argien Amphiaraos et d'Ériphyle, Alcméon fut choisi pour commander l'expédition des Épigones contre Thèbes. Ériphyle, après avoir reçu en présent le péplos d'Harmonie offert par Thersandros, poussa son fils à partir, tout comme elle avait ordonné à son époux de participer à la première guerre contre Thèbes, où il devait périr. Mais la destinée d'Alcméon, au cours de la guerre, devait être moins tragique. Victorieux, Alcméon tua de sa propre main Laodamas, le fils d'Étéocle, et revint dans sa patrie pour tuer sa mère, qui les avait poussés, lui et son père, à entreprendre des guerres dont, en secret, elle espérait qu'ils ne reviendraient pas. Ce matricide suscita la colère des Érinyes : Alcméon s'enfuit de sa patrie, trouva aide et purification chez le roi Phégée à Psophis et épousa Arsinoé, la fille de son protecteur, à laquelle il offrit le collier et le péplos d'Harmonie. Une effroyable sécheresse s'étant abattue sur le pays qui avait osé recevoir un meurtrier de sa mère, Alcméon reprit sa course errante jusqu'au fleuve Achéloos, qui le purifia à nouveau et lui donna sa fille Callirhoé en mariage. Celle-ci réclama à son tour les attributs d'Harmonie. Alcméon retourna donc à la cour de Phégée pour réclamer les précieux objets, arguant qu'il désirait en faire offrande au dieu Apollon. Mais Phégée apprit bientôt la vérité et le mensonge dont sa fille Arsinoé était la victime; il fit périr son hôte hypocrite. Il eut pour fils Acarnan.

ALCYONÉ. Fille d'Éole, roi des Vents, Alcyoné épousa Céyx, fils de l'Étoile du matin. Une telle union ne pouvait qu'être heureuse. Elle le fut trop, sans doute, puisqu'elle suscita la jalousie de Zeus et d'Héra, auxquels les deux époux avaient coutume de se comparer. Ils furent métamorphosés en alcyons. Suivant une autre version de ce mythe, Céyx dut un jour quitter Alcyoné pour consulter un oracle. Son vaisseau fit naufrage au cours d'une tempête soulevée par la colère de Zeus. Le malheureux Céyx périt noyé. Avertie par un rêve, que lui envoya Morphée, dieu du Sommeil, au cours duquel elle entendit Céyx lui annoncer son trépas, Alcyoné se précipita vers le rivage de la mer et y découvrit le corps de son époux rejeté par les flots. Désespérée, elle courut se jeter dans la mer. Elle fut sans délai changée en un alcyon, aux cris plaintifs. Son époux tendrement aimé subit la même métamorphose. Désormais, ils ne se quittèrent plus, et leur couple est devenu le symbole de la fidélité conjugale. Pour assurer la couvée et la postérité de l'alcyon, les dieux bienveillants ordonnèrent à Éole de calmer les vents durant les sept jours qui précèdent le solstice d'hiver et durant les sept jours qui le suivent.
On connaît par ailleurs une autre **Alcyoné,** dont s'éprit Poséidon, qui lui donna une postérité considérable. Cette Alcyoné compte au nombre des sept Pléiades.

ALCYONÉE. 1° Un des Géants révoltés contre les dieux de l'Olympe, Alcyonée combattit Héraclès aux champs Phlégréens, en Macédoine. Mais chaque fois que le Géant tombait sur la Terre qui lui avait donné naissance, il se relevait aussitôt. Héraclès le transporta sur ses épaules dans un autre pays et le tua d'un coup de flèche. 2° D'après une autre légende, Alcyonée était un beau jeune homme de Delphes qui fut choisi par le sort pour être donné en pâture à Lamia, un affreux monstre qui ravageait le pays. Sur le chemin qui le conduisait au sacrifice, Alcyonée croisa un autre jeune homme, Eurybatos, qui, pris d'amour pour lui, s'offrit à être sacrifié à sa place. Parvenu devant l'antre du monstre, Eurybatos réussit à saisir Lamia et à lui fracasser la tête. A la place du monstre jaillit une source qui prit le nom de *Sybaris*.

allégories. Sans généalogie et sans mythe, les allégories sont les représentations divinisées d'abstractions morales comme la Vertu, politique comme la Paix ou la Victoire, sociales comme la Pauvreté, physiques comme la Santé. Inconnues pour la plupart des Grecs, elles apparaissent tardivement chez les Romains, qui, peu à peu, les ont multipliées, leur ont élevé des statues et dédié des cultes, parfois même des temples qui mettent en valeur leurs caractères et leurs attributs respectifs.

ALOADES. On donne ce nom à Éphialtès et Otos, fils de Poséidon et d'Éphimédie. A neuf ans, ils se distinguaient déjà par leur taille gigantesque. Pleins d'une audace démesurée, ils entreprirent d'entasser l'Ossa sur l'Olympe, et le Pélion sur l'Ossa, afin d'atteindre le séjour des dieux et de leur ravir les deux déesses Artémis et Héra, dont ils étaient épris. Ils commencèrent par enchaîner Arès dans un pot de bronze, d'où le dieu de la Guerre ne fut délivré par Hermès que quelque treize mois plus tard. Mais les Aloades ne purent mettre leur projet à exécution. Irrité par leur présomption, Apollon les perça de ses flèches. On prétend aussi qu'Artémis, sous la forme d'une biche, passa rapidement entre eux deux : aussitôt, Éphialtès et Otos lancèrent chacun leur javelot, manquant l'animal mais se tuant l'un l'autre. Un châtiment exemplaire leur fut infligé aux Enfers. On les lia avec des serpents à une colonne autour de laquelle une chouette ulule lugubrement.

ALOPÉ. Roi d'Éleusis en Arcadie, Cercyon, fils d'Héphaïstos, avait une fille, Alopé, qui fut séduite par Poséidon. N'osant avouer sa faute, la malheureuse mit au monde un enfant qu'elle abandonna aussitôt. Le nouveau-né fut allaité par une jument et recueilli ensuite par des bergers, qui constatèrent qu'il était enveloppé de langes princiers. Cette nouvelle parvint aux oreilles de Cercyon, qui découvrit ainsi la faute de sa fille. Il la fit mettre à mort en l'enterrant vivante, mais les dieux, pris de pitié, la changèrent en source.

ALPHÉE. Ce dieu-fleuve de l'Élide, fils d'Océan et de Téthys, aperçut un jour la nymphe Aréthuse qui, pour se délasser de la chasse, prenait un bain dans ses eaux. Éperdu d'amour, il se mit à la poursuivre jusque dans l'île Ortygie, où il allait la rejoindre, quand Artémis, prise de pitié, changea sa compagne en fontaine. Cependant, le dieu ne renonça pas, et, traversant la mer, il alla mêler ses eaux aux ondes tant aimées de la nymphe-fontaine. A cette légende, on en ajoute une autre : Artémis, elle-même poursuivie par Alphée, s'enduisit le visage de vase, et ses compagnes firent de même. Le dieu, incapable de la reconnaître, rebroussa chemin sous les rires moqueurs des nymphes.

ALTHÉE. Mariée au roi de Calydon Œnée, Althée est la mère d'un grand nombre d'enfants, parmi lesquels la légende a surtout retenu les noms de Méléagre et de Déjanire. Mais on dit aussi de cette dernière qu'elle avait été engendrée par Dionysos, ce dieu amoureux d'Althée ayant demandé à Œnée de lui prêter son épouse. En récompense, Œnée aurait reçu un plant de la vigne, jusqu'alors inconnue dans son royaume. Après la chasse du sanglier de Calydon, Althée se pendit pour avoir volontairement causé la mort de Méléagre.

AMALTHÉE. Selon plusieurs traditions, Amalthée était la nymphe qui recueillit Zeus lorsque Rhéa l'eut soustrait à la voracité de son père Cronos. Amalthée transporta l'enfant sur le mont Ida. Il y fut nourri du lait d'une chèvre avec la peau de laquelle il se fit, par la suite, un bouclier. Mais, suivant d'autres versions de la même légende, Amalthée est le nom de la chèvre qui allaita l'enfant divin, lorsque l'adoptèrent les nymphes de l'Ida. Le nourrisson divin était déjà doué d'une telle vigueur qu'un jour il cassa l'une des cornes de l'animal dévoué. Il l'offrit aux nymphes compatissantes, leur promettant qu'elle s'emplirait de tout ce que ces déesses pourraient désirer. Telle est l'une des origines mythiques de la fameuse « corne d'abondance », l'autre se rattachant à la légende du dieu-fleuve Achéloos.

AMATA. Épouse de Latinus, roi du Latium, Amata avait donné le jour à un fils, qui mourut en bas âge, puis à une fille, Lavinie, qu'elle projetait d'unir à son neveu Turnus, roi des Rutules. Mais les oracles en décidèrent autrement : le roi Latinus accorda sa fille à Énée, qui venait de débarquer sur les côtes de ses États. Hostile au héros troyen et à ses

Farouches et décidées, les traits du visage accusés par une sorte de digne cruauté, les Amazones s'apprêtent à achever un guerrier grec déjà blessé à la cuisse. Amphore de style italo-grec. IV⁰ s. av. J.-C. [Phot. Giraudon.]

compagnons, Amata poussa Turnus à leur déclarer la guerre. Mais le sort de la guerre devait être favorable aux étrangers et fatal à Turnus, qui périt au cours d'une bataille. Lorsqu'elle apprit la défaite et la mort du chef des Rutules, Amata se suicida.

AMAZONES. Les Amazones appartenaient à une race fabuleuse de femmes guerrières qui, selon les mythographes anciens, vivaient dans le Caucase et en Asie Mineure, au bord de la rivière Thermodon, où elles fondèrent la ville de Thémoscyre. Gouvernées par une reine, les Amazones n'acceptaient la présence des hommes qu'une fois l'an, pour perpétuer leur race et, dit-on, mettaient à mort leurs nouveau-nés mâles. Montées sur des chevaux, protégées par une armure et un casque, elles parcouraient les contrées d'Asie Mineure, vivant de pillage et de rapine. On brûlait la mamelle droite de ces magnifiques tireuses à l'arc, pour faciliter leurs mouvements au cours des combats. De nombreux héros luttèrent contre ces femmes aussi étranges que cruelles. Héraclès fut chargé par Admète, la fille d'Eurysthée, d'aller ravir à la reine des Amazones, Hippolyte, la ceinture enchantée dont Arès lui avait fait présent. Elle acceptait de donner cet objet au héros lorsque Héra, métamorphosée elle-même en Amazone, parcourut l'Asie Mineure, clamant qu'Héraclès voulait enlever la reine. Aussitôt, toutes les Amazones prirent les armes, et, au cours de la lutte, Héraclès tua

Hippolyte. Sous le règne de Thésée, les Amazones envahirent l'Attique et assiégèrent Athènes pour se venger du rapt de leur reine Antiope. Mais les Athéniens les repoussèrent. S'étant aventurées en Lycie, elles furent également vaincues par Bellérophon. Pausanias mêle leur légende à celle de la guerre de Troie. Sous la conduite de leur reine Penthésilée, les Amazones vinrent au secours de Priam, sur le point d'être défait par les Grecs. Mais leur reine, ayant été mise à mort par Achille, elles cessèrent aussitôt le combat. Aimant la chasse et les exercices violents, elles vénéraient tout spécialement l'Artémis d'Éphèse, déesse aux multiples mamelles, en l'honneur de laquelle elles furent les premières à instituer un culte.

ambroisie. Homère considère l'ambroisie comme la nourriture des dieux. A base de miel, elle entrait dans de nombreuses préparations, allant des parfums les plus suaves aux liqueurs les plus savoureuses. Elle possédait des propriétés magiques qui rendaient les dieux invulnérables et assuraient aux hommes, admis dans les rangs des héros, la jeunesse éternelle, le bonheur parfait et l'immortalité. Souvent, l'ambroisie était servie en même temps que le nectar, boisson sucrée provenant de la distillation raffinée de certaines plantes.

amitié. Divinité allégorique honorée en Grèce comme à Rome, l'Amitié était représentée sous les traits d'une jeune femme à la robe à moitié agrafée sur le côté, couronnée de fleurs ou de rameaux de myrte, et tenant dans une main un pampre chargé de raisins.

amours. Sous l'Empire romain, on s'est plu à décrire ou à représenter les Amours sous les traits de petits angelots ailés, compagnons habituels de Vénus, qui l'assistaient dans sa toilette. Ils jouaient de la musique. Ils se livraient même, pour se distraire, à des plaisirs violents comme la chasse ou la forge des armes. Ils symbolisèrent bientôt les saisons, et on les figura dans des attitudes diverses et typiques, suivant l'époque de l'année : en moissonneurs ou en vendangeurs, par exemple. Les peintures de Pompéi ont multiplié les Amours dans les scènes mythologiques qu'on y

Amour, le jeune fils de Vénus, a la stature d'un adolescent. Génie ailé, afin de voler plus rapidement vers les cœurs épris, il tient une couronne pour chacun des amants. « L'Amour Farnèse ». (Louvre.) [Phot. Giraudon.]

trouve. Elles les ont fait intervenir, en tant que génies bienfaisants, dans les sentiments qui unirent Hélène à Pâris, Ariane à Dionysos, ou Mars à Vénus.

AMPÉLOS. Fils d'un satyre et d'une nymphe, personnification de la vigne, Ampélos, compagnon de Dionysos, mourut fort jeune, tué par un taureau. D'autres versions de sa légende prétendent qu'il tomba des branches, couvertes de pampres, d'un orme sur lequel il avait grimpé, afin d'y cueillir des grappes de raisin. A la prière de Dionysos, il fut placé dans le ciel au nombre des constellations.

AMPHIARAOS. Fils d'Œclès et d'Hypermnestre, Amphiaraos avait pour arrière-grand-père le devin Mélampos, et avait hérité de son ancêtre le don de prophétie. Mais il possédait également de solides qualités de courage et d'endurance, et il put être mis au rang des héros. Ayant chassé Adraste du trône d'Argos, il finit par se réconcilier avec lui et épousa sa sœur Ériphyle, qui mit au monde Alcméon et Amphilocos, ainsi que deux filles. Après avoir pris part à la chasse du sanglier de Calydon, à l'expédition des Argonautes, il fut sollicité pour aller combattre avec six autres chefs contre Thèbes. Amphiaraos, qui prévoyait la malheureuse issue de l'expédition et sa mort prochaine, refusa. Cependant, une convention avait été établie entre lui et Adraste, qui stipulait qu'en cas de contestation Ériphyle servirait d'arbitre. Polynice, connaissant la coquetterie de cette femme, lui fit cadeau du collier que les dieux apportèrent à Harmonie, lors de ses noces avec Cadmos. Séduite, Ériphyle ordonna à Amphiaraos de partir sur-le-champ contre Thèbes. Amphiaraos s'inclina et demanda à ses fils de le venger plus tard. Les Argiens, comme Amphiaraos l'avait prévu, furent vaincus

et s'éloignèrent en hâte de Thèbes. Zeus, au cours de cette fuite, ouvrit la Terre d'un coup de foudre, et Amphiaraos disparut. Le dieu des dieux lui accorda cependant l'immortalité et le pouvoir de continuer des oracles à Argos et en Attique.

AMPHICTYON. Ce second fils de Deucalion et de Pyrrha n'est pas aussi célèbre que son frère Hellen, père de tous les Grecs, mais il joue un rôle important dans le mythe de la fondation d'Athènes. Roi de l'Attique, il lui donna en effet son nom et la consacra à la déesse Athéna, créant aussi la Ligue amphictyonique, qui rassemblait en une même communauté, religieuse puis politique, les douze plus grandes cités de la Grèce. Roi très pieux, il reçut Dionysos à sa cour et fut le premier, rapporte une anecdote, à prescrire sagement de mêler l'eau et le vin.

AMPHILOCHOS. Avec Alcméon, Amphilochos, l'un des deux fils du devin Amphiaraos, époux d'Ériphyle, participa à l'expédition des Épigones et, à son retour, aida peut-être son frère à tuer leur mère. Pourtant, les Érinyes qui s'acharnaient sur Alcméon laissèrent Amphilochos en paix. Possédant, comme son père, le don de prophétie, il combattit contre Troie et seconda le devin officiel des Grecs, Calchas. Puis, parti en Cilicie, il fonda Mallos, mais il se disputa la souveraineté de cette ville avec un autre devin, Mopsos. Dans un combat singulier, tous deux périrent. Toutefois, leurs âmes se réconcilièrent et rendirent des oracles. Les questions des solliciteurs étaient inscrites sur des tablettes et la réponse leur était donnée par les rêves.

AMPHION. Fils de Zeus et d'Antiope, frère jumeau de Zéthos, Amphion fut abandonné à sa naissance par sa mère, qui craignait le courroux de son père, et confié aux bergers du mont Cithéron. C'est là que les jumeaux grandirent. Amphion, doué pour la musique, fut remarqué par Apollon, qui lui offrit une lyre; Zéthos préférait les exercices violents, la lutte et les travaux des champs. Leur mère enchaînée par Lycos, son oncle, fut miraculeusement délivrée de ses liens et réussit à les rejoindre; leur révélant leur origine, elle les incita au meurtre. Amphion et Zéthos gagnèrent Thèbes, tuèrent Lycos et attachèrent son épouse, Dircé, par les cheveux aux cornes d'un taureau sauvage, qui la traîna sur les rochers jusqu'à ce que mort s'ensuive. A cet endroit jaillit une fontaine qui porta son nom. Maîtres de Thèbes, les deux frères gouvernèrent la ville avec beaucoup de soin et construisirent des remparts. Il suffisait à Amphion de jouer de la lyre pour que les pierres charmées vinssent se ranger d'elles-mêmes et former des murs, lumineux symbole de l'accord de l'architecture et de la musique en Grèce. Tandis que Zéthos épousait Thébè, héroïne éponyme de la ville qui, auparavant, s'appelait Cadmée, Amphion prenait Niobé, la fille de Tantale, pour femme. Mais tous leurs enfants périrent pour avoir insulté Léto, la mère d'Apollon et d'Artémis. Amphion, dit-on, fut tué par les traits justiciers des deux dieux et précipité dans le Tartare pour avoir engendré une race insolente.

AMPHITRITE. Comme Héra est l'épouse légitime de Zeus, Perséphone, celle d'Hadès, Amphitrite, fille de Nérée et de Doris, est unie à Poséidon par les liens du mariage. Ce dieu l'avait en effet aperçue, alors qu'elle jouait sur une plage avec ses sœurs, les Néréides, et l'avait désirée pour femme. Elle s'échappa et vint se réfugier auprès d'Atlas, aux toutes dernières et lointaines limites de la mer. Un dauphin l'enleva et la livra au dieu de la Mer, qui la rendit mère de Triton.

AMPHITRYON. Ce fils d'Alcée, roi de Tirynthe, tua accidentellement son oncle Électryon, père d'Alcmène, et, banni de la cité, il se réfugia à Thèbes, où il fut purifié de son meurtre par le roi Créon. Il demanda alors la main d'Alcmène, qui l'avait suivi. Mais avant de céder, celle-ci exigea de son futur époux qu'il vengeât la mort de ses frères, tués par les fils du roi Ptérélas. Créon accepta de prêter son concours si son royaume était débarrassé du renard de Teumesse envoyé par Dionysos. Cette condition remplie, l'expédition punitive débarqua sur l'île de Taphos, dont la capitale était imprenable : en effet, Ptérélas conservait dans sa chevelure un cheveu d'or qui le rendait invulnérable. Sa fille Comaïtho, par amour pour Amphitryon, coupa le cheveu fatal, et la mort de son père permit la victoire. Mais le héros ne manifesta aucune reconnaissance à la jeune fille et la fit mettre à mort, tandis qu'il offrait le royaume des Taphiens à Céphale. Il rejoignit enfin Alcmène et engendra Iphiclès, qui naquit un jour avant Héraclès, son demi-frère. Amphitryon mourut peu après, au cours d'un combat contre les Minyens commandés par Erginos.

AMPSANCTUS LACUS. Petit lac situé entre l'Apulie et le Samnium, non loin d'Æculanum, capitale de la peuplade des Hirpins. Il s'échappait de ses eaux des vapeurs toxiques et nauséabondes, qui étaient considérées par les Anciens comme le signe de la proximité des Enfers.

AMYCOS. Ce roi des Bébryces, fils de Poséidon, avait l'habitude de contraindre les étrangers qui passaient sur ses terres à le combattre à poings nus. A l'issue de ces compétitions,

Belle jeune femme au visage de Romaine, Amphitrite accompagne son époux Neptune sur son char. Mosaïque romaine.(Louvre.)
[Phot. Giraudon.]

Amycos, qui en sortait toujours vainqueur, tuait le plus souvent ses adversaires. Toutefois, lorsque les Argonautes débarquèrent dans ses États, Pollux proposa de relever le défi que leur lançait le roi. Au cours d'un combat serré, il finit par réduire à sa merci le redoutable géant et lui arracha la promesse de laisser désormais les étrangers en paix.

AMYMONÉ. Quand Danaos, le père des Danaïdes, arriva en Argolide, il trouva le pays désolé par une sécheresse envoyée par Poséidon. Il dépêcha ses cinquante filles, et Amymoné en particulier, à la recherche de points d'eau. Amymoné s'étant assoupie, un satyre s'approcha et voulut la séduire. Elle invoqua Poséidon, qui, de son trident, chassa l'importun et fit couler d'un rocher une source qui porta le nom de la Danaïde. Le dieu s'éprit aussitôt d'Amymoné, et de cette union naquit Nauplios, le fondateur de la ville de Nauplie.

AMYNTOR. Roi des Dolopes, Amyntor, époux de Cléobule, avait un fils, Phœnix. Mais la servante du roi accusa Phœnix d'avoir voulu la séduire. Le père se crut outragé, frappa son fils de cécité et le maudit en lui déclarant qu'il n'aurait jamais d'enfant. Ce fils devait devenir l'un des compagnons d'Achille au cours de la guerre de Troie. Amyntor s'opposa ensuite à l'entrée d'Héraclès dans ses États et lui refusa même sa fille Astydamie; le héros fut contraint de tuer le roi récalcitrant et d'enlever Astydamie, dont il eut un fils.

ANAXARÉTÈ. Cette jeune fille de Chypre, aimée du berger Iphis, ne témoignait à ce soupirant qu'un

37

souverain dédain. Désespéré, le jeune homme se pendit au linteau de la porte de sa bien-aimée. Nullement émue par ce suicide, Anaxarétè, quelques jours plus tard, se pencha à sa fenêtre pour regarder passer le convoi funèbre d'Iphis. Cette marque d'insensibilité déplut à la déesse Aphrodite, qui changea la jeune fille en statue de pierre.

ANCÉE. Fils de Lycurgue et père d'Agapénor, et chef du contingent arcadien dans l'expédition grecque contre Troie, Ancée succéda à Tiphys comme pilote du navire *Argo* pendant l'expédition des Argonautes.

ANCHISE. Anchise possède le privilège d'être le père d'Énée, fruit de ses amours avec Aphrodite. Mais cette dernière avait enjoint à Anchise de ne pas révéler leur union. Or, Anchise, égaré par de nombreuses libations, commit l'indiscrétion de conter sa bonne fortune. Zeus, pour l'en punir, le frappa d'un trait de foudre. Selon les uns, il n'en aurait reçu qu'une insignifiante blessure. Selon d'autres, il en serait resté boiteux et aveugle. Parent de Priam, Anchise se trouvait à Troie avec son fils au moment de la prise de cette cité. Agé et perclus, il y aurait trouvé une mort certaine si Énée ne l'avait porté jusqu'à un vaisseau, à bord duquel ils purent tous deux gagner le large. Mais Anchise ne devait pas atteindre les rivages du Latium. Il mourut au large de la Sicile et fut enterré près du mont Éryx.

ANDROGÉE. Fils de Minos et de Pasiphaé, ce magnifique athlète crétois fut le grand vainqueur des jeux des Panathénées. Cependant, sa victoire porta ombrage à la gloire d'Athènes : aussi, à l'instigation d'Égée, le roi de la cité, Androgée fut tué par ses concurrents malheureux. Avec l'aide de Zeus, qui dépêcha sur

Athènes famine et peste, Minos vengea la mort de son fils en montant une expédition contre l'Attique. Pour mettre un terme à ces fléaux qui ravageaient leur sol, les Athéniens interrogèrent l'oracle et furent contraints d'envoyer chaque année, en Crète, un contingent de sept jeunes gens et de sept jeunes filles destinés à être dévorés par le Minotaure.

ANDROMAQUE. Andromaque, fille d'Eétion, roi de Thèbes de Mysie, fut l'épouse d'Hector et la mère d'Astyanax. Le destin s'acharna sur cette épouse dont la fidélité conjugale et la dignité sont citées en exemple par tous les écrivains anciens. Elle vit en effet périr de la main d'Achille son père et ses sept frères au cours de la guerre de Troie, et, peut-être, selon une tradition, son fils, qui aurait été jeté du haut des remparts de la cité. Épargnée lors du sac et de l'incendie de la ville, elle échut en partage à Néoptolème, le fils d'Achille. Ainsi, elle dut épouser, malgré elle, le fils du meurtrier de toute sa famille. De ce second mariage, elle eut trois enfants : Piélos, Molossos et Pergamos. Lorsque Néoptolème mourut, elle se remaria avec Hélénos, frère cadet d'Hector, en souvenir de son premier mari, dont elle était restée la veuve inconsolable. Elle mourut en Asie, où elle avait suivi son fils Pergamos, qui fonda, selon la légende, la ville dont il fut le roi éponyme.

ANDROMÈDE. Cassiopée, femme de Céphée, roi d'Éthiopie, commit un jour l'imprudence de vanter la beauté de sa fille Andromède et de prétendre qu'elle surpassait celles des Néréides. Poséidon, irrité du dédain que l'on manifestait à ses filles, envoya un monstre marin ravager la contrée. Lorsque Céphée consulta l'oracle d'Ammon, il lui fut répondu que son royaume serait délivré de ce fléau si Andromède était sacrifiée au dieu.

On attacha donc celle-ci à un rocher situé au bord de la mer. Elle s'attendait à être dévorée. Mais Persée, sur ces entrefaites, débarqua sur la côte d'Éthiopie. Il secourut Andromède en tuant le monstre. Puis il l'épousa. Dépité, un frère de Céphée, Phinée, auquel Andromède était promise, rassembla ses partisans et attaqua le héros au cours de ses noces. Grâce à la tête de Gorgone, tenue par Persée, tous les assaillants furent pétrifiés. Andromède suivit son époux en Grèce. Elle eut plusieurs enfants, au nombre desquels figurent Sthénélos et Électryon. Après sa mort, cette digne épouse fut placée entre les constellations septentrionales, près de celles de Persée, de Céphée et de Cassiopée.

ANGERONA. De cette très ancienne divinité de la religion romaine, les commentateurs anciens ignorent les attributs. Pour les modernes, elle serait la divinité qui introduit le Soleil : sa fête a lieu le jour du solstice d'hiver; mais les Romains la représentent avec un doigt sur les lèvres ou un bâillon sur la bouche. Ce silence que réclame Angerona est sans doute le silence du monde des Morts, dont elle serait alors une des divinités.

ANGUITIA. On connaît mal les attributs exacts de cette divinité romaine vénérée par les Marses dans la région du lac Fucin. Experte en l'art de préparer des poisons et des contrepoisons, douée pour charmer les serpents, elle savait les paroles magiques qui écartent les démons. On l'assimile souvent, dans les légendes hellénistiques, à Circé et à Médée.

ANIGRE. Cette rivière de l'Élide, qui se jette dans la mer Ionienne, était connue dans l'Antiquité à cause du goût désagréable de ses eaux. Afin d'expliquer cette particularité, on racontait que les centaures, blessés par Héraclès, s'y étaient baignés et y avaient laissé traîner leur odeur sauvage.

animaux sacrés. On constate dans la mythologie gréco-romaine que certains animaux tiennent une place de choix dans les légendes des héros et des dieux. A cet égard, on établit généralement une distinction entre les animaux de sacrifice et les animaux qui symbolisent en quelque sorte les dieux et qui leur sont associés. Parmi les premiers, on peut citer les agneaux, les brebis, les bœufs, les porcs. Parmi les seconds, qui sont innombrables, on a coutume de retenir l'aigle, symbole majestueux du pouvoir suprême, toujours associé à Zeus, le dieu des dieux, le serpent, consacré aux divinités chthoniennes, la chouette, l'oiseau prophétique de la déesse Athéna, la colombe, aussi blanche que la déesse Aphrodite lorsqu'elle sortit de l'écume de mer; le lézard est l'animal d'Apollon, le poisson celui d'Artémis, le chien l'animal familier d'Hécate. Le coq est consacré au

La chouette, animal sacré d'Athéna. Monnaie d'Athènes en bronze. (Bibl. nat. Cabinet des Médailles.)

dieu Asclépios, le paon à Héra. Certains animaux, enfin, traînent les chars des divinités, tels les lions de Cybèle ou les chevaux de Poséidon et d'Hadès. On ne peut pourtant parler d'une adoration de l'animal lui-même, comme dans la religion égyptienne. A travers eux, on adore les dieux. Ils ne sont pas des divinités, mais de simples emblèmes sacrés.

ANNA PERENNA. Sur cette vieille et mystérieuse divinité romaine, les traditions diffèrent. Elle aurait été divinisée pour avoir sauvé de la famine, en fabriquant des gâteaux, la plèbe réfugiée sur le mont Sacré lors de la Sécession. Cependant, Ovide lui donne une tout autre origine. Après la mort de Didon, sa sœur Anna s'enfuit à Carthage, en Italie, où Énée l'accueillit avec une bienveillance qui sembla coupable. Lavinie, épouse d'Énée, conçut le projet de faire périr Anna, qui, avertie en songe par sa sœur Didon, prit la fuite et se précipita dans le fleuve Numicius, où elle fut changée en nymphe. Le surnom de *Perenna*, qui lui fut donné plus tard, l'identifierait peut-être avec la notion d'immortalité, ou bien à l'année qui se répète éternellement.

ANTÉE. Ce géant monstrueux, fils de Gaia et de Poséidon, vivait dans le désert de Libye. Il s'y nourrissait de lions. Il attaquait sans distinction tous les voyageurs et les tuait sans pitié, car il avait promis à son père Poséidon de lui élever un temple avec des crânes humains. Héraclès, en quête des pommes d'or des Hespérides, le rencontra sur sa route et, à trois reprises, le terrassa. Mais chaque fois que le géant touchait le sol, Gaia lui rendait des forces nouvelles. Ayant découvert le secret de cette vigueur miraculeuse, Héraclès souleva de terre son adversaire et, de ses mains puissantes, l'étouffa.

ANTÉNOR. Beau-frère de Priam et époux de Théano, sœur d'Hécube, Anténor appartenait au conseil de Troie et passait pour un esprit sage et pacifique. Plusieurs fois, il essaya d'apaiser les dissensions entre Grecs et Troyens, afin de ne pas laisser les deux peuples s'affronter. Il reçut l'ambassade grecque, conduite par Ulysse et Ménélas, qui venait réclamer aux Troyens Hélène. Pendant la guerre même, il tenta plusieurs fois de faire conclure une trêve. Accusé de trahison, en raison de sa prudence et de ses réserves sur un conflit qu'il jugeait pernicieux à la cause et à l'existence de Troie, il ne dut son salut qu'à l'arrivée des Grecs, qui, reconnaissants de ses efforts, l'épargnèrent lui, sa femme et ses enfants, tant dans leurs personnes que dans leurs biens. Il put quitter librement la ville en flammes et parvint sur la côte adriatique, où il fonda, sur le territoire des Vénètes, la colonie de Padoue.

ANTÉROS. Ce dieu grec est le frère d'Éros. Né de la même mère, Aphrodite, il possède, selon les cas, deux attributions : Antéros venge son frère lorsque les mortels se refusent à l'amour ou le trahissent; mais il s'oppose également à lui, car, dans les cœurs, il remplace la passion par l'antipathie et la sécheresse; gênant de la sorte les unions monstrueuses, empêchant le retour du chaos primordial, il est, dans le désordre de l'amour, un facteur d'organisation et de pondération.

ANTICLÉE. Épouse de Laërte, Anticlée ne put supporter l'absence de son fils Ulysse, et, sans nouvelles de lui pendant de longues années, elle mourut de chagrin. Avant son mariage, elle avait vécu dans l'intimité de Sisyphe, qu'une version de la légende donne parfois comme le véritable père d'Ulysse.

ANTIGONE. 1° Fille d'Œdipe et de Jocaste, sœur d'Ismène, d'Étéocle et de Polynice, Antigone eut une vie douloureuse et une mort atroce, mais ne se départit jamais d'un dévouement et d'une grandeur d'âme sans pareils dans la mythologie. Quand son père fut chassé de Thèbes par ses frères et quand, les yeux crevés, il dut mendier sa nourriture sur les routes, Antigone lui servit de guide, veilla jusqu'à la fin de son existence à le réconforter et l'assista dans ses derniers moments à Colone. Puis elle revint à Thèbes; mais, là, une nouvelle et cruelle épreuve l'attendait. Ses frères se disputaient le pouvoir, et Polynice, parti chercher du secours chez Adraste, le roi d'Argos, revint avec une armée étrangère assiéger la ville et combattre son frère Étéocle comme un ennemi. Après la mort des deux frères, Créon, leur oncle, prit le pouvoir à Thèbes, fit des funérailles solennelles à Étéocle, mais interdit de donner une sépulture à Polynice, parce qu'il avait porté les armes contre sa patrie avec le concours d'étrangers. Ainsi l'âme de Polynice ne connaîtrait jamais de repos. Pourtant, Antigone, qui considérait comme sacré le devoir d'ensevelir les morts, se rendit une nuit auprès du corps de son frère et, selon le rite, versa sur celui-ci quelques poignées de terre. Surprise par un garde et conduite auprès de Créon, elle s'entendit condamner à mort et fut enterrée vive dans le tombeau des Labdacides. Plutôt que de mourir de faim, elle préféra se pendre. Hémon, le propre fils de Créon, et son fiancé, se suicida de désespoir; Eurydice, l'épouse de Créon, ne put supporter la mort de ce fils qu'elle aimait par-dessus tout et mit fin elle aussi à ses jours.

2° On connaît également une **Antigone** fille d'Euryiton, roi de la Phthiotide, qui épousa Pélée.

ANTILOQUE. Exposé à sa naissance sur le mont Ida, ce héros fut retrouvé par son père Nestor, roi de Pylos, et l'accompagna à Troie. Au cours d'un combat, selon la tradition la plus commune, il tomba sous les coups de l'Ethiopien Memnon. Ses cendres furent déposées auprès de celles de ses deux amis, Achille et Patrocle. Les trois héros se retrouvèrent dans le séjour des bienheureux, sur l'île Blanche, où, au milieu de la félicité totale, ils continuent pour l'éternité leurs exploits et leurs festins.

ANTINOOS. Fils d'Eupithès d'Ithaque, il apparaît dans *l'Odyssée* comme le chef des prétendants de Pénélope. Orgueilleux et brutal, il multiplia les méfaits dans le palais d'Ulysse, tenta de tuer Télémaque, dont la présence le gênait, dilapida les biens de Pénélope, insulta le porcher Eumée, venu pour introduire un mendiant dans la salle où il dînait avec ses compagnons. Ulysse se cachait sous cet humble déguisement : il tua Antinoos, qui portait une coupe à ses lèvres.

ANTIOPE. Sa beauté fut fatale à cette fille du dieu-fleuve Asôpos ou du roi thébain Nyctée. Zeus, amoureux, la séduisit sous la forme d'un Satyre; effrayée et craignant le courroux paternel, Antiope s'enfuit et trouva refuge chez le roi de Sicyone, Épôpée, qui l'épousa. Mais Lycos, frère de Nyctée, s'empara de Sicyone, tua le roi et ramena sa nièce à Thèbes. En cours de route, Antiope mit au monde deux jumeaux, Amphion et Zéthos, qu'elle dut abandonner et que des pâtres recueillirent. Persécutée par Dircé, épouse de Lycos, elle eut droit à la faveur des dieux, fut délivrée et put retrouver ses enfants, qui la vengèrent de l'indigne traitement qu'elle avait subi. Lycos et Dircé furent tués. Mais Dionysos ne voulut pas laisser ces meurtres impunis, et il frappa Antiope de folie; elle erra dans toute la Grèce, jusqu'au jour où Phocos, petit-fils de Sisyphe, la guérit et l'épousa.

APHRODITE. Ses pouvoirs sont immenses : déesse aimable, elle protège les mariages, favorise l'entente amoureuse des époux, féconde les foyers, préside aux naissances. Elle fertilise aussi les champs. Mais elle peut être également une divinité redoutable, car elle symbolise bien souvent la passion que rien n'arrête, qui rend fous d'amour ceux qu'elle veut perdre; elle ravage même les unions légitimes, pousse les époux à l'adultère, favorise la fécondité des amours illégitimes et incite les mortels à toutes les voluptés et à tous les vices. Aphrodite devient alors une déesse fatale, dont la ceinture magique donne à celui qui la ceint un étrange pouvoir de désirs perpétuels. Toutefois, ce caractère redoutable n'apparaît véritablement que chez la Vénus des Romains, identifiée avec Aphrodite. Les fruits aux nombreux pépins, symboles de la force fécondante, comme la grenade, le pavot, la pomme, lui sont habituellement consacrés. Parmi les oiseaux qui traînent son char ou l'entourent, on peut citer la colombe, le cygne, le pigeon, emblèmes de la fidélité conjugale. On représente généralement Aphrodite, nue ou à demi vêtue, dans des poses voluptueuses, drapée dans un mince voile qui moule les formes à la fois pleines et harmonieuses de son corps. Par ce caractère de sensualité, elle est souvent assimilée à la déesse orientale phénicienne Astarté.

Sur l'origine d'Aphrodite, déesse de l'Amour et de la Beauté, on connaît deux versions. Selon la première, elle est la fille de Zeus et de Dioné; d'après la seconde, elle est née du sang qui tomba dans la mer quand Cronos eut mutilé Ouranos. Ce sang féconda les

A gauche, le dieu Apollon, incarnation de la beauté masculine. « Apollon du Belvédère ». (Musée du Vatican.) [Phot. Anderson - Giraudon.] Ci-dessus, protecteur de la musique, l'Apollon Musagète accompagne la danse des Muses, qui rythment leurs pas au moyen de claquettes. Lécythe à figures sur fond blanc. (Louvre.) [Phot. Giraudon.]

flots, et Aphrodite surgit du creux d'une vague, aussi blanche et aussi belle que l'écume. Dès lors, l'amour dont elle était l'incarnation divine allait régner sur les dieux, les hommes et toutes les créatures animées. Épouse d'Héphaïstos, elle trompa fréquemment le dieu et conçut en particulier un amour passionné pour Arès, auquel elle donna des enfants célèbres, comme Éros et Antéros. Mais elle fut bientôt surprise par son époux, qui emprisonna les deux amants dans un filet. Honteuse, Aphrodite quitta quelque temps l'Olympe. Elle devait cependant encore trahir Héphaïstos en partageant la couche de Dionysos, d'Hermès et de Poséidon. Toutefois, la déesse ne se contenta pas de l'amour des dieux de l'Olympe. Des mortels, comme le Troyen Anchise, succombèrent à sa beauté et à sa grâce : elle donna ainsi le jour à Énée, l'ancêtre des Julii, dont César prétendait descendre. Elle aima enfin passionnément Adonis, symbole de la végétation qui renaît chaque année à la vie et à l'amour. Elle prit une part active aux actions des hommes, reçut de Pâris la fameuse pomme d'or et témoigna sa reconnaissance au héros troyen en faisant naître entre lui et Hélène un amour qui devait être si fatal à la ville de Troie.

Consacrée par Pâris comme la plus belle des déesses, Aphrodite offre en récompense au héros la jeune et belle Hélène. Elle montre ainsi l'intérêt essentiel qu'elle porte aux affaires des mortels. Terre cuite de Tanagra. (Coll. particulière.) [Phot. Giraudon.]

APOLLON. Une des douze grandes divinités de l'Olympe, Apollon naquit à Délos, où sa mère Léto, séduite par Zeus, vint se réfugier afin d'échapper à la fureur jalouse d'Héra. Apollon eut une sœur jumelle, Artémis, en compagnie de laquelle il est souvent représenté dans les légendes.

Dès qu'il apprit sa naissance, Zeus offrit à son fils une mitre d'or, une lyre et un char attelé de cygnes. Nourri de nectar par la déesse Thémis, le nouveau-né devint en quelques jours un magnifique adolescent, qui partit sur son char, muni d'un carquois et de flèches, pour le pays des Hyperboréens. Après y avoir séjourné un an, il vint à Delphes et commença là sa carrière. Il se distingua, en effet, non loin de cette ville en tuant le serpent Python, qui vivait dans une caverne du mont Parnasse. Mais ses amours sont plus célèbres encore. D'une beauté rayonnante, d'une grande stature, il séduisit de nombreuses nymphes, telle Coronis, qui lui donna un fils, Asclépios, que Zeus en colère foudroya. Apollon, pour se venger du dieu souverain, perça et tua de ses flèches les Cyclopes qui avaient forgé la foudre. Irrité par tant de présomption, Zeus chassa alors Apollon de l'Olympe. On connaît d'autres amours de ce dieu; il aima la nymphe Daphné, qui, pour lui échapper, fut transformée en laurier; il séduisit la nymphe Clytia, fille de l'Océan, et la changea en héliotrope, lorsque, abandonnée, elle révéla au père de Leucothoé, sa rivale, les nouvelles amours de son divin amant. Durant son séjour sur la Terre, Apollon trouva une complaisante hospitalité auprès du roi Admète, dont il garda le troupeau. C'est pourquoi le dieu passait souvent pour le protecteur du bétail. Quand son exil sur la Terre prit fin, il obtint la permission de réintégrer l'Olympe. Les Grecs multiplièrent ses attributions et leur donnèrent parfois un caractère funeste. C'est ainsi qu'il est regardé comme le dieu du Châtiment foudroyant. Toutes les morts subites sont le résultat des blessures qu'il inflige de ses traits. Parfois, il condamne l'humanité à une mort plus lente et plus horrible encore en lui envoyant la peste. Pourtant, Apollon est avant tout, aux yeux des Grecs, un dieu aimable et le chef des prophéties et de la divination : la pythie parle en son nom; inspirateur des musiciens et des poètes, il est alors appelé *Apollon Musagète*, la divinité tutélaire de tous les arts, le symbole du soleil et de la lumière civilisatrice. On peut dire, sans outrance, qu'Apollon reflète pour les Grecs le génie artistique de leur pays, l'idéal de la jeunesse, de la beauté, et du progrès.

ARACHNÉ. Cette jeune fille de Lydie, fille d'Idmon de Colophon, ville réputée pour ses teintures de pourpre, excellait dans l'art du tissage. Elle en vint même à se vanter de l'emporter sur Athéna, fileuse accréditée de l'Olympe. La déesse releva le défi. Mais Arachné tissa une pièce d'étoffe où étaient figurées les amours des dieux olympiens avec une telle adresse qu'Athéna ne put rien y trouver à reprendre. Sa colère n'en fut pas moins vive. Elle déchira l'ouvrage de sa rivale, frappa cette dernière, tant et si bien que la malheureuse, remplie de terreur et mortifiée, se pendit à l'aide d'une corde. Athéna la métamorphosa alors en araignée. Certains mythographes modernes ont émis l'hypothèse que cette légende se rapporterait à quelque rivalité entre le commerce des tissus athéniens et celui des articles textiles provenus de Lydie.

arbres. Symbole de la végétation, dont il est la plus puissante et plus majestueuse représentation, l'arbre tient un rôle de première importance dans les légendes. Il est le séjour des nymphes Hamadryades, qui, en une sorte de symbiose, vivent et meurent avec lui. Il est l'incarnation et la représentation de certains dieux; ainsi Zeus demeure dans les chênes de Dodone et anime de son souffle les feuillages qui rendent ses oracles; ainsi, le laurier est également l'arbre d'Apollon, la myrrhe celui d'Aphrodite, l'olivier, l'arbre d'Athéna. Enfin, innombrables sont les divinités ou héros et héroïnes des mythes et des légendes qui furent changés en arbre parce qu'ils avaient excité la pitié des dieux ou suscité leur courroux.

ARCAS. Fils de Zeus et de Callisto, Arcas fut tué par Lycaon et servi dans un banquet à son père, qui s'empressa de le ressusciter. Devenu roi des Arcadiens, il épousa Léanira, la fille d'Amyclas, roi de Sparte; il eut deux fils : Elatos, Aphidas, et un troisième, Azan, né de la nymphe Erato. Il enseigna à ses sujets l'art de filer la laine et de semer le blé. Il fut avec sa mère métamorphosé en ours, et placé parmi les constellations. Ses trois fils se partagèrent son royaume.

ARÈS. Fils de Zeus et d'Héra, Arès appartient à la génération des douze grands dieux de l'Olympe. Cependant, il n'a jamais tenu une place importante dans le culte grec. Dieu de la Guerre et de la Lutte, son aspect brutal, son comportement violent et agressif, son amour du carnage et des batailles ne le rendent en effet sympathique ni aux mortels ni même aux dieux. Aussi, les légendes l'ont souvent représenté au cours des combats dans des situations périlleuses d'où il ne sort pas toujours vainqueur. Pendant la guerre de Troie, il prend généralement parti pour les Troyens; il doit se mesurer à la bravoure de certains héros, et aussi à l'intelligence calculatrice et raisonnable de la déesse Athéna. Ainsi voit-on Arès, blessé par le héros Diomède auquel Athéna a prêté son concours, s'enfuir en hurlant vers l'Olympe. Le dieu n'est guère plus heureux avec Héraclès, qui lui perce la cuisse d'une de ses flèches. Les Aloades le retiennent en prison dans un vase d'airain pendant de longues années, tandis que les dieux, ses frères, prennent plaisir à l'humilier en se réunissant en tribunal pour le juger d'un meurtre. Les amours d'Arès avec les mortelles sont nombreuses, car, en dépit de son caractère barbare, le dieu n'est pas dénué d'une certaine beauté, mûre et virile. Mais les enfants qu'il engendre sont des êtres frustes, des brigands, des êtres violents, comme le bandit Cycnos, Diomède de Thrace, Lycaon ou Œnomaos. Parmi les immortelles, seule Aphrodite conçut un fol amour pour Arès, qui symbolisait dans toute sa puissance la force passionnelle et sensuelle. Importé de Thrace, son culte ne fut pas très répandu en Grèce. On

Le dieu Arès a pris ici l'apparence d'un guerrier étrusque à l'aspect farouche. Terre cuite étrusque. V s. av. J.-C. (Metropolitan Museum.) [Phot. R. Viollet.]*

comprend que les Grecs, dont l'esprit était porté aux subtilités de la raison et aux finesses de l'intelligence, aient manifesté quelque répugnance à l'égard d'un dieu qui, au fond, tant par son origine, que par son caractère et ses attributions, leur était quelque peu étranger. En revanche, les Romains le tinrent en haute estime et le confondirent avec leur dieu Mars.

ARÉTHUSE. Suivante d'Artémis, cette Néréide fut métamorphosée en fontaine pour échapper aux avances du dieu-fleuve Alphée.

ARGONAUTES. On appelle ainsi les héros qui firent voile pour la Colchide sous la direction de Jason, afin de rapporter à Pélias, roi d'Iolcos, soucieux d'écarter son neveu du trône, la Toison d'or du bélier consacré à Arès par le roi de Colchide, Aiétès. Au nombre d'environ cinquante, les illustres Argonautes, parmi lesquels on cite Jason, Admète, Amphion, Tydée, Thésée, Héraclès, les Dioscures, Orphée et une foule d'autres héros, s'embarquèrent sur le navire *Argo*, construit sous la direction d'Athéna dans des bois de Dodone. On peut suivre, d'après le récit d'Apollonios de Rhodes, le voyage des illustres navigateurs. Leur périple les conduisit d'abord dans l'île de Lemnos, puis les mena dans l'île de Samothrace, où, sur les conseils d'Orphée, ils s'initièrent aux mystères. Ayant franchi l'Hellespont, les Argonautes jetèrent l'ancre sur la côte de l'île de Cyzique, pays des Doliones, gouverné par le roi Cyzicos, qui les accueillit avec tous les honneurs de l'hospitalité. Mais après avoir quitté l'île, ils furent pris dans une immense tempête et rejetés sur le territoire de Cyzicos, par une nuit sombre. Les indigènes ne reconnurent pas leurs hôtes de la veille, et les prenant pour des pirates, ils engagèrent contre les intrus une lutte sans merci, au cours de laquelle leur roi fut tué par Jason. Au petit jour, les combattants des deux camps s'aperçurent de leur méprise et, par des jeux et des veillées funèbres, rendirent honneur aux dépouilles mortelles du roi et de ses guerriers. Après avoir quitté l'île, l'*Argo* fit escale sur la côte de Mysie, où Hylas fut entraîné dans les eaux par des nymphes trop éprises de lui. Héraclès et Polyphème, qui étaient partis à sa recherche, furent abandonnés par leurs compagnons, qui levèrent l'ancre et firent voile vers le pays des Bébryces chez le roi Amycos, qu'ils tuèrent ainsi que beaucoup de ses sujets. Parvenus ensuite en Thrace, les Argonautes, avec l'aide des Boréades Calaïs et Zétès, réussirent à débarrasser le devin Phinée des Harpyes qui le tourmentaient sans cesse. En témoignage de reconnaissance, le devin donna à ses hôtes des conseils sur les moyens d'éviter les dangers qu'ils encouraient lors de leur voyage. Les Argonautes purent ainsi sans trop d'encombre passer entre les Symplégades, ou Roches flottantes, qui, poussées l'une contre l'autre par des courants contraires, écrasaient les navires. Après avoir atteint la mer Noire, ils abordèrent en Colchide chez le roi Aiétès, possesseur de la Toison d'or. Grâce au concours de Médée, la fille du roi, Jason put s'en emparer et reprit la route de la mer. Médée, qui s'était enfuie avec les Argonautes, tua son frère Absyrtos et répandit tout au long de sa route les membres du malheureux, afin d'empêcher Aiétès, occupé à ramasser les restes de son fils, de continuer à les poursuivre. Ce geste criminel déplut cependant à Zeus, qui dépêcha sur le navire *Argo* une puissante tornade. Un devin déclara que seule Circé pourrait purifier les héros criminels. L'*Argo* remonta alors le cours de l'Eridan (le Pô) et du Rhône, puis descendit vers la Méditerranée et gagna la Sardaigne et l'île d'Aeaea, le royaume de Circé, où ils firent escale; la magicienne purifia les Argonautes, et ils purent reprendre la mer. Ils résistèrent aux chants mélodieux des Sirènes grâce à Orphée, qui, de sa lyre, surpassa les dangereuses magiciennes, passèrent ensuite sans dommage entre Charybde et Scylla et atteignirent Corcyre, le pays des Phéaciens. Le roi Alcinoos, ami d'Aiétès, leur demanda la restitution de Médée, mais seulement si elle était vierge. Aussi Jason s'empressa d'épouser celle qui l'avait suivi si fidèlement. Le navire fit route par la suite vers la Libye, la Crète, où le géant Talos, qui tuait tous les étrangers, succomba aux enchantements de Médée en se déchirant la veine du pied, ce qui provoqua sa mort. Lorsque les Argonautes quittèrent cette île, une nuit opaque les entoura soudain. Ils supplièrent Phœbos de les éclairer. Le dieu les exauça, et les navigateurs réussirent à aborder dans la petite île des Sporades. Dès lors, leur périple touchait à sa fin. Après avoir débarqué à Égine, ils regagnèrent Iolcos, avec la précieuse Toison d'or.

Cet immense voyage ne serait, selon certains mythographes, que l'image d'une entreprise de colonisation dans le Pont-Euxin et en Asie Mineure, ou bien le symbole de la découverte dans le Caucase (l'ancienne Colchide) de merveilleuses mines d'or.

ARGOS. 1° Fils de Zeus et de Niobé, **Argos** fut un des rois de la ville du même nom.

2° On connaît également sous le nom d'**Argos** un Thespien constructeur du navire *Argo*, sur lequel s'embarquèrent les Argonautes.

3° Un autre **Argos**, fils de Phrixos et de la Colchidienne Chalciopé, après avoir fait naufrage, fut recueilli par les Argonautes et participa à leur expédition.

4° Le plus célèbre des Argos était surnommé *Panoptès* (« celui qui voit tout »). Géant aux cent yeux et à la force redoutable, il se livra à divers exploits et tua en particulier un taureau sauvage qui ravageait l'Arcadie.

Athéna, à gauche, apporte la contribution de sa science à la construction du navire Argo. Elle aide un des ouvriers à fixer la voile sur le mât, tandis qu'un autre ouvrier édifie la proue du navire. Bas-relief antique. (Villa Albani, Rome.) [Phot. Alinari.]

Il mit aussi à mort le monstre Échidna. Confiante dans ses capacités, Héra chargea Argos de surveiller sans relâche Io, amante de Zeus, qu'elle avait changée en génisse. Le géant, en effet, avait la faculté de ne dormir que de cinquante yeux, tandis que les cinquante autres demeuraient ouverts. Cependant, Hermès, sur ordre de Zeus, réussit, grâce au son charmeur de sa flûte, à plonger le redoutable gardien dans un profond sommeil, et il put ainsi lui trancher la tête. En souvenir de son serviteur défunt, Héra plaça les cent yeux d'Argos sur le plumage de son animal sacré, le paon.

ARGOS. Dans la mythologie grecque, on connaît plusieurs villes de ce nom. La plus célèbre fut fondée par la dieu-fleuve Inachos, ou, selon une autre tradition, par son fils Phoronée, ou encore par son petit-fils Argos. Mais cette première race royale fut détrônée par Danaos, et ses descendants, à leur tour chassés par Pélops. Bientôt, le royaume fut divisé en deux États indépendants : Mycènes, qui fut gouvernée par Atrée et son fils Agamemnon, et Argos, qui retrouva une nouvelle splendeur sous le règne d'Oreste. Au moment de l'invasion dorienne, l'ensemble du Péloponnèse, et Argos en particulier, échut à Téménos, puis à ses descendants.

ARIANE. Cette fille de Minos et de Pasiphaé s'éprit de Thésée, venu en Crète, et lui fournit le fil qui permit au héros athénien de ne pas s'égarer dans les couloirs sinueux du Labyrinthe et de tuer le Minotaure. Enlevée par Thésée, Ariane fut, selon la tradition la plus courante, abandonnée sur l'île de Naxos, une des Cyclades. Dionysos l'y découvrit endormie et l'épousa, lui offrant pour ses noces une couronne d'or, qu'il plaça par la suite au nombre des constellations.

ARION. Ce poète de Lesbos vécut sans doute vers le VIII⁰ siècle av. J.-C.

Il passait pour l'inventeur de la poésie dithyrambique. Il jouait à la perfection de la cithare. Il obtint de son ami Périandre, tyran de Corinthe, la permission de partir pour la Sicile, où se déroulait un concours de chant et de poésie. Il y remporta la première place. Comblé de présents, il s'embarqua sur un navire, afin de regagner son pays. Mais les matelots convoitèrent ses richesses et décidèrent de le tuer. Apollon apparut alors en songe à Arion, lui révéla le danger qu'il courait et lui promit sa protection. Quand les marins se ruèrent sur lui, Arion leur demanda de lui accorder une suprême faveur : celle de jouer de la cithare et de chanter pour la dernière fois. Une multitude de dauphins, attirés par la mélancolique et tendre mélodie, s'assemblèrent autour du navire, et, lorsque Arion, après avoir achevé sa complainte, se jeta dans la mer, l'un d'entre eux le porta sur son dos jusqu'au cap Ténare, d'où le héros put rejoindre Corinthe et confondre les matelots, qui furent suppliciés sur l'ordre de Périandre.

ARISTÉAS. On connaît sous ce nom un poète épique qui vécut, croit-on, vers le VI⁰ siècle av. J.-C., mais dont la biographie se réduit à une suite de récits fabuleux. A moitié magicien, Aristéas avait le pouvoir de disparaître à sa guise et de resurgir à des époques et dans des lieux divers. Il figura pendant quelques années au nombre des compagnons d'Apollon et suivit ce dieu dans ses voyages au pays des Hyperboréens.

ARISTÉE. Séduite par Apollon, la Néréide Cyrène donna le jour à un fils, Aristée, qui avait pour ancêtre le dieu-fleuve Pénée. Son éducation fut confiée au centaure Chiron et aux Nymphes, qui lui apprirent la manière de cultiver l'olivier, de préparer le lait et surtout l'art d'élever les abeilles. Son épouse Autonoé, fille de Cadmos, mit au monde un fils, Actéon, qui devait périr changé en cerf et dévoré par des chiens. Aristée ne fut pas toujours fidèle à Autonoé; il aimait poursuivre les Nymphes, les Dryades, et en particulier Eurydice, dont il était amoureux. Celle-ci, en s'enfuyant, marcha sur une vipère et mourut de sa piqûre. Les Dryades vengèrent leur sœur en faisant périr toutes les abeilles d'Aristée. Ce dernier, tout en pleurs, alla trouver sa mère et lui demanda conseil. Cyrène l'envoya au devin Protée qui rendait des oracles, mais de si mauvaise grâce qu'il fallait l'enchaîner pour qu'il ne pût s'échapper. Protée se laissa finalement adoucir et conseilla de sacrifier quatre taureaux et quatre génisses afin d'apaiser les mânes d'Eurydice. Lorsqu'il revint, neuf jours après le sacrifice, Aristée aperçut des milliers d'abeilles qui s'échappaient des entrailles des animaux : les dieux lui avaient pardonné. On comprend qu'élève des Nymphes, versé dans les techniques agricoles, Aristée ait été rangé au nombre des divinités agrestes en diverses contrées de la Grèce, notamment en Thessalie, en Béotie et en Arcadie.

ARISTODÈME. Cet Héraclide, fils d'Aristomachos, prépara avec ses frères, Téménos et Cresphontès, la conquête du Péloponnèse. Mais il omit de consulter l'oracle d'Apollon. Il mourut, foudroyé. Il était le père d'Eurysthénès et de Proclès, auxquels il laissa son royaume de Laconie en partage.

ARTÉMIS. Appelée *Diane* par les Romains, Artémis est la fille de Zeus et de Léto. Elle naquit dans l'île de Délos le même jour qu'Apollon, son frère jumeau, auquel elle emprunte bien souvent les traits de caractère et les attributs. Armée de flèches, elle tue impitoyablement ceux qui, d'une manière ou d'une autre, ont osé insulter sa personne divine et celle de sa mère,

Une des plus classiques représentations d'Artémis avec le carquois chargé de flèches et la tunique courte qui n'entrave pas les mouvements. **« Diane de Versailles ».** *Art hellénistique. (Louvre.)*

notamment les enfants de Niobé, et Orion, qui avait tenté de la séduire. D'une manière générale, elle est responsable des morts soudaines : ses flèches sont toujours précises, foudroyantes de rapidité et mortelles; comme Apollon, elle se trouve aux côtés des Troyens contre les Grecs et oblige Agamemnon, coupable de s'être vanté de la surpasser au tir à l'arc, à lui sacrifier Iphigénie, qu'elle sauve à la dernière extrémité. Belle, chaste et vierge, ombrageuse et jalouse de ses talents de chasseresse, elle punit Actéon, qui prétendait la surpasser, en le transformant en cerf et le faisant dévorer par ses chiens. Dans le monde antique, on connaît toutefois plusieurs Artémis. Ainsi, en Tauride, on adorait une Artémis, cruelle déesse montée sur un char traîné par deux taureaux. Elle portait un flambeau à la main, et son front était surmonté d'un croissant de lune. On lui sacrifiait les étrangers; Oreste, grâce à sa sœur Iphigénie, put s'enfuir et échapper à cette sauvage coutume. Une autre Artémis, celle d'Ephèse, diffère de la déesse traditionnelle : en effet, loin de se refuser à l'amour, elle s'y livre sans retenue et nourrit, grâce à ses multiples mamelles gonflées de lait, les hommes et la Terre. Cependant, malgré toutes ces confusions, l'Artémis grecque demeure la chasseresse et la chaste, et c'est sous ces traits et ces attributs qu'elle figure dans la plupart des légendes.

ASCAGNE. La tradition la plus courante fait d'Ascagne le fils d'Énée et de Créuse. Selon d'autres versions de sa légende, il serait issu d'Énée et de Lavinie. Après la ruine de Troie, une flamme aurait tournoyé au-dessus de sa tête, et Énée, dans ce phénomène, aurait découvert un présage favorable à la recherche d'un nouvel établissement, décidant de fonder une colonie en Italie. On s'accorde pour attribuer au fils d'Énée la construction d'Albe-la-Longue. On lui reconnaît le surnom de *Iule* et on en fait l'ancêtre de la célèbre famille romaine Julia.

ASCALAPHOS. 1° Fils d'Arès et d'Astyoché, Ascalaphos commanda un corps de Minyens d'Orchomène à Troie et périt sous les coups de Déiphobos, un des fils du roi Priam.
2° Lorsque Hadès permit à Perséphone de regagner le monde des vivants, à condition qu'elle n'eût rien mangé au cours de son séjour dans les Enfers, **Ascalaphos,** l'un de ses gardiens, prétendit que la déesse avait mordu une grenade, au mépris de l'avertissement qu'on lui avait donné. Déméter, mère de Perséphone, châtia le trop zélé bavard en le métamorphosant en chouette.

ASCLÉPIOS. Hésiode et Pindare nous ont conté l'histoire de ce dieu de la Médecine si célèbre dans l'Antiquité que les Romains eux-mêmes l'adoptèrent et le vénérèrent sous le nom d'Esculape. Séduite par Apollon, sa mère, Coronis, fille de Phlégyas roi de Thessalie, ne devait jamais le connaître Si l'on en croit la légende, elle trompa son amant divin avec un mortel, Ischys; Apollon, informé de l'infidélité de son amante, la tua. Mais au moment où le corps de Coronis commençait à se consumer sur le bûcher funéraire, pris de remords, le dieu arracha son fils vivant des entrailles de sa mère morte et le confia à Chiron. Asclépios apprit de ce sage et savant centaure l'art de composer des simples et de fabriquer des remèdes. Bientôt, il acquit une habileté telle que non seulement il réussit à guérir les malades, mais à ressusciter les morts; Glaucos, Tyndare, Hippolyte, en particulier, lui doivent leur retour à la vie. Devant les plaintes d'Hadès, qui redoutait de fermer les portes de son royaume, faute de sujets, et qui craignait aussi que l'ordre de la nature ne fût troublé par des guérisons miraculeuses, Zeus, un jour, foudroya le trop zélé Asclépios, Pour venger la mort de son fils, Apollon tua les Cyclopes, artisans de la foudre, et fut en punition condamné par les dieux à un court exil sur la Terre.

Malgré sa mort tragique, Asclépios eut droit, dans l'Antiquité, aux honneurs divins, et nombreux étaient les infirmes, les aveugles, et les malades qui venaient dans ses sanctuaires, notamment à Épidaure, demander la guérison ou l'apaisement de leurs souffrances. Asclépios leur apparaissait alors en songe et leur révélait le remède qui leur rendait la santé. Il portait pour emblème principal le ser-

Appuyé sur le bâton autour duquel s'enroule le serpent, animal divinateur, Asclépios reçoit un cortège de suppliants venus lui demander la guérison de leurs maux. Bas-relief de Thyréa. (Musée d'Athènes.) [Phot. Alinari.]

pent, symbole chthonien et également image de la rénovation, puisque cet animal change de peau chaque année. Asclépios transmit ses dons miraculeux à ses enfants Machaon et Podalirios, praticiens dans l'armée grecque devant Troie, à sa fille Hygie, déesse de la Santé et à ses descendants, les Asclépiades, qui formaient une confrérie sacerdotale où les « secrets » de leur illustre ancêtre se transmettaient de père en fils.

ASÔPOS. Ce fleuve du Péloponnèse, qui se jette dans la mer de Corinthe, fut divinisé. Comme tous les fleuves grecs, il avait été engendré par Océan et Téthys. Il avait eu lui-même, d'une fille du fleuve Ladon, Métopé, deux fils et vingt filles. L'une d'elles, Égine, fut enlevée par Zeus, qui s'était métamorphosé en aigle. Sisyphe, roi de Corinthe, courut apporter la nouvelle au dieu-fleuve, qui, de fureur, enfla ses eaux et dévasta toute la contrée. Zeus précipita aux Enfers le

dénonciateur et foudroya le père indigné, dont les eaux durent, en toute hâte, regagner leur lit.

ASTÉRIA. Fille du titan Coéos et de Phœbé, épouse de Persès et mère d'Hécate, Astéria se changea en caille pour échapper aux ardeurs amoureuses de Zeus, puis se jeta dans la mer et fut transformée en une île rocheuse, qui prit le nom d'*Ortygie* (grec *ortux*, caille) avant de recevoir celui de Délos, lorsque sa sœur Léto y mit au monde Apollon et Artémis.

ASTÉROPÉ. On ignore tout de la descendance de cette Pléiade. On sait seulement qu'elle épousa un Titan.

ASTRÉE. Juste et vertueuse, cette fille de Zeus et de Thémis vivait au milieu des mortels dans les moments heureux de l'âge d'or. Mais, lorsque l'âme humaine se fut pervertie, elle se retira, avec sa sœur la Pudeur, du séjour des vivants et, sous le nom de *Virgo*, se fixa dans les cieux parmi les astres.

ASTYANAX. Craignant une éventuelle restauration du royaume de Troie, les Grecs tuèrent l'héritier du trône, Astyanax, fils d'Hector et d'Andromaque, en le précipitant du haut des remparts de la ville.

ATALANTE. Les légendes béotiennes et arcadiennes attribuent à cette héroïne le caractère d'Artémis, dont elle est peut-être une des représentations locales. Exposée à sa naissance par son père Iasos, qui ne désirait que des enfants mâles, Atalante fut nourrie du lait d'une ourse et recueillie par des chasseurs, qui l'élevèrent. Elle aimait la chasse et les exercices violents; elle perça de ses flèches les centaures Rhœcos et Hylæos, qui avaient voulu lui faire violence, et, au cours de la

Atalante porte la même tunique courte qu'Artémis, dont à la chasse elle est souvent la compagne. Marbre antique. (Louvre.) [Phot. Giraudon.]

chasse du sanglier de Calydon, elle fut la première à le toucher. Mais sa chasteté parut un défi à la déesse Aphrodite. Pour ne pas se marier, Atalante imagina un stratagème. Tous ses prétendants seraient obligés de concourir avec elle dans une course à pied. Si l'un d'eux était vainqueur, ce qui semblait impossible, puisqu'elle passait pour la plus rapide et la plus légère des mortelles, il obtiendrait sa main. S'il était vaincu, il aurait la tête tranchée. C'est ainsi que beaucoup de prétendants périrent jusqu'au jour où Hippoménès, grâce à une ruse, devança Atalante et l'épousa. Quelque temps après leurs noces, les deux époux pénétrèrent dans un sanctuaire consacré à Zeus, ou à Déméter selon une autre version, et se livrèrent à de fols embrassements. Courroucé par cet acte de profanation, le dieu les changea en lions.

ATÉ. L'une des nombreuses divinités allégoriques de la mythologie, Até, fille d'Éris, la Discorde, et de Zeus, personnifie l'égarement fatal des hommes. Elle pousse les mortels à l'erreur et à la perdition. La déesse avait perdu le bénéfice de vivre avec les dieux de l'Olympe. En effet, Zeus avait promis de donner à son futur fils Héraclès la suprématie sur Mycènes. Or, poussée par Até, Héra fit naître avant lui Eurysthée, qui était lui aussi un descendant de Persée et qui priva ainsi son demi-frère de l'empire que Zeus lui avait destiné. Lassé de sa malfaisance, Zeus saisit Até par les cheveux et la jeta sur la Terre, lui interdisant à jamais de revenir dans la compagnie des dieux. Depuis lors, elle ne quitte plus les mortels, dont elle accroît la confusion et qu'elle induit en erreur.

ATHAMAS. Fils d'Éole, ce roi de Béotie épousa, à Orchomène, Néphélé, dont il eut deux enfants, Phrixos et Hellé. Mais ce premier mariage, fait sans le consentement des deux époux,

Assis sur son trône, et tenant d'une main le foudre, emblème de sa toute-puissance, Zeus, derrière lequel on reconnaît le dieu Poséidon armé de son trident, salue la naissance d'Athéna, qui, toute casquée et armée, sort de son front, fendu par les soins d'Héphaïstos. Déjà la chouette, animal favori de la nouvelle déesse, s'est posée sur le rebord du trône, tandis qu'un génie ailé, ou peut-être même Ilithye, déesse des Accouchements, caché sous le trône, apporte son concours favorable à cet événement. Amphore grecque. (Louvre.)

ne fut guère heureux, et Athamas reporta sa tendresse sur Ino, fille de Cadmos, dont il eut deux fils, Léarchos et Mélicerte. Héra, qui avait conçu une profonde aversion contre les deux époux, frappa Athamas de folie. Au cours d'une crise, il tua Léarchos. Banni de Béotie, il alla, dans son malheur, trouver l'oracle de Delphes, qui lui conseilla de s'installer là où des bêtes sauvages l'inviteraient à leur repas. Parvenu en Thessalie, Athamas rencontra des loups qui dévoraient un mouton et qui s'enfuirent à son approche. Il comprit aussitôt que, suivant la prédiction de l'oracle, il arrivait au bout de ses peines et fonda, sur les lieux mêmes du prodige, la cité d'Alos, régnant sur la contrée d'alentour, qui prit le nom d'*Athamantia*.

ATHÉNA. Alors qu'elle était enceinte d'Athéna, la déesse Métis fut avalée par Zeus, son amant, qui craignait que l'enfant qu'elle portait ne le détrônât. Mais le dieu sentit bientôt les douleurs d'un violent mal de tête. Héphaïstos lui fendit le crâne d'un coup de hache. Athéna sortit de la déchirure de sa tempe, tout armée et casquée, en poussant un immense cri de guerre. La déesse, l'une des douze divinités de l'Olympe, devait être mêlée, de près ou de loin, à la plupart des grands récits cosmogoniques. Douée d'une noble raison, ayant acquis de sa mère le sens de la sagesse, elle devint, en effet, pour les dieux, une précieuse conseillère et les aida, en particulier, à vaincre les Géants. Cependant, elle n'hésita pas à disputer à Poséidon la possession de l'Attique. Tandis que le dieu frappait l'Acropole de son trident et en faisait jaillir un splendide coursier ou, disent d'autres versions, un lac salé, la déesse offrait aux habitants du pays un olivier, symbole de la paix et aussi de richesse. Ces derniers jugèrent que l'arbre leur serait plus utile que le cheval et choisirent finalement Athéna pour protectrice. On verra la déesse protéger sans relâche les grands héros de l'Attique et la plupart des chefs grecs au cours de la guerre de Troie. Bientôt, les attributions d'Athéna se développèrent et se multiplièrent. Elle

NÉPHÉLÉ =	ATHAMAS	=	INO = THÉMISTO	ATHAMAS
PHRIXOS	HELLÉ	LÉARCHOS	MÉLICERTE	SCHŒNÉE
				ATALANTE

Une attitude familière d'Athéna : le casque relevé, le front posé sur sa lance, le corps appuyé sur un seul pied et légèrement penché en avant, la déesse des Arts et de l'Intelligence réfléchit. Art grec. V. 450 av. J.-C. (Musée de l'Acropole, Athènes.) [Phot. Alinari - Giraudon.]

ne fut plus seulement la chaste déesse qui priva Tirésias de la vue parce que le devin avait osé la regarder se baigner, ou qui fit chasser de l'Olympe Héphaïstos, coupable d'avoir attenté à son honneur; elle ne fut plus uniquement la déesse de la Guerre portant la cuirasse, l'égide, la lance d'or, le bouclier, où surgissait la tête de Méduse, telle, en somme, que la représentait le Palladion : elle devint la protectrice de l'État, la déesse qui garantit l'équité des lois, leur juste application, tant devant les tribunaux que dans les assemblées. Mais la loi seule ne peut suffire à assurer la pérennité d'un État et d'un peuple : elle doit également provenir de la prospérité du pays. Aussi Athéna veille, avec une particulière bienveillance, sur l'agriculture. Elle a inventé, pour la commodité des hommes, les instruments aratoires, qui permirent à la terre attique de fournir un meilleur rendement. En outre, la déesse protège chaque famille, veille sur l'entente et la chasteté des époux, sur l'honneur du foyer et la santé de quiconque (« Athéna Hygieia »). Par l'influence heureuse de sa raison et de sa pensée réfléchie et subtile, Athéna apporte aux lettres et aux arts l'énergie et l'inspiration nécessaires à un rayonnement spirituel étendu et constant. Il s'ensuit que cette divinité apparaît bien comme le symbole divin de la civilisation grecque qui, par sa force guerrière, par son intelligence, sa sagesse, la modération de ses mœurs et la beauté étudiée de ses monuments artistiques et littéraires, a su imposer sa domination sur le monde. Plus tard, les Romains l'ont identifiée avec Minerve.

ATHÈNES. Cette cité de l'Attique passe pour avoir reçu son nom de la déesse Athéna, qui, un jour, s'en était disputé la possession avec Poséidon. Elle avait offert à la ville un olivier, ce qui la fit choisir comme protectrice par

Cécrops, l'un des premiers rois mythiques d'Athènes. D'autres princes légendaires lui succédèrent : parmi eux Égée et le fils de celui-ci, Thésée. Ce héros accomplit dans la cité d'importantes réformes politiques et sociales de caractère démocratique. Il réunit les douze bourgs indépendants de l'Attique et leur donna Athènes pour capitale. Il scella cette union en instituant des fêtes : les Panathénées, les Synoikies, que célébraient tous les habitants de l'Attique. A l'époque classique, on prétendit avoir retrouvé les cendres de ce monarque et on les enterra, en grande pompe, dans un temple, dont on n'a pu encore de nos jours déterminer l'emplacement exact.

ATLANTIDE. Selon Platon, dans *Critias*, lorsque les dieux se partagèrent le monde, Athéna reçut la cité d'Athènes et Poséidon l'Atlantide, pays des Atlantes, immense île située à l'ouest des colonnes d'Hercule. Le dieu y vécut en compagnie d'une jeune fille, Clito, qui lui donna dix enfants. L'aîné, Atlas, divisa l'île en dix États et s'adjugea la montagne centrale. Les rois de l'Atlantide, vassaux du roi, descendants d'Atlas, exploitèrent les richesses naturelles —cuivre, fer, or—, fondèrent des villes et s'établirent dans des palais enchanteurs, bâtissant autour de leur cité des murailles et des canaux, propices à la défense et au commerce. 9 000 ans avant Platon, ils tentèrent de dominer l'Afrique et l'Asie, mais furent repoussés par les Athéniens et leurs alliés. L'île de l'Atlantide, en punition des vices et de l'orgueil de ses habitants, fut engloutie par l'Océan. Il est probable que l'Atlantide, pays fabuleux, a été confondue par les Anciens avec les îles Açores, sur lesquelles les Phéniciens racontaient des histoires merveilleuses. Aujourd'hui encore, un nombre considérable d'auteurs ne mettent pas en doute la véracité du conte de Platon et cherchent à identifier et à localiser cette île dont l'existence demeure malgré tout fort hypothétique.

ATLAS. 1° Fils de Japet et de l'Océanide Clyméné, ce Géant appartient à la première génération des dieux. Avec ses frères, il combattit Zeus et, en punition de ce crime, fut condamné à porter le ciel sur ses épaules. On raconte aussi que Persée lui demanda l'hospitalité, mais essuya un refus. Irrité, le héros lui présenta la tête de Méduse, et le Géant, pétrifié,

Atlas, le corps fléchi, les muscles gonflés, soutient le monde, sur lequel sont gravés les signes du Zodiaque. Sculpture antique. **(Musée de Naples.)** [Phot. Alinari.]

fut changé en une montagne nommée « Atlas », sur laquelle, selon les Anciens, reposait la voûte céleste. Dans sa nombreuse postérité, on compte les Pléiades, les Hyades, Maia, Dioné, Calypso, Hyas.

2° On connaît un autre **Atlas**, roi de l'Atlantide, qui administra son royaume avec tant de justice et de bonté qu'il en fit l'un des plus riches de toute la Terre.

ATRÉE. Comme Étéocle et Polynice, et de nombreux frères dans la mythologie, Atrée et Thyeste, fils de Pélops et d'Hippodamie, furent animés l'un contre l'autre d'une haine inexpiable. Après avoir assassiné son demi-frère Chrysippos, Atrée dut s'enfuir avec son frère et gagner Mycènes, où il trouva refuge chez le roi Sthénélos. La succession au trône ayant été ouverte, les deux frères se disputèrent le pouvoir, chacun imaginant les fourberies les plus lâches pour éliminer l'autre. Ainsi Thyeste, aidé par sa belle-sœur Aéropé, vola la Toison d'or d'un mouton que possédait son frère, et demanda que celui qui la posséderait fût choisi comme roi. Atrée, ignorant le larcin et sûr de sa victoire, accepta la proposition avec joie. Mais il fut averti en songe par Hermès de la perfidie de Thyeste ; il suivit le conseil du dieu en déclarant à son réveil que si le soleil renversait sa course, lui, Atrée, serait proclamé roi. Or, le soleil se coucha à l'Est, et Atrée devint ainsi roi de Mycènes. Fort de ses droits et de la protection divine, il imagina alors contre son frère les persécutions les plus cruelles ; non content d'avoir massacré ses neveux, il les lui servit au cours d'un repas. Il incita même Egisthe à tuer Thyeste. Mais Egisthe s'aperçut que ce dernier était son père et tourna son glaive contre son oncle. De deux mariages, Atrée avait eu un certain nombre d'enfants célèbres dans les légendes : de Cléola, petite-fille de Pélops, Plisthène ; d'Aéropé, veuve de Plisthène, Agamemnon et Ménélas, selon une des traditions. D'un troisième mariage avec Pélopia, Atrée n'eut pas d'enfants.

ATRIDES. La famille des Atrides, parmi laquelle on compte des personnages fameux de la mythologie, doit son nom à Atrée, qui descendait de Tantale et de Pélops. Cette famille est marquée par la cruauté d'un destin qui s'acharne sur chacun de ses membres, et pousse aux crimes et aux haines inexpiables. Aussi, les grands tragiques de l'Antiquité ont trouvé dans les légendes des Atrides des sujets de choix pour montrer le cruel désarroi des âmes maudites ou abandonnées par les dieux et par l'espoir. On voit ainsi Atrée et Thyeste, les deux frères, ennemis jusqu'à la mort ; le roi Agamemnon assassiné par son cousin Égisthe ; Oreste, le fils du roi, meurtrier de sa mère Clytemnestre, poursuivi par les divinités infernales jusqu'au jour où, enfin, les dieux se manifestant à nouveau, accordent à Oreste repos et sérénité, ramènent chez les Atrides la paix des cœurs.

ATTIS. Le nom de cette divinité est inséparable de celui de Cybèle et de sa légende. Selon la version donnée par Ovide, la déesse conçut en effet pour Attis, jeune et beau berger de Phrygie, un amour violent mais platonique ; elle lui confia le soin de son culte, en lui donnant l'ordre de demeurer chaste. Mais Attis trahit sa promesse : il s'éprit de la nymphe Sagaritis et l'épousa. Irritée, Cybèle tua sa rivale et frappa de folie l'infortuné berger, qui, au cours d'une crise, se mutila. On raconte que par la suite la déesse repentante ressuscita Attis sous la forme d'un pin.

AUGÉ. Aléos, roi de Tégée, épousa Néère, dont il eut trois fils et une fille, Augé. A Delphes, ayant appris de

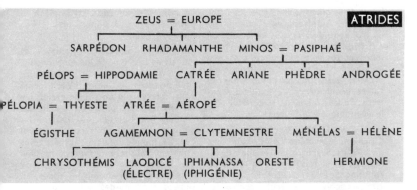

ATRIDES

ZEUS = EUROPE

SARPÉDON   RHADAMANTHE   MINOS = PASIPHAÉ

PÉLOPS = HIPPODAMIE   CATRÉE   ARIANE   PHÈDRE   ANDROGÉE

PÉLOPIA = THYESTE   ATRÉE = AÉROPÉ

ÉGISTHE   AGAMEMNON = CLYTEMNESTRE   MÉNÉLAS = HÉLÈNE

CHRYSOTHÉMIS   LAODICÉ   IPHIANASSA   ORESTE   HERMIONE
(ÉLECTRE)   (IPHIGÉNIE)

l'oracle d'Apollon que le fils de sa fille tuerait ses oncles, Aléos, de retour dans ses États, consacra Augé au culte d'Athéna, la vouant ainsi à la chasteté perpétuelle. Quelque temps plus tard, Héraclès, de passage à la cour du roi, s'enivra et violenta Augé. Un fils naquit, Télèphe. Lorsque Aléos l'apprit, il vendit comme esclaves la mère et son nouveau-né. La jeune femme fut emmenée en Mysie, où elle épousa le roi Teuthras. Télèphe finit par tuer accidentellement ses oncles.

AUGIAS. Considéré le plus souvent comme un des fils d'Hélios et le frère d'Actor, Augias, roi d'Elis, participa avec ce dernier à l'expédition des Argonautes. On a surtout retenu son nom pour la part qu'il prit à la légende d'Héraclès. Il était possesseur d'un riche et immense troupeau; mais il avait commis la négligence de ne pas nettoyer les écuries; Augias chargea donc Héraclès de cette tâche, mais en retour, le héros demanda au roi le dixième de son troupeau, assurant que le travail serait accompli en une seule journée. Héraclès ouvrit une brèche dans les murs des écuries et y fit passer les eaux des fleuves Alphée et Pénée. Au soir, tout était propre. Héraclès demanda le

prix de son travail. Augias, se parjurant, refusa. Phyléos, le propre fils du roi, prit parti pour Héraclès devant le tribunal chargé de juger le différend : ils furent condamnés et tous les deux chassés d'Elis, mais ils y revinrent avec une armée; après des combats incertains, Héraclès se rendit maître de la ville, tua Augias et le remplaça sur le trône par Phyléos, qui avait su rester son fidèle compagnon.

AUSTER. Équivalent latin du Notos grec, ce vent du Sud, chaud et humide, est représenté par les poètes sous les traits d'un vieillard sombre et taciturne, annonciateur de l'orage.

AUTOLYCOS. Fils d'Hermès et de Chioné, Autolycos est le père d'Anticlée et le grand-père d'Ulysse. Au cours de sa vie, il enseigna à Héraclès l'art de se servir de ses poings pour abattre ses adversaires. Il participa à l'expédition des Argonautes, mais il est surtout connu dans la légende comme un voleur sans égal, car il possédait le pouvoir de transformer l'apparence des bêtes dont il s'emparait. Il put ainsi dérober les bœufs d'Eurytos, roi d'Eubée. On raconte également qu'il vola un casque dont il fit présent à Ulysse et qui permit au héros de se glisser dans Troie sans être vu. Enfin, Autolycos vola une partie du troupeau de Sisyphe; mais celui-ci, qui avait pris la précaution de faire marquer ses bêtes, s'aperçut aisément du larcin. Une version de la légende prétend aussi que Sisyphe, dans sa colère, séduisit Anticlée, la fille d'Autolycos, fiancée à Laerte, et qu'il fut ainsi le véritable père d'Ulysse.

AUTOMÉDON. Cocher du char d'Achille, Automédon était originaire de l'île de Scyros, dans la mer Égée. Il partit de ce territoire à la tête d'un contingent de ses concitoyens pour servir aux côtés des Grecs contre les Troyens. Il était réputé pour sa douceur et surtout pour sa fidélité. Quand Achille mourut, Automédon se mit en effet au service de Néoptolème, le fils du célèbre héros.

Le nom d'Automédon est passé à la postérité pour désigner un cocher habile et fidèle.

AVERNUS LACUS. Comme les marais de Lerne ou le lac Ampsanctus, le lac Averne, voisin du promontoire situé non loin de Cumes, s'était formé dans le cratère d'un volcan éteint. De ses eaux croupissantes s'exhalaient des vapeurs méphitiques qui tuaient les oiseaux. Pensant qu'il communiquait avec le monde infernal, les Romains l'avaient consacré à Pluton, le dieu des Enfers. Ce lac était bordé par d'immenses arbres dont les cimes, en se recourbant au-dessus des eaux, formaient une voûte impénétrable aux rayons du soleil; non loin de ces rives maudites, on consultait un oracle des Ombres auquel s'adressa Ulysse à son retour de Troie.

L'ayant arraché au corps de Sémélé, Jupiter plaça le jeune Bacchus dans sa cuisse pendant trois mois. On voit ici le dieu naître à terme. Hermès, coiffé du large pétase, s'apprête à le recueillir, tandis que les trois Parques veillent sur la destinée du nouveau-né divin. Bas-relief antique. (Musée du Vatican.) [Phot. Anderson - Giraudon.]

BACCHANTES. Suivantes de Dionysos, les Bacchantes accompagnent le dieu dans ses périples et notamment dans le long voyage qu'il accomplit aux Indes. Sans être des prêtresses, elles tiennent une place importante dans la religion et le culte et apparaissent notamment au cours des mystères et des fêtes célébrés en l'honneur de leur maître. Vêtues de peaux de lion, la poitrine souvent dénudée, elles portent le thyrse, sorte de lance entourée de pampre et de lierre, et se livrent à une danse frénétique qui les plonge dans une extase mystique et leur donne une force prodigieuse et redoutée, dont certains héros furent les malheureuses victimes. On les nomme alors les *Ménades* (« les Furieuses »). Toutefois, tout autant que les Muses, servantes d'Apollon, elles savent inspirer les poètes par leurs pouvoirs enchanteurs.

BACCHUS. Divinité romaine du Vin et de la Vigne, de la Débauche et de la Licence, Bacchus, assimilé à Dionysos, ne joua pas un rôle important dans la religion romaine. Il fut vénéré surtout par un nombre restreint d'initiés, qui se livraient, au cours des mystères, les *Bacchanales*, à des orgies dont le Sénat tenta de combattre les désordres auxquels elles donnaient lieu. (V. *fig.* pp. 58 et 60.)

BATTOS. Hermès poussait devant lui un troupeau qu'il avait dérobé à Apollon, lorsqu'il rencontra sur son chemin un vieillard nommé Battos. Craignant que son vol ne fût découvert, il lui promit une génisse s'il consentait à se taire. Puis pour l'éprouver, le dieu ravisseur changea d'apparence, fit semblant de chercher un troupeau perdu et demanda à Battos s'il n'avait pas vu passer le responsable de cette disparition; il lui promettait en même temps une récompense. Battos trahit aussitôt son secret. Hermès, indigné, le métamorphosa en rocher.

BAUCIS. Par sa piété et la douceur de son hospitalité, Baucis, épouse de Philémon, s'attira les faveurs de Zeus et d'Hermès et, en mourant dans une extrême vieillesse, fut métamorphosée en tilleul, auprès de son époux changé en chêne.

BELLÉROPHON. Fils de Glaucos et petit-fils de Sisyphe, Bellérophon dans sa jeunesse tua le tyran de Corinthe, Belléros. Banni de la cité pour ce crime, il s'exila chez Proétos, roi de Tirynthe, qui le purifia de son meurtre. Mais Sthénébée, l'épouse de Proétos, s'éprit du héros, qui la repoussa avec dédain. Dépitée, la reine l'accusa de tentative de viol : le roi la crut; ne voulant toutefois pas tuer son hôte de sa main en raison des lois sacrées de l'hospitalité, il préféra charger son beau-père Iobatès, roi de Lycie, de cette besogne, et il lui envoya Bellérophon avec ordre de le tuer. Or, Iobatès, tout comme Proétos et pour les mêmes motifs, n'osa pas lever la main sur le héros; il lui demanda un certain nombre de services tous plus dangereux les uns que les autres. Bellérophon s'acquitta de tous avec zèle. Il réussit à dompter le cheval Pégase,

Élevé par les nymphes et les divinités des bois, le dieu Bacchus joue avec un faune qui presse son emblème, la grappe de raisin. Art romain. (Musée du Vatican.) [Phot. Alinari - Giraudon.]

grâce à des brides magiques offertes par Athéna. Il tua la Chimère. Il vainquit le peuple sauvage des Solymes et leurs alliées, les Amazones. Enfin, il mit un terme, par un massacre général, aux agissements d'une bande de pirates qui infestaient les côtes de Carie. Nullement reconnaissant de ces victoires, Iobatès monta une embuscade contre le héros. Or, les Lyciens furent tous tués jusqu'au dernier. Comprenant enfin que Bellérophon était protégé par les dieux et sans doute d'origine divine, Iobatès fit amende honorable, lui accorda la main de sa fille Philonoé, et, à sa mort, lui légua le trône

de Lycie. Mais le héros, grisé par ses exploits, ne sut pas s'arrêter dans les limites décentes que les dieux impartissent aux humains. Monté sur le cheval Pégase, il voulut gagner l'Olympe et devenir immortel. Foudroyé par Zeus et désarçonné, il retomba sur la Terre, et se tua; selon une autre version, il ne mourut pas, mais il erra par le monde, boiteux, solitaire et aveugle.

BELLONE. Cette divinité d'origine sabine, nourrice, sœur ou épouse de Mars, selon les diverses traditions, a été peu à peu identifiée avec la déesse

---

Le héros Bellérophon, le corps recouvert d'une chlamyde, a réussi à capturer près de la fontaine Pirène, où il s'abreuvait, le cheval ailé Pégase, dont le nom signifie « source »; il l'a finalement dompté en lui passant des rênes. Grâce à cet animal fabuleux et plus rapide que le vent, Bellérophon pourra accomplir toujours victorieusement des exploits fameux. Bas-relief. Ier s. apr. J.-C. (Palais Spada, Rome.) [Phot. Anderson - Giraudon.]

grecque Ényô. Comme elle, Bellone accompagne Mars, dieu de la Guerre, au milieu du carnage des champs de bataille. La tête casquée, une lance à la main, elle conduit le char du dieu.

BÉLOS. Outre le nom d'un roi de Tyr, qui fut père de Didon et de Pygmalion, la légende a retenu celui d'un autre Bélos, frère jumeau d'Agénor et fils de la nymphe Libye et de Poséidon. Bélos, devenu roi d'Égypte, épousa Anchinoé. De ce mariage naquirent d'abord Égyptos, puis Danaos, ancêtre des Danaïdes.

BÉRÉNICE. Cette princesse d'Égypte, dont le nom appartient à la fois à la légende et à l'histoire, était l'épouse de Ptolémée III Evergète. Son mari étant parti faire la guerre en Syrie, Bérénice promit aux dieux de leur consacrer sa chevelure, s'ils protégeaient le roi. Ptolémée regagna ses foyers, sain et sauf. Mais, par la suite, la chevelure votive ayant disparu, on la plaça au nombre des constellations.

BITON. La légende de Biton est inséparable de celle de son frère jumeau Cléobis. Ces deux jeunes Argiens étaient les enfants de Cydippe, une prêtresse d'Héra. Comme le temps des sacrifices à la déesse approchait, et que les bœufs blancs qui devaient tirer le char sacré se trouvaient encore dans les pâturages, Biton et Cléobis s'attelèrent eux-mêmes au char et le traînèrent sur une très longue distance, jusqu'au temple. Émue de leur piété et de leur amour filial, leur mère pria Héra de leur accorder le plus beau présent qui puisse être imparti à des mortels. Héra, compatissante, plongea donc les deux enfants dans un sommeil dont ils ne s'éveillèrent point.

bois sacré. Symbole de la force végétale, le bois sacré, avec ses arbres aux hautes cimes, permettait aux hommes de connaître les enseignements des cieux et les conseils des divinités. On avait donc établi dans les bois sacrés des lieux de culte où certains dieux rendaient leurs oracles. Parfois même, dans une clairière, s'élevait un temple. L'entrée du bois sacré, interdite au public, n'était accessible qu'à un petit nombre d'initiés ou de prêtres. Le défrichement était interdit sous peine de sacrilège. Parmi les bois sacrés les plus célèbres, on peut citer celui d'Arès en Colchide, où les Argonautes ravirent la Toison d'or, celui de Zeus à Dodone, des Euménides à Colone, où mourut Œdipe, de Pan en Arcadie, de Zeus à Olympie, d'Aphrodite à Paphos, dans l'île de Chypre. Chez les Romains, d'innombrables bois furent consacrés aux dieux par les grands héros du Latium, tels Enée et Romulus.

BONA DEA. Ancienne divinité du Latium, appelée parfois *Fauna*, et épouse de Faunus, la « Bonne Déesse » était célèbre à Rome par ses mystères auxquels seules les matrones avaient le droit d'assister. Elle rendait des oracles, et les femmes devenaient fécondes.

BONNE FOI. Déesse allégorique de la Parole donnée, la Bonne Foi (en latin *Fides*) fut introduite dans le Panthéon romain à une époque très ancienne. Elle avait son temple sur le mont Palatin, et elle était représentée sous les traits d'une vieille femme, aussi âgée que le monde, aux deux mains jointes. Les prêtres qui desservaient son culte s'enveloppaient la main (symbole du serment juré) dans une étoffe blanche. La Bonne Foi était la parèdre de Dius Fidius, au nom duquel les Romains juraient de dire toute la vérité.

BORÉE. Vent du Nord, froid et rigoureux, Borée est un vieillard barbu, ailé, et vêtu d'une courte tunique; il souffle de la Thrace, où il demeure dans une caverne du mont Hæmos. Comme ses frères Zéphyre et Notos, il est le fils d'**Éos** et d'Astraeos. On raconte qu'il enleva Orithye, la fille du roi d'Athènes Érechthée, dans un tourbillon de poussière et l'épousa de force. De cette union naquirent de nombreux enfants, parmi lesquels Zétès, Calaïs, Cléopâtra et Chioné. Orithye devint la brise fraîche qui, l'été, apaise le feu du ciel. Suivant une autre tradition, Borée prit la forme d'un cheval pour s'unir aux cavales d'Érichthonios, qui donnèrent naissance aux douze poulains qui couraient avec tant de légèreté qu'à leur passage les épis de blé ne se brisaient pas, et la mer restait sans rides. Célébré particulièrement à Athènes, Borée joua un rôle dans la défense de la ville, au temps des guerres médiques, en détruisant les vaisseaux perses grâce à une tempête.

BRISÉIS. Pendant la guerre de Troie, la ville de Lyrnessos fut prise et pillée par les Grecs. Et Briséis, fille de Brisès, prêtre d'Apollon, réduite à l'esclavage, devint la servante d'Achille. Celui-ci, contraint de livrer sa captive au roi Agamemnon, refusa alors de participer aux combats. A la mort de Patrocle, le héros reprit la lutte aux côtés d'Agamemnon qui, de son côté, lui rendit Briséis.

BRITOMARTIS. Compagne d'Artémis, cette chaste nymphe de Crète, fille de Zeus, fut poursuivie, neuf mois durant, par Minos, amoureux, à travers montagnes et plaines. Au bout de ce temps, sur le point d'être rejointe, elle se jeta du haut d'une falaise dans la mer, où des pêcheurs, qui lançaient leurs filets, la recueillirent miraculeusement.

BUSIRIS. Ce roi d'Égypte, véritable tyran, envoya une expédition pour s'emparer des Hespérides, les filles d'Atlas, célèbres pour leur beauté. Héraclès, rencontrant les messagers de Busiris, les tua tous. Pendant ce temps, une effroyable sécheresse et la famine s'abattaient sur l'Égypte. Un devin de Chypre, Phrasios, déclara alors que le sacrifice de tous les étrangers était nécessaire pour apaiser le courroux de Zeus; Busiris appliqua le conseil de Phrasios à la lettre et le sacrifia; puis, lorsque Héraclès aborda sur ses États, il le fit prisonnier, et s'apprêtait à l'immoler, quand le héros défit ses liens et tua le tyran sanguinaire, son fils Amphidamas, ainsi que tous les servants et les assistants.

BYBLOS. Cette ville de Phénicie était connue dans l'Antiquité par l'importance de son culte, institué en l'honneur d'Adonis. Elle avait, dit la légende, reçu son nom en souvenir de Biblis, l'arrière-petite-fille de Minos, qui, pour échapper à l'amour incestueux de son frère Caunos, se pendit d'horreur et de désespoir.

Borée, génie barbu, incarne le redoutable vent du Nord, avec son air farouche, ses ailes et ses chevilles ailées, et sa tunique dont les plis ont la forme de plumes. On le voit ici enlever Orithye, une des filles du roi Erechthée d'Athènes. Elle lui donnera deux fils, Calaïs et Zétès. Hydrie attique. V° s. av. J.-C. (Musée du Vatican.) [Phot. Alinari - Giraudon.]

CABIRES. Ces divinités, dont le culte remonte à des temps archaïques de la Grèce, demeurent mystérieuses, car on ignore presque tout sur leurs caractères, leur nature, leur origine. La tradition la plus commune leur donne Héphaïstos pour père. Le dieu du Feu aurait accordé à ses fils des pouvoirs étendus sur les métaux et, d'une manière plus générale, sur l'élaboration des techniques de la métallurgie. Les Cabires étaient invoqués notamment à Samothrace, Lemnos et Imbros, pour veiller à la prospérité des champs et pour protéger les marins du naufrage dans ces régions hérissées d'écueils, où la navigation est particulièrement dangereuse. Plus tard, Rome adopta le culte des Cabires sans toutefois, par superstition, leur donner de nom, mais en leur accordant simplement l'appellation de « dieux puissants » et en les associant à la triade Jupiter, Minerve et Mercure. On connaît deux représentations antiques d'un Cabire, l'une grecque, l'autre romaine, qui symbolisent les pouvoirs de cette divinité : une monnaie de Thessalonique la montre portant un marteau ; une médaille de Trajan la représente coiffée d'un bonnet pointu, tenant dans une main une branche de cyprès, emblème du monde de l'au-delà.

CACUS. Ce fils de Vulcain, énorme géant aux trois têtes qui soufflaient du feu, habitait une caverne du mont Aventin et pillait les contrées voisines. Quand Hercule arriva en Italie, après avoir tué Géryon et s'être emparé de ses bœufs, il s'arrêta au bord du Tibre et s'endormit. Cacus déroba quelques têtes du troupeau, pendant le sommeil du héros, et entraîna les animaux dans sa caverne en les tirant par la queue et en les faisant marcher à reculons, afin de brouiller les traces. A son réveil, le héros s'aperçut du vol. Averti par les mugissements des bêtes enfermées ou encore, selon une autre version de la légende, instruit par la propre sœur de Cacus, il pénétra dans la caverne, et serrant à la gorge son adversaire, qui vomissait flammes et fumées, il l'étouffa.

CADMOS. Fils d'Agénor et de Téléphassa, Cadmos reçut de son père l'ordre de partir à la recherche d'Europe, sa sœur, et de ne point revenir sans elle. Ne pouvant la trouver, il s'établit en Thrace et consulta l'oracle de Delphes. Il reçut alors du dieu l'ordre de suivre une vache qui porterait sur ses flancs un disque semblable à celui de la lune. Cadmos trouva l'animal en Phocide et suivit la bête jusqu'en Béotie : épuisée, elle se coucha enfin à l'endroit même où devait s'élever la future ville de Thèbes. En remerciement, Cadmos voulut sacrifier la vache, mais il s'aperçut que la fontaine où il allait puiser l'eau du sacrifice était gardée par un dragon. Il le tua et, sur les conseils d'Athéna, sema les dents du monstre, qui donnèrent naissance à une multitude de géants. Ceux-ci s'entretuèrent sauf cinq, qui aidèrent le héros à bâtir sa ville. Il reçut de Zeus le gouvernement des Thébains et épousa Harmonie, fille d'Arès et d'Aphrodite. Il gouverna son peuple avec sagesse et enseigna à ses sujets l'alphabet phénicien. Sa

Cadmos apparaît ici sous les traits d'un génie ailé, avec un corps de dragon, sans doute en souvenir de l'animal qu'il tua à l'emplacement de la future ville de Thèbes, dont il devint le roi légendaire. **Vase grec.** [Phot. Camera.]

femme lui donna de nombreux enfants, Agavé, Sémélé, Ino, Polydoros, Autonoé. Les deux époux furent, à leur mort, changés en serpents et admis auprès des dieux dans les champs Élysées.

CÆCULUS. On attribue à ce fils de Vulcain la fondation de la ville de Préneste, aujourd'hui Palestrina. Deux bergers, les Depidii, avaient recueilli un nouveau-né, conçu dans le sein de leur sœur par l'étincelle issue d'un foyer. On le nomma Cæculus. Parvenu à l'âge adulte, au cours de la cérémonie précédant la fondation de la ville de Préneste, il invoqua Vulcain, son père. Le dieu entoura alors les assistants d'un cercle de flammes, qu'il éteignit tout aussitôt, sur l'injonction de son fils. Après ce prodige, Cæculus fut divinisé, et de nombreux paysans s'établirent à Préneste pour se placer sous sa protection.

CAENÉE. Fille du Lapithe Elatos, Caenée demanda un jour à son amant Poséidon de la métamorphoser en guerrier invulnérable. Ayant ainsi changé de sexe, elle combattit aux côtés des siens, contre les Centaures, qui, ne pouvant la tuer, l'enterrèrent vive en la frappant à coups de tronc d'arbre. Changée après sa mort en oiseau, elle reprit plus tard, dit-on encore, sa première forme féminine.

CALAÏS. Fils de Borée et d'Orithye, Calaïs et son frère Zétès étaient deux êtres ailés qui ne se séparèrent jamais et furent surnommés, en raison de leur ascendance, les « Boréades ». Ils avaient pour sœur Cléopâtra, qui avait épousé Phinée, roi de Thrace, et lui avait donné deux enfants. Bientôt, Phinée répudia celle-ci et se maria en secondes noces à Idæa, une princesse de Scythie. Celle-ci, jalouse de ses deux beaux-fils, prétendit qu'ils avaient

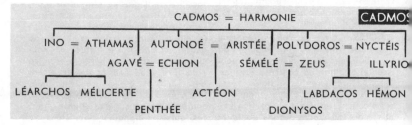

CADMOS = HARMONIE CADMOS

INO = ATHAMAS   AUTONOÉ = ARISTÉE   POLYDOROS = NYCTÉIS

AGAVÉ = ECHION   SÉMÉLÉ = ZEUS   ILLYRIO

LÉARCHOS   MÉLICERTE   ACTÉON   LABDACOS   HÉMON

PENTHÉE   DIONYSOS

voulu la séduire. Sur cette fausse accusation, les deux malheureux eurent les yeux crevés et furent jetés en prison. Au cours de l'expédition des Argonautes, les Boréades abordèrent en Thrace et vinrent délivrer leurs neveux; ils forcèrent en outre Phinée à renvoyer sa seconde épouse dans son pays. D'autres versions prétendent que Calaïs et Zétès auraient crevé les yeux de Phinée. On affirme également que les deux frères témoignèrent au contraire beaucoup de tendresse à leur beau-frère et le délivrèrent des Harpies, qui ne cessaient de le tourmenter. Enfin, une tradition isolée affirme que les Boréades furent de ceux qui poussèrent Jason à abandonner Héraclès et Polyphème sur les côtes de Mysie et à reprendre la mer sans eux. Plus tard, pour se venger, Héraclès perça de ses flèches Calaïs et Zétès dans l'île de Ténos.

CALCHAS. Descendant d'Apollon par son père Thestor, Calchas avait reçu de son divin ancêtre le don de prophétie. Il fut l'un des plus célèbres devins de la mythologie grecque, habile entre tous à prédire l'avenir par le vol des oiseaux. Il fut choisi par les Grecs comme devin officiel de leur guerre contre Troie. Il annonça la durée totale de l'expédition; il conseilla le sacrifice d'Iphigénie pour apaiser la colère d'Artémis; il révéla que Troie ne pourrait être prise sans le concours d'Achille et de Philoctète, possesseur de l'arc d'Héraclès. Il mit aussi un terme à la peste qui ravageait l'armée grecque en demandant à Agamemnon de rendre Chryséis à son père, Chrysès, prêtre d'Apollon. Il inspira également aux Grecs l'idée de construire le fameux cheval de Troie. A son retour, jeté sur les côtes d'Ionie, Calchas y rencontra un autre devin, Mopsos, qui se révéla plus expert encore que lui, et, comme il le lui avait signifié un oracle, il en mourut de chagrin.

CALLIOPE. Première des neuf Muses, en qualité d'auxiliaire d'*Apollon Musagète*, dont elle est une des épouses, Calliope inspire la poésie épique. Son air majestueux, son front ceint d'une couronne d'or indiquent déjà, selon Hésiode, sa suprématie sur les autres Muses. Elle tient un stylet et des tablettes, parfois une trompette. Les poètes la considèrent souvent comme la mère d'Orphée.

Calliope présente à Homère les tablettes sur lesquelles le poète gravera ses œuvres sous l'inspiration directe de cette Muse de la poésie épique. Sarcophage des Muses. (Louvre.) [Phot. Giraudon.]

CALLIRHOÉ. 1° Cette fille du fleuve Achéloos fut mariée à Alcméon, que son père venait de purifier d'un meurtre. Bientôt, elle refusa de se laisser approcher par son époux tant qu'il ne lui aurait pas offert le collier et la robe d'Harmonie. Alcméon fut tué en tentant de reprendre ces deux objets à sa première femme, Arsinoé. Callirhoé chargea ses deux fils Amphotéros et Acarnan, que Zeus, à sa demande, avait fait grandir en un jour, de venger leur père; ils tuèrent Phégée, père d'Arsinoé, et ses deux fils, principaux auteurs du meurtre d'Alcméon.

2° Unie à Chrysaor, **Callirhoé,** fille d'Océan, enfanta les monstres Echidna et Géryon.

3° Fille du dieu-fleuve Scamandre, une autre **Callirhoé** fut l'épouse de Tros, l'un des fondateurs éponymes de Troie, et la mère d'Ilos et de Ganymède.

CALLISTO. Callisto était la fille de Lycaon ou, selon une autre version, une nymphe du cortège d'Artémis. Voulant la séduire, Zeus prit la forme d'Apollon et la rendit mère d'Arcas; pour la soustraire aux fureurs jalouses d'Héra, le dieu la changea en ourse. On raconte ainsi que cette métamorphose fut l'œuvre d'Héra, ou encore d'Artémis, qui, au cours d'un bain, s'était aperçue de la faute de sa compagne. Arcas grandit et devint roi d'Arcadie. Un jour qu'il chassait dans les montagnes, il rencontra sa mère sous sa forme d'ourse; dans son ignorance, il s'apprêtait à la percer de ses flèches, lorsque Zeus, pour éviter ce crime, le changea aussi en ours et les transporta tous deux, la mère et le fils, dans les cieux, où ils prirent place parmi les constellations sous les noms de Petite Ourse et de Grande Ourse. Mais, obéissant à une dernière prière d'Héra, Poséidon leur interdit de se coucher à l'horizon de l'Océan.

CALYDON. 1° Ce fils de Thestios fut tué par son père, qui le surprit dans le lit de sa mère et crut qu'il avait commis un inceste. Thestios s'apercevant de sa méprise se suicida en se jetant dans les eaux d'un fleuve, qui prit son nom, avant de porter celui d'Acheloos.

2° Ancienne ville, capitale de l'Étolie dans le pays des Curètes, **Calydon** est très rarement mentionnée dans les récits historiques, mais les récits mythologiques lui ont donné ses lettres de noblesse, notamment celui de la chasse au sanglier de Calydon. La ville fut gouvernée par une lignée de rois légendaires, parmi lesquels se détachent tout particulièrement Œnée et Diomède.

CALYDON (sanglier de). Envoyée en signe de vengeance par Aphrodite, pour laquelle le roi Œnée avait omis de faire un sacrifice, cette monstrueuse bête ravageait le territoire de Calydon, tuant le bétail et terrifiant les habitants du pays. Le fils du roi Méléagre fit appel aux plus braves des héros de par toute la Grèce pour combattre ce fléau. Atalante, la seule héroïne de la chasse, porta le premier coup mortel à la bête, que Méléagre acheva. Celui-ci offrit alors à la chasseresse la peau de la bête en signe d'hommage et de reconnaissance, provoquant par ce geste la fureur des autres chasseurs.

CALYPSO. Nymphe et reine de l'île d'Ogygie, la presqu'île de Ceuta en face de Gibraltar, Calypso accueillit dans ses États Ulysse, qui venait de faire naufrage. Amoureuse du héros, elle s'efforça, sept ans durant, de lui faire oublier sa patrie dans sa grotte enchantée, entourée de bois de peupliers, de cyprès, décorée de vigne, chargée de grappes de raisin. Elle lui offrit même l'immortalité. Mais l'amour d'Ithaque et de Pénélope demeurait le plus fort dans le cœur d'Ulysse, et il passait ses journées à contempler le

Le sanglier de Calydon, dont on aperçoit la croupe, est sur le point d'être rejoint par Atalante (à gauche) et Amphiaraos. Tous deux blesseront mortellement le monstre. Coupe de style laconien. (Louvre.) [Phot. Giraudon.]

rivage et la mer, les yeux embués de larmes. Ému, Zeus dépêcha Hermès auprès de Calypso : Ulysse devait quitter l'île. Malgré sa douleur, Calypso obéit. Elle aida le héros à construire un radeau et lui fournit des provisions pour la traversée ; et Ulysse la quitta le cœur plein d'espoir, voguant vers sa patrie bien-aimée.

CAMÈNES. Nymphes des sources et des bois dans l'ancienne religion romaine, les Camènes possédaient comme premier attribut le don de prophétie (lat. *cano* : « je prédis en vers »). Elles furent vite assimilées aux Muses grecques. Parmi les plus connues, on compte Égérie et Carmenta.

CANENS. Cette divinité romaine du Chant fut l'épouse du roi Picus. Après la métamorphose de son mari, changé en sanglier, puis en pivert, par la magicienne Circé, Canens, folle de douleur, partit à sa recherche et, au bout du sixième jour, tomba d'épuisement au bord du Tibre, chantant une dernière fois son amour avant de se fondre dans les airs.

CAPANÉE. Eschyle a peint le fils d'Hipponoos, Capanée, l'un des « Sept Chefs contre Thèbes », comme un orgueilleux dont la brutalité égalait l'impiété. Il escalada les murs de Thèbes, mais fut foudroyé par Zeus, irrité de ses blasphèmes. Son épouse Évadné, qui assistait à ses funérailles, se jeta dans le bûcher où, selon la coutume, on brûlait le corps. Capanée laissa un fils, Sthénélos, qui, dix années après la mort de son père, participa à la seconde expédition contre Thèbes, celle des Épigones.

capitole. Les trois grands dieux romains, Jupiter Optimus Maximus, Junon et Minerve, étaient vénérés en une sorte de trinité sur une des collines de Rome, appelée « Capitole ». Ces trois divinités passaient en effet pour protéger la Cité et l'État romain de la désagrégation et de la ruine toujours possibles. Aussi, les généraux, durant les cérémonies de leur triomphe, allaient toujours sacrifier à la trinité capitolienne, qui leur avait accordé la victoire. Dans l'Italie antique, chaque grande cité possédait son capitole.

CAPYS. Époux de Thémisté et père d'Anchise, ce Phrygien passe pour être un des ancêtres d'Énée et aussi le fondateur de la ville de Capoue.

CARMENTA. Quatre traditions attribuent à cette Camène des origines diverses. La première, rapportée par Virgile, en fait une nymphe des Sources, fille du fleuve Ladon. La deuxième la doue du don de prophétie, qu'elle aurait exercé en Arcadie, en rendant des oracles en vers (*carmen*). Une troisième lui concède le pouvoir de protéger les femmes en couches. De ce fait, elle fut vénérée par les matrones romaines. Enfin, après l'hellénisation des dieux romains, elle se rattacha à la mythologie grecque. On la nomme alors Nicostraté, épouse du dieu Mercure et mère d'Évandre, avec lequel elle quitta l'Arcadie pour trouver refuge auprès de Faunus, roi du Latium. Après sa mort, elle fut placée au nombre des divinités indigètes de Rome. Elle a les traits d'une jeune fille couronnée de fèves, aliment souvent mentionné dans les mythes infernaux. Elle tient une harpe, emblème de ses facultés prophétiques.

CARNA. Ovide nous conte l'histoire de cette nymphe des bords du Tibre qui avait fait vœu de chasteté. Elle subit les violences du dieu Janus, qui lui offrit en compensation tout pouvoir sur les gonds des portes. Certains mythologues ont lié Carna à Caro (la Chair) et ont attribué à la déesse la toute-puissance sur le bien-être physique des mortels. Elle protégeait également les nouveau-nés. De nos jours, les mythographes placent Carna au nombre des divinités infernales, parce qu'on lui offrait des fèves, légume symbolique des Enfers.

CASSANDRE. Fille de Priam et d'Hécube, sœur jumelle d'Hélénos, cette troyenne de sang royal fut une prophétesse infaillible. Elle avait reçu ce don d'Apollon, qui lui demandait de céder à ses instances. Elle fit mine d'accepter, mais, nantie de sa faculté divinatoire, elle refusa de tenir sa promesse. Le dieu, indigné, fit en sorte que les prophéties de Cassandre ne fussent jamais prises au sérieux. Aussi, Cassandre assista impuissante aux préparatifs de la guerre de Troie qu'elle avait prédite. Elle s'opposa sans succès à l'entrée dans Troie du fameux cheval de bois. Lors de la prise de la ville, elle fut poursuivie et retenue prisonnière par Ajax, fils d'Oïlée. Après le sac de Troie, elle échut en partage au roi Agamemnon, qui conçut pour elle un amour véritable et la rendit mère de deux enfants. C'est en vain qu'elle supplia son maître et amant de ne pas retourner dans sa patrie. Agamemnon fut tué à Argos par Clytemnestre, son épouse, et Cassandre, ainsi que ses deux enfants, partagèrent le même sort.

CASSIOPÉE. Selon la tradition la plus connue, Cassiopée était l'épouse de Céphée, roi d'Éthiopie. Elle prétendit un jour qu'elle et sa fille Andromède étaient aussi belles que les Néréides. Irritées, les nymphes demandèrent à Poséidon de les venger de cette insulte. Le dieu envoya sur le pays un monstre marin qui, selon l'oracle, ne s'apaiserait que si Andromède, enchaînée au bord de l'Océan, lui était livrée en pâture. Persée put tuer le monstre et délivrer Andromède. Après sa mort, Cassiopée devint une constellation.

CASTALIE. Apollon, amoureux, poursuivit un jour près de son sanctuaire cette simple et belle jeune fille de Delphes. Pour lui échapper, elle se précipita dans une fontaine, qui prit son nom. Celle-ci, jaillissant au pied du mont Parnasse, répand une eau fraîche et limpide. Ses abords sont un des lieux que fréquentent les Muses; elles portent alors le surnom de « Castalides ». Les poètes, qui étanchent leur soif à la fontaine de Castalie, y puisent l'inspiration qu'ils souhaitent, et la Pythie, en s'y baignant, procure une nouvelle vigueur à son don de prophétie.

CASTOR. L'un des Dioscures, frère de Pollux, fils de Léda et de Tyndare.

cavernes. Aux yeux des Grecs, les cavernes sont des lieux sacrés par excellence, en raison de leur obscurité et des recoins inexplorés où se cachent les divinités. Multiples aussi sont les mythes qui font naître les héros et les dieux dans les cavernes. C'est pourquoi on avait coutume d'élever dans les grottes des ex-voto et de petits autels devant lesquels on faisait des sacrifices et on formulait des vœux. En effet, ces lieux souterrains communiquaient selon les croyances avec les divinités chthoniennes, d'où la terre tire sa puissance fertilisante. Enfin, dans certaines cavernes où se manifestaient des activités volcaniques dues à la présence de vapeurs méphitiques ou de gaz carbonique, se tenaient les Pythies, qui dispensaient les oracles des dieux qu'on avait invoqués.

cécité. Chez les personnages de la légende antique qui en sont frappés, la cécité représente, en général, l'aveuglement de l'âme ou de la raison, source des tendances criminelles ou de l'impiété. Parfois, comme Œdipe, les héros homicides se font justice eux-mêmes : ils ne peuvent supporter une lumière capable de manifester leur faute dans tout son éclat et toute son horreur. Mais si ces pécheurs ont acquis l'esprit de contrition ou trouvé de sages magiciens comme Asclépios ou Chiron, ils peuvent recouvrer la vue en exposant leurs yeux ternis aux rayons de l'astre solaire, symbole par excellence de la lumière qui redonne à l'âme sa pureté et sa chaleur, en la dépouillant de toute souillure.

CÉCROPS. Premier roi mythique d'Athènes, Cécrops, né de la Terre, était une créature mixte, moitié homme, moitié serpent. Il avait épousé Aglauros. De leur union naquirent un fils, Erysichthon, et trois filles, Aglauros, Hersé et Pandrosos, qui jouèrent un rôle tragique dans la légende d'Érichthonios. Sous le règne de Cécrops se place l'épisode de la dispute qui opposa l'un à l'autre Athéna et Poséidon pour le patronage de l'Attique. En raison de sa sagesse, le roi fut choisi pour arbitre. Poséidon fit jaillir une mer salée sur l'Acropole, Athéna en fit surgir un olivier. Le roi accorda la préférence à la déesse. Irrité, Poséidon déchaîna un raz de marée sur l'Attique. Le règne de Cécrops s'acheva heureusement. Il fit construire la première citadelle d'Athènes, qui porta son nom (Cécropia). Il enseigna l'écriture à ses sujets. Il promulgua les premières lois sur l'organisation de son territoire en douze tribus. Il fixa, en outre, les rites du mariage. Abolissant les sacrifices humains, il organisa le culte des dieux. On a parfois soutenu que Cécrops était natif de Saïs, en Égypte, et qu'il avait conduit en Attique une colonie égyptienne, important ainsi en pays grec les premiers éléments de la civilisation.

CÉLAENO. Cette Pléiade, séduite par Poséidon, enfanta Lycos, roi des Mariandyniens, qui joua un certain rôle dans l'expédition des Argonautes.

CÉLÉOS. Premier roi d'Éleusis, époux de Métanire, Céléos donna l'hospitalité à Déméter qui errait dans toute la Grèce à la recherche de sa fille Perséphone. Pour le remercier de son acte de piété et de charité, la déesse voulut accorder l'immortalité à Démophon, le fils du roi; mais cette intention bienveillante se termina tragiquement par la mort de Démophon. Pour consoler Céléos de son infortune, Déméter lui accorda un certain nombre de dons et l'honneur d'être le premier prêtre de son culte.

CENTAURES. Ixion s'unit avec une nuée que Zeus avait façonnée à la ressemblance d'Héra. Les Centaures naquirent. Ils offraient l'aspect monstrueux d'un buste d'homme terminé par un corps de cheval. Ils se nourrissaient de chair crue et vivaient comme des bêtes dans les forêts de Thessalie. Leurs mœurs brutales, leur amour immodéré du vin et des femmes les rendaient redoutables aux mortels. Seuls deux d'entre eux, Pholos et Chiron, se distinguaient de leurs semblables par une

En dépit de leur forme étrange, les Centaures apparaissent ici comme de redoutables adversaires. L'un de ceux-ci vient de saisir avec ses bras le pied d'un faune pour le faire trébucher, et il s'apprête à piétiner le malheureux de ses sabots. Détail d'un bas-relief romain. (Musée du Vatican.)

bonté et une sagesse exemplaires. Ils sont l'objet de légendes particulières. Quant à leurs congénères, on les voit, parfois, figurer dans les cycles héroïques. Ils interviennent, notamment, dans celui de Thésée : Pirithoos, roi des Lapithes, son compagnon d'armes, ayant eu l'idée néfaste d'inviter les centaures à ses noces, ceux-ci s'enivrèrent et cherchèrent à violenter la jeune épousée, Hippodamie. Une mêlée générale s'ensuivit. Elle mettait aux prises les centaures, armés de troncs d'arbres et de tisons enflammés, et les Lapithes. Ces derniers parvinrent à les mettre en fuite. Les centaures furent alors contraints de se retirer aux abords du Pinde. Là, Héraclès les pourchassa. Il blessa involontairement le généreux centaure Chiron, qui, pour ne pas souffrir trop longtemps, implora qu'on lui permît de mourir. Il parvint à trépasser en cédant son immortalité à Prométhée. Héraclès, en outre, étouffa le centaure Nessus, qui lui disputait une de ses femmes, Déjanire. Tous ces mythes, qui prêtent aux centaures l'aspect d'hommes-chevaux, proviennent sans doute du fait que les Thessaliens, habiles dans l'art de l'équitation, semblaient, aux yeux des Grecs, s'identifier avec leurs montures.

CÉPHALE. Fils de Déion et de Diomedé pour certains, d'Hermès et d'Hersé pour d'autres, Céphale avait épousé Procris. Leur bonheur semblait parfait, lorsque Céphale eut l'idée d'éprouver la fidélité de son épouse ; il se déguisa donc en étranger et tenta de séduire Procris au moyen de riches présents ; Procris finit par céder, et Céphale se fit reconnaître. Honteuse, elle partit pour la Crète, où Artémis lui fit cadeau d'un chien et d'un javelot magique. A son tour, Procris revint plus tard dans ses foyers sous l'aspect d'une séduisante jeune fille, qui s'offrit à l'amour de Céphale en échange des deux cadeaux de la déesse. Céphale accepta, et Procris se fit à son tour reconnaître. Les deux époux se réconcilièrent. Cependant, la jalousie vint à tourmenter la jeune femme ; elle s'imagina que Céphale, au cours de ses parties de chasse, rejoignait Éos, l'Aurore. Une nuit, elle suivit en cachette son époux ; par mégarde, elle remua une branche. Pensant qu'un gibier se trouvait derrière les feuillages, Céphale lança son javelot et tua l'infortunée. L'Aréopage prononça contre le meurtrier une sentence de bannissement à vie, et le malheureux, après bien des aventures, toujours hanté par le fantôme de Procris, se jeta dans la mer.

CÉPHÉE. 1° Aléos et son fils Céphée prirent tous les deux part à l'expédition des Argonautes. A la mort de son père, Céphée reçut le royaume de Tégée en Arcadie. Il en confia la garde à sa fille Stéropé, qui, à l'aide d'un cheveu de Gorgone, pouvait mettre en fuite tout ennemi éventuel; puis Céphée partit avec Héraclès contre Lacédémone, où il devait périr, lui et ses fils.

2° On connaît aussi un autre **Céphée**, fils de Bélos, roi des Céphiens, aux confins de l'Éthiopie; il fut l'époux de Cassiopée et le père d'Andromède. Après sa mort, il fut placé parmi les astres.

CERBÈRE. De l'union des deux monstres, Typhon et Échidna, naquit Cerbère, qui gardait l'entrée des Enfers. Ce chien à trois têtes avait un cou hérissé de serpents, et des dents dont la morsure était empoisonnée comme celle de la vipère. Le chien tricéphale, qui se tenait devant un antre au bord du Styx, permettait aux ombres des morts de pénétrer dans les Enfers, mais leur interdisait d'en sortir. Les mortels téméraires qui tentaient de s'aventurer dans le royaume des morts étaient impitoyablement déchiquetés. Parfois Cerbère n'était pas aussi impitoyable que la renommée l'affirmait, et certains mortels ou héros parvinrent à l'appri-

---

L'auteur du vase a peint un Cerbère à deux têtes, surmontées d'un serpent sifflant. Il se tient à l'entrée des Enfers figurés par la colonnade d'un portique. Héraclès, qui a posé prudemment sa massue, s'approche de l'animal féroce afin de l'enchaîner. Derrière, Athéna veille sur le héros. Détail d'un vase grec à figures rouges sur fond noir. (Phot. Giraudon.)

voiser. Psyché, envoyée par Aphrodite auprès de Perséphone, donna à Cerbère un gâteau et réussit à l'amadouer. La Sibylle de Cumes, Déiphobé, lui offrit également une sorte de pâte soporifique lorsqu'elle conduisit Énée aux Enfers. Quant à Orphée, on sait qu'il parvint à charmer de sa lyre et de ses chants l'inexorable monstre. Enfin avec Héraclès, Cerbère connut une humiliante défaite. Autorisé à s'emparer du chien et à le ramener sur la Terre à la simple et difficile condition de ne pas recourir à ses armes, Héraclès, de ses seules mains, l'étouffa à demi et put le porter ainsi jusqu'à Mycènes. Mais bientôt Cerbère, gardien sans égal, fut rendu à l'empire des morts.

CERCOPES. Ces gnomes, à la fois malicieux et malfaisants, enfants de Théia, vivaient de rapines, et osèrent

Les deux Cercopes ont été liés à un bâton par Héraclès et placés la tête en bas. Métope de Sélinonte. (Musée national, Palerme.) [Phot. Anderson-Giraudon.]

même un jour s'attaquer à Héraclès pour le voler. Mais le héros n'eut aucun mal à les attraper et à les attacher la tête en bas à un bâton. Dans cette position, les Cercopes s'aperçurent que le postérieur d'Héraclès était noir. Ils se mirent à rire, provoquant aussitôt l'hilarité du héros, qui, amusé, consentit à relâcher d'aussi joyeux compères. Mais, persévérant dans leurs mauvaises actions, les Cercopes finirent par irriter Zeus, qui les changea en singes.

CÉRÈS. Assimilée à la déesse grecque Déméter, Cérès est une très ancienne divinité latine. Son nom, dont l'étymologie se rattache au verbe *crescere*, indique bien, à lui seul, les fonctions de la déesse. Elle est la sève sortie de la terre — Cérès fait partie des divinités chthoniennes — qui s'élève et gonfle les jeunes pousses. Elle fait mûrir le blé et jaunir la moisson.

CÉRYX. Aglauros, une des filles de Cécrops, fut aimée d'Hermès, qui, selon une légende, engendra Céryx, dont le nom signifie « héraut ». Une autre version affirme que Céryx est le fils cadet d'Eumolpos. Mais, d'une manière générale, Céryx passe, dans l'Antiquité, comme le héraut des mystères d'Éleusis, institués par son père, et comme l'ancêtre mythique de la dynastie sacerdotale des Céryces, qui jouaient un rôle de premier plan dans la célébration des mystères.

CÉTO. Fille de Pontos et de Gaïa, Céto épousa son propre frère, Phorcys, et mit au monde les Gorgones, les Grées, le dragon qui gardait les pommes des Hespérides et les Hespérides elles-mêmes.

CÉYX. 1° Par amour pour Alcyoné, son épouse, Céyx fut métamorphosé en oiseau de mer.
2° Ayant tué par mégarde Eunomos, un enfant qui lui versait de l'eau, Héraclès décida de s'exiler avec son

La déesse Cérès tient d'une main le bâton de la voyageuse et le plat d'offrande aux divinités souterraines. (Musée du Vatican.) [Phot. Anderson-Giraudon.]

épouse Déjanire et son fils Hyllos, et se rendit à Trachis, se plaçant sous la protection de **Céyx,** neveu d'Amphitryon et roi de la cité. Mais la destinée de ce roi ne fut guère heureuse. Il perdit en effet son fils Hippasos qui avait suivi Héraclès dans une expédition contre la ville d'Œchalie. Pourtant, il accueillit sans rancune les fils d'Héraclès poursuivis par Eurysthée; mais, craignant pour la paix de son royaume, il fut contraint de les renvoyer.

champs Élysées. Sur ces lieux mythiques, on connaît, dans l'Antiquité, deux relations différentes, l'une grecque, l'autre latine. Pour Homère, dans *l'Odyssée*, les champs Élysées se situent à la limite occidentale de la Terre. Il y règne un climat toujours doux, sans pluie, sans neige ni tempête. Des héros, comme Ménélas sont conviés à y passer leur éternité, par une faveur toute spéciale des dieux. Mais Virgile attribue une signification plus précise aux champs Élysées. Il les situe au cœur même des Enfers. Énée, qui y descend pour revoir son père, est émerveillé par leurs riants bocages, leurs prairies toujours vertes où circulent un air suave et une lumière teinte de pourpre et d'azur. Les champs Élysées accueillent dans l'enchantement de leurs paysages les âmes des justes et des héros qui ont fait preuve de piété.

chaos. Le chaos n'est pas un dieu, mais un principe, celui du commencement confus de toutes choses, l'image de ce qui existait avant les dieux, avant les mortels, et d'où tout est issu. Il engendra l'Érèbe et la Nuit. Puis, de sa masse enchevêtrée surgirent le Jour et l'Éther, avec le premier jaillissement de la lumière indispensable à l'éclosion de la vie.

char. Véhicule de guerre et de transport, le char est, dans la mythologie, le bien propre des dieux et des héros. Zeus comme Poséidon sont montés sur des chars traînés par quatre chevaux fougueux. Hadès surgit de la Terre sur un char pour ravir Perséphone. Hélios conduit son char solaire à travers les cieux. Le char est donc l'emblème de la force et de la souveraineté, puisqu'il transporte rapidement les dieux d'un bout à l'autre de l'univers et que le bruit fracassant de ses roues, frottant sur des essieux métalliques, impose aux âmes la terreur et le silence. En outre, dans les combats homériques, il est l'instrument essentiel de la victoire. Mais seuls les grands héros, les rois,

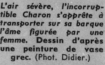

L'air sévère, l'incorruptible Charon s'apprête à transporter sur sa barque l'âme figurée par une femme. Dessin d'après une peinture de vase grec. (Phot. Didier.)

les chefs disposent de chars. Enfin, nombreuses sont les légendes où les héros, tel Pélops, sont obligés de gagner la main de la fille d'un roi en participant à une course de chars d'où ils doivent sortir victorieux.

CHARITES. Appelées *Grâces* par les Romains, les trois Charites, Aglaé, Euphrosyne et Thalie, forment, selon Hésiode, une triade personnifiant à la fois le charme et la beauté. Sur leur parenté et leur origine, les traditions et les textes anciens divergent. On les croit filles de Zeus et d'Aphrodite, et les Grecs associaient souvent le culte de la déesse de la Beauté avec celui des Charites; cependant, on les considère souvent aussi comme les filles de Zeus et d'Eurynomé, la plus belle des Océanides. Elles concentrent sur la Terre les rayons du soleil, réchauffent le cœur des hommes, embellissent leur vie de jouissances multiples, président aux agréments de la conversation et, plus généralement, aux bonnes relations sociales. Un genre littéraire leur est particulièrement cher, la poésie. Pour cette raison, elles vivent sur l'Olympe, liées d'amitié avec les Muses. Les artistes se sont plu à les peindre sous des traits séduisants. Elles prennent l'apparence de trois jeunes femmes nues, dont l'une regarde dans une direction opposée à celle où les deux autres dirigent leur vue. Un groupe de leurs statues, à Élis, donne quelque idée de leurs attributs respectifs : l'une tient une rose, l'autre, un dé à jouer, et la troisième, une branche de myrte.

CHARON. Fils immortel de l'Érèbe et de la Nuit, ce vieillard mal vêtu, à la mine sombre et sinistre, a pour fonction de faire passer aux âmes des morts les fleuves qui les séparent du monde des Enfers. Dur et inflexible, le nocher infernal ne permet à aucun vivant de monter dans sa barque et d'accomplir la moindre traversée. Avare, par surcroît, il exige de ses passagers une obole. Aussi place-t-on toujours une piécette de monnaie dans la bouche du mort que l'on se dispose à porter au bûcher. Mais pour ceux qui, défunts, restent sur la Terre sans sépulture, Charon se montre impitoyable. Repoussées brutalement, leurs âmes sont contraintes d'errer cent ans avant que l'on statue sur leur sort. D'après Homère et Hésiode, les âmes franchissent d'elles-mêmes les fleuves bourbeux et marécageux des Enfers, guidées, il est vrai, par Hermès. Mais c'est surtout la spéculation romaine qui, s'inspirant du démon ailé, conducteur des morts dans la religion étrusque, a façonné le personnage de Charon, quelque peu incertain dans la mythologie grecque. Énée, par exemple, réussit à l'apitoyer en lui présentant un rameau d'or, précédemment offert par la Sibylle de Cumes et consacré à Proserpine. Il peut sans encombre franchir le premier fleuve infernal. Quant à Héraclès, descendu aux Enfers de son vivant, couvrant Charon de coups de poing, il le force à le prendre dans sa barque. Le vieillard devait être puni pour cette infraction à la loi des Enfers : il fut, l'espace d'un an, banni du séjour des morts.

CHARYBDE. Fille de Poséidon et de Gaïa, animée d'un appétit féroce, Charybde déroba à Héraclès quelques têtes de son bétail pour les dévorer. Zeus la frappa de la foudre pour la punir et la précipita dans un gouffre du détroit de Messine, en face du monstre Scylla. Image, moins que mythe et légende, des fureurs de la mer, Charybde engloutit trois fois par jour d'énormes paquets d'eau et attire dans ses tourbillons les navires, puis les rejette trois fois par jour également, dans un mugissement terrifiant. Quant aux marins qui changent de cap pour éviter Charybde, ils sont aussitôt rejetés vers Scylla, qui s'empresse de les dévorer.

chasse. Dans ce pays qu'était la Grèce, hanté par des bêtes sauvages souvent féroces, la chasse fut placée, dès les origines, sous la protection de certaines divinités. La mythologie s'empara de ce thème et attribua l'invention de la chasse au centaure Chiron, qui apprit à ses élèves (Héraclès, les Dioscures et bien d'autres) l'art de combattre victorieusement les animaux. Artémis et son frère Apollon

devinrent, dans les légendes, des chasseurs redoutables et redoutés. Leurs traits ne rataient jamais le but, et ils étaient, en général, l'instrument de la vengeance des dieux outragés. Ainsi périrent, comme un vulgaire gibier, les enfants de Niobé. Ainsi furent voués au châtiment Marsyas, qui s'était vanté d'avoir surpassé en adresse Artémis, ou Agamemnon, qui, prétendant avoir atteint une biche avec plus de célérité que la déesse, vit sa flotte immobilisée à Aulis. Mais Artémis sait aussi protéger les humbles chasseurs. On la représente, comme Diane, en équipage de chasse, avec un carquois et des flèches, entourée d'une meute de chiens. Elle porte, dans ce cas, les surnoms d'*Élaphebolos* (« tueuse de cerfs »), *Agrotéra* (« qui protège les champs et les lieux sauvages ») et *Lagobolos* (« tueuse de lièvres »).

cheval de Troie. Après dix années de siège, les Grecs n'avaient toujours pas réussi à s'emparer de Troie. Le devin Prylis ou Calchas suivant une autre version — et peut être aussi Ulysse — conseillèrent à Agamemnon de construire alors un cheval de bois. Le roi chargea Épéios et Panopée de s'acquitter d'un tel ouvrage. Ils façonnèrent un cheval creux, où Démophon, Ménélas, Ulysse et bien d'autres guerriers encore purent se cacher, tout armés. Les Grecs abandonnèrent ce simulacre sur la plage de Troie et firent mine de lever le siège. Dans la ville, on se demandait quelle décision prendre. Certains, comme la prophétesse Cassandre, condamnée par les dieux à ne jamais être crue, affirmait que le cheval était une ruse de guerre et qu'il ne fallait en aucun cas le faire entrer dans la cité, sous prétexte d'en faire offrande aux dieux. Le prêtre Laocoon adopta le même point de vue et alla jusqu'à lancer un javelot contre l'animal factice pour prouver que le son qu'il rendait était creux. Mais, comme il fut, peu de temps après, étouffé par des serpents, les Troyens pensèrent qu'il avait commis un sacrilège et firent entrer la bête de bois dans la ville. A la faveur de la nuit, les guerriers grecs sautèrent hors de ses flancs et envahirent la ville, qu'ils prirent, enfin.

CHIMÈRE. Comme Cerbère et bien d'autres monstres, la Chimère est le produit difforme du monstre Échidna et de Typhon. Elle a la tête d'un lion ou d'une chèvre et la queue d'un dragon. Élevée par Amisodarès, roi de Carie, elle terrorisait tous les lieux d'alentour, vomissant des flammes et dévorant tous les êtres humains qui avaient le malheur de se trouver sur sa route. Comme il craignait que le monstre ne s'attaquât à ses sujets, le roi de Lycie demanda à Bellérophon de le délivrer d'un tel fléau. Celui-ci, monté sur le cheval Pégase, perça la Chimère de flèches plombées, dont le métal fondit à l'ardeur des feux qu'elle émettait : elle fut, de la sorte, brûlée à mort.

CHIONÉ. 1° Fille de Borée et d'Orithye, Chioné s'unit à Poséidon et donna le jour à Eumolpos. Mais elle jeta ce fils dans la mer pour éviter la colère de son père. Le dieu des Océans recueillit son fils et le confia à une fille d'Amphitrite.

2° Une autre **Chioné,** fille de Daidalion, mit au monde deux jumeaux; l'un, Philammon, était le fils d'Apollon, tandis que l'autre, Autolycos, était celui d'Hermès. Fière d'avoir été l'amante de deux dieux, Chioné osa comparer sa beauté à celle d'Artémis. La .déesse, révoltée par tant d'audace, perça l'insolente de ses flèches.

CHIRON. Parmi les centaures, Chiron tient une place à part. Autant ses frères étaient brutaux et incultes, autant il se distinguait par sa sagesse et ses connaissances. Fruit des amours de Cronos et de la nymphe Philyre, il avait cette étrange forme d'homme-cheval, parce que son père avait dû se changer en cheval pour l'engendrer. On raconte que sa mère, désespérée d'avoir donné le jour à un tel monstre, demanda aux dieux de la métamorphoser : ceux-ci la transformèrent en tilleul. Chiron reçut les plus précieux enseignements d'Apollon et d'Artémis, et apprit de ces précepteurs divins l'art de la médecine et de la chasse. Bientôt, les patients affluèrent pour consulter le centaure, qui les recevait dans une grotte, située au pied du mont Pélion, en Thessalie. Nombreux sont les héros qui obtinrent le privilège d'être ses disciples : Castor et Pollux, Amphiaraos, Pélée, Achille, Nestor, Ulysse, Actéon, Diomède et les Argonautes, en faveur desquels il dressa un calendrier maritime. Immortel, il était promis à une existence dispensatrice de bienfaits divers. Mais Héraclès, par mégarde, au cours d'un combat qui opposait Centaures et Lapithes, le blessa à la cuisse d'une flèche teinte du sang vénéneux de l'Hydre de Lerne. Éprouvé par d'atroces douleurs, Chiron offrit, avec l'assentiment des dieux, son immortalité à Prométhée et put rendre enfin le dernier soupir. Zeus plaça ce centaure sans reproches parmi les astres. Il y forma la constellation du Sagittaire.

CHLORIS. Cette fille d'Amphion et de Niobé fut, ainsi que son frère Amyclas, épargnée par Apollon et Artémis lorsque les dieux irrités se vengèrent cruellement sur leurs frères et sœurs pour punir leur mère. Elle devait plus tard épouser Nélée, père de Nestor.

CHRYSÉIS. Chrysès était prêtre d'Apollon à Chrysè. Lorsque cette

▲

Ci-dessus, les Grecs ont introduit dans Troie le fameux cheval de bois sur lequel on distingue des portes d'où sortent et sautent des guerriers qui mettent aussitôt en pièces les Troyens. Dessin d'après une peinture de vase grec. (Phot. Giraudon.)

Ci-dessous, à droite, le savant centaure Chiron est entouré d'une foule d'élèves qui viennent l'écouter ou lui présenter leurs jeunes enfants pour qu'il les instruise. Contre son flanc, un petit faune joue avec un des enfants. Bas-relief romain. (Palais Riccardi, Florence.) [Phot. Alinari-Brogi-Giraudon.]

▼

Ci-dessous, Chimère. Cet animal fabuleux a trois têtes, l'une d'un lion, l'autre d'une chèvre et enfin la dernière d'un serpent venimeux au bout de la queue. Avers d'une pièce de monnaie grecque de Sicyone (Péloponnèse.)

▼

ville de Troade fut prise par les Grecs, Chryséis, sa fille, fut offerte en partage à Agamemnon. Amoureux de cette nouvelle esclave, le roi refusa de la rendre à son père, qui pourtant lui offrait une forte rançon. Aussi, Apollon, irrité de l'outrage fait à l'un de ses serviteurs, envoya sur l'armée des Grecs une terrible peste. Pour apaiser le dieu, Agamemnon fut contraint de rendre Chryséis, mais il reçut en compensation Briséis, la captive d'Achille. De là naquit la longue brouille entre les deux héros.

CHTHONIA. 1° Par sa femme Praxithéa, Érechthée eut quatre fils et six filles, dont l'une, Chthonia, épousa son oncle Boutès, fils de Pandion.

2° Mais plus célèbre est la fille de Phoronée. Avec sa sœur Clyménée, elle fit construire un temple en l'honneur de Déméter. Les mythographes modernes donnent l'épithète de « chthoniennes » à la plupart des divinités du monde souterrain.

CILIX. Fondateur mythique de la Cilicie, Cilix était l'un des fils d'Agénor qui partit d'Égypte à la recherche de sa sœur Europe. N'ayant jamais réussi à trouver sa trace, il décida de s'arrêter sur les côtes d'Asie Mineure dans le pays des Hypachéens, et il peupla peu à peu avec sa suite la plaine de Cilicie. Il se lia d'amitié avec Sarpédon et installa celui-ci sur le trône de Lycie, après avoir vaincu, à ses côtés, la peuplade des Myliens.

CIMMÉRIENS. Selon Homère, ce peuple mythique habitait au bord de l'Océan inconnu qui entoure les limites connues de la Terre, dans ces régions, couvertes de brouillards, où le soleil ne se lève jamais et où règnent éternellement la nuit et le sommeil. Pourtant, plus tard, on tenta de délimiter géographiquement les contrées où les Cimmériens avaient élu domicile. Certains auteurs les localisaient au nord de la mer Noire, où se trouvait, dit-on, une des entrées du royaume des Enfers. En revanche, les écrivains latins attribuaient à cette peuplade les cantons qui entourent le lac Averne. Habitaient-ils au sud, au nord, à l'est ou à l'ouest? Nul ne le savait exactement, et ce mystère, dont on les enveloppait, était, à lui seul, une preuve suffisante de la sombre crainte qu'ils inspiraient.

CINYRAS. Roi de l'île de Chypre et grand prêtre d'Aphrodite, Cyniras donna au culte de la déesse une particulière importance. Fils d'Apollon, selon une des versions, il fut l'un des grands civilisateurs de son royaume, y introduisant les arts agricoles, musicaux, artistiques et domestiques. Dédaignant la guerre, il ne participa pas à l'expédition de Troie, mais il fit présent aux Grecs en tout et pour tout d'un seul bateau, et il donna au roi Agamemnon une armure. Pour avoir eu involontairement des relations incestueuses avec sa fille Smyrna, ou Myrrha, mère d'Adonis, il dut s'exiler. D'après une autre légende, Adonis serait né de l'union de Cinyras et de la fille d'un roi de Chypre.

CIRCÉ. L'une des rares magiciennes qui figurent dans la mythologie grecque, et, sans aucun doute, la plus célèbre de toutes, Circé était fille d'Hélios et de Perséis, l'Océanide. Douée de pouvoirs extraordinaires, capable entre autres de faire descendre du ciel les étoiles, elle excellait dans la préparation des philtres, des poisons, des breuvages propres à transformer les êtres humains en animaux. Elle essaya sur son époux, le roi des Sarmates, son art maléfique et l'empoisonna. Devenue odieuse aux sujets de celui-ci, elle dut prendre la fuite. Montée sur le char du Soleil, son père, elle trouva refuge en Étrurie. Là,

Les bras levés dans une incantation magique, Circé a changé en porc l'un des compagnons d'Ulysse. Furieux, le héros menace la magicienne de son glaive. Détail d'une amphore grecque. (Musée de Parme.) [Phot. Pisseri.]

résidant dans un palais enchanté, elle continua à perfectionner ses techniques magiques et changea en monstre la jeune et belle Scylla, parce qu'elle était aimée du dieu Glaucos. Picus, monarque coupable d'avoir repoussé ses avances, fut transformé en pivert. Elle ne réussit pas pourtant à faire partager à Ulysse le sort de quelques-uns de ses compagnons, métamorphosés en pourceaux par ses soins. Le héros, il est vrai, suivant les avis d'Hermès, avait neutralisé le breuvage que lui offrait Circé en y mêlant les brins d'une herbe nommée « moly ». Ainsi préservé des enchantements de la magicienne, il put la contraindre à restituer aux navigateurs de sa suite leur primitive forme humaine. Cependant, Circé, qui n'avait aucun des traits hideux que l'on prête aux sorcières, séduisit le héros. Elle le retint auprès d'elle plus d'une année et conçut de ses œuvres plusieurs enfants, dont Télégonos, fondateur mythique de Tusculum, Latinus, roi éponyme des Latins, et une fille, Cassiphoné. Lorsque Ulysse se décida à reprendre le cours de son périple, elle lui conseilla de se rendre aux Enfers pour y consulter l'ombre du devin Tirésias, qui lui indiquerait la route la plus facile et la plus sûre en direction d'Ithaque, sa patrie. En raison de sa malfaisance, quoiqu'elle multipliât les prodiges, les dieux refusèrent le don de l'immortalité à Circé, qui périt de la main de Télémaque, fils d'Ulysse et de Pénélope.

CITHÉRON. Cette chaîne de montagnes boisées, qui sépare la Béotie de la Mégaride et de l'Attique, est le sujet d'une légende. Cithéron, en effet, était un roi de Platée, qui donna son nom à la montagne voisine. Mais on prétend également que Cithéron était un beau jeune homme qui avait dédaigné l'amour de Tisiphone, l'une des trois Érinyes. Un des cheveux de cette dernière se transforma en un serpent qui le piqua et l'envenima mortellement, au pied de la montagne qui porte désormais son nom. C'est aussi sur les flancs du Cithéron que, dans la légende, moururent Penthée et Actéon. A l'époque classique, le Cithéron était consacré à Dionysos et aux Muses.

CLÉOBIS. Frère de Biton, fils de Cydippe, prêtresse d'Héra à Argos, vit sa piété récompensée par la mort.

CLIO. Le nom de cette Muse dérive d'un mot grec qui signifie « fêter, célébrer », pour chanter la gloire des guerriers et la renommée d'un peuple.

De ce fait, on lui a rapidement attribué le rôle de patronne de l'histoire. Elle tient dans la main droite soit une trompette pour proclamer les hauts faits, soit une cithare pour chanter les exploits des héros, ou encore une clepsydre, emblème de l'ordre chronologique des événements.

CLYMÉNÉ. On connaît plusieurs Clyméné dans la mythologie grecque : l'une est la fille de Téthys et l'épouse légitime du Titan Japet; sa postérité fut glorieuse, puisqu'elle mit au monde Prométhée, Ménœtios, Atlas et Épiméthée. Elle aurait également épousé Hélios et donné naissance à Phaéton et aux Héliades. — Une autre **Clyméné** appartient au groupe des Minyades. Elle est la fille de Minyas, roi d'Orchomène.

CLYTEMNESTRE. L'une des plus célèbres héroïnes de la tragédie grecque, Clytemnestre, de race royale, était la fille de Tyndare et de Léda et, par sa mère, la sœur des Dioscures et d'Hélène. Elle épousa en premières noces Tantale, puis Agamemnon, le meurtrier même de son mari, qui partit peu de temps après pour Troie. A Aulis, Agamemnon fut contraint, sur les conseils de Calchas, de sacrifier sa fille Iphigénie à la déesse Artémis, qui empêchait la flotte grecque de gagner la Troade. Agamemnon cacha son sinistre projet à Clytemnestre. Mais celle-ci apprit bientôt la nouvelle à Argos; désespérée par la fin tragique de sa fille (en fait, Iphigénie avait pu échapper au couteau du sacrificateur) et, dit une autre version, trompée par son époux qui s'était épris de Chryséis, elle prit Égisthe pour amant et prépara avec lui le complot qui mit fin aux jours d'Agamemnon, de retour dans sa patrie. Électre et Oreste se chargèrent de venger la mort de leur père et assassinèrent Clytemnestre, leur mère, sept ans après son crime.

Le visage recueilli, la déesse Clio tient d'une main un rouleau sur lequel elle inscrit les événements de l'histoire épique, tandis que son autre main semble compter la cadence des vers. (Musée du Vatican.) [Phot. Anderson-Giraudon.]

CLYTIA. Cette nymphe était fille d'Océan. Le Soleil en tomba amoureux. Mais elle se vit bientôt délaissée par le dieu pour Leucothoé. Désespérée et jalouse, elle se vengea en révélant au père de sa rivale les amours de cette dernière. Apollon devait changer la délatrice en héliotrope.

CNOSSOS. Cette ancienne ville de Crète fut la capitale du roi Minos; elle doit sa célébrité à son labyrinthe, où était enfermé le Minotaure, que Thésée, grâce au concours du fil d'Ariane, réussit à tuer.

COCALOS. Roi fondateur de Camicos en Sicile, Cocalos reçut Dédale qui s'était enfui de Crète. Parti à sa poursuite, le roi Minos arriva quelque temps plus tard à Camicos. Il promit une forte récompense à quiconque pourrait passer un fil dans les spirales d'une coquille d'escargot. Cocalos releva le défi et demanda en secret les conseils de Dédale, qui lui trouva aussitôt la solution à ce second problème du labyrinthe et du fil d'Ariane. Il attacha le fil à la patte d'une fourmi, qui s'engagea dans la coquille et la parcourut jusqu'au fond : ainsi, Cocalos avait gagné. Mais Minos, sachant que seul Dédale était capable d'une telle ingéniosité, exigea la restitution immédiate de son prisonnier. Plutôt que de livrer leur hôte, Cocalos et ses filles complotèrent alors la perte de Minos et finirent par l'ébouillanter.

COCYTE. Les eaux de ce fleuve, affluent de l'Achéron en Épire, communiquaient également avec les Enfers. Elles s'accroissaient des larmes des méchants. Sur les rives du Cocyte erraient les âmes des morts privés de sépulture qui attendaient de connaître la décision des juges, concernant le sort qui leur serait réservé.

colonies. Lorsque les Grecs, pour des raisons diverses, voulaient s'expatrier, ils allaient consulter à Dodone ou à Delphes les oracles des dieux, qui leur indiquaient les lieux où ils avaient la permission de s'établir. Ils choisissaient alors un chef, le fondateur de la colonie, qui, avant de quitter le sol de sa patrie, allumait une torche au foyer sacré de sa cité et la transportait avec lui dans la nouvelle cité. Enfin, chacun des colons empor-

tait avec lui les statues de ses dieux nationaux ou familiaux. Ainsi, jamais les Grecs, malgré leur dispersion dans tout le bassin de la Méditerranée, ne perdirent le sens de leur appartenance à une cité mère, et n'oublièrent la religion et les dieux de leur patrie primitive, qui restaient les sûrs garants de leur solidarité et de leur cohésion.

colonnes d'Hercule. Ce cap montagneux, qui dépend du mont Calpé, en Espagne, et mesure l'entrée du détroit de Gibraltar, possède sa légende. On raconte en effet à son sujet qu'Héraclès, en route pour son expédition contre Géryon, vint à passer par le détroit et y éleva deux colonnes, l'une, le rocher de Gibraltar, l'autre, celui de Ceuta, pour perpétuer le souvenir de sa présence.

commerce. Les Grecs avaient placé le commerce, l'une des activités essentielles de leur économie, sous la protection d'un certain nombre de dieux, mais tout spécialement sous celle d'Hermès. Ce dieu des Voyageurs étendait ses bienveillants pouvoirs sur les chemins et les routes où se faisait le transit des marchandises. Placés ainsi sous ce patronage, les commerçants pouvaient passer sans dommage et sans crainte d'une ville ou d'une région à une autre, et assurer le ravitaillement et les échanges dans toute la Grèce. Les Romains imitèrent les Grecs et donnèrent à leur Mercure des attributions identiques, lui accordant, par surcroît, des surnoms comme *Negotiator* et *Nundinator*. Quand le troc disparut et fut remplacé par la monnaie, les Romains placèrent la frappe de cette dernière dans le temple et sous l'autorité de la déesse Moneta.

COMUS. Ce dieu n'apparaît que dans les derniers temps de l'antiquité grecque, à une époque où les mœurs se relâchaient dangereusement. Il préside à toutes les réjouissances de la table, à la bonne chère, aux libations. Généralement précédé de Silène ou de Momus, dieu de la Raillerie, il est suivi d'un cortège de buveurs à la mine réjouie.

CONCORDE. L'une des nombreuses divinités allégoriques de la religion romaine, Concorde personnifie la bonne entente entre les familles, les citoyens et les époux; aussi, on la confond souvent avec la déesse de la Paix, dont elle est la sœur et dont elle porte parfois les attributs, la grenade, symbole de l'union conjugale féconde, et le rameau d'olivier, emblème de l'accord dans la paix.

CONSUS. Ce dieu aux origines anciennes et mystérieuses était regardé comme une des divinités du monde souterrain, parce que son autel était enterré au milieu du Grand Cirque à Rome. Il était particulièrement chargé de protéger du froid, des intempéries et des parasites, les grains semés ou enterrés dans le sol au cours de la mauvaise saison.

CORÉ. En grec, ce nom signifie « jeune fille ». Il fut donné à la fille de Déméter avant son rapt et sa disparition dans les Enfers, où, devenue l'épouse d'Hadès, elle prit le nom de *Perséphone.*

CORINTHE. L'un des centres principaux du culte d'Aphrodite, Corinthe, appelée « Éphyra » par Homère, doit sa célébrité et son importance à sa position sur un isthme. Comme toutes les cités grecques, elle possède son roi et son héros éponyme, nommé Corinthos, fils de Marathon. Assassiné par ses sujets, il eut pour successeur Sisyphe.

corne d'abondance. Symbole de la richesse, la corne d'abondance fut arrachée un jour par Héraclès au dieu-fleuve Achéloos, qui, pour lui disputer Déjanire, s'était changé en taureau. Vaincu, le dieu demanda au héros de lui rendre sa corne en échange de celle d'Amalthée, la chèvre du mont Ida, qui devint la véritable corne d'abondance. Selon d'autres versions, ce fut Zeus enfant qui cassa par mégarde une des cornes de sa

Triptolème et Coré. Perséphone n'apparaît pas ici sous les traits de la redoutable reine des Ombres. Elle a l'allure d'une fraîche jeune fille, l'enfant chéri de Déméter, qui, avec les épis de blé, contribue à la richesse de la terre et des hommes. Cratère grec. (Louvre.) [Phot. Giraudon.]

CRÉ

nourrice Amalthée et qui, pour consoler l'animal, lui promit qu'elle serait
à l'avenir l'emblème de toutes les
richesses possibles.

CORONIDES. On désigne sous ce
nom les deux filles d'Orion, Métioché
et Ménippé.

CORONIS. Fille de Phlégyas, roi des
Lapithes, Coronis fut aimée d'Apollon
un jour qu'elle se baignait dans les
eaux d'un lac de Thessalie. Mais il
arriva qu'en l'absence du dieu la
jeune femme conçut une violente
passion pour Ischys, le fils d'Elatos,
roi d'Arcadie, et elle l'épousa. Voulant
venger son frère, Artémis perça de
ses flèches l'infidèle. Apollon, désespéré, rendit les honneurs funèbres à
l'infortunée et arracha vivant de son
sein Asclépios, le fils qu'il avait engendré. — On connaît aussi une
Coronis, qui, poursuivie par les
assiduités de Poséidon, fut changée en
corneille par Athéna, compatissante.

CORYBANTES. Ces divinités tutélaires crétoises, dont les prêtresses
de Cybèle devaient prendre le nom,
avaient, dit-on, chanté autour du
berceau de Zeus pour couvrir de
leurs voix les vagissements du nouveau-
né et empêcher Cronos, son père, de
venir le dévorer.

couronne. Fréquentes dans les
légendes de la religion gréco-romaine,
les couronnes étaient le signe de la
consécration aux dieux. Elles ceignaient
le front des statues divines et celui des
sacrificateurs et des victimes. A chaque
divinité correspondait une couronne
tressée avec des plantes, des fruits
ou des fleurs. Le chêne fournissait
à Zeus sa couronne, le laurier à
Apollon, le myrte à Aphrodite, la
vigne à Dionysos. Le Soleil avait le
front auréolé par une couronne de
rayons solaires. Certains dieux ou
déesses, telle Cybèle, protectrice des

cités, étaient représentés le front
orné d'une couronne murale, cons-
tituée par plusieurs tours.

CRANAOS. Ce roi succéda à Cécrops
sur le trône d'Athènes, mais fut
expulsé par Amphictyon, un de ses
gendres, qui prit le pouvoir à sa place.
Il avait épousé Pédias, qui mit au
monde trois filles, Cranaé, Cranaichmé
et enfin Atthis, qui donna son nom
à l'Attique.

création. La théorie la plus
ancienne sur la formation de l'Univers
et la naissance des dieux est exposée
par Hésiode dans sa *Théogonie*. Trois
éléments constituaient au commencement des temps l'Univers. Le Chaos
représentait l'état primordial du
monde, son perpétuel devenir, l'espace
qui a existé depuis toujours. Gaia, de
son côté, symbolisait la Terre encore
inconsistante, pleine de débordements
et de cataclysmes. Pour qu'il y eût
création et naissance, vie et forme,
il convenait que ces deux éléments
primordiaux s'unissent. Alors apparut Éros, non pas le dieu de
l'Amour, tel qu'on le conçoit à l'époque
classique, mais la force qui permet
aux êtres et aux choses de se rapprocher, de se toucher et de se mélanger.
Ainsi purent naître, au milieu des
ténèbres et de la nuit, la première génération des dieux et les premiers végétaux. L'apparition de la vie dans
le monde fut puissamment stimulée
par Océan et son épouse Téthys.
Ils étaient tous deux le symbole
complexe, immense, fécond de l'eau
originelle, qui enfante les rivières, les
sources et les mers et vivifie sans cesse
la nature.
Selon la tradition la plus courante,
les hommes vinrent peupler cet univers,
quand Prométhée eut créé le premier
d'entre eux avec de l'argile. On
raconte enfin que lorsque le déluge
eut détruit toute forme de vie sur la
Terre et que les eaux se furent retirées,

Pyrrha et son époux Deucalion, fils de Prométhée, ayant miraculeusement échappé à la catastrophe, jetèrent des pierres derrière eux, qui se transformèrent aussitôt en femmes et en hommes.

CRÉON. 1° Roi de Corinthe, Créon accueillit à sa cour Jason et Médée, chassés d'Iolcos. Il vécut longtemps en paix avec ses hôtes jusqu'au jour où Jason tomba amoureux de Glaucé (ou Créüse), la fille de Créon, et, répudiant Médée, l'épousa. Pour se venger, Médée, offrit à sa rivale un vêtement dont le tissu avait subi une préparation magique et qui s'enflamma sur le corps de la malheureuse. Créon périt en lui portant secours.

2° On connaît aussi sous ce nom de **Créon** le fils de Ménœtios et frère de Jocaste. Il gouverna Thèbes après la mort de son beau-père Laïos, puis remit le royaume entre les mains d'Œdipe, qui avait délivré le pays du Sphinx; il lui accorda même Jocaste pour épouse. Cependant, lorsqu'il apprit plus tard que cette union était incestueuse, Créon chassa de Thèbes le malheureux, tout en gardant auprès de lui ses deux fils Étéocle et Polynice, qui ne tardèrent pas à entrer en lutte ouverte pour le pouvoir. Ayant pris fait et cause pour Étéocle, Créon dut immoler son fils Ménœcée à Arès pour obtenir la victoire de son protégé. A la mort des deux frères ennemis, Créon reprit le pouvoir à Thèbes et fit preuve d'une cruauté impitoyable, enterrant vive Antigone, qui avait osé s'opposer à son ordre de ne point accorder de sépulture à Polynice. Puis, après avoir tenté d'enlever Œdipe, il fut tué, dit-on, par Thésée.

CRESPHONTÈS. Avec ses frères Téménos et Aristodème, de la race des Héraclides, et ses neveux Proclès et Eurysthénès, Cresphontès reconquit le Péloponnèse et s'attribua en partage le territoire de la Messénie. Marié à Méropé, fille de Cypselos, roi d'Arcadie, il fut assassiné avec deux de ses fils, au cours d'une émeute provoquée par des Messéniens, qui s'opposaient à ses réformes démocratiques. Son troisième fils Æpytos, qui avait échappé à la mort, le vengea quelques années plus tard en tuant, avec l'aide de Méropé, Polyphontès, l'usurpateur du royaume de son père.

CRÈTE. L'une des plus grandes îles de la Méditerranée, la Crète fut célèbre dans l'Antiquité pour sa production de blé. On comprend donc que le culte de Déméter, déesse de la Moisson, ait pris dans cette île une importance toute particulière. La Crète passait, chez Homère, pour avoir cent villes, toutes plus ou moins légendaires. De plus, son importance est attestée par les nombreux mythes dont elle est l'origine. Zeus y naquit, épousa Héra et s'unit à Europe. Toutes les légendes où apparaît le roi Minos se passent en Crète, telles celles de Pasiphaé, du Minotaure, de Dédale, du Labyrinthe et de Thésée. Foyer religieux de la civilisation grecque, la Crète est un peu à la Grèce ce que l'Étrurie est à Rome.

CRÉTHÉE. Fondateur du royaume d'Iolcos, Créthée épousa Tyro, sa nièce, et eut trois enfants, Æson, le père de Jason, Phérès et Amythaon. Il adopta en outre Pélias et Nélée, que sa femme avait eus de Poséidon. Tous ces enfants jouèrent un rôle dans les légendes thessaliennes.

CRÉÜSE. 1° L'une des sept filles d'Érechthée et de Praxithéa, Créüse épousa Xouthos, dont elle eut Achaéos et Diomédé. Cependant, toute jeune fille, elle fut séduite par Apollon dans une caverne non loin de l'Acropole, où elle abandonna l'enfant qui lui naquit, un fils appelé Ion. Hermès le recueillit et l'éleva dans le temple d'Apollon, à Delphes.

2° Une autre **Créüse** est fille de Priam et d'Hécube ; elle épousa Énée et lui donna un fils, Ascagne. Au cours de la prise de Troie, dans la confusion et la mêlée générale, elle se serait trouvée séparée de son mari et aurait été enlevée par Aphrodite. Cependant, elle put apparaître à Énée, qui la recherchait dans toute la ville, et lui annoncer son long périple à la recherche d'une terre nouvelle, l'Italie. 3° Une troisième **Créüse**, fille de Créon, roi de Corinthe, périt victime de la vengeance de Médée. Elle porte aussi le nom de *Glaucé*.

CROCOS. Ce beau mortel conçut pour la nymphe Smilax un amour qu'elle refusa de partager. Les dieux le changèrent en un plant de safran.

CRONOS. Ce Titan, le plus jeune des fils d'Ouranos et de Gaia, gouverna l'Univers avant le règne de Zeus et des dieux de l'Olympe. Afin d'obtenir la toute-puissance, il n'hésita pas à mutiler son père, et à s'unir à sa sœur Rhéa, dont il eut de nombreux enfants, qui devaient devenir les dieux célèbres dans toute la Grèce, tels Hestia, Déméter, Héra, Hadès, Poséidon et enfin Zeus lui-même. Toutefois, pour conserver son trône, il dut s'entendre avec les autres Titans, qui lui demandèrent de faire disparaître sa postérité. Cronos dévora donc ses enfants, sauf Zeus, auquel sa mère substitua une pierre enveloppée de langes, que Cronos avala sans s'apercevoir de la supercherie. Mais, devenu adulte, Zeus entra en rébellion contre son père et le força à restituer ses frères et ses sœurs. Avec leur aide, il combattit les Titans fidèles à Cronos et s'empara pour toujours du pouvoir divin. Plus tard, les Romains identifièrent Cronos avec Saturne, et la légende, sous l'influence de l'orphisme, se transforma de telle façon que le Titan sans pitié devint un roi juste et bon de l'âge d'or.

CTIMÉNÉ. Sœur d'Ulysse, Ctiméné fut l'épouse d'Euryloque, compagnon d'infortune du héros au cours du retour vers Ithaque. Ctiméné ne devait pas revoir son mari, qui, ayant mangé des génisses sacrées d'Hélios, périt foudroyé.

CUMES. L'une des plus anciennes colonies de la Grèce, cette ville de Campanie fut surtout célèbre dans l'Antiquité par les oracles que rendait la Sibylle, directement inspirée par Apollon. Non loin de la cité s'ouvrait une grotte, qui passait pour communiquer avec les Enfers. Guidé par la Sibylle, Énée emprunta cette voie pour descendre au royaume des Ombres.

CUPIDON. Bien plus que l'Éros grec, avec lequel il finit par être confondu, Cupidon, auxiliaire d'Aphrodite, est la personnification du désir amoureux le plus vif. Apulée nous conte l'histoire de Psyché, aimée par le dieu, récit qui témoigne de la persévérance dont Cupidon fait preuve, lorsqu'il est possédé par la passion.

CURÈTES. Souvent confondus avec d'autres divinités tutélaires — les Corybantes, les Dactyles —, les Curètes jouèrent, en particulier, un rôle important dans les circonstances qui entourèrent la petite enfance de Zeus : ils menaient grand tapage autour d'Amalthée, tandis qu'elle allaitait le nourrisson divin, afin d'empêcher Cronos de découvrir le lieu où l'on cachait son fils. On ignore le nombre des Curètes. Ils donnent lieu, en revanche, à une multitude de légendes. La plus connue rapporte que, sur l'ordre d'Héra, ils dérobèrent à Io le jeune Épaphos, fruit de ses amours avec Zeus. Irrité de ce rapt, le dieu les foudroya.

CYBÈLE. Cette divinité de Phrygie est sans doute la plus grande déesse du Proche-Orient ancien. Importée

Coiffée d'une sorte de couronne murale, Cybèle siège en majesté sur un trône gardé par deux lions qui posent chacun une patte en signe de possession. Les lions, habituellement, traînent le char de la déesse. Ils marquent, en outre, son origine orientale. (Musée national, Naples.) [Phot. Alinari-Giraudon.]

en Grèce et à Rome, elle personnifie sous différents noms — Grande Mère, Mère des dieux, Grande Déesse — la puissance végétative et sauvage de la nature. Aussi est-elle placée au nombre des divinités de la Fertilité, et elle partage avec Jupiter, dans la religion romaine, le pouvoir souverain sur la reproduction des plantes, des animaux, des dieux et des hommes. Montée sur un char traîné par des lions, symbole de la force, elle tient une clef qui ouvre la porte de la Terre où sont enfermées les richesses; sa tête, du moins dans l'iconographie romaine, soutient des petites tours qui représentent les villes qu'elle protège. On ne lui connaît pas de légende, sauf celle qui relate ses amours avec Attis et qui est l'origine ou la transposition des mystères orgiaques et orphiques de la résurrection.

CYCLOPES. Ces êtres fabuleux, pourvus d'un œil unique au centre du front, apparaissent dans de nombreuses légendes gréco-latines. On en distingue quatre sortes : les Cyclopes ouraniens, les Cyclopes forgerons, les Cyclopes bâtisseurs et les Cyclopes pasteurs.

Les Cyclopes ouraniens sont nés de l'union monstrueuse de Gaia (la Terre) et d'Ouranos (le Ciel). Comme ils étaient trois frères, Ouranos redouta de les voir se retourner contre lui et s'emparer de ses pouvoirs. Aussi, il les fit jeter dans le Tartare. Plus tard, avec l'aide de leurs frères les Titans, de Cronos en particulier, et de leur mère indignée, ils se révoltèrent et mutilèrent leur père. Mais Cronos, lui aussi, qui trouvait leur existence dangereuse pour sa suprématie, les précipita à nouveau dans les Enfers. Zeus les délivra. Par gratitude, ils forgèrent la foudre, l'éclair et le tonnerre, qui permirent à Zeus de vaincre Cronos et de s'emparer du trône céleste. Les trois Cyclopes, pour commémorer leurs rôles dans cette révolution, prirent alors respectivement les noms d'Argès (« l'éclair »), Stéropès (« la foudre ») et Brontès (« le tonnerre »). A Hadès, ils offrirent un casque; à Poséidon, le trident grâce auquel celui-ci soulève ou apaise les ondes marines. Par la suite, les trois Cyclopes furent mis à mort par Apollon : le dieu ne leur pardonnait pas d'avoir fourni à Zeus la foudre qui avait frappé et tué Asclépios, son fils.

A ces trois auxiliaires de Zeus viennent s'ajouter les aides-forgerons d'Héphaïstos, qui ont élu domicile au cœur des volcans où ils travaillent l'airain afin d'en façonner l'armure des dieux et des héros. Pyracmon (« l'enclume ») et Acamas (« l'infatigable ») comptent parmi les plus souvent cités de ces Cyclopes. Plus tardivement encore, on a donné le nom de « murailles cyclopéennes » aux murs constitués d'énormes blocs de pierre, dont on peut voir encore les restes à Mycènes et à Tirynthe. Certains Cyclopes bâtisseurs les auraient édifiés.

Mais les plus fameux des Cyclopes restent ceux que décrit Homère. Géants brutaux, sans foi ni loi, ils élèvent des troupeaux de moutons, récoltent, sans user d'aucun moyen de technique agricole, ce que la terre consent à faire pousser spontanément, et ne craignent pas, à l'occasion, de dévorer les êtres humains qui se risquent sur leurs territoires et dans leurs cavernes. Ils représentent, aux yeux des Grecs, le type de la race sauvage, inculte, dénuée de toute idée de civilisation. Au cours de leur pérégrination, Ulysse et ses compagnons se mesurèrent avec le plus redoutable d'entre eux, Polyphème.

CYCNOS. Le plus ancien des nombreux Cycnos que compte la mythologie apparaît pendant la guerre de Troie. Il passait pour invulnérable, car il avait été engendré par Poséidon. Achille parvint cependant à le mettre à mort. Son père le changea en cygne. — Un autre **Cycnos,** roi des Ligures, pleura tant la mort de son ami Phaéton, foudroyé par Zeus, qu'Apollon, ému, le changea en cygne. Son cri plaintif rappelle les gémissements de l'inconsolable héros. — Le plus connu est **Cycnos,** fils d'Apollon. Il avait coutume de soumettre ses amis à des épreuves diverses, pour s'assurer de leur fidélité. Beaucoup se décourageaient, refusant l'amitié d'un person-

L'Acropole de Tirynthe (Argolide) est bâtie de pierres énormes, entassées sans ciment les unes sur les autres. Les Anciens attribuaient ce travail gigantesque aux Cyclopes. (Phot. H. Roger-Viollet.)

nage si étrange, si exigeant. Seul, Phylios, par amour pour Cycnos, réussit, avec l'aide d'Héraclès, à abattre plusieurs monstres et à dompter un taureau furieux. Mais bientôt lassé, il s'écarta de son ami. Cycnos fut si désespéré de cet abandon qu'il se jeta avec sa mère dans un lac. Apollon les transforma tous deux en cygnes. — Fils d'Arès et de Pélopia, un autre **Cycnos** s'attaquait aux voyageurs qui se rendaient à Delphes et leur arrachait les offrandes destinées à Apollon. Il fut tué par Héraclès en combat singulier.

CYRÈNE. Petite-fille du dieu-fleuve Pénée et de la naïade Créüse, cette nymphe chasseresse parcourait les forêts du Pinde et tuait toutes les bêtes féroces pour protéger le troupeau de son père Hypsée, roi des Lapithes. Un jour, Apollon fut ravi par le spectacle de Cyrène aux prises avec un lion, qu'elle finit par vaincre; il l'enleva sur son char et la transporta en Libye, où elle donna le jour à un fils, Aristée. D'autres traditions ajoutaient que le roi de Libye, Eurypylos, lui offrit le royaume de Cyrène pour avoir délivré le pays d'un lion qui semait la terreur. Plus tard, Virgile en fit une nymphe qui vivait dans les eaux profondes du fleuve Pénée.

CYTHÈRE. Cette île, située près de la côte de Laconie, fut colonisée par les Phéniciens, qui y introduisirent le culte d'Aphrodite. Les Grecs en firent l'un des lieux de naissance probables de cette déesse, née de l'écume des flots. De là le nom de « Cythérée », qui lui est parfois attribué.

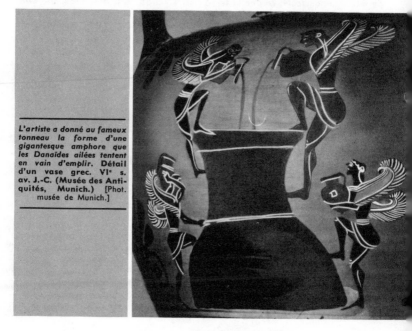

L'artiste a donné au fameux tonneau la forme d'une gigantesque amphore que les Danaïdes ailées tentent en vain d'emplir. Détail d'un vase grec. VIᵉ s. av. J.-C. (Musée des Antiquités, Munich.) [Phot. musée de Munich.]

DACTYLES. Ces divinités tutélaires, tout comme les Corybantes et les Curètes, avaient eu pour première demeure le mont Ida, où leur mère Rhéa les enfanta. Suivant la légende, les Dactyles auraient pris ce nom, qui signifie « les doigts », parce que leur mère, dans les douleurs de l'enfantement, aurait crispé ses doigts sur le sol. Selon une autre tradition, ils seraient nés de la poussière que les nourrices de Zeus jetèrent derrière elles de leurs mains pour effacer les traces de leurs pas, et ils auraient ainsi protégé Zeus des fureurs gloutonnes de son père Cronos.

DANAÉ. Menacée par un oracle de mettre au monde un fils qui tuerait son grand-père, Danaé fut enfermée par son père Acrisios, roi d'Argos, dans une tour d'airain. Zeus, qui l'aimait en secret, pénétra dans le cachot en se métamorphosant en pluie d'or et séduisit la jeune fille. De cette union enchantée naquit le héros Persée. Courroucé, Acrisios fit exposer sa fille et l'enfant dans un coffre, qu'il abandonna aux flots. Tous deux échouèrent dans l'île Sériphos, où régnait Polydectès; ce tyran essaya d'obtenir les faveurs de celle qu'il avait recueillie. Mais Persée délivra sa mère et revint vivre à Argos.

DANAÏDES. Ces cinquante filles du roi Danaos suivirent leur père lorsqu'il vint s'établir à Argos, après avoir abandonné l'Égypte par crainte des cinquante fils du roi Égyptos, son frère. Or, plus tard, les cinquante jeunes gens vinrent trouver leur oncle et lui demandèrent la main de ses filles. Elles consentirent, et les noces furent célébrées. Mais le soir même, sur le conseil de leur père, elles se munirent d'une dague et tuèrent leur époux; seule Hypermnestre épargna Lyncée. Peu de temps après, les Danaïdes épousèrent de jeunes Argiens qui avaient concouru dans des jeux pour gagner leur faveur. Leur bonheur, toutefois, fut de courte durée, car Lyncée les massacra toutes. Descendues aux Enfers, elles furent enfin punies de leurs crimes et condamnées à remplir sans fin un tonneau dont le fond est percé. On a prétendu, dans l'Antiquité, que ce châtiment n'est qu'un symbole. Les Danaïdes auraient en effet apporté d'Égypte en Grèce l'art de creuser des puits et d'irriguer les terres; jusqu'à la fin des temps, elles puisent l'eau fertilisante.

DANAOS. Fils de Bélos et d'Anchinoé, frère jumeau d'Égyptos, Danaos reçut la Libye en partage. Mais, redoutant l'ambition de son frère et de ses neveux, il s'enfuit avec ses cinquante filles, traversa la Méditerranée et se réfugia dans le Péloponnèse, à Argos, où régnait Gélanor. Il annonça au roi son intention de le détrôner. Gélanor protesta, mais un prodige se manifesta, un loup surgit soudain, attaqua un troupeau et dévora un taureau. Impressionnés, les Argiens comparèrent Danaos au loup et Gélanor au taureau, et choisirent l'étranger comme roi. Pour remercier les dieux, le nouveau souverain éleva un temple à *Apollon-Lycien* (« Apollon-au-Loup »). Il fut tué plus tard par Lyncée, l'époux de l'une de ses filles, Hypermnestre, et le meurtrier lui succéda sur le trône.

DAPHNÉ. Fille du dieu-fleuve thessalien Pénée et nymphe prêtresse de Gaia, Daphné (« laurier ») fut poursuivie par les assiduités d'Apollon qui, au moment de la saisir, la vit se transformer en laurier. Avec les feuilles de cet arbre, qui, par la suite, lui fut consacré, le dieu tressa une couronne. On racontait également une autre légende: Daphné s'était éprise d'un jeune homme, Leucippos, qui, pour l'approcher, s'était déguisé en femme. Apollon, jaloux, donna à Daphné et à ses compagnes l'idée de se dévêtir et de se baigner. Le malheureux fut lui aussi obligé de faire de même; les nymphes, découvrant la supercherie, se préparaient à le tuer lorsque les dieux le ravirent à leur vue. Daphné, dans sa confusion, fut sur le point d'être étreinte par Apollon; mais elle put, au dernier moment, se changer en laurier qui devint, à ce jour, l'arbre préféré du dieu.

DAPHNIS. Promu, après sa mort, au rang des demi-dieux agrestes de Sicile, Daphnis était le fils d'Hermès et d'une nymphe qui l'abandonna dans un bosquet de laurier. Recueilli par les nymphes, élevé par un groupe de divinités pastorales, exerçant l'office de berger, il inventa la poésie bucolique. Il était si beau qu'Apollon s'éprit de lui et l'initia à l'art de jouer de la flûte, tandis qu'Artémis lui apprenait les ruses de la chasse. La nymphe Nomia, bergère de son état, conçut pour Daphnis une passion abusive et le menaça de cécité s'il accordait à d'autres femmes ses faveurs. Mais Chimæria, sa rivale, enivra le berger trop confiant : il finit par céder à ses désirs. Aussitôt frappé d'aveuglement, il parcourut les champs en jouant des airs mélancoliques sur sa flûte, jusqu'au jour où, s'étant égaré, il tomba dans un précipice. Hermès le changea en rocher ou, selon une autre tradition, le ravit aux cieux.

DARDANOS. Ancêtre légendaire des Troyens, Dardanos, fils de Zeus et d'Électra, était originaire de Samothrace, d'où il émigra à la mort de son frère Iasion vers les côtes d'Asie Mineure. Il y fut accueilli par Teucer, qui lui donna sa fille Batièia et quelques terres. Il fonda des villes, celle de Dardania et peut-être celle de Troie, et laissa à sa mort de nombreux enfants, parmi lesquels Ilos, Érichthonios, Zacynthos et une fille, Idæa. Suivant les traditions italiques, Dardanos était le fils de Corinthos, prince étrusque de Cortone; il aurait émigré en Phrygie, unissant symboliquement, comme le firent par la suite les légendes romaines, l'Italie à la Troade.

DÉDALE. On ne connaît pas clairement les origines de Dédale. Pourtant, presque toutes les versions de sa légende s'accordent à déclarer qu'il appartenait sans doute à la race royale d'Athènes.

Forgeron, inventeur d'une inépuisable fécondité d'esprit, architecte, sculpteur, il permit, d'après les Athéniens, à l'art attique de progresser. Il était, au début de sa carrière, aidé par un apprenti, son neveu Talos. Ce dernier trouva un jour la mâchoire d'un serpent mort. Il en cisela dans le fer la ressemblance et se procura de la sorte la première scie. Dédale, jaloux de cet élève qui n'hésitait pas à lui donner des leçons, le tua en le précipitant du haut de l'Acropole. L'Aréopage s'assembla pour le juger. Il rendit contre lui une sentence de bannissement. Dédale se réfugia en Crète. Il séduisit le roi Minos par sa compétence, son talent, son ingéniosité. On le chargea de tracer le plan du Labyrinthe, où fut enfermé le Minotaure. Mais, pour avoir trahi son maître, en favorisant les amours d'Ariane et de Thésée, il y fut, à son tour, reclus. Cependant, il ne perdit pas courage. Il fabriqua une paire d'ailes. Il s'envola avec son fils, mais

Enfermé avec son fils Icare dans le Labyrinthe du roi Minos en Crète, Dédale construit les ailes qui lui permettront de s'enfuir de sa prison. Icare a déjà fixé les siennes sur son dos, et il admire le prodigieux travail de son père. (**Villa Albani.**) [Phot. Alinari-Giraudon.]

parvint seul à Cumes, sain et sauf. Il consacra à Apollon la machine volante qui l'avait sauvé. Puis, abordant en Sicile, il y reçut le plus aimable accueil de la part du roi Cocalos et devint son principal architecte.

DÉIDAMIE. Cette fille de Lycomède, roi des Dolopes, habitait l'île de Scyros. Quand Achille se réfugia dans le royaume sous un déguisement féminin, il séduisit par surprise Déidamie, qui devint, selon certaines légendes, la mère de Pyrrhos, plus connu dans la guerre de Troie sous le nom de *Néoptolème.*

DÉIPHOBOS. L'un des fils de Priam et d'Hécube, Déiphobos, dans la guerre de Troie, est l'instrument de la fatalité divine. Il reconnaît son frère Pâris, autrefois abandonné par son père, et qui, sous le nom d'« Alexandre », s'est mesuré victorieusement avec lui au cours des jeux du stade. C'est aussi sous la forme de Déiphobos qu'Athéna incite Hector à combattre Achille. A la mort de Pâris, malgré les protestations de son frère Hélénos, il épouse Hélène, qui incarne les malheurs d'une Troie livrée aux ordres et aux actions des dieux. Il meurt tué et mutilé par Ménélas, lors du sac de la ville. Énée rendra plus tard à sa dépouille les honneurs funèbres et lui élèvera un tombeau au cap Rhœteum, non loin de l'Hellespont.

DÉJANIRE. Quand il descendit aux Enfers, Héraclès rencontra l'ombre de Méléagre, qui lui conseilla d'épouser sa sœur Déjanire, fille d'Œnée et d'Althée, ou de Dionysos, selon une autre version de la légende. Revenu sur la Terre, Héraclès dut vaincre au cours d'une lutte acharnée le fleuve Achéloos, un des prétendants, pour pouvoir épouser Déjanire. Après ses noces, il partit avec elle en expédition contre les Calydoniens. A son retour, son épouse fut enlevée par le centaure Nessus, qui tenta ensuite de la violenter. Elle appela Héraclès à son secours; blessé à mort, le centaure confia à l'épouse du héros une tunique empoisonnée, lui assurant qu'elle était un gage de bonheur et de fidélité conjugale éternelle. Quand Héraclès s'éprit de Iole, pour le ramener à elle, Déjanire lui envoya la tunique : l'ayant revêtue, il fut brûlé par tout le corps et préféra se suicider. De désespoir, Déjanire se donna la mort, laissant un fils, Hyllos, qui devint le chef des Héraclides.

DÉLOS. Cette île surgit de la mer, suscitée par un coup du trident de Poséidon. Elle accueillit Léto, qui accoucha, sur son sol, d'Apollon et d'Artémis. Pour remercier l'île d'avoir consenti à prêter refuge aux enfants divins, Zeus la fixa au centre de l'archipel des Cyclades. Elle devint ensuite le siège du culte d'Apollon. On y célébrait, en outre, des jeux, les *délia*, qui furent, dit-on, institués par Thésée. Enfin, tous les quatre ans, une délégation athénienne se rendait dans l'île pour vénérer tout particulièrement le dieu qui y était né.

DELPHES. Petite ville de Phocide, appelée Pytho au temps d'Homère, Delphes, située au pied du mont Parnasse, acquit rapidement une grande importance à l'époque classique grecque et fut considérée comme le centre du globe terrestre, le nombril du monde, l'*omphalos*. Le temple d'Apollon, qui faisait la célébrité de la cité, était un lieu où les rois et les citoyens riches mettaient au secret leurs trésors, et où la Pythie, assise sur un trépied au-dessus d'un trou exhalant des vapeurs, rendait des oracles. C'est en l'honneur d'Apollon qu'on célébrait à Delphes les jeux Pythiques, car le dieu, non loin de là, avait tué le serpent Python.

déluge. La notion de déluge est commune à toutes les religions de l'Orient et de l'Occident. On la trouve dans la Bible, dans l'épopée de Gilgamesh, et aussi dans la mythologie gréco-romaine. Il est fort probable que cette idée d'un engloutissement de la terre sous les eaux est née après une inondation catastrophique du Tigre et de l'Euphrate, sortis de leurs lits. Conséquence de la colère divine, le déluge est envoyé par Zeus pour punir les hommes de l'âge d'airain. Le dieu permit seulement à Pyrrha, fille d'Épiméthée et de Pandore, et à Deucalion d'échapper au désastre. Ils trouvèrent, en effet, refuge dans un coffre, qui, au

Dans cette sauvage et sèche vallée de l'Orissa, Apollon accomplit ses premiers exploits et tua en particulier le serpent Python. Delphes devint ainsi l'un des lieux les plus sacrés de la Grèce. Au premier plan, le temple d'Apollon et une partie du théâtre. (Phot. Étienne Gillon.)

La déesse Déméter semble surgir de la terre, dont elle est la divinité fécondante. Elle tient le pavot, symbole du sommeil de la terre et des morts, le blé, dont elle est la protectrice. Deux serpents, animaux chthoniens par excellence, entourent ses poignets. Terre cuite. (Musée des Thermes, Rome.) [Phot. Alinari-Giraudon.]

moment où les eaux se retirèrent, échoua sur le mont Parnasse. Du déluge et de son néant devait sortir une nouvelle race d'hommes, créée par Deucalion et Pyrrha.

DÉMÉTER. Fille de Cronos et de Rhéa, Déméter est avant tout la déesse du Blé, dont elle facilite la germination, et de la Moisson, dont elle assure la maturité. Aussi, tous les pays grecs de l'Antiquité, dont l'économie reposait pour une part essentielle sur la culture de cette céréale, ont multiplié les légendes sur Déméter. Outre ses amours avec Iasion, à qui elle donna Ploutos, le dieu de l'Abondance, et avec Poséidon, qui, changé en cheval, alors qu'elle s'était métamorphosée en jument pour lui échapper, engendra le coursier Aréion, on connaît surtout sur Déméter la célèbre légende qui retrace l'enlèvement de sa fille Coré-Perséphone (Proserpine chez les Romains) par Hadès. Celle-ci jouait avec ses compagnes en Attique, dans la plaine d'Éleusis, et cueillait des fleurs. Elle aperçut alors un beau narcisse, et, au moment où elle allait casser sa tige, la terre s'entrouvrit, et Hadès apparut : il enleva la jeune fille, qui poussa un cri déchirant. Déméter entendit cet appel d'épouvante et quitta alors l'Olympe. Pendant neuf jours et neuf nuits, elle erra sur la Terre, sans manger, sans se baigner, sans prendre jamais de repos, à la recherche de sa fille et de l'auteur du rapt. Au dixième jour, Hélios, pris de pitié, lui révéla le nom du ravisseur. Alors, dans sa colère, la déesse refusa de regagner le séjour des dieux tant que sa fille ne lui serait pas rendue. Elle se réfugia à Éleusis chez le roi Céléos, époux de Métanira, qui l'accueillit avec beaucoup d'égards. Pour remercier son hôte, la déesse voulut accorder à Démophon, le fils du roi, l'immortalité. Mais ses pratiques magiques affolèrent Métanira, et Déméter, surprise, lâcha l'enfant dans le feu. Pour consoler les parents,

Déméter enseigna à Triptolème, leur autre fils, l'art de labourer les champs, d'ensemencer la terre et de récolter les céréales. Pourtant, depuis le départ de Déméter de l'Olympe, la terre était devenue stérile; la famine et les épidémies menaçaient les mortels. Zeus, inquiet, intervint auprès d'Hadès pour que Coré-Perséphone fût rendue à Déméter. Mais le dieu des Enfers refusa parce que sa jeune femme avait mordu dans une grenade au cours de son séjour chez les morts, ce qui, magiquement, lui interdisait tout retour au séjour des vivants. Finalement, un compromis intervint. Perséphone vivrait avec sa mère six mois de l'année, et les six autres mois elle les passerait en compagnie de son époux Hadès. A la première période de la vie annuelle de Perséphone correspond le printemps, les jeunes pousses qui, comme la déesse, sortent de la terre sous la protection de Déméter; à la seconde période, l'époque des semailles de l'automne, des grains de blé enfouis dans la terre, comme Perséphone retournant au séjour des morts. Les mystères d'Éleusis qui célébraient le culte de Déméter voyaient également dans cette légende un symbole perpétuel de mort et de résurrection.

Au cours des siècles de l'Antiquité, les attributions de Déméter se multiplièrent. La déesse fut vénérée comme une des divinités principales de l'Abondance et de la Fertilité par les initiés aux mystères et par les agriculteurs qui célébraient, au moment des moissons, des fêtes comme les Thesmophories et les Éleusinia. Assimilée à Cérès par les Romains, Déméter est le symbole de la civilisation antique dont elle assure, par l'abondance des récoltes, le perpétuel épanouissement économique et social.

demi-dieu. Confondu souvent avec le héros, le demi-dieu est un être qui est né soit de l'union d'un père immortel avec une mère mortelle, soit de celle d'un homme avec une immortelle. Condamné à périr, le demi-dieu n'est pas toujours héroïsé après sa mort, ni transporté dans l'Olympe, comme Héraclès, ou dans le pays de la félicité éternelle, comme Achille. En fait, la notion de demi-dieu est la forme originelle et simplifiée à l'extrême de la notion de héros, celle-ci devenant de plus en plus complexe au cours des âges.

démons. Dans certaines légendes mythologiques, les démons sont des génies occultes, des divinités mystérieuses et influentes de l'au-delà, dont l'action peut être faste ou néfaste sur le comportement des hommes. Hésiode les définit comme les intermédiaires entre les mortels et les dieux. Plus tard, on pensa que les âmes divinisées des morts peuvent devenir des démons qui reviennent parfois sur la Terre pour tourmenter les criminels. Les philosophes et les poètes, en s'emparant de la notion de démon, ont fini par la transformer. Ainsi, selon Pindare, chaque homme est tiraillé entre un démon du Bien et un démon du Mal, dont chacun symbolise le destin attribué à chaque vie.

destin. Il n'est peut-être pas de notion qui occupe dans la religion, la tragédie, et les mythes gréco-latins, pour les hommes comme pour les dieux, une place plus prépondérante que cette idée complexe de Destin. Chez les Grecs, le Destin est représenté par la Moira (le destin ou le lot attribué à chacun) et la Tuchê; chez les Romains, par le Fatum et la Fortuna. La Moira, qui, primitivement, ne formait qu'une seule divinité, a pris peu à peu une importance telle, qu'elle s'est divisée en trois personnes : Clotho, Lachésis et Atropos. Mais toutes ces représentations sont l'expression de l'inflexibilité de la destinée humaine tracée d'avance et de l'heure fatale de la mort, à laquelle nul ne peut se soustraire. Avec les siècles, toutefois, les Grecs ont adouci cette notion de destin cruel et ont vénéré une autre divinité, la Tuchê, moins redoutable, qui personnifie le hasard, bon ou mauvais, juste ou injuste, et qui intervient dans la destinée des hommes ou des États, dont elle peut changer le cours.

Dans la religion romaine, plus superstitieuse que la religion des Grecs, le destin — le Fatum — prend un caractère plus abstrait et moins personnel. Il devient la traduction de la volonté des dieux, l'oracle contre lequel l'homme ne peut rien, la soumission totale à des décisions suprêmes qui n'appartiennent qu'aux immortels. Puis, peu à peu, l'idée de *fatum* s'est en quelque sorte humanisée et s'est divisée en Fatus pour les hommes, en Fata pour les femmes, sorte de génies attachés au pas de chaque mortel et guidant le déroulement de la vie qui leur est confiée. Enfin, de même que les Grecs honoraient la Tuchê, les Romains invoquent la Fortuna, qui est, elle aussi, l'image du hasard, arbitraire et capricieux, avec ses incohérences, ses injustices et ses faveurs.

Hermès " Psychopompe ", conducteur des morts, a placé un guerrier sur chaque plateau d'une balance. Zeus, à la fois farouche et vigilant, armé du foudre, s'apprête à rendre sa sentence. Selon que le plateau penchera d'un côté ou de l'autre, l'un des héros sera vainqueur ou vaincu, vivant ou mort. Les héros et leurs destins sont des jouets entre les mains des dieux. Détail d'un vase grec.

DEUCALION. Ce roi est le héros grec de la tradition orientale du déluge, dont le mythe apparaît dans toutes les religions de l'Antiquité. Fils de Prométhée et de l'Océanide Clyméné, Deucalion épousa Pyrrha, la fille d'Épiméthée, et s'établit en Thessalie sur laquelle il régna avec justice.

Lorsque Zeus décida de détruire la race humaine, estimant que la malfaisance des hommes était non seulement une injure aux dieux, mais une perpétuelle menace, seuls Deucalion et Pyrrha furent épargnés; car avant d'envoyer une pluie torrentielle, le dieu avait permis à Prométhée de les avertir du danger qu'ils couraient et de leur conseiller de construire une sorte de grand coffre afin de s'y réfugier pendant les neuf jours et les

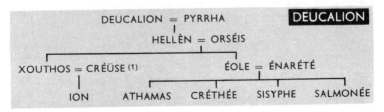

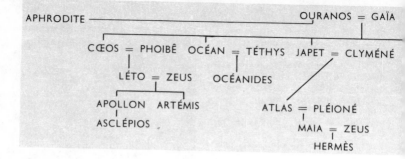

APHRODITE ——————————————————— OURANOS = GAÏA

CŒOS = PHOIBÊ OCÉAN = TÉTHYS JAPET = CLYMÉNÉ

LÉTO = ZEUS OCÉANIDES

APOLLON ARTÉMIS

ASCLÉPIOS

ATLAS = PLÉIONÉ

MAIA = ZEUS

HERMÈS

neuf nuits que durerait le déluge. Ce qui fut fait. La Terre entière fut submergée, et tous ses habitants moururent; quand les eaux baissèrent, le flot déposa au sommet du mont Parnasse les deux justes qui avaient échappé à la colère du dieu. Zeus leur envoya son messager habituel, Hermès, qui leur demanda de formuler un vœu. Ils répondirent que, dans leur solitude, ils souhaitaient la renaissance de la race humaine. « Voilezvous le visage, leur dit Zeus, et jetez derrière vous les os de votre grandmère. » Après avoir longtemps cherché le sens de ces paroles, ils comprirent que les os n'étaient rien d'autre que les pierres qui couvraient leur grand-mère la Terre, et ils exécutèrent l'ordre des dieux. Les pierres jetées par Deucalion se changèrent en hommes; celles qui furent jetées par Pyrrha, en femmes. Ainsi, la Terre se repeupla d'une nouvelle race d'êtres humains, plus rustres, mais aussi plus courageux que les précédents. Les fils qui naquirent de Pyrrha furent les ancêtres des races conquérantes qui devaient faire la Grèce.

DIANE. Cette ancienne divinité italique, rapidement identifiée avec l'Artémis grecque, avait été introduite, selon certains, à Rome par le roi légendaire Servius Tullius. Les légendes romaines de Diane ont été toutes empruntées aux mythes grecs. On dit qu'Oreste aurait apporté en Italie, à Némi, l'Artémis de Tauride. Au voisinage de cette ville du Latium se trouvaient, en effet, un lac, un bois sacré, un temple dédié à Diane. On pratiquait en l'honneur de la déesse des sacrifices humains. Chaque prêtre devait tuer son prédécesseur pour pouvoir lui succéder. On racontait aussi qu'Hippolyte, ressuscité par Asclépios, avait été enlevé par Artémis et transporté en Italie, où il avait pris le nom de Virbius, afin de se consacrer ensuite entièrement au culte de sa divine ravisseuse. Toutefois, pour les Romains, Diane n'est pas tant, comme Artémis, la chasseresse (bien qu'elle ait emprunté à celle-ci le carquois et l'arc) que la sœur d'Apollon, c'est-à-dire la déesse de la Lumière.

DIDON. Primitivement, cette héroïne carthaginoise, vénérée par les Romains, se nommait **Élissa;** elle était la fille de Mutto, roi de Tyr, et sœur de Pygmalion. Elle avait épousé son oncle, le riche Sicharbas, prêtre d'Héraclès. Lorsque Mutto mourut, Pygmalion lui succéda, mais, désireux de s'approprier les richesses de son beau-frère, il l'assassina. Longtemps, il cacha ce meurtre à sa sœur, et il s'apprêtait à lui faire subir le même sort, lorsque Didon fut avertie en songe de ces sinistres projets par l'ombre de son époux, qui lui conseilla de s'enfuir au plus vite en emportant ses trésors. En

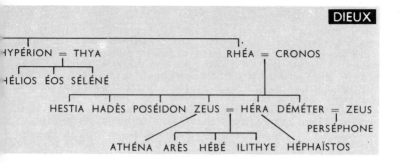

```
HYPÉRION  =  THYA                          RHÉA  =  CRONOS

HÉLIOS  ÉOS  SÉLÉNÉ

        HESTIA HADÈS POSÉIDON ZEUS = HÉRA DÉMÉTER = ZEUS
                                                    PERSÉPHONE
        ATHÉNA  ARÈS  HÉBÉ  ILITHYE  HÉPHAÏSTOS
```

secret, elle fit armer ses vaisseaux et, avec quelques compagnons, s'échappa de Tyr. Au cours d'une escale à Chypre, elle fit enlever quatre-vingts femmes pour les marins de son navire; puis elle passa en Afrique. Après quelques tractations avec les indigènes, elle obtint comme terre le territoire que pourrait contenir une peau de bœuf. Déjouant la ruse et faisant preuve d'astuce, Didon découpa la peau en fines lanières et s'appropria ainsi un emplacement important où ses compagnons bâtirent la citadelle de Byrsa (« peau de bœuf »). Tout autour s'éleva la ville de Carthage, qui devint rapidement une cité florissante. C'est alors que le roi des Gétules, Iarbas, jaloux de la prospérité de cette ville, demanda Didon en mariage. Mais celle-ci, qui s'était juré de demeurer fidèle à la mémoire de son premier époux, préféra s'immoler dans les flammes d'un bûcher plutôt que de renier son serment. Devant cette action éclatante, le peuple honora Didon à l'égal des divinités. Virgile, toutefois, sans se soucier de la chronologie qui veut qu'il y ait au moins trois cents années d'intervalle entre la prise de Troie et la fondation de Carthage, a inventé une autre version en faisant intervenir Énée dans la légende de Didon. Lorsque Énée débarqua à Carthage il fut reçu par Didon, qui, peu à peu, s'éprit de lui. Mais le prince numide Iarbas

demanda à Jupiter d'éloigner cet étranger. Se soumettant à l'ordre des dieux et sans prendre congé de la reine, Énée fit alors voile vers l'Italie. Désespérée et incapable de survivre à l'absence de son amant, Didon se poignarda au milieu des flammes d'un bûcher.

dieux. Expressions des forces de la nature, les dieux personnifient aussi les qualités et les défauts des hommes dont ils prennent l'apparence tout en conservant l'immortalité. Les dieux sont, pour la plupart, nés, sous le nom général de « Titans », de l'union cosmique des deux entités du Monde, la voûte céleste et la croûte terrestre. Puis Cronos, Cœos et Océan ont engendré la génération des dieux, qui, après des luttes gigantesques avec les divinités primordiales et anarchiques, se sont installés sur l'Olympe. Toutefois, certains dieux ont été créés de manière étrange. Héphaïstos est né de la seule Héra, sans le concours de Zeus, l'époux de la déesse, tandis qu'Athéna sortait tout armée du crâne de Zeus sans qu'aucune femme ne l'ait portée en son sein. En outre, Aphrodite, selon une des légendes, jaillit d'elle-même de la mer, et Dionysos fut le fruit des amours de la mortelle Sémélé et de Zeus. D'une manière générale, les dieux nés de la nature même pouvaient prétendre à la régenter et à la diriger selon leur volonté.

97

dieux étrangers. Au fur et à mesure que les Grecs et les Romains étendirent leur domination ou leur influence sur les pourtours de la Méditerranée, leur Panthéon accueillit des dieux étrangers en nombre toujours plus grand. Certains furent simplement assimilés, comme Anubis, dieu égyptien, qui prit les caractères et les attributs d'Hermès, ou Dusarès, dieu solaire des Arabes, qui se confondit avec Dionysos. Certains autres dieux fournirent tel surnom supplémentaire à l'une des divinités de l'Olympe, témoin Dolichénus, dieu asiatique, dont le nom fut parfois apposé à celui de Jupiter. On connaît également des dieux comme Horus, des déesses comme Astargatis, qui prirent des noms nouveaux chez les Gréco-romains : le premier se nomma Harpocrate, la seconde, Dea Syria. Parfois, les Romains adoraient, sous leur dénomination originale, les dieux étrangers : ce fut le cas de Mithra et d'Élagabal. Pourtant, malgré ces assimilations et ces transformations, les Romains témoignèrent d'un respect constant envers les dieux étrangers, évitant de les dépouiller de leurs attributions primitives. Autant par souci religieux que par conviction politique, ils comprenaient qu'en adoptant les dieux des territoires dont ils s'emparaient, ils assuraient la fidélité des habitants aux lois de Rome.

DIOMÈDE. 1° Roi des Bistones en Thrace, Diomède avait coutume, pour rendre ses chevaux plus alertes et plus

Coiffé du bonnet phrygien, le dieu Mithra, l'une des plus célèbres divinités étrangères importées par Rome, sacrifie le taureau, symbole solaire de la force. Il est assisté de deux personnages qui tiennent, l'un un flambeau levé, tandis qu'au-dessus de lui le char du Soleil commence sa course, l'autre un flambeau renversé, alors que le char de la Lune entreprend son parcours nocturne.
Détail d'un bas-relief romain. II° s. apr. J.-C. (Louvre.) [Phot. Giraudon.]

robustes, de les nourrir de la chair des voyageurs innocents qui s'aventuraient dans ses États. Héraclès mit un terme à cette sinistre pratique en faisant dévorer Diomède par ses propres cavales. Il fit don des chevaux carnivores à Eurysthée, qui les consacra d'abord à Héra, puis les lâcha sur le mont Olympe, où ils furent dépecés par les bêtes féroces.

2° Avec Achille et Ajax, fils de Télamon, un autre **Diomède**, fils de Tydée, passe pour un des plus vaillants héros de toute l'Antiquité. Élevé par le centaure Chiron, il succéda à son grand-père Adraste sur le trône d'Argos et prit une part effective à l'expédition des Épigones, afin de venger la mort de son père, l'un des Sept Chefs. Par la suite, il se lia d'amitié avec Ulysse et l'accompagna à Troie à la tête de quelque quatre-vingts vaisseaux. Outre les exploits qu'il accomplit avec son ami, soit en allant chercher Philoctète et ses flèches indispensables à la victoire à Lemnos, soit en s'emparant des chevaux de Rhésos, soit en enlevant de Troie le Palladion, qui passait pour protéger la ville, Diomède n'hésita pas à affronter en combat singulier les plus réputés des héros troyens, tels Hector et Énée; il ne fut jamais vaincu. De plus, protégé par Athéna, il osa s'attaquer au dieu Arès, qu'il blessa au flanc — et à la déesse Aphrodite, dont il perça la main de sa lance. Mais cette audace déplut à la déesse de l'Amour. Elle inspira à l'épouse de Diomède, Ægialé, des amours adultères; Diomède, regagnant Argos, découvrit l'infidélité de sa femme. Il quitta alors son royaume et aborda en Italie du Sud, en Apulie, où il rencontra le roi de la contrée, Daunus, qui lui donna sa fille en mariage; Diomède s'installa dans le pays et fonda de nombreuses villes de l'Italie méridionale. Selon les uns, il fut tué par le roi Daunus, selon les autres,

il disparut sur l'ordre des dieux sous les yeux de ses compagnons, qui furent métamorphosés en oiseaux. Enterré dans une des îles qui portent aujourd'hui son nom, il fut adoré comme un dieu.

DION. Roi de Laconie, Dion, époux d'Amphithéa, reçut Apollon avec tant d'honneur que le dieu ému accorda aux trois filles du roi, Orphé, Lyco et Carya, le don de prophétie. Mais, malgré les avertissements des dieux, les deux premières sœurs outrepassèrent leur droit en épiant les amours de Dionysos et de Carya. En punition de leur indiscrétion, elles furent changées en rochers. Seule l'amante de Dionysos fut métamorphosée en noyer.

DIONÉ. L'une des divinités du commencement des temps, Dioné était la fille d'Océan et de Téthys, ou bien de Cronos et de Gaia. Elle fut aimée de Zeus et donna naissance à la déesse Aphrodite. On la dit également l'épouse de Tantale, dont elle eut Niobé et Pélops.

DIONYSOS. L'un des dieux les plus importants et les plus complexes de la Grèce, Dionysos, fils de Zeus et de Sémélé, naquit dans d'étranges conditions. Sémélé, en effet, poussée par la jalouse Héra, voulut voir son amant divin dans toute sa puissance. Aussitôt son corps fut consumé, et Zeus eut juste le temps d'arracher de ses entrailles le petit Dionysos, qu'il cacha encore trois mois dans sa cuisse afin qu'il pût naître à terme. Déguisé en petite fille et confié à Athamas et à Ino, le jeune dieu ne put cependant échapper à la colère d'Héra, qui frappa ses parents adoptifs de folie et l'obligea à fuir dans de lointains pays, où il fut métamorphosé en chevreau par Zeus. Puis, des nymphes entreprirent son éducation.

Mais, parvenu à l'âge adulte, le dieu fut à son tour frappé de démence. Il

A gauche, scène dionysiaque. Dionysos, soutenu par un Satyre, présente tous les signes de la fatigue et de l'ivresse, et laisse tomber sa coupe de vin. **Vase Borghèse. Marbre néo-attique. 1er s. apr. J.-C.** (Phot. Giraudon.) A droite, avec sa barbe, le visage de Dionysos porte l'empreinte de la gravité souveraine commune aux grands dieux. Ses cheveux sont noués en chignon par des tiges de vigne dont les feuilles ornent son front comme un diadème. **Monnaie grecque de Naxos à l'effigie de Dionysos (Bibl. nat. Cabinet des Médailles.)** [Phot. Giraudon.]

erra alors dans le monde entier, introduisant dans chaque pays la culture de la vigne et la façon de faire le vin. On le vit ainsi parcourir l'Égypte, la Syrie, la Phrygie, où la déesse Cybèle l'initia à ses mystères. Délivré de sa folie, il pénétra en Thrace dans le domaine du roi Lycurgue, qui s'opposa à l'introduction du culte du dieu, enchaîna les Bacchantes et obligea Dionysos à s'enfuir chez Thétis. Peu après, le dieu délivra les Bacchantes et frappa Lycurgue de folie, puis rendit la terre de Thrace stérile. Pour apaiser le dieu, les habitants épouvantés écartelèrent leur roi. Ayant établi son culte dans tous les pays que baigne la Méditerranée, Dionysos, monté sur un char attelé de panthères, gagna alors l'Inde et, en compagnie d'une escorte de Silènes, de Bacchantes et de Satyres, y fit un voyage mystérieux. Revenu en Béotie, il tenta d'introduire son culte à Thèbes; mais Penthée, le roi de la cité, voulut lui aussi s'y opposer. Il fut mis en pièces par sa mère Agavé, atteinte, elle aussi,

d'une folie furieuse. Les Proétides, les filles du roi Proétos, qui n'avaient pas consenti à accueillir le dieu, sombrèrent également dans la démence et se répandirent dans la campagne en mugissant. Dionysos prit ensuite un navire pour se rendre à Naxos, mais l'équipage composé de pirates voulut le retenir prisonnier afin de le vendre comme esclave à leur prochaine escale. Dionysos manifesta aussitôt sa puissance en immobilisant le navire, en le remplissant de lierre et en faisant entendre des sons stridents de flûte. Les marins, épouvantés, se jetèrent tous à la mer, où ils furent changés en dauphins. Avant de monter dans l'Olympe pour y être reçu de plein droit dans l'assemblée des dieux, Dionysos alla ravir aux Enfers sa mère Sémélé et la transporta avec lui dans les cieux, où elle prit le nom de *Thyoné*.

Lié au vin et à l'ivresse, le culte de Dionysos s'étendit dans toute la Grèce, avec la culture de la vigne. Le dieu devint alors le symbole de la puissance enivrante de la nature, de la sève qui gonfle les grains de raisin et qui est la vie même de la végétation. Entouré souvent de divinités des Bocages, il fut également vénéré comme un dieu des Jardins et des Bois. Élevé par les nymphes, il put prétendre aussi à être adoré comme un dieu de l'Eau, de l'élément liquide qui est la sève et la source primordiale et originelle de toute vie. A l'époque classique, Dionysos prit l'allure du dieu de la Vie joyeuse, des jeux et des fêtes dont il aime à s'entourer au milieu des clameurs des Bacchantes; il prit surtout ce caractère dans l'Empire romain sous le nom de *Bacchus*. Mais aussi important est le fait que les Grecs l'ont considéré comme le dieu protecteur des Beaux-Arts, en particulier de la tragédie et de la comédie, issues l'une et l'autre des représentations qui avaient lieu à l'occasion de ses fêtes. On ne saurait non plus négliger son rôle dans l'orphisme, où il fut identifié avec Zagreos.

Dans les ouvrages d'art, il a les traits d'un dieu jeune, le front et le corps entourés de lierre, de vigne et de grappes. Il est généralement accompagné par des cortèges de Ménades, de Thyades et de joueurs de flûte, qui portent le thyrse et se livrent à des jeux, à des danses frénétiques et à des transports désordonnés.

DIOSCURES. C'est sous ce nom que, dans la mythologie, l'on désigne Castor et Pollux, fils de Léda; mais Castor avait pour père Tyndare, tandis que Pollux était l'enfant de Zeus; ils étaient les frères de Clytemnestre et d'Hélène. Leurs existences inséparables, leur affection fraternelle sont attestées non seulement par les récits de leurs aventures, mais aussi les œuvres d'art qui les représentent la main dans la main et souvent leurs deux profils superposés dans une médaille. Ils ne se quittèrent en effet jamais, et participèrent à toutes les grandes actions légendaires. Natifs de Sparte, ils symbolisèrent la rivalité séculaire entre la Laconie et l'Attique, en prenant la tête d'une expédition

Le sculpteur a suivi la légende romaine des Dioscures. On voit Castor et Pollux enlevant les deux Leucippides, Hilæra et Phoibê, à leurs fiancés Idas et Lyncée. On remarquera que l'artiste a veillé à donner aux deux jumeaux un visage et une attitude identiques. Détail du bas-relief d'un sarcophage. (Galerie des Offices, Florence.) [Phot. Alinari-Giraudon.]

victorieuse contre Athènes, afin de délivrer leur sœur Hélène, enlevée par Thésée et cachée dans la citadelle d'Aphidna; ils prirent part à la chasse au sanglier de Calydon; ils accompagnèrent les Argonautes dans leur périple, chacun mettant ses talents particuliers au service de Jason : Pollux par une lutte victorieuse au ceste contre Amycos, roi des Bébryces, Castor par son art de monter les chevaux. Les Dioscures furent cependant moins heureux dans leurs entreprises amoureuses. Ils enlevèrent, en effet, Phoibê et Hilæra, les deux filles du roi Leucippos, qui étaient fiancées à Idas et Lyncée, leurs cousins. Les fiancés, irrités, poursuivirent les deux ravisseurs. Castor fut tué au cours du combat qui s'ensuivit. Mais Pollux, immortel, fut seulement blessé et enlevé par son père, Zeus, dans les cieux. Pollux, toutefois, ne put se consoler de la mort de son frère. Zeus lui accorda alors la faveur de partager son immortalité avec Castor un jour sur deux. Ainsi, la mort même, ne put séparer les deux amis, si unis dans la vie.

Le culte des Dioscures divinisés s'étendit de Sparte à l'ensemble de la Grèce, à la Sicile et à l'Italie. Dans ce dernier pays, ils furent placés au rang des dieux marins. Mais à cette attribution s'en ajoutent de multiples autres. Protecteur des jeux gymniques, ils étaient également censés inspirer les chantres qui se faisaient entendre au cours de ces festivités. Leurs bienfaits changèrent parfois le cours des événements historiques. Au cours de la guerre du Péloponnèse, les Dioscures voltigèrent sous la forme de deux feux autour du gouvernail du stratège Lysandre, lui confirmant ainsi leur protection. Ces feux qui, parfois, brillent par temps d'orage autour des navires sont bien connus des marins, qui les nomment « feux Saint-Elme », ce mot *Elme* étant sans

doute une contraction de « Hélène », sœur des Dioscures. On dit aussi que, montés sur des coursiers, ils aidèrent les Romains à remporter la victoire du lac Régille sur les Italiens et que le dictateur Albinus leur voua un temple sur le forum, à Rome, en face de celui de Vesta. Enfin, deux exemples apportent encore le témoignage de l'importance du culte des Dioscures à Rome : la classe équestre considérait les Dioscures comme leur patron et les fêtait le 15 juillet de chaque année. Quant au petit peuple de Rome, il éternisa le nom des Dioscures en employant souvent les jurons de *Édepol* (« par Pollux ») et d'*Écastor* (« par Castor »).

DIRCÉ. Épouse de Lycos, Dircé traita Antiope avec une telle cruauté que Zéthos et Amphion, ses beaux-fils, la tuèrent en l'attachant aux cornes d'un taureau sauvage, et la laissèrent sans sépulture, en un lieu où jaillit une source appelée plus tard la « fontaine de Dircé ».

divination. Faculté de connaître la pensée des dieux, la divination, dans la mythologie, était réservée à certains mortels qui avaient reçu ce don d'un dieu, ou l'avaient acquis par privilège de naissance, étant issus d'une famille de devins. Dans les légendes, les pouvoirs des devins sont immenses. Chaque État, chaque roi, chaque armée, chaque expédition possède son devin officiel. Les Sept Chefs contre Thèbes et les Épigones ne prennent des décisions tactiques qu'après avoir consulté leur devin, Tirésias. Les Grecs, pendant la guerre de Troie, prennent les conseils de Calchas. Les Troyens, de leur côté, ont un devin à leur disposition, dans la personne de Cassandre, que, par suite d'une malédiction divine, on ne veut ni écouter ni croire. Dans les temps historiques, la divination libre disparaît. Des collèges de prêtres au pouvoir beaucoup moins étendu assument ces fonctions.

divinisation. Cette faveur n'était accordée dans l'Antiquité qu'à un groupe restreint de mortels. Dans les légendes, certains héros, par une décision spéciale des dieux, sont transportés dans l'Olympe, où ils acquièrent l'immortalité, pouvant ainsi être divinisés et adorés sur la Terre. Peu à peu, la divinisation fut attribuée aux grands hommes de l'histoire grecque et romaine; ils prirent place parmi les dieux, témoignant pour les générations futures de la grandeur passée, servant pour toujours de modèles et d'exemples, et protégeant les actions des hommes et des gouvernants. Enfin, sous l'Empire romain, la plupart des empereurs reçurent de leur vivant les marques de l'adoration et, après leur mort, l'apothéose décernée par le Sénat; leurs images étaient placées alors parmi celles des dieux; les chrétiens furent persécutés parce qu'ils refusaient de se plier au culte de l'Empereur.

DODONE. L'un des plus anciens oracles de la Grèce, Dodone est situé en Épire. Il fut donné, dit-on, par les Pélasges en l'honneur de Zeus. On posait au dieu suprême des questions auxquelles il répondait par l'intermédiaire des branches de chênes ou de hêtres, qui bruissaient au souffle du vent. On avait même placé sur les cimes des arbres des vases d'airain qui s'entrechoquaient au moindre courant d'air. Tous ces sons étaient interprétés par des prêtres. L'oracle de Dodone perdit peu à peu de son importance au profit de celui de Delphes.

DORIS. Fille d'Océan, Doris avait des dons de prophétie, comme les divinités qui demeurent dans les eaux, et devait sa gloire à sa postérité : épouse de Nérée, elle fut en effet la mère des Néréides; une de ses filles, Thétis, devait donner le jour au plus célèbre des héros troyens, Achille, et

une autre, Amphitrite, devenir l'épouse de Poséidon.

DÔROS. Fondateur fabuleux de la race dorienne, Dôros était né des amours d'Apollon et de la nymphe Phthie, selon les uns, de l'union d'Hellen et d'Orséis, selon les autres. Il fut tué, lui et ses frères — Laodocos et Polypoétès —, dans le golfe de Corinthe par Endymion, conquérant du territoire qui prit le nom d'*Étolie*.

DRYADES. Le nom de ces nymphes tire son étymologie du mot grec *drus*, qui signifie « chêne ». Peuplant en effet les forêts de chênes particulièrement sacrées dans la religion grecque, elles protègent leur demeure des vandales sacrilèges qui viennent les abattre. Vigoureuses et fraîches comme l'arbre dont elles ont la garde, elles ont pris jusqu'à la taille, et par mimétisme, la forme d'un tronc et des racines. Elles ont la possibilité de quitter les forêts et de se marier. Eurydice, la plus célèbre des Dryades, épousa Orphée.

DRYOPÉ. Cette fille du roi Dryops fut aimée d'Apollon. Elle jouait avec les Hamadryades, ses compagnes, lorsque le dieu, pour l'approcher, se métamorphosa en tortue. L'animal, servant de balle aux jeunes filles, tomba sur les genoux de Dryopé, et, se transformant soudain en serpent, s'unit à elle. Honteuse, Dryopé cacha cette aventure et, plus tard, se maria. Selon une autre version, beaucoup plus pathétique, de cette légende, Dryopé, pour amuser son fils Amphissos, cueillit au bord d'un lac des fleurs de lotus, sans savoir que la nymphe Lotis avait pris cette apparence afin de se soustraire aux instances d'un poursuivant : du sang jaillit des tiges coupées; de fureur autant que de douleur, Lotis changea Dryopé en arbre, sous les yeux épouvantés de ses parents.

ÉAQUE. Ce roi légendaire, issu des amours de Zeus et d'Égine, régna dans l'île qui portait le nom de sa mère. Une peste ayant décimé ses sujets, il supplia son divin père de repeupler son royaume. Ce dernier l'exauça. Il transforma toutes les fourmis d'Égine en hommes et en femmes. Ainsi, selon la légende, naquirent les Myrmidons, peuplade qu'Achille, petit-fils d'Éaque, conduisit sous les remparts de Troie. Particulièrement chéri des dieux, Éaque fut chargé par les Grecs d'élever vers le ciel une prière solennelle pour demander à Zeus de mettre fin à une sécheresse qui désolait leurs contrées. Il vit une nouvelle fois ses vœux exaucés. Mais sa piété fut soumise à une rude épreuve lorsqu'il apprit que ses deux fils, Télamon et Pélée, jaloux des exploits athlétiques de leur demi-frère, Phocos, l'avaient mis à mort en lui lançant un disque à la tête. Éaque dut les expulser de l'île. A sa mort, en raison de sa droiture et de son sens de l'équité, il devint l'auxiliaire de Rhadamanthe et de Minos au tribunal des Enfers, où il fut tout spécialement chargé de juger les morts originaires d'Europe.

ÉCHIDNA. Femme et serpent tout à la fois, le monstre Échidna, engendré par Gaïa et Pontos ou, suivant une autre version de la légende, par Chrysaor et Callirhoé, passe pour avoir donné le jour à des créatures fabuleuses, qui jouent dans les légendes grecques un rôle de premier plan : Chimère, le chien de Géryon, Orthros, Cerbère, le Sphinx, l'Hydre de Lerne, les dragons de Colchide et du jardin des Hespérides, Méduse, l'aigle qui rongeait le foie de Prométhée, le lion de Némée. Malfaisante à cause de sa fécondité même et dévoratrice d'innocents voyageurs, elle devait être tuée par Argus aux cent yeux, qui la surprit dans son sommeil.

ÉCHION. 1° L'un des cinq enfants qui naquirent des dents du dragon semées par Cadmos, roi fondateur de Thèbes, Échion épousa Agavé et fut le père de Penthée.
2° Un des fils d'Hermès, le héraut des Argonautes, porte aussi le nom d'**Échion**; il prit part à la chasse du sanglier de Calydon.

ÉCHO. Les Grecs ayant remarqué dans les montagnes l'écho qui répétait les dernières paroles d'une voix imaginèrent des fables afin d'expliquer ce phénomène. La plus connue raconte qu'une nymphe, nommée Écho, avait la coupable habitude de retenir l'attention d'Héra par d'incessants bavardages lorsque Zeus trompait son épouse légitime et folâtrait avec les belles mortelles. Un jour, Héra s'aperçut de la ruse et punit Écho en la condamnant en ces termes : « Tu auras toujours le dernier mot, mais jamais tu ne parleras la première. » Or, il arriva que la nymphe tomba amoureuse du beau et solitaire Narcisse. Le sort jeté par la déesse jalouse se réalisa : Narcisse appela Écho, et la malheureuse ne put que répéter les dernières paroles de celui qu'elle aimait. Le jeune homme, lassé, abandonna bien vite la nymphe, qui, désespérée, s'abîma dans une profonde prostration et maigrit tant qu'il ne resta plus d'elle que cette voix qui fait écho dans les montagnes. Une autre version de la légende est plus tragique encore. Comme Écho demeurait insensible aux avances du dieu Pan et fuyait lorsqu'il l'approchait, celui-ci, irrité, excita la fureur des bergers contre elle. Ils la mirent en pièces et répandirent ses membres sur toute la Terre. Depuis ce temps, Écho est partout, et même morte elle fait entendre sa voix.

ÉÉTION. Roi de Thèbes de Mysie et allié des Troyens, Éétion était le père d'Andromaque. Il fut tué par Achille et enterré tout armé par le héros grec, qui, admirant son courage, lui fit des funérailles somptueuses. Des ormeaux furent plantés par les nymphes autour de sa tombe. Dans l'Antiquité, on soignait les plaies avec les feuilles de ces arbres, et elles passaient pour posséder des propriétés plus salutaires et plus efficaces encore si elles étaient cueillies non loin des tombes de ceux qui avaient succombé à de nombreuses blessures.

ÉGÉE. Fils de Pandion, Égée fut chassé d'Athènes avec son père. Par la suite, grâce à l'aide de ses frères, Nisos, Pallas et Lycos, il reprit le pouvoir. Ses deux premiers mariages furent stériles. Aussi, désespérant de ne pas avoir de fils pour lui succéder, il s'unit à Æthra, fille du roi de Trézène, et lui demanda, au cas où lui naîtrait un fils, de ne pas l'exposer, mais de l'élever avec soin, sans toutefois lui révéler le nom de son père; Thésée devait être ce fils. Le héros partit alors pour Athènes combattre ses cousins, les cinquante fils de Pallas, qui avaient usurpé la souveraineté, et, après s'être fait reconnaître de son père, il le rétablit sur le trône. Plus tard, Égée tua Androgée, et dut pour cette raison céder aux horribles exigences de Minos.

Lorsque le Minotaure réclama son tribut annuel de sept jeunes filles et de sept jeunes hommes, Thésée alla en Crète le combattre. Égée recommanda à son fils de hisser une voile blanche s'il revenait vainqueur de cette expédition. A son retour, Thésée, dans la joie d'avoir vaincu le monstre, oublia les recommandations de son père. Égée, apercevant les voiles noires du navire, crut que son fils avait péri, et, de désespoir, il se jeta sur les rochers de la mer qui, depuis lors, porte son nom.

ÉGÉRIE. Célèbre Camène de la mythologie romaine, Égérie fut peut-être l'épouse du roi Numa Pompilius, qu'elle invitait souvent à des entrevues secrètes dans une grotte située non loin d'une source qui lui fut plus tard consacrée. A la mort de Numa, Égérie éperdue de tristesse se retira à Aricia, près du sanctuaire de Diane, et là versa tant de pleurs qu'elle fut changée en fontaine.

ÉGESTE. Connu aussi sous le nom d'« Aceste », Égeste était le fils du dieu-fleuve Crimisos, qui, sous la forme d'un ours ou d'un chien, s'unit à la Troyenne Ægeste, que son père avait envoyée en Sicile afin qu'elle ne fût point sacrifiée à Poséidon. Égeste fonda dans l'île une ville qu'il nomma Ségeste en l'honneur de sa mère. Une autre tradition le dit ami d'Énée et combattant dans les rangs du roi Priam et des Troyens. Selon une troisième version, déjà installé en Sicile, Égeste y aurait accueilli Énée à son retour de Troie, et aurait lui-même enseveli le père de son hôte, Anchise, sous le mont Éryx.

égide. Dérivé du mot grec *aigis*, qui signifie « peau de chèvre », l'égide était une sorte de cuirasse-bouclier qui fut, dit la légende, inventé pour la première fois par Zeus. Le dieu, en effet, au moment de combattre les Titans, dépouilla la chèvre Amalthée, sa nourrice, de sa peau et s'en servit pour se protéger des coups. Longtemps la peau de chèvre, frangée le plus souvent de serpents, fut l'emblème essentiel de Zeus et d'Athéna. Mais bientôt, l'égide d'Athéna fut représentée comme une cuirasse formée d'écailles en peau qui ne fut pas seulement une arme défensive, mais devint aussi une arme offensive, au centre de laquelle était placée la tête de la Gorgone Méduse, qui pétrifiait tous ceux qui la regardaient. Attribut des deux plus grands dieux de la Grèce, l'égide devait devenir par la suite, à l'époque historique, l'insigne de la puissance divine dont les rois et les empereurs étaient revêtus, notamment à Rome.

ÉGINE. Enlevée par Zeus, la nymphe Égine, fille du dieu-fleuve Asôpos, fut transportée par son divin amant dans l'île d'Oinonè, où elle donna naissance à Éaque. Elle épousa par la suite Actor, et devint mère de Ménoétios, père de Patrocle. Éaque revint quelques années plus tard sur les lieux de sa naissance avec une colonie de Pélasges et donna à l'île le nom de sa mère.

ÉGISTHE. Sur la foi d'un oracle qui l'assurait que s'il avait un fils né de sa propre fille il pourrait se venger de son frère Atrée, Thyeste s'unit incestueusement avec sa fille Péliopa. Un fils naquit de cette union, Égisthe, qui, exposé dès sa naissance par sa mère, fut recueilli par des bergers et allaité par une chèvre. L'ayant découvert, Atrée l'éleva comme son propre fils, et le chargea de faire périr Thyeste. Mais Égisthe découvrit que ce dernier était son véritable père, et tua son oncle. Il régna dès lors avec Thyeste sur le royaume de Mycènes jusqu'au moment où il fut chassé par Agamemnon. Pendant l'absence d'Agamemnon, parti pour le siège de Troie, il réussit à séduire Clytemnestre, et quand le roi revint, il le fit assassiner au cours d'un banquet, ou bien, suivant une autre version, Agamemnon fut tué dans son bain. Égisthe devait périr d'une manière identique sous les coups d'Oreste, son beau-fils.

égypans. Ces petits êtres velus, moitié hommes, moitié chèvres, font partie de ces nombreuses divinités dont les Anciens aimaient à peupler la solitude des montagnes. Ils s'amusaient malicieusement et sans méchanceté à tourmenter les voyageurs, bondissant sur les rochers et se cachant au fond de grottes mystérieuses.

ÉGYPTOS. Fils de Bélos et d'Anchinoé, et petit-fils de Poséidon, Égyptos conquit le pays auquel on donna le nom d'*Égypte*. Il se signala, avec ses cinquante fils, par la persécution violente qu'il exerça sur son frère Danaos, qui dut fuir avec ses cinquante filles et se réfugier à Argos. Dans des circonstances tragiques, les filles de Danaos tuèrent les fils d'Égyptos. Sans secours et privé d'appui, Égyptos mourut de chagrin peu de temps après.

ÉLECTRE. 1° Fille d'Océan et de Téthys, Électre s'unit à Thaumas, fils de Pontos et de Gaia, et donna le jour à Iris et aux deux Harpyes, Aellô et Ocypétès.
2° On connaît une autre **Électre**, fille d'Atlas et de Pléioné, qui, unie à Zeus, mit au monde Dardanos, premier roi de Troie, et Iasion, amant de Déméter et père de Ploutos. On dit aussi qu'Électre, sur le point d'être séduite par Zeus, se réfugia auprès de la statue du Palladion, apportée par Athéna dans l'Olympe. Mais le dieu, en dépit du sacrilège, s'unit à Électre et, dans sa colère, jeta du haut du ciel, le Palladion, qui, recueilli

L'air farouche, Électre, tout armée, avec la lance, le casque et la cuirasse, est suivie de son frère Oreste. Tous deux s'apprêtent à affronter les Mycéniens qui veulent les tuer, car ils ont assassiné Clytemnestre, leur mère. **Vase grec.** [Phot. Camera.]

par les Troyens, fut considéré désormais comme la statue protectrice de leur ville. La tradition latine a modifié la généalogie d'Électre; elle n'est plus l'amante de Zeus, mais l'épouse du prince étrusque Corythos. Des deux fils qui naquirent du mariage, l'un, Iasion, émigra à Samothrace et l'autre, Dardanos, s'installa en Troade. 3° La plus célèbre des **Électre** est la fille d'Agamemnon et de Clytemnestre; elle a été immortalisée par les poètes tragiques Euripide et Sophocle. Épargnée lors de l'assassinat d'Agamemnon par Clytemnestre et Égisthe, elle réussit également à sauver son tout jeune frère Oreste, en le cachant sous sa robe et en le portant hors de la ville de Mycènes, à un vieux précepteur de son père. Selon une des versions, Électre avait été fiancée peu

avant le meurtre avec Castor. Mais Égisthe, craignant qu'elle ne donnât naissance à un fils qui vengerait un jour son grand-père, la confia à un paysan mycénien, qui, dit-on, ne consomma pas le mariage. Électre vécut longtemps dans la pauvreté et la solitude. Mais un jour qu'elle était venue se recueillir sur la tombe de son père, Oreste vint auprès d'elle et se fit reconnaître. Ils décidèrent avec Pylade de tuer Clytemnestre et Égisthe. Oreste et Pylade se dirigèrent vers le palais et annoncèrent la fausse nouvelle qu'Oreste était mort. Ayant pu pénétrer dans le palais, à la faveur de la joyeuse émotion suscitée par cette nouvelle, ils tuèrent Clytemnestre et Égisthe. Mais Électre n'abandonna pas son frère sans cesse tourmenté par les Érinyes et le protégea de la colère de son peuple, qui lui reprochait son matricide. Un jour parvint à Mycènes la nouvelle qu'Oreste et Pylade avaient été sacrifiés sur l'autel d'Artémis en Tauride. Aussitôt, Alétès, le fils d'Égisthe, monta sur le trône de Mycènes, et Électre alla consulter l'oracle pour en apprendre davantage. Elle rencontra alors à Delphes Iphigénie, sa sœur, qui affirma qu'elle était la prêtresse qui avait immolé les deux hommes, dont Oreste, leur frère. Électre, dans sa fureur, saisit un brandon et allait brûler les yeux de sa sœur quand Oreste apparut, et tous trois purent retourner dans la joie à Mycènes. Oreste tua Alétès et épousa Hermione. Électre se maria avec Pylade et donna le jour à deux fils, Médon et Strophios.

ÉLECTRYON. Fils de Persée et d'Andromède, et époux d'Anaxo, Électryon régnait sur Mycènes quand les fils de Ptérélas réclamèrent le trône comme leur héritage légitime et volèrent le bétail du roi en tuant au cours d'une escarmouche ses huit fils. Seuls échappèrent au massacre un garçon, Licymios, et une fille, Alcmène. Amphitryon, qui aimait la jeune fille, réussit à payer une rançon et à rendre au roi le troupeau volé. Il reçut en échange la régence du royaume et la promesse d'épouser Alcmène. Mais le jour où Électryon allait partir en expédition contre Ptérélas, il fut tué; en effet, Amphitryon avait lancé contre une vache furieuse un bâton qui rebondit sur les cornes de l'animal et vint fracasser la tête du roi.

ÉLEUSIS. Ville de l'Attique, Éleusis est surtout connue pour son culte à Déméter et pour les mystères consacrés à la triade, Déméter-Coré-Triptolème. Ces mystères, introduits dans la ville par Eumolpos, retraçaient le mythe de Déméter à la recherche de sa fille Coré. Ils n'étaient célébrés que par des initiés.

ÉLIDE. Cette région du Péloponnèse avait pour villes principales Élis, dont le héros éponyme succéda à son grand-père, le roi Endymion, et Olympie, où étaient célébrés, en l'honneur de Zeus Olympien, les grands jeux, tous les quatre ans. Il fut décidé que l'Élide serait un territoire sacré, où nul ne pourrait entrer armé et où l'on devait suspendre toutes querelles et toutes guerres.

ELPÉNOR. Compagnon d'Ulysse, Elpénor fut changé en porc par Circé, mais put reprendre sa forme humaine. Pris de vin, il tomba d'un toit et se tua. Quand Ulysse descendit aux Enfers, il croisa l'ombre d'Elpénor et lui promit des funérailles dignes de lui.

EMPOUSA. Fille d'Hécate, ce démon avait les pieds de bronze et passait pour effrayer les voyageurs et se nourrir de chair humaine. Toutefois, Empousa prenait la fuite quand on lui lançait des injures. Elle avait la propriété de prendre toutes les formes possibles et même de se métamorphoser en belle jeune femme pour séduire ses victimes. On racontait enfin qu'elle s'unissait la nuit aux hommes endormis et leur suçait le sang jusqu'à ce que mort s'ensuive.

ENCELADE. Fils du Tartare et de Gaia, Encelade, géant aux cent bras, participa à la lutte contre les dieux de l'Olympe. Il fut foudroyé par Zeus et périt écrasé sous l'île de Sicile. Selon Euripide, Silène aurait déclaré qu'il était tout seul l'auteur de la mort du géant.

ENDYMION. Fils de Zeus, Endymion fut le roi des Étoliens et eut d'un mariage trois fils et une fille. Il devint amoureux de Séléné, la Lune, qui lui donna cinquante filles. A sa demande, Zeus frappa Endymion d'un sommeil éternel, qui lui permit de rester jusqu'à la fin des temps le jeune et beau berger qu'il était.

Au-dessus du jeune berger Endymion endormi apparaît la déesse Séléné, son amante, représentée avec des cornes qui soutiennent le croissant de la Lune, dont elle est l'incarnation divine. Fresque de la « Casa grande » (Pompéi.) [Phot. Alinari-Giraudon.]

Amoureuse de lui, la Lune vient chaque nuit le rejoindre dans une caverne où il repose pour toujours, et elle peut s'unir à celui qu'elle aime sans jamais le réveiller de son assoupissement, sans jamais le sortir de son immobilité.

ÉNÉE. Issu de la race royale de Dardanos et parent de Priam, roi de Troie, dont il épousa la fille Créüse, Énée était le fils d'Anchise et d'Aphrodite. Élevé dans les bois par les nymphes et le centaure Chiron, Énée ne prit pas part au commencement de la guerre de Troie; cependant, un jour qu'il gardait ses troupeaux, il fut attaqué par Achille, qui lui ravit une partie de son bétail. Énée se réfugia alors à Lyrnessos et, poursuivi par Achille, il dut quitter, sous la protection de Zeus, cette ville pour Troie, où il s'engagea dans les rangs des guerriers troyens. Au cours de cette longue guerre, Énée fut un héros courageux, sage et pieux; il savait payer de sa personne, mais il eut bien souvent recours, dans des situations périlleuses, au secours et à la protection des dieux, notamment lorsqu'il se mesura avec Achille :

Poséidon le voyant en danger de mort, le ravit, dans une nuée, aux yeux de son ennemi. Lors de la destruction de Troie et l'extinction de la race de Priam, Énée, selon une des plus anciennes traditions, se serait retiré sur l'Ida avec son père, son fils et quelques fidèles, et il aurait fondé un nouveau royaume de Troade.

Cependant, selon des traditions plus tardives, qui ont été universalisées par Virgile dans l'Énéide, Énée s'enfuit de Troie, portant son père Anchise,

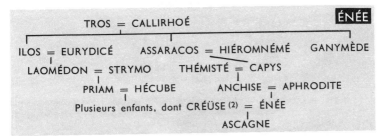

TROS = CALLIRHOÉ

ILOS = EURYDICÉ   ASSARACOS = HIÉROMNÉMÉ   GANYMÈDE

LAOMÉDON = STRYMO   THÉMISTÉ = CAPYS

PRIAM = HÉCUBE   ANCHISE = APHRODITE

Plusieurs enfants, dont CRÉÜSE (2) = ÉNÉE

ASCAGNE

ÉNÉE

Énée s'enfuit de Troie. Pour soustraire aux Grecs son vieux père Anchise, paralysé, le héros le porte sur son dos. Il révèle ainsi sa piété filiale, première qualité du héros antique. Détail d'un vase grec. (Louvre.)
[Phot. Giraudon.]

aveugle et paralysé, sur son dos, traînant son fils Ascagne d'une main, tenant dans l'autre les dieux de la cité — les Pénates —, ainsi que le Palladion. Il réunit quelques compagnons sur l'Ida et s'embarqua pour les Hespérides, l'Occident mal connu. Au cours d'un périple mouvementé, il établit de solides liens d'amitié avec le pilote de son navire, Palinure, avec Achate, dont la fidélité devint proverbiale, et avec bien d'autres Troyens. Il fit escale en Thrace, passa par Délos, puis arriva en Crète. Pendant plus de sept ans, il erra ensuite sur la mer à la recherche d'un rivage, bravant les tempêtes et la colère des divinités, en particulier celle d'Héra. Sur le point de toucher les côtes d'Italie, après avoir fait étape en Sicile, à Drépanon, où mourut le vieil Anchise, les navires d'Énée furent rejetés brusquement par une tempête sur la côte africaine, près de Carthage. La reine Didon, la fondatrice de Carthage, y accueillit le héros et l'aima. Mais les dieux ne souhaitaient pas un mariage entre Didon et Énée; Zeus ordonna à celui-ci de regagner les rivages de la Sicile, où il reçut l'hospitalité du roi Aceste. Parvenu enfin sur les côtes d'Italie, à

Venant de Troie, Énée s'apprête à toucher les côtes de l'Italie et à remonter le Tibre pour gagner le Latium. Trois rameurs font avancer la barque en poussant avec leur bâton sur le fond du lit du fleuve. Bas-relief romain faisant partie d'un soubassement d'une statue du Tibre. Ier-IIe s. apr. J.-C. (Louvre.) [Phot. Giraudon.]

Cumes, il descendit aux Enfers, guidé par la sibylle, puis, revenu parmi les vivants, il se dirigea vers le Latium. Là, après avoir conclu une alliance avec Évandre, il combattit et tua Turnus, le chef des Rutules, afin d'obtenir la main de Lavinia, la fille du roi Latinus. C'est sur cette victoire que s'achève le poème de Virgile. Les historiens romains ont raconté la fondation de Lavinium par Énée. Celle d'Albe-la-Longue par Ascagne, et la naissance légendaire d'une petite nation, appelée, comme l'avait prédit le dieu Faunus, à dominer le monde.

ENFERS. Sous ce nom, on désignait dans l'Antiquité les lieux où les âmes se rendaient et séjournaient après la mort. Cependant, au cours des âges, l'idée des Enfers a évolué au fur et à mesure des doctrines philosophiques sur l'immortalité de l'âme, et sur les châtiments ou les bienfaits accordés dans l'au-delà. A l'origine, les âmes demeuraient dans l'Érèbe, dans une sorte de monde obscur d'où tout procède et où tout finit par revenir. Pourtant, certains héros privilégiés retrouvaient une nouvelle vie aux limites de la Terre, en particulier en Thrace, ou dans les pays de la Scythie chez les Hyperboréens, ou encore dans l'île de Leucé, l'Île Blanche qu'Achille rejoignit après sa mort avec ses compagnons pour se livrer dans la félicité éternelle à ses plaisirs favoris. Parfois aussi, ces pays inconnus, que personne n'a jamais atteints, sont décrits comme des lieux sombres et brumeux, froids et solitaires, où vivent les Cimmériens.

Les descriptions littéraires des Enfers se firent toujours plus nombreuses et plus précises, et on finit bientôt par distinguer dans les Enfers le séjour des bons et celui des méchants. Dans le second, gardé par Cerbère, coulent les fleuves maudits et empoisonnés de l'Achéron, du Pyriphlégéthon, du Cocyte et du Styx; c'est le domaine du Tartare, où les âmes, conduites par le nocher Charon, viennent subir dans des souffrances indescriptibles le châtiment de leurs crimes commis sur la Terre : parmi ces réprouvés célèbres, Tityos, Tantale et Sisyphe. En revanche, les champs Élysées accueillent les âmes des justes dans la béatitude, la concorde et la paix au milieu des fêtes, des danses, des parfums et des paysages enchantés. Domaine de la population des âmes, les Enfers sont gouvernés par Hadès et son épouse Perséphone (Pluton et Proserpine chez les Latins). Ces deux divinités sont entourées d'un certain nombre de serviteurs, parmi lesquels on peut citer les Érinyes, le Furies, les Gorgones, les Harpyes, Thanatos et les trois juges du Tribunal, Minos, Éaque et Rhadamanthe, qui assignent à chaque âme, selon ses mérites ou ses fautes, le séjour maudit du Tartare ou celui, bienheureux, des champs Élysées.

ÉNIPÉE. Rivière de Thessalie, qui prend sa source au mont Othrys, Énipée était la demeure d'un dieu dont Poséidon revêtit la forme pour s'unir à Tyro et la rendre mère de Pélias et de Nélée.

ENVIE. Cette divinité allégorique, qui porte le nom de *Phthonos* chez les Grecs et d'*Invidia* chez les Romains, ne possède aucune légende. Elle personnifie avant tout la fascination du « mauvais œil » qui regarde avec envie ceux ou celles dont il ne peut s'assurer la disposition. Génie malfaisant, au cœur sans cesse dévoré par des serpents, l'Envie est d'une effroyable maigreur : tous les désirs inassouvis la rongent.

ÉNYO. Identifiée avec Bellone, déesse romaine de la Guerre,Ényo, messagère d'Arès, aime le carnage et le sang. Elle se plaît au milieu des champs de bataille à écouter les cris de guerre, les hurlements de douleur et les râles des mourants.

ÉOLE. On connaît sous ce nom divers dieux et héros. L'un, fils d'Hellen et de la nymphe Orséis, est considéré comme le père des Éoliens qui forment une des branches de la nation grecque. Ses enfants furent, dit-on, nombreux. Pourtant, la légende la plus ancienne ne mentionne que quatre de ses fils, Sisyphe, Athamas, Créthée et Salmonée. Un autre **Éole** est le petit-fils d'Hellen. Mais le plus fameux parmi les **Éole** n'est autre que le dieu des Vents, fils de Poséidon. Il règne sur ses tumultueux sujets, enfermés dans une caverne des îles éoliennes ou retenus prisonniers dans des outres. Il ne leur donne leur essor que sur l'ordre de Zeus. S'il lui arrive de désobéir au maître suprême et de libérer les vents, sans y avoir été convié, il déchaîne les désastres, les tempêtes et les naufrages. Par ailleurs, il figure dans le cycle homérique. Il reçut avec bienveillance Ulysse et lui remit les outres dont il a la garde. Une seule d'entre elles contenait le vent qui devait pousser sans ambages le héros vers sa patrie. Mais en pleine mer, les compagnons d'Ulysse ouvrirent tous les récipients, pensant qu'ils contenaient du vin. Par ce geste malheureux, ils provoquèrent une monstrueuse tempête, qui jeta le navire d'Ulysse sur les côtes proches. L'estimant maudit par les dieux, Éole abandonna le héros à son sort.

ÉOS. Cette personnification divine de l'Aurore dans la mythologie grecque appartient à la toute première génération des dieux : elle est la fille de Théia et d'Hypérion et la sœur d'Hélios et de Séléné. A la fin de chaque nuit, Éos apparaît à l'horizon sur un char de lumière traîné par des chevaux d'or, pour annoncer le retour du soleil.

Aérienne, Éos, personnification divine de l'Aurore, est portée dans les airs par ses ailes légères et par les plis de sa tunique qui se gonflent dans le vent. Avec deux hydries, elle répand la rosée sur la Terre. Lécythe grec. **(Louvre.)** [Phot. Giraudon.]

Ses époux et ses amants sont innombrables, et elle a mis au monde de nombreux enfants. Épouse d'Astræos, elle lui préfère Orion, puis Céphale, enfin le fils de Laomédon, Tithonos, à qui elle donne Memnon, roi d'Égypte. Il reste que les amours d'Éos pour les jeunes dieux ou les mortels sont autant d'allégories : telle son union avec Astræos, le vent du crépuscule, d'où naquirent l'étoile du matin, les vents et les astres.

ÉPAPHOS. Quand, poursuivie par la colère d'Héra, Io, transformée en génisse, aborda en Égypte et reprit sa forme première de belle jeune femme, elle mit au monde Épaphos sur les bords du Nil. Caché par les

Curètes sur l'ordre d'Héra, ce fils illégitime de Zeus fut retrouvé par sa mère, et, parvenu à l'âge adulte, il régna sur l'Égypte. Marié à Memphis, il eut trois filles, Lysianassa, Thébé, et enfin Libye, qui, unie à Poséidon, mit au monde Agénor et Bellos. A sa mort, Épaphos fut vénéré comme l'incarnation même du dieu-bœuf Apis.

ÉPÉIOS. Fils de Panopée, Épéios partit contre Troie à la tête de trente vaisseaux. Mais sa réputation de couardise devint proverbiale dans l'armée grecque. Pourtant, c'est à son ingéniosité que le devin Prylis, fils d'Hermès, fit appel pour construire le cheval de bois, par le truchement duquel les Grecs devaient envahir la ville de Troie. Inspiré par Athéna et avec l'accord enthousiaste d'Ulysse, Épéios assembla des milliers de planches, façonnant un énorme cheval creux avec une porte taillée dans son flanc par où pénétrèrent quelque cinquante héros grecs qui se cachèrent dans le ventre du cheval. On roula l'animal dans Troie, alléguant pour prétexte un vœu fait à la déesse Athéna, et la ville, soudainement envahie par les Grecs, fut livrée au pillage et à la destruction. Au retour de Troie, Épéios aborda en Italie et fonda la ville de Métaponte. Une autre légende raconte que les femmes troyennes, en brûlant ses vaisseaux, l'empêchèrent de retourner en Grèce et qu'il dut s'installer en Étrurie là où il avait échoué. Il aurait fondé Pise, en souvenir de la ville homonyme du Péloponnèse, non loin d'Olympie.

ÉPHÈSE. Principale ville ionienne de la côte d'Asie Mineure, Éphèse était surtout connue pour la beauté — unique dans toute l'Antiquité — de son temple dédié à la déesse Artémis. Celle-ci était représentée sous la forme d'une statue aux multiples mamelles, emblème de la fécondité.

ÉPIDAURE. Cette ville d'Argolide possédait un temple, dédié à Asclépios, où le dieu rendait des oracles. On venait de toutes les régions de la Grèce pour le consulter. Le temple était entouré de bois sacrés, au centre desquels on rassemblait les malades venus pour obtenir des guérisons miraculeuses. On célébrait en outre les Épidauries, jeux en l'honneur du célèbre dieu de la Médecine.

épidémie. En général ce fléau est envoyé par les dieux sur des pays qui se sont rendus coupables de crimes ou de sacrilèges, soit collectivement, soit par la personne d'un des habitants, un héros ou un roi. La plupart du temps, le pays qui est frappé de la peste ignore les motifs de la colère du dieu. Il doit le plus souvent consulter un devin ou un oracle comme celui de Delphes, pour connaître les remèdes à cette épidémie. Les dieux, dans leur réponse, exigent toujours soit un sacrifice, soit un tribut, soit le bannissement. Ainsi, Idoménée, qui a immolé son fils, s'attire une formidable peste sur son royaume, qui ne s'apaise que lorsqu'il s'exile. On voit également les Athéniens envoyer à Minos un tribut de sept jeunes gens et de sept jeunes filles en expiation du meurtre d'Androgée par Égée et pour empêcher toute prolongation de l'épidémie qui s'est abattue sur leur pays. On cite d'autres exemples encore : Œdipe, qui a tué son père et épousé sa mère, est chassé de son royaume de Thèbes sur lequel s'est abattue une peste. De même, le royaume d'Oreste est ravagé par la même épidémie jusqu'au jour où les Grecs relèveront les temples de la ville de Troie.

ÉPIGONES. Ce nom fut donné aux fils de ces Sept Chefs qui avaient participé à la première expédition contre Thèbes et avaient tous péri, sauf Adraste, le roi d'Argos. Pour venger la mort de leurs pères, les Épigones décidèrent de faire une seconde expédition de représailles. On compte parmi eux : Alcméon et Amphilocos, fils d'Amphiaraos; Ægialée, fils d'Adraste; Thersandros, fils de Polynice; Promachos, fils de Parthénopæos; Sthénélos, fils de Capanée; Diomède, fils de Tydée; Euryale, fils de Mécistée. L'oracle de Delphes leur annonça la victoire s'ils choisissaient pour chef Alcméon. Ce dernier, sous la pression de sa mère Ériphyle, fut forcé d'accepter. Les Épigones marchèrent sur Thèbes, évacuée dans la nuit par tous ses habitants, l'envahirent et engagèrent un combat victorieux au cours duquel périt Laodamas, le fils d'Étéocle, qui, comme son père autrefois, commandait l'armée thébaine. Les Épigones firent une offrande de leur butin à Apollon et installèrent Thersandros sur le trône, enfin reconquis après plus de dix années de lutte. Ainsi Polynice était-il vengé de ses malheurs par son fils.

ÉPIMÉTHÉE. Enfant de Japet et de Clyméné, Épiméthée a une légende commune avec celle de Prométhée, dont il était le frère. Le Titan qui voulait se mesurer à Zeus avait demandé à Épiméthée de n'accepter du dieu aucun présent. Cependant, Épiméthée n'osa refuser Pandore pour femme; toutes les misères que contenait la célèbre boîte qu'ouvrit son épouse échurent à la race des mortels.

ÉRATO. Les attitudes que les artistes grecs lui prêtent, ces signes de passion, ces mouvements voluptueux, confèrent à cette Muse quelques analogies avec Vénus et permettent de penser qu'elle préside habituellement aux noces et à la poésie érotique. Ainsi, Virgile l'invoque pour célébrer l'hymen d'Énée et de Lavinia, Apollonios de Rhodes, celui de Médée et de Jason.

Les artistes classiques l'ont couronnée de myrtes et de roses, lui plaçant dans la main gauche une lyre et dans la droite un archet.

La Muse Érato, inspirée par les dieux qui lui soufflent les thèmes de la poésie lyrique, improvise sur sa lyre l'accompagnement musical de ses poèmes. Sculpture antique. (Musée du Vatican.) [Phot. Anderson-Giraudon.]

ÉRÈBE. L'Érèbe désigne primitivement l'endroit le plus sombre et le plus inaccessible des Enfers. Par la suite, il fut personnifié et devint le fils de Chaos et le frère de la Nuit. Mais il commit la faute de secourir les Titans, lors de leur lutte contre les dieux de l'Olympe, et il fut précipité dans les Enfers.

ÉRECHTHÉE. Petit-fils d'Érichthonios, fils de Pandion auquel il succéda comme roi d'Athènes, Érechtée eut une légende qui se dégagea tardivement de celle de son grand-père. Il eut un certain nombre d'enfants, dont sept filles qui s'aimaient si tendrement qu'elles jurèrent que, si l'une d'elles périssait, toutes les autres la suivraient dans la mort. Or, il advint qu'au cours de la guerre intervenue entre les Éleusiniens, aidés par le roi de Thrace Eumolpos, et les Athéniens, l'oracle de Delphes exigea d'Érechthée, pour prix de sa victoire éventuelle, le sacrifice d'une de ses filles. Toutes les sœurs de la suppliciée, fidèles à leur serment, se suicidèrent. Érechthée, vainqueur d'Eumolpos, fils de Poséidon, fut foudroyé par Zeus, sur la demande du dieu de la Mer, irrité.

ERGINOS. Au cours d'une fête en l'honneur de Poséidon, un char thébain écrasa Clyménos, le roi des Myniens d'Orchomène. Son fils Erginos, poussé par la colère, leva une armée et marcha contre Thèbes, sur laquelle il remporta une rapide victoire. Il obligea les habitants de la cité à lui verser pendant vingt ans un tribut annuel de cent bœufs. Or, Héraclès, rencontrant les envoyés d'Erginos qui venaient percevoir leur tribut, leur coupa les oreilles et le nez, et, après avoir attaché ces appendices sanglants à leur cou à l'aide d'une corde, il les renvoya à Orchomène. Indigné, Erginos marcha à nouveau contre Thèbes gouvernée par Créon, mais se heurta cette fois à l'armée des jeunes thébains levée et commandée par Héraclès. Erginos fut battu et tué. Selon une autre version, Erginos survécut à sa défaite et participa à l'expédition des Argonautes. Marié, il fut le père des deux célèbres architectes, Agamède et Trophonios.

ÉRICHTHONIOS. Un jour, alors qu'Héphaïstos poursuivait Athéna de ses ardeurs amoureuses, un peu de la semence du dieu souilla la cuisse de la vierge déesse et tomba sur la terre, engendrant un enfant, Érichthonios, qui fut confié aux trois filles de Cécrops, Aglauros, Hersê et Pandrosos. Érichthonios fut enfermé dans une corbeille que Pandrosos reçut en dépôt, et Athéna recommanda aux trois sœurs de ne pas l'ouvrir. Mais, poussées par une curiosité et une impatience toutes féminines, elles n'écoutèrent pas la déesse et ouvrirent l'étrange berceau. Elles virent l'enfant, flanqué de deux serpents, et furent si effrayées de ce spectacle qu'elles se jetèrent du haut de la citadelle d'Athènes. Plus tard, Érichthonios, devenu roi de cette ville, introduisit le culte d'Athéna dans son royaume et institua les fêtes des Panathénées. Son fils Pandion lui succéda.

ÉRIGONÉ. Son père Icarios, un Athénien, ayant été tué par des bergers enivrés, Érigoné, aimée de Dionysos, et mère du héros Staphylos, se pendit de désespoir. Dionysos, à la fois désolé et irrité, incita les jeunes filles d'Athènes à se pendre aux branches des pins, et cette sorte de folie se prolongea jusqu'au jour où l'oracle de Delphes prétendit qu'il fallait châtier les bergers, meurtriers d'Icarios, pour apaiser Dionysos. On les pendit donc, et on institua une fête en l'honneur d'Érigoné.

ÉRINYES. Munies de fouets, portant des torches, les trois Érinyes, Alecto, Tisiphone et Mégère, au corps ailé et à la chevelure de serpent, sont les ministres de la vengeance des dieux et parcourent la surface de la Terre pour tourmenter les mortels coupables. Selon Hésiode, elles sont nées de la Terre fécondée par le sang d'Ouranos, que Cronos avait mutilé. Eschyle, se faisant sans doute l'interprète d'une tradition plus tardive, attribue la paternité des Érinyes à l'Achéron, qui s'était uni à la Nuit. Divinités infernales, elles pourchassent sans relâche les criminels qui, par leurs actions néfastes, ont troublé l'ordre public et social. Elles envoient parfois des punitions collectives à toute une région sous forme d'épidémie. Mais, le plus souvent, elles poursuivent le criminel, en lui inspirant des remords, la crainte du châtiment, l'angoisse sans fin ; Oreste, meurtrier de sa mère, est le type du héros qui n'échappe pas aux Érinyes. Elles peuvent à l'occasion susciter des haines inexpiables, comme celles qui opposèrent Étéocle et Polynice. Leurs actions démoniaques s'étendent naturellement au Monde souterrain : elles torturent les âmes des humains qui se sont rendus coupables d'impiétés et de parjures ; elles les fouettent et les insultent. Aussi était-ce avec un respect mêlé de crainte qu'on parlait de ces divinités, dont le nom d'Érinyes était remplacé, selon un superstitieux euphémisme, par le terme d'*Euménides*, « les Bienveillantes ».

ÉRIPHYLE. Dans les légendes thébaines des Sept Chefs et des Épigones, Ériphyle apparaît comme l'un des symboles de la coquetterie pernicieuse de la femme. Sœur d'Adraste, roi d'Argos, elle épousa Amphiaraos, le devin. Cependant, comme son époux et son frère se disputaient souvent, Ériphyle leur avait fait promettre d'avoir recours à son arbitrage au cas où quelques différends surgiraient entre eux deux. Or, il arriva qu'Adraste, sur les instances de Polynice, décida d'envoyer une expédition argienne contre Thèbes occupée abusivement par Étéocle. Amphiaraos refusa de le suivre dans ces desseins, prévoyant la fin malheureuse de la guerre et sa propre mort.

Pour l'obliger à partir, Polynice fut chargé d'offrir à Ériphyle le collier et le péplos d'Harmonie son ancêtre, cadeaux magiques. Tout heureuse de ces présents qui flattaient sa vanité féminine, Ériphyle oublia son amour pour son époux et lui ordonna de se joindre aux six autres Chefs contre Thèbes. Comme il l'avait prédit, Amphiaraos périt, mais ses deux fils Alcméon et Amphilochos vengèrent sa mort et tuèrent leur mère. Le collier d'Harmonie, après avoir été fatal à tous ceux qui le possédèrent par la suite, fut offert à la déesse Athéna dans le sanctuaire de Delphes.

ÉRIS. Assimilée à la divinité romaine allégorique la Discorde, Éris était la sœur jumelle d'Arès. Elle fut, dit-on, conçue lorsque la déesse Héra toucha une certaine fleur. Elle accompagnait le dieu de la Guerre sur les champs de bataille et suscitait la haine entre les combattants. Sa responsabilité n'est pas négligeable en ce qui concerne les origines de la guerre de Troie : elle offrit la fameuse pomme d'or que Pâris devait remettre à la plus belle des déesses. Elle enfanta une légion de divinités malfaisantes et abstraites, la Faim, la Peine, l'Oubli et bien d'autres encore.

ÉROS. Ce dieu grec est l'une des forces primordiales qui dominent le monde avant la naissance des immortels et l'apparition des hommes. Son pouvoir s'étend non seulement aux êtres, mais aussi aux végétaux, aux minéraux, aux liquides, aux fluides, bref à tout ce qui est. Il assemble, mélange, unit. Il est la vertu attractive qui engage les choses à se joindre et à créer la vie. Il ne doit nullement être confondu avec Cupidon, dieu romain, ou avec l'Amour, même si l'époque classique et les poètes ont fait d'Éros un auxiliaire de l'Amour, un fils d'Hermès et d'Aphrodite, même si les artistes l'ont représenté comme un jeune garçon ailé, perçant de ses flèches le cœur des hommes ou allumant dans leurs âmes le flambeau de la passion. Éros demeure avant tout, avant même de figurer au nombre des dieux, une entité abstraite : le désir qui rapproche et engendre les mondes.

ÉRYSICHTHON. On connaît deux Érysichthon. Le premier fut le fils de Cécrops, un des rois fondateurs d'Athènes. Le second, fils d'un roi de Thessalie, commit le sacrilège d'abattre des arbres dans un bois consacré à Déméter. La déesse le supplia d'arrêter ces coupes. Érysich-

Fils d'Aphrodite, Éros a hérité de la déesse de l'Amour le charme dans la grâce. Statue trouvée dans la mer, à Madhia (Tunisie). [Musée Alaoui, Le Bardo.] (Phot. du musée.)

Éros, porté par ses ailes rapides, est l'envoyé de sa mère auprès des hommes, auxquels il transmet les messages d'amour. Ici, il ne les perce pas de ses flèches comme dans les légendes romaines, mais il les charme de sa lyre. **Détail d'une amphore grecque. (Louvre.) [Phot. Giraudon.]**

▼

thon passa outre. Déméter, pour punition de son délit, le condamna à souffrir d'une faim perpétuelle. Ses parents, qui ne pouvaient suffire à sa nourriture, le renvoyèrent. Il finit par se dévorer lui-même, en dépit de l'abnégation de sa fille Mnestra, qui, se vendant comme esclave, parvint pendant quelque temps à lui procurer des vivres.

ÉRYX. Ce héros donna son nom à une montagne de Sicile au sommet de laquelle s'élevait un temple dédié à Aphrodite, sa mère. Roi des Élymes, il était doué d'une force prodigieuse, et nul n'était jamais parvenu à le vaincre. Par vanité, il osa défier

Le visage serein, Esculape tient son bâton de voyageur autour duquel s'enroulent les serpents que nourrit sa fille Hygie, déesse de la Santé. Marbre antique. (Musée du Vatican.) [Phot. Alinari-Giraudon.]

Héraclès, qui venait d'arriver dans ses États. Héraclès accepta la lutte à condition qu'Éryx, s'il était vaincu, lui accordât son royaume. Le héros prit alors le roi trop présomptueux entre ses larges mains, le lança en l'air et le laissa retomber sur la terre, où il se tua. Héraclès, malgré ses droits sur le royaume, le laissa à l'entière responsabilité de ses habitants, mais il annonça qu'un de ses descendants, un jour, le gouvernerait : ce fut Doriée, qui vint y fonder une colonie.

ESCULAPE. Dieu de la Médecine, Esculape était vénéré par les Grecs sous le nom d'*Asclépios*.

ESPÉRANCE. Appelée Elpis par les Grecs, cette divinité allégorique fut le seul don des dieux qui ne s'échappa pas de la boîte de Pandore. L'épouse d'Épiméthée avait eu en effet, par curiosité, l'imprudence de l'ouvrir. Aussi, les Anciens la vénéraient-ils avec une particulière solennité. Les Romains, qui lui avaient donné le nom de *Spes*, lui élevèrent plusieurs temples et la représentèrent sous les traits d'une jeune fille gracieuse, relevant d'une main le bas de sa robe et tenant de l'autre une fleur à peine éclose.

ÉTÉOCLE. Avec son frère Polynice et ses sœurs Ismène et Antigone, Étéocle appartient à la génération incestueuse née d'Œdipe et de Jocaste. Quand Étéocle et Polynice apprirent le crime involontaire de leur père, ils le chassèrent de Thèbes. Alors, Œdipe les maudit et leur prédit qu'ils ne cesseraient de se haïr et qu'ils périraient tous deux dans un combat fratricide. Un accord fut cependant conclu entre Étéocle et Polynice, chacun acceptant de régner sur Thèbes alternativement pendant une année. Lorsque le mandat d'Étéocle arriva à expiration, Polynice réclama le trône, mais il essuya le refus de son frère. Une lutte implacable, connue sous l'appellation des « Sept contre Thèbes », devait bientôt opposer les deux rivaux. Se rencontrant en combat singulier, Étéocle et Polynice périrent tous deux; mais Étéocle, qui avait défendu sa patrie, eut droit à des funérailles somptueuses, tandis que Polynice fut condamné à ne recevoir aucune sépulture.

ÉTHER. Fils de l'Érèbe et de la Nuit, selon Hésiode, Éther correspond dans la cosmogonie à la partie supérieure du ciel, celle qui touche la lumière plus éclatante et plus pure du Soleil et demeure le séjour préféré de Zeus. Uni au Jour, sa sœur, Éther a engendré un certain nombre d'éléments essentiels de l'univers, de la vie et de ses bouleversements, tels la Terre, le Ciel, la Mer et les Océans.

ÉTHIOPIENS. Les Éthiopiens, selon la légende grecque, appartenaient à une race mythique. Leur pays n'avait pas de frontières précises. Ils vivaient, prétendait-on, dans les régions les plus ensoleillées de l'univers, vers l'endroit où Hélios se couche et se lève tout à la fois, brûlant leur peau et leur donnant un teint bistre qui étonnait les Anciens. Ils menaient, dans une félicité totale, une existence toute consacrée à la gloire d'Apollon, le dieu de cette lumière, dont ils appréciaient chaque jour les bénéfiques effets en ce qui concernait leur bien-être et la fertilité de leurs champs. *L'Iliade* célèbre un de leurs rois, Memnon. Il était fils d'Éos, l'Aurore, dont les Éthiopiens contemplaient chaque matin l'apparition éclatante et limpide. Il dirigea un contingent d'Éthiopiens, qui combattaient aux côtés des Troyens.

ETNA. Ce volcan porte le nom d'une nymphe, fille d'Ouranos et de Gaia, qui arbitra la querelle survenue entre Déméter et Héphaïstos pour la possession de la Sicile. L'Etna, qui se dresse au-dessus de la ville de Catane, servit de prison à Typhon et à Encelade, après leur défaite devant les divinités de l'Olympe. La fumée et le feu qui s'échappaient du cratère de ce volcan provenaient, selon la croyance commune, de l'haleine enflammée des géants.
Une version latine de la légende de l'Etna affirmait qu'il était le lieu de séjour de Vulcain et de ses aides. Ils y forgeaient les armures des dieux et des héros.

EUMÉE. Fils de roi, Eumée, après avoir été ravi par des pirates phéniciens, était devenu l'esclave et le porcher de Laerte, le roi d'Ithaque. Il fut l'un des rares serviteurs à rester fidèle à son maître absent et à l'accueillir avec toutes les marques de la joie et de l'affection. Grâce à son entremise, Ulysse, déguisé en mendiant, put s'approcher des prétendants de Pénélope, qu'il tua sans pitié.

Trois représentations d'Europe et du taureau-Zeus. L'une, très archaïque (à gauche), suffirait à nous montrer l'antiquité de la légende. Terre cuite. Art grec. (Louvre.) [Phot. Giraudon.] La seconde (au centre), dont la facture est inspirée par l'art oriental, nous montre la fille du roi de Tyr en Phénicie. Métope du temple de Sélinonte. VI° s. av. J.-C. (Musée national, Palerme.) [Phot. Anderson-Giraudon.] Sur la troisième (à droite), romaine cette fois, Europe, comme pour s'amuser, est montée sur le taureau, caressé par l'une des suivantes de l'héroïne, qui admire la beauté de l'animal. Fresque de Pompéi. (Musée de Naples.) [Phot. Alinari-Giraudon.]

EUMÉNIDES. Ce mot, qui signifie « Bienveillantes », désigne parfois les Érinyes. Elles étaient ainsi nommées lorsqu'un meurtrier s'était purifié de son crime : elles se montraient en effet mieux intentionnées à son égard. Dans la tragédie d'Eschyle qui porte leur nom, elles deviennent les déesses de la Fécondité de la terre, tout en personnifiant les lois morales et les sanctions qui leur sont attachées.

EUMOLPOS. Jeté par sa mère Chioné dans l'Océan, Eumolpos fut recueilli par son père Poséidon, qui le mena sur les rivages de l'Éthiopie où il fut élevé par Benthésicymé, l'une des filles que le dieu avait eues d'Amphitrite. Il épousa l'une des filles de sa mère adoptive, mais il fut banni pour avoir tenté de violenter l'une de ses belles-sœurs. Il trouva refuge en Thrace; mais il complota contre le roi Tégyrios; de nouveau chassé, il se rendit à Éleusis, ville dont il devint le roi, le barde officiel et le grand prêtre, fondateur des mystères. Il devait périr de la main d'Érechthée au cours de la lutte qui opposa sa cité à celle d'Athènes. Son plus jeune fils, Céryx, lui succéda en qualité de grand prêtre, et tous ses descendants jouirent du même privilège.

EUNOMOS. Jeune échanson à la cour du roi de Calydon Œnée, Eunomos, fils d'Architélès, fut chargé un jour de laver les mains d'Héraclès. Il laissa par mégarde tomber de l'eau sur les pieds du héros; celui-ci se mit en colère et frappa le malheureux enfant avec tant de violence qu'il le tua. Bien que pardonné par Architélès, Héraclès décida, pour se punir, de s'exiler avec Déjanire et son fils Hyllos, et il se rendit à Trachis.

EUPHÉMOS. Fils de Poséidon, Euphémos fit partie de l'expédition des Argonautes, auxquels il apporta le secours de ses dons de divination.

Quand le navire *Argo* parvint devant les roches Symplégades. Euphémos lâcha une colombe; les deux rochers tentèrent de se refermer sur l'oiseau, mais ne lui arrachèrent que les plumes de sa queue. Ce fut le moment que choisirent les Argonautes pour passer sans dommage. Une autre fois, entraînés sur la côte de Libye et parvenus au lac Tritonis, les Argonautes cherchèrent en vain pendant longtemps une issue pour atteindre la Méditerranée. Alors le dieu Triton ou, disent certains, son incarnation humaine, Eurypylos, leur apparut, et Euphémos, fils du dieu souverain de la Mer, osa lui demander son chemin. Triton lui désigna la route et lui fit don d'une motte de terre qui, selon ses dires, permettrait aux descendants d'Euphémos de régner sur la Libye.

EUPHORBE. Euphorbe fut l'un des plus courageux guerriers parmi les Troyens et se signala au cours de la lutte en portant le premier coup contre Patrocle, qui fut achevé par Hector. Tué par Ménélas, qui dédia son bouclier à Héra, Euphorbe se réincarna quelques siècles plus tard dans la personne du philosophe et mathématicien Pythagore (VIᵉ siècle av. J.-C.), qui illustra ainsi ses idées sur la métempsycose et les réincarnations successives.

EUROPE. Agénor, roi de Phénicie, fils de Poséidon et de l'Océanide Libye, épousa Téléphassa. De cette union naquirent quatre fils, Phinée, Cadmos, Phœnix et Cilix, et une fille, Europe. Celle-ci, belle comme le jour, à la peau blanche et veloutée, jouait un jour au bord de la mer avec ses compagnes lorsque Zeus l'aperçut; aussitôt, il en tomba amoureux et, pour éviter la jalousie d'Héra, se métamorphosa en taureau blanc, aux cornes dorées, en forme de croissant de lune. Europe le vit, l'admira, le flatta, s'enhardit même jusqu'à monter sur son échine.

EUR

C'est alors que l'animal divin s'élança sur les flots et disparut au large. Il atteignit la côte de Crète près de Gortyne, où poussèrent des platanes toujours verts pour perpétuer l'union des deux amants. Europe mit au monde trois enfants, dont la légende retient et glorifie les noms : Minos, Rhadamanthe et Sarpédon. Zeus, en échange de ces trois fils, accorda trois précieux présents à Europe : le Talos, sorte de robot qui empêchait tout débarquement ennemi sur les côtes de Crète, un chien qui, grâce à son adresse et à sa célérité, ne ratait jamais sa proie, un épieu de chasse infaillible. En souvenir de celle qui, venue de sa lointaine Phénicie, avait bien voulu se rapprocher d'un monde inconnu, les Anciens accordèrent le nom d' « Europe » à une des quatre parties du monde, tandis qu'ils lui élevaient un culte, et que ses frères partis à sa recherche fondaient des colonies.

EUROS. Ce fils d'Éos et d'Astræos est le vent du Sud-Ouest.

EUROTAS. Appelé primitivement *Himère*, l'Eurotas, principal fleuve de Laconie qui baigne la ville de Sparte, possède une légende. Le roi Eurotas, père de Sparta, l'épouse de Lacédémon, ayant été vaincu par les Athéniens, parce qu'il n'avait pas attendu la pleine lune pour engager la bataille, se jeta dans les eaux d'un fleuve et lui donna son nom. Selon les mythographes modernes, ce suicide est la preuve qu'il existait des sacrifices offerts à l'Eurotas pour apaiser ses eaux. Mais les Anciens disaient aussi que ses eaux étaient fortifiantes, et les enfants de Sparte y étaient plongés dès leur plus jeune âge. L'Eurotas apparaît souvent dans les cycles épiques et dans les légendes. C'est sur ses rives qu'Hélène fut enlevée par Pâris, que Zeus s'unit à Léda sous la forme d'un cygne, et que Castor et Pollux apprirent la lutte.

EURYALE. 1° Cet Argien appartenait à la génération des Épigones par son père Mecistée, frère d'Adraste, et, pour cette raison, il combattit contre Thèbes. Outre cette expédition, il suivit les Argonautes dans leur périple et accompagna Diomède à la guerre de Troie, avec un autre Épigone, Sthénélos, fils de Capanée.
2° On connaît également sous ce nom un guerrier troyen qui s'était lié d'une tendre amitié avec Nisus et qui gagna l'Italie en sa compagnie, sous la direction d'Énée. Il périt au cours d'un combat contre les Rutules.

EURYDICE. 1° Parmi toutes les Eurydices, la plus célèbre est la dryade qui épousa Orphée. Poursuivie par le berger Aristée un jour qu'elle jouait dans les champs avec ses compagnes, elle fut piquée par une vipère au pied et elle en mourut. Orphée descendit aux Enfers pour la ramener sur la Terre et à la vie, mais, trop pressé et en dépit de l'interdiction d'Hadès, il se retourna pour la regarder avant qu'elle ne soit sortie de l'Ombre. Elle disparut aussitôt à tout jamais.
2° On connaît aussi sous ce nom une fille de Lacédémon, mère de Danaé, une fille d'Amphiaraos et d'Ériphyle, et l'épouse de Créon, roi de Thèbes.

EURYLOQUE. Époux de Ctiméné, sœur d'Ulysse, et l'un des plus fidèles compagnons du héros, Euryloque se signala par sa prudence; caché derrière une fenêtre du palais de Circé, il assista à la métamorphose des marins d'Ulysse en pourceaux, puis en avertit le héros. Mais à la fin du voyage, affamé par plusieurs jours de jeûne, il eut l'idée de mettre à mort quelques génisses sacrées du troupeau d'Hélios, malgré la défense d'Ulysse. Le dieu courroucé coula tous les navires et fit périr Euryloque, épargnant toutefois Ulysse.

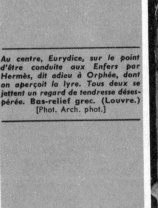

Au centre, Eurydice, sur le point d'être conduite aux Enfers par Hermès, dit adieu à Orphée, dont on aperçoit la lyre. Tous deux se jettent un regard de tendresse désespérée. Bas-relief grec. (Louvre.)
[Phot. Arch. phot.]

EURYNOMÉ. L'une des toutes premières divinités, Eurynomé naquit de l'union d'Océan et de Téthys. Elle s'unit elle-même au Titan Ophion et régna avec lui sur l'Olympe avant l'apparition des dieux, qui s'empressèrent de chasser les intrus et les précipitèrent dans la mer. Zeus amoureux d'elle, la rendit mère des Charites et du dieu-fleuve Asôpos.

EURYPYLOS. 1° Quand Héraclès voulut aborder dans l'île de Cos, il fut tout d'abord repoussé par les indigènes commandés par leur roi Eurypylos, qui fut bientôt tué par le héros qui avait réussi à pénétrer dans la cité.

2° Fils de Télèphe et d'Astyoché, un autre **Eurypylos** fut contraint par sa mère, qui avait reçu de Priam, son frère, un plant de vigne d'or, de combattre aux côtés des Troyens à la tête d'un contingent de Mysiens. Après avoir tué bon nombre de héros grecs, parmi lesquels Machaon, le fils d'Asclépios, il mourut sous les coups de Néoptolème, au moment où, sous sa direction, les Troyens tentaient d'incendier les navires grecs.

3° Sous le nom d'**Eurypylos,** on connaît également un Grec qui combattit à la tête d'un régiment thessalien contre les Troyens.

4° D'après Pindare, **Eurypylos,** fils de Poséidon, incarne le dieu Triton.

EURYSTHÉE. Fils de Sthénélos, roi d'Argos, et de Nicippé, fille de Pélops, Eurysthée était le cousin d'Amphitryon, car, comme lui, il avait Persée pour aïeul. Zeus ayant affirmé que le premier petit-fils de Persée qui naîtrait aurait une destinée royale, Héra fit en sorte qu'Eurysthée naquît le premier avant le fils d'Alcmène, Héraclès, dont elle savait que Zeus était le père. Eurysthée devint donc le maître souverain de Tirynthe, de Mycènes et de Midée en Argolide. Mais il trembla sans cesse devant Héraclès, dont il connaissait l'ascendance divine; il chercha à l'humilier et le força à exécuter ces fameux travaux dont le héros ressortit toujours vainqueur. Après la mort d'Héraclès, Eurysthée persécuta ses descendants et les contraignit à quitter Mycènes. Puis, quelque temps après, il marcha contre Athènes alliée des Héraclides et fut tué au cours d'une bataille par Iolaos. On apporta à Alcmène la tête tranchée du roi persécuteur : elle en arracha les yeux.

EURYTOS. Roi de la ville d'Œchalie en Thessalie, ou en Eubée, ou en Messénie, Eurytos était réputé pour son adresse à tirer de l'arc, et son père, qui possédait le même talent, se prétendait fils d'Apollon, l'archer

Euterpe. (Musée du Capitole, Rome.)
[Phot. Anderson-Giraudon.]

suprême. Il avait quatre fils, parmi lesquels Iphitos, et une fille, Iole. Il l'avait promise en mariage à quiconque le surpasserait dans le tir à l'arc. Héraclès se mesura dans un concours au roi et fut proclamé vainqueur; Eurytos refusa de tenir sa promesse, accusa même le héros de lui avoir volé son troupeau. Seul Iphitos prit la défense d'Héraclès. Mais il ne fut guère récompensé, puisqu'il fut tué par le héros, saisi d'un soudain accès de folie, ou bien nullement désireux de partager son butin avec lui. Ce meurtre ne resta pas impuni. Héraclès fut condamné à l'esclavage et vendu à Omphale. Une fois libre, il retourna à la cour d'Eurytos, le tua, massacra également ses fils et put enfin s'emparer d'Iole, le prix de sa victoire.

EUTERPE. L'une des neuf Muses, Euterpe avait pour principal attribut la flûte et, couronnée de fleurs, présidait aux fêtes et aux divertissements. Munie de son instrument de musique, elle accompagnait également le cortège de Dionysos. On lui doit avec le dieu l'invention du dithyrambe, source de la tragédie grecque.

ÉVANDRE. Sur la naissance de ce héros gréco-romain, les versions diffèrent; d'après la plus courante, il est le fils d'Hermès et de la nymphe arcadienne Nicostraté, que les Romains appelèrent *Carmenta*. Quelques années avant la guerre de Troie, Évandre, à la tête d'une colonie d'Arcadiens, vint s'établir en Italie. Grâce à sa sagesse et à sa science, il s'attira l'estime des populations indigènes; il leur enseigna des lois nouvelles, l'écriture et le culte de quelques grands dieux, tels Pan, Poséidon et Déméter. Il reçut Héraclès et lui accorda les honneurs divins. Énée vint aussi le trouver et scella une alliance avec lui contre la peuplade des Rutules. Après sa mort, il prit place au rang des immortels.

FAIM. Cette divinité, fille de la Nuit, que Virgile place aux portes des Enfers et qui apporte la stérilité dans les champs, est également décrite par Ovide sous l'aspect d'une femme accroupie dans un champ aride, où elle arrache quelques maigres plantes. Erysichthon, le héros thessalien, fut sa plus tragique victime.

FAMA. Divinité latine qui personnifie la Renommée.

Fatum. Expression sacrée du Destin chez les Romains, le Fatum représente la volonté arrêtée des dieux et le sort attribué à chacun.

FAUNA. Cette épouse de Faunus, considérée par les Latins comme la mère du dieu Latinus, un des rois légendaires du Latium, protège les femmes contre la stérilité.

Faunes. Ces divinités romaines des bois qu'on peut comparer aux satyres grecs descendent, selon la légende, du roi Faunus, petit-fils de Saturne. Cependant, ils ne sont que des demi-dieux, et la mort est leur lot final après une longue existence. On les représente avec de petites cornes, une queue et des sabots de bouc. (V. fig. p. suiv.)

FAUNUS. 1° Ce dieu est l'une des plus vieilles divinités de la religion romaine. Fils de Picus et petit-fils de Saturne, il est nanti d'une double attribution. D'une part, familier des bois, des plaines cultivées et des eaux fraîches et vives, il protège les cultures et veille sur les troupeaux; d'autre part, semblable au Zeus de Dodone,

il rend des oracles en faisant bruisser les arbres. Ces fonctions agrestes ont engagé les artistes romains à le représenter comme un dieu barbu, vêtu d'une peau de chèvre, tenant soit la massue propre aux gardiens de bétail, soit la corne d'abondance, parce qu'il favorise la fertilité des champs. Aussi ne doit-on pas s'étonner qu'on l'identifie avec Pan, après l'hellénisation systématique des dieux romains. Il finit par porter les mêmes attributs que son homologue grec : cornes au front et pieds de chèvre. 2° Un roi barbare que tua Hercule porte également le nom de **Faunus.**

FAUSTULUS. Ce berger, qui était peut-être l'intendant des troupeaux d'Amilius, roi d'Albe, est mêlé de près à la légende romaine de Romulus et de Remus. Ayant suivi, en effet, une louve dont l'agitation l'intriguait, il trouva les deux jumeaux dans son antre et les transporta dans sa cabane auprès de sa femme Acca Larentia, qui se chargea de les élever. Faustulus instruisit les deux frères sur leur origine, et Romulus, sachant qu'il appartenait à une lignée de dieux et de rois, tua Amilius, qui avait usurpé le pouvoir. Mais lorsque les deux frères se prirent de querelle, Faustulus, dit-on, tenta de s'interposer et fut tué dans la lutte. Plus tard, les Romains, reconnaissants, le placèrent dans leur Panthéon.

FÉCONDITÉ. Principale déesse de la Fécondité, Bona Dea était invoquée et vénérée au cours de mystères strictement réservés aux femmes

Ce Faune, génie de la nature exubérante, avec ses cornes, ses cheveux hirsutes et sa queue semble habité par la folie et l'ivresse. **Bronze antique. (Musée de Naples.)** [Phot. Alinari-Giraudon.]

Faune suivant le cortège de Dionysos en jouant de la flûte double (une lanière de cuir maintient ses joues). **Extrait d'un bas-relief antique. (Musée de Naples.)** [Phot. Alinari-Giraudon.]

▼

romaines. Ces dernières remerciaient la déesse soit de leur avoir accordé de nombreux enfants, soit, stériles, lui demandaient de les rendre mères. Les impératrices romaines, pour leur part, vouaient un culte particulier à la déesse allégorique Fécondité, à laquelle elles réclamaient une opulente postérité, afin d'assurer la pérennité de l'État romain. Les animaux domestiques et le bétail étaient également placés sous la protection de dieux comme Faunus ou Palès, qui assuraient leur rapide et abondante reproduction.

FÉLICITÉ. Cette déesse appartient au groupe des nombreuses divinités allégoriques romaines. On la voit frappée sur les monnaies. Elle a l'aspect d'une femme corpulente qui tient le caducée d'Hermès et une corne d'abondance : l'un symbolisait la santé, l'autre, l'opulence, deux dons indispensables au bonheur.

FÉRONIA. D'origine étrusque, cette très ancienne divinité italienne aux attributions quelque peu obscures était vénérée notamment à Terracine, près du mont Soracte. Elle se rangeait, croit-on, au nombre des divinités des Champs et des Bois, dont elle assurait la fertilité.

Fertilité. L'Antiquité a toujours craint les famines. La pluie et l'humidité, l'abondance des récoltes furent toujours à cette époque l'impératif essentiel de la survie de la civilisation.

Les Romains, en particulier, qui long-temps préférèrent l'agriculture au commerce, multiplièrent les dieux de la Végétation, de la Fertilité. Ils vénéraient Cérès, déesse de la Moisson, Priape, dieu des Jardins et des Vergers, Ops et Copia, divinités de l'Abondance, Flora, qui favorisait la fécondation des fleurs, Pomone, qui permettait aux fruits de mûrir. Ils demandaient à toutes ces divinités aide et protection en plaçant leurs statues, leurs symboles ou leurs attributs dans les champs et en leur consacrant des fêtes à date fixe.

FIDÈS. Cette personnification de la fidélité à la parole donnée trouve sa place parmi les divinités romaines

Bas-relief romain qui est l'image même de la fécondité et de la fertilité, avec les trois éléments indispensables à toute vie : l'air, à gauche, symbolisé par le cygne; la terre, au centre, aux formes épanouies, qui allaite deux génies; sur ses genoux, des fruits et des feuilles; à ses pieds une vache et un mouton; à sa droite, sous une sorte de poisson fantastique, coule l'eau fertilisante.
Détail du bas-relief « Ara Pacis » (Autel de la Paix) [Rome.] (Phot. Anderson-Giraudon.)

à caractère abstrait, qui se sont multipliées tout au long de l'Antiquité. Elle est comme la divinisation d'un caractère propre à un dieu. Ainsi, à côté de Jupiter, gardien et garant des serments, apparaît Fidès. Elle témoigne que toute loi, tout ordre social dépendent du respect de la parole donnée.

fleuve. L'élément liquide, l'eau et surtout le fleuve, animé d'un mouvement perpétuel et mystérieux, a joué un rôle important dans les civilisations antiques, parce qu'il était un facteur déterminant de fertilité et par conséquent de progrès économique. En outre, le fleuve dispense la fraîcheur; il purifie les coupables et les lave de leurs crimes; il est le témoin des générations successives, des civilisations et du passé. Les principaux fleuves de la Grèce et d'Asie Mineure apparaissent souvent dans la mythologie sous l'aspect de dieux à l'apparence humaine. Au nombre de trois mille, ils sont fils d'Océan et de Téthys, les frères des nymphes et parfois les pères des héros de légende. Aussi, on les voit souvent prendre part aux luttes que mènent les mortels les uns contre les autres. Ainsi, au moment de la guerre de Troie, Scamandre prend le parti des Troyens et entre en conversation avec Achille. Le plus célèbre de ces fleuves demeure l'Achéloos, le plus grand cours d'eau de la Grèce, et l'aîné dans la généalogie des fleuves. Il est le symbole même, par sa puissance et sa majesté, de la pérennité de la Grèce. Sa force est indomptable, et seul Héraclès, à qui il veut ravir Déjanire, réussit à le vaincre après une lutte féroce.

FLORA. Adorée par les Sabins, Flora était la divinité des Fleurs et du Printemps. Afin d'expliquer cette attribution, Ovide a rattaché Flora à un mythe grec et l'a assimilée à la nymphe Chloris, que Zéphire épousa

D'une main délicate, la déesse Flore cueille les fleurs des champs, dont elle a facilité l'épanouissement, et les pose en bouquet dans une sorte de panier conique en forme de corne d'abondance. Fresque de Pompéi. (Musée de Naples.) [Phot. Anderson-Giraudon.]

en lui accordant tous les pouvoirs sur la floraison printanière. Toujours d'après Ovide, elle aurait offert à Junon une fleur dont le simple attouchement avait le pouvoir de rendre une femme féconde. Ainsi, Junon, sans le concours de Jupiter, devint mère de Mars; et c'est en souvenir de cette naissance, à laquelle Flora avait indirectement participé, que les Romains accordèrent le nom de « mars » au premier mois du printemps.

flûte. Avec la lyre, la flûte est le principal instrument de musique des Anciens. Ceux-ci prétendaient qu'elle avait été inventée par Hermès pour charmer sa solitude et son ennui. Apollon, séduit par les sons mélodieux qui sortaient de ce rustique instrument, l'échangea contre une verge d'or, le caducée, et devint à son tour un habile joueur de flûte. Marsyas l'apprit à ses dépens et voulut rivaliser avec le dieu; il fut écorché vif. Une autre sorte de flûte, la Syrinx, qui se tenait horizontalement contre la bouche, avait été taillée par Pan dans un roseau dont la Nymphe qu'il poursuivait avait pris la forme.

folie. Mystérieuse, parfois soudaine, la folie frappe souvent les personnages de la mythologie. Elle est, la plupart du temps, la manifestation de la colère d'un dieu. Celui-ci envoie généralement les Érinyes, qui tourmentent jusqu'à l'hallucination les criminels ou les meurtriers, parfois même tel groupe d'hommes ou de femmes qui ont commis des fautes collectives. Seule la purification peut mettre un terme aux accès de la démence. Elle est alors le signe privilégié du pardon des dieux. Sa faute lavée, le criminel fou redevient un être normal. Certaines divinités, associées au culte de Dionysos, telles les Ménades, sont soudain saisies du dieu et, comme possédées par une force mystérieuse, qui leur fait perdre la raison et les pousse dans des courses folles et tumultueuses à travers les campagnes. Il n'est pas jusqu'à l'épilepsie, le « mal sacré », courte manifestation d'une espèce de démence, qui ne soit considérée, surtout chez les Romains, comme un signe de la présence, parfois bienveillante, des dieux.

FONS. Fils de Janus, Fons était généralement vénéré comme le dieu des Sources et des Eaux courantes.

FORNAX. Ce nom latin, qui signifie « four », servait à désigner une divinité qui présidait à la cuisson du pain. Elle était particulièrement vénérée au moment de la fête des Fornacalia.

FORTUNA. Jamais, sans doute, divinité n'a été plus redoutée par les Romains qui l'identifièrent avec la Tuchê grecque. Déesse de la Chance aveugle et du Hasard, elle offre aux

Une des très nombreuses divinités allégoriques romaines, la déesse Fortuna tient la corne d'Amalthée, qui dispense, en abondance, fruits, légumes et céréales, indispensables à la richesse de Rome. Elle n'a pas, toutefois, ici, le caractère de gravité un peu effrayante que lui confère généralement la légende. **Marbre trouvé à Ostie. (Musée du Vatican.)** [Phot. Anderson-Giraudon.]

mortels, selon ses caprices, la richesse ou la pauvreté, la puissance ou la servitude. Présidant à tous les événements de la vie, elle a tous pouvoirs sur les hommes. Tenant une corne d'abondance et un gouvernail, parce qu'elle guide les affaires du monde, Fortuna, le visage voilé, est invoquée par les hommes (*Fortuna virilis*), par les femmes (*Fortuna muliebris*), par les voyageurs, les cavaliers et par tous ceux qui exercent une activité sujette à l'incertitude ou au danger : dans ses sanctuaires les plus célèbres, à Antium ou à Préneste, on l'écoute, en tremblant, rendre ses oracles.

foudre. Attribut essentiel de Zeus, la foudre, représentée par trois rayons parallèles, était considérée comme une des manifestations sacrées du dieu. Elle était sa parole et sa volonté de puissance. L'endroit où elle était tombée devenait un lieu de culte, et les cadavres foudroyés étaient simplement recouverts de terre. Ils se trouvaient comme marqués désormais d'un signe mystérieux que des prêtres, spécialisé dans l'art « fulgural », devaient interpréter pour le commun des mortels.

FRAUDE. Divinité allégorique et infernale, incarnation du parjure, la Fraude vivait dans les eaux du Cocyte, où elle cachait son corps monstrueux, terminé en queue de serpent, ne dévoilant que son visage hypocritement aimable et doux. Les artistes l'ont parfois représentée avec deux têtes et le masque du mensonge.

FURIES. Ces démons du monde souterrain, inspirés des divinités infernales étrusques, occupaient une place importante dans la religion romaine, mais leur origine, leur nom et leur culte étaient empruntés aux trois Érinyes grecques.

FURRINA. Cette très ancienne divinité romaine serait soit une nymphe d'une source du Tibre, qui portait son nom, soit, en vertu d'un rapprochement dû aux Anciens eux-mêmes avec le mot *furie*, une déité infernale et fertilisante.

G

GAIA. Selon la cosmogonie hésiodique, Gaia personnifie la Terre en voie de formation. Tout de suite après Chaos, elle émergea un jour du néant et donna naissance à un fils, Ouranos. Elle forma avec lui le premier couple divin, mettant au monde une génération de dieux et de monstres : les Titans (elle en acquit le nom de *Titeia*), les Titanides, les Cyclopes, les Hécatonchires, les divinités marines — dont Nérée et Thaumas, qu'elle conçut d'un de ses fils, Pontos, le flot. Elle aida Cronos à mutiler son père en lui fournissant une faucille. Avec Gaia s'accouplèrent d'autres divinités, le Tartare, entre autres, à qui elle donna le terrible Typhon. On lui attribue également l'enfantement des Harpyes, de Python, de Charybde. Gaia, Terre-Mère, origine féconde de tout, ne tarda pas à prendre dans les cultes grecs et romains une importance considérable. Un hymne homérique la célèbre en tant que divinité de la Fertilité du sol et protectrice, en raison de ses nombreux enfants, de la multiplication des êtres humains. Déméter, déesse des Moissons, lui est souvent associée. Assimilée à Tellus par les Romains, Gaia devint, à l'époque classique, une divinité chthonienne.

GALACTOPHAGES. L'un de ces nombreux peuples fabuleux qu'Ulysse, dans *l'Odyssée*, croisa, pour son bonheur ou son malheur. Les Galactophages étaient composés d'hommes qui, comme leur nom l'indique, se nourrissaient exclusivement de lait.

GALATÉE. Polyphème aimait Galatée au corps blanc, née de Doris et de Nérée. Mais la laideur du Cyclope était si repoussante que la Néréide prenait la fuite à son approche et lui préférait Acis, jeune berger de Sicile. Retouchant cette légende, un satirique grec prétend que le dédain de Galatée se changea en une prudente amabilité lorsqu'elle apprit que le Cyclope était fils de Poséidon. On prétend même parfois que Galatée se rendit aux désirs de Polyphème et qu'elle lui donna trois fils, Galos, Celtos et Illyrios.

GALEÔTÊS. Apollon, son père, au cours d'un de ses voyages au pays des Hyperboréens, avait transmis à Galeôtês le don de divination. Celui-ci émigra en Sicile, où il fonda, dans la ville d'Hybla — qui prit le nom de *Galeôtês* —, la célèbre race des devins de l'île, les Galéotes.

GANYMÈDE. La légende de Ganymède est sans doute originaire d'Asie Mineure. Fils de Tros et de Callirhoé, le jeune Ganymède était réputé pour sa beauté. Zeus en tomba amoureux et se changea en aigle pour le prendre dans ses serres et le ravir dans les cieux. Ayant acquis l'immortalité, Ganymède seconde parfois Hébé dans sa tâche, en versant l'ambroisie à l'assemblée des dieux.

GÉANTS. Après avoir vaincu les Titans, Zeus, ses frères et ses sœurs durent entreprendre une nouvelle lutte contre les Géants, nés du sang qui coulait de la blessure d'Ouranos mutilé par Cronos. Colosses d'une taille immense, ils avaient un torse terminé par une queue de serpent; d'une bravoure indomptable, ils entreprirent d'escalader l'Olympe en accumulant montagnes sur montagnes; devant ce nouveau danger, les dieux appelèrent à l'aide Prométhée, fils du Titan Japet, et Héraclès, car un oracle avait prédit que seul un mortel pouvait faciliter la victoire totale des dieux. Héraclès

Le jeune échanson, Ganymède, dont tous les dieux sont amoureux, verse l'hydromel et les boissons de l'immortalité dans la coupe que lui tend Zeus, au milieu du délassement et de la joie générale des autres divinités, parmi lesquelles on reconnaît Minerve, qui a retiré son casque en signe de paix. Détail d'une coupe. (Musée de Tarquinies.) [Phot. Alinari-Giraudon.]

Sur ces deux peintures, l'artiste a tenté d'exprimer l'énorme turbulence de la lutte qui oppose les dieux de l'Olympe aux Géants. A droite, un des Géants tente d'arrêter, mais en vain, le quadrige de Zeus. Au-dessous, un autre brandit un brandon enflammé. Rien ne semble arrêter la fureur vengeresse des divinités qui attaquent sans répit les Géants. Une des divinités a saisi l'un des Géants par les cheveux et s'apprête à le transpercer de son glaive. Amphore à figures rouges, provenant de Milo. Vᵉ s. av. J.-C. (Louvre.) [Phot. Giraudon.]

repoussa les montagnes, qui s'écroulèrent sur les Géants et les assommèrent, tandis que Zeus les foudroyait. Ceux qui survécurent, comme Encelade, furent enfermés dans les profondeurs de la terre.

génie. Représenté sous la forme d'un serpent, animal spécifique du monde souterrain, le Génie symbolise, chez les Romains, la force spirituelle et vivante des hommes, des empereurs

(le Génie de l'empereur), et des dieux (le Génie de Jupiter). Tout être vivant est, en effet, accompagné par son Génie, divinité individuelle qui le suit depuis sa naissance jusqu'à la fin de son existence, protège tous ses actes, et bénit en particulier les phénomènes de la génération et de la mort.

GÉRYON. Monstre à trois têtes et à trois corps, Géryon était le fils de Chrysaor et de Callirhoé. Il régnait sur l'île d'Érythie, située sans doute près du détroit de Gibraltar. Il possédait des bœufs magnifiques gardés par le berger Eurytion et par Orthros, un chien féroce à deux têtes. Arrivant dans les États de Géryon, Héraclès commença par étrangler le berger et le chien, puis assomma à mort Géryon lui-même. Il put s'emparer ainsi du troupeau et s'embarquer pour la Sicile avec son précieux butin. (V. fig. , p. 134)

Géryon. On distingue parfaitement les trois têtes casquées du géant ailé, les trois boucliers et les trois bras qui brandissent des lances. Pour vaincre ce formidable rempart de chair et de bronze, Héraclès ne possède qu'un arc, arme, il est vrai, redoutable entre ses mains. Amphore de Chalcidique. (Phot. Giraudon.)

GLAUCOS. 1° Ce dieu marin, avant de devenir immortel, n'était qu'un pauvre pêcheur de Béotie. Un jour qu'il avait ramené sur le rivage le produit de sa pêche, il vit, à son grand étonnement, les poissons se mettre à frétiller et retourner par bonds successifs vers la mer, où ils disparurent. Glaucos les avait posés sur une herbe magique semée par Cronos. Il en avala quelques brins et se sentit attiré par la mer, dans laquelle il plongea. Téthys et les Néréides le purifièrent de son enveloppe mortelle, et Glaucos prit l'aspect d'un digne vieillard à la barbe et aux cheveux couleur de mer, au torse recouvert d'algues et terminé par une queue de poisson. Il rendait des oracles, écoutés avec respect par tous les marins. Il figure aussi dans les légendes des Argonautes, aux côtés desquels il se trouve lors des combats contre les Tyrrhéniens.

2° Un autre **Glaucos,** roi d'Éphyre, la future Corinthe, était le fils de Sisyphe et le père de Bellérophon. Il était célèbre dans son royaume pour son habileté à monter à cheval. Comme il voulait donner plus de puissance encore à ses cavales il les empêchait de s'accoupler. Aphrodite, vexée de cette offense aux lois de la nature, reçut de Zeus l'autorisation de punir le roi. La déesse fit boire les cavales dans une source sacrée et leur donna le pouvoir de manger de la chair humaine : aussi, lors des jeux funèbres donnés en l'honneur de Pélias, Glaucos fut renversé de son char, dépecé et dévoré par ses rapides et carnivores coursiers.

3° Fils d'Hippolochos, cet autre **Glaucos,** arrière-petit-fils du précédent, est connu surtout par ses exploits au cours de la guerre de Troie. Un jour, dans un combat, il croisa Diomède, qui se trouvait dans le camp opposé. Mais ils s'aperçurent tous deux qu'ils étaient unis par les liens sacrés de l'hospitalité, puisque le grand-père de Diomède avait accueilli Bellérophon, grand-père de Glaucos, dans son palais et lui avait accordé des cadeaux. Les deux guerriers, sur le champ de bataille, renouvelèrent le geste de leurs ancêtres et échangèrent leurs armes. Glaucos, tué par Ajax, fils de Télamon, fut, dit-on, transporté par les vents en Lycie, où il fonda la première génération des rois de ce pays.

4° On raconte aussi qu'un **Glaucos**, fils de Minos et de Pasiphaé, poursuivait une souris lorsqu'il disparut. Las de le rechercher, Minos apprit de l'oracle de Delphes que celui qui pourrait donner une interprétation de la métamorphose quotidienne d'une des

Visage grimaçant, babines retroussées, laissant voir une énorme langue, yeux immenses, pommettes hideusement saillantes, nez épaté, tout contribue à faire de la Gorgone un des monstres les plus terrifiants de la mythologie grecque. **(Louvre.)** [Phot. Giraudon.]

vaches de son troupeau en blanc, en rouge et enfin en noir, celui-là seul retrouverait son fils et le sauverait. Un certain Polyidos réussit : « Ce pelage, dit-il, change comme l'aspect d'une mûre au cours de sa maturation. » Il découvrit aussitôt le corps du petit Glaucos, noyé dans une jarre pleine de miel. Minos enferma alors l'astucieux devin avec le corps de son fils et lui ordonna de le ressusciter. Polyidos frotta le corps du petit enfant d'une herbe magique apportée par un serpent, et Glaucos revint à la vie.

GORDIAS. Un oracle avait prédit aux Phrygiens, accablés par les luttes intestines et la vacance du pouvoir royal, qu'ils devraient proclamer roi celui qui leur apparaîtrait sur un char attelé de bœufs. C'est ainsi que Gordias se présenta à leurs yeux : ils le proclamèrent aussitôt souverain de Phrygie. Le roi Gordias, en témoignage de reconnaissance, fonda la ville de Gordion, consacra son char à Zeus, et fit autour de son timon un nœud si compliqué qu'on prédit l'empire souverain sur l'Univers à celui qui, un jour, pourrait le défaire. Au IVᵉ siècle av. J.-C., Alexandre le Grand passant par Gordion tira son épée et trancha le « nœud gordien ».

GORGONES. Elles étaient trois sœurs : Sthéno, Euryale et Méduse, filles de Phorcys, que Pontos engendra, et de Céto, qui eut l'Océan pour père. Divinités primordiales, elles résidaient non loin du royaume des Ombres, dans des lieux inconnus. Elles offrent aux regards un aspect terrifiant. Elles ont une tête énorme, hérissée d'une chevelure vipérine, des dents aussi longues que des boutoirs de sanglier, des ailes d'or qui leur permettent de cingler à travers les airs. Leurs yeux démesurés changent en pierre quiconque les fixe. Seule Méduse, la plus célèbre des Gorgones, est mortelle. Elle périt de la main de Persée.

GRÉES. Leur nom signifie les « vieilles femmes » (en gr. *graiai*). Au nombre de trois, Péphrédo, Ényo et Dino, elles étaient nées de l'union de Phorcys et de Céto, parents de nombreux autres monstres. Décrépites, elles portaient des cheveux blancs et ne possédaient à elles trois qu'un œil et une dent, qu'elles se prêtaient tour à tour. Sœurs des Gorgones et chargées de garder le chemin qui conduisait à leur demeure, les Grées sont mêlées de près à la légende de Persée et de Méduse. Le héros leur déroba leur œil et leur dent, et, profitant de leur sommeil, il passa sans dommage. Suivant une autre version, Persée n'accepta de leur rendre la vue que si elles lui indiquaient l'endroit où les nymphes cachaient des sandales ailées et le casque d'Hadès, qui rendait invisible. Muni de ces objets, il put trancher la tête de Méduse.

griffons. Oiseaux fabuleux à la tête d'aigle et au corps de lion ailé, les griffons gardaient les trésors d'Apollon dans le pays légendaire des Hyperboréens, en Scythie. Ils se battaient fréquemment avec les représentants d'une peuplade mythique, les Arimaspes, qui ne possédaient, chacun, qu'un seul œil (sans doute parce qu'ils fermaient l'autre pour tirer à l'arc), et qui cherchaient sans cesse à s'emparer des trésors surveillés par les monstres. Cette légende pourrait tirer son origine des mines d'or qu'on trouvait en Russie et spécialement dans l'Oural.

GYGÈS. Ce personnage historique, roi de Lydie, vers la fin du VIIIe siècle avant notre ère, est le sujet d'un certain nombre de fables. Gygès n'était qu'un modeste berger de Lydie, lorsqu'il découvrit un jour, dans les flancs d'un cheval d'airain, un anneau d'or qui possédait le pouvoir de rendre son porteur invisible. Ambitieux, Gygès le passa à son doigt et se rendit chez le roi Candaule, qu'il assassina en toute impunité. Il prit sa succession et épousa la reine. Le roi confia ses richesses au Trésor des Athéniens, à Delphes. L'un des Hécatonchires porte aussi le nom de Gygès.

La patte griffue levée, le cou crêté, le corps disparaissant sous d'immenses ailes, le griffon se dresse, prêt à attaquer. **Chapiteau du temple d'Apollon à Milet. (Louvre.)** [Phot. Giraudon.]

H

HADÈS. Fils de Cronos et de Rhéa, Hadès, après le partage de l'Univers en trois parties, acquit la possession souveraine sur le monde inférieur, tandis que son frère Zeus régnait sur les cieux et Poséidon sur les mers. Époux de Perséphone, qu'il enleva à la Terre et à sa mère Déméter, Hadès est un dieu redouté des Grecs. Justicier impitoyable, il est assis au fond des Enfers sur un trône et tient dans sa main un sceptre avec lequel il gouverne sans pitié les âmes des morts qui peuplent son sombre et inconnu royaume. Il porte sur la tête un casque qui rend invisible; les Cyclopes lui en firent don et lui-même il le prête parfois aux héros des légendes auxquels il a décidé d'accorder aide et protection. Entouré des divinités des Enfers, ses servantes, ses messagères, il dicte à la Terre la terrible loi de la mort. Pourtant, tout comme son épouse Perséphone, terrible déesse aux Enfers, mais douce aux hommes de la Terre, auxquels elle apporte fertilité et abondance des moissons, Hadès est parfois surnommé *Pluton* (« le Dispensateur de richesses »); il est invoqué par les agriculteurs, et on le représente sous les traits d'un dieu placide, tenant d'une main une corne d'abondance, et, de l'autre, des instruments aratoires. Au cours de ses séjours sur la Terre, Hadès commet toujours quelques infidélités avec les mortelles ou les nymphes de la végétation et des bois.

La double attribution de la Mort et de la Vie revêtue par Hadès est, dans la mythologie, commune à presque toutes les grandes divinités des Enfers.

HALIRRHOTIOS. Ce fils de Poséidon et de la nymphe Euryté tenta de faire violence à Alcippé, la fille d'Arès et d'Aglauros. Pour la défendre, le dieu de la Guerre le tua. Déféré en jugement par Poséidon, Arès fut présenté au tribunal des dieux qui siégeait sur une des collines d'Athènes. Il fut

Le dieu Hadès, vieillard inflexible, siège sur son trône des Enfers. **Attribué à Bryaxis. IVᵉ s. av. J.-C. (Villa Borghèse, Rome.)** [Phot. G.F.N.]

acquitté; la colline sur laquelle s'était déroulé le procès devint plus tard le lieu de séance du tribunal d'Athènes, l'*Aréopage*.

HAMADRYADES. Tout comme leurs sœurs les Dryades, les Hamadryades ont élu les forêts pour demeures et vivent en sympathie avec un arbre de leur choix, sous son écorce. Mais elles aliènent ainsi leur liberté, et la mort de l'arbre marque en même temps la fin de leur propre existence. Aussi, le bûcheron se doit d'écouter leurs supplications affolées lorsqu'il se dispose à abattre un arbre, et se garder d'imiter Érysichton, qui refusa de se laisser émouvoir et fut sévèrement puni par Déméter pour son acte sacrilège et sa dureté de cœur.

HARMONIE. Fruit des amours d'Arès et d'Aphrodite, Harmonie fut mariée à Cadmos, fondateur de Thèbes, et ses noces furent célébrées par tous les dieux de l'Olympe. En cadeau, Harmonie reçut en particulier un péplos tissé par Athéna et un collier ciselé par le dieu forgeron Héphaïstos.

Une malédiction était attachée à ces deux présents, puisque ceux qui les possédèrent périrent tragiquement, notamment la génération des Labdacides, à laquelle Œdipe, petit-fils d'Harmonie, appartenait. Ériphyle, Phégée, Alcméon, Arsinoé, Callirhoé en furent aussi les victimes. Commencé dans la joie, le mariage d'Harmonie et de Cadmos devait se terminer dans le malheur. Leurs enfants Sémélé, Ino-Leucothoéa, Agavé, Autonoé et leurs petits-enfants connurent des infortunes diverses. Cependant, lorsqu'ils moururent, Harmonie et son époux furent métamorphosés en serpents pour compenser leur vieillesse affligée.

HARPYES. Ces filles de Thaumas et de l'Océanide Électre, Aellô, Ocypétès, à qui l'on joignit plus tard Cælano, étaient considérées par Hésiode comme des femmes ailées à la belle chevelure, puis, peu à peu, la légende leur donna l'apparence de monstres épouvantables. Leur corps osseux de vautour, leur visage ridé, leur bec et leurs ongles crochus, l'odeur infecte qu'elles répandent sont autant de représentations sensibles de la sécheresse, de la famine et des épidémies, mais aussi l'image de monstres impossibles à rassasier, qui enlèvent les enfants et pourvoient en morts les Enfers. Les dieux ne les détruisent pas parce qu'ils se servent de leur méchanceté pour tourmenter les mortels, tel l'aveugle Phinée, dont elles ravissent ou souillent la ·nourriture. Chassées par les fils de Borée, Zétès et Calaïs, elles s'établirent dans les îles Strophades. Mais leur rôle infernal continue, et les Latins les assimilent la plupart du temps aux Furies, gardiennes du sombre Tartare.

Cette Harpye, pourvoyeuse des Enfers, serre avec férocité un corps de femme. **Détail de la frise provenant de l'acropole de Xanthos (Lycie). Fin du VIe s. av. J.-C. (British Museum.)** [Phot. Mansell.]

Hébé tient dans une main un vase empli de nectar, et dans l'autre l'ambroisie. Détail de vase. (Palais Jatta, Ruvo di Púglia.) [Phot. Alinari.]

gatives antérieurs : considérée dans les temps reculés comme une déesse bienfaisante, elle dispensait en toutes choses les richesses matérielles et spirituelles, les victoires, aussi bien aux mortels qu'aux immortels et aux dieux, qui la respectaient et même la craignaient. Peu à peu, Hécate acquit un caractère redoutable et maléfique. Messagère des démons et des fantômes, suivie d'une meute hurlante, elle se plaça à la jonction des routes et se livra à diverses opérations de magie et de divination. Représentée sous les traits d'une divinité à trois têtes, la triple Hécate fut assimilée parfois aux trois divinités Séléné, Artémis et Perséphone. Sa statue s'élevait aux carrefours; on offrait à la déesse des sacrifices, et on cherchait à se la rendre favorable par des incantations.

Hécate porte ici son attribut traditionnel, le grand flambeau qui éclaire la nuit, son royaume. Le chien qui la suit lui était consacré. Détail d'un bas-relief. IVe s. av. J.-C. (British Museum.) [Phot. Boudot-Lamotte.]

HÉBÉ. Les Romains appelaient cette déesse *Juventus*. Fille de Zeus et d'Héra, elle dispensait l'éternelle jeunesse et l'immortalité en versant aux dieux de l'Olympe le nectar. Elle fut remplacée dans cette sainte fonction par Ganymède et épousa Héraclès, quand celui-ci fut reçu parmi les dieux. Elle lui donna deux fils, Alexiarès et Anicétos.

HÉCATE. Fille de Persès et d'Astéria, Hécate appartient à la première génération des dieux. Lorsque les enfants de Cronos régnèrent sous la souveraineté suprême de Zeus, Hécate conserva ses privilèges et ses préro-

HÉCATONCHIRES. Géants à cent bras et à cinquante têtes, les Hécatonchires Cottos, Briarée et Gyès (ou Gygès), fils d'Ouranos et de Gaia, prirent le parti de Zeus dans la lutte qui opposa le dieu aux Titans. Vaincus, ces derniers furent précipités au fond du Tartare et confiés, en signe de gratitude, à la garde des trois Géants.

HECTOR. Homère représente ce fils aîné de Priam et d'Hécube comme le plus courageux et le plus noble héros de la guerre de Troie, et comme un modèle de sollicitude envers son épouse Andromaque, fille du roi de Thèbes de Mysie, et envers son fils Astyanax. Un oracle avait prédit que, tant qu'Hector resterait en vie, Troie ne serait pas vaincue; aussi, le héros était-il entouré de la confiance et de la vénération des Troyens. Protégé par Apollon, il sortit vainqueur de nombreux combats singuliers. Mais, lorsqu'il eut tué Patrocle, Achille accablé de douleur à la mort de son ami provoqua le héros en duel. Hécube et

Priam supplièrent leur fils d'éviter le combat. Mais ce dernier, soumis au destin, espérant, comme à l'accoutumée, l'aide des dieux, accepta le défi lancé par Achille. Les deux guerriers commencèrent à se poursuivre autour de la ville. Athéna, pour mieux tromper Hector, prit alors la forme de Déiphobos (un des frères préféré d'Hector) et poussa le héros à engager le combat; puis elle l'abandonna à son sort, tandis qu'Apollon cessait également de protéger Hector, qui comprit qu'il était perdu. Il tomba, la gorge percée par la lance d'Achille, et, en mourant, il supplia son ennemi victorieux de lui accorder une sépulture. Le héros grec refusa cette dernière faveur. Hector lui prédit alors sa mort prochaine. Après lui avoir troué les chevilles pour y passer une lanière de cuir, Achille attacha le corps du malheureux à son char et fit dans cet équipage plusieurs fois le tour des murailles de Troie, au milieu des lamentations de tous les Troyens. Toutefois, sur l'ordre de Zeus, qui lui

Lourdement armé et casqué, Hector tombe à terre, blessé à la cuisse gauche par Achille qui, le corps nu et seulement armé d'un glaive, s'apprête à porter le coup fatal au héros troyen, tandis qu'Athéna, derrière le héros grec, assure la victoire de son protégé. Détail d'une hydrie. V° s. av. J.-C. (Musée du Vatican.) [Phot. Alinari-Giraudon.]

Hécube, la femme de Priam, accueille Hélène, qui épousera son fils Pâris. **Détail d'une coupe attique. (Louvre.)** [Phot. Giraudon.]

inspira de la modération, le héros se laissa fléchir par les richesses et les supplications de Priam et rendit à son père le fils bien-aimé. Pour avoir préféré la mort à l'esclavage, Hector demeura dans l'Antiquité un modèle de piété filiale et conjugale ainsi qu'un exemple de générosité et de courage.

HÉCUBE. Fille de Dymas, roi de Phrygie, ou fille de Cissée, roi de Thrace, suivant les traditions, Hécube épousa Priam, souverain de la Troade, et donna le jour à de nombreux enfants, qui, tous, devaient s'assurer dans la légende de la guerre de Troie une célébrité tragique : Hector, Pâris, Créüse, Laodicée, Polyxène, Déiphobos, Hélénos, Pammon, Politès, Antiphos, Hipponoos, Polydoros, Troïlos, Cassandre. Un devin ayant prédit que Pâris ruinerait la ville de Troie, Hécube exposa cet enfant; mais celui-ci réussit à survivre et à rejoindre sa ville natale, où il fut accueilli avec joie par son père Priam. Si Hécube joue un rôle modeste dans la légende, les malheurs dont elle fut accablée, le massacre de ses enfants, presque sous ses yeux, sa solitude autant que sa fermeté d'âme lui ont donné une grandeur incontestable : après la prise de Troie, alors qu'elle était choisie comme esclave par Ulysse, elle aperçut sur le rivage le corps de Polydoros, qu'elle avait confié avec des trésors considérables au roi de Chersonnèse, Polymestor. Hécube décida de se venger; elle convoqua le roi traître, lui arracha les yeux et tua ses deux fils. Poursuivie par les compagnons du roi, qui voulaient la mettre à mort, sur le point d'être lapidée, elle fut métamorphosée en chienne et sauta dans la mer, au lieu appelé depuis lors *Cynossema* (« le tombeau du chien »).

HÉLÈNE. Fille de Zeus, Hélène naquit d'un œuf pondu par sa mère Léda; mais elle eut comme père officiel Tyndare, le roi de Sparte, et pour frères les Dioscures. Cependant, sa destinée fut si néfaste aux Grecs que certaines traditions lui donnent Némésis, déesse de la Vengeance, pour

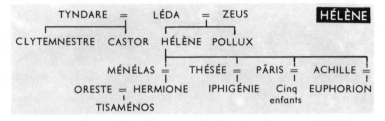

TYNDARE = LÉDA = ZEUS   **HÉLÈNE**

CLYTEMNESTRE CASTOR HÉLÈNE POLLUX

MÉNÉLAS = THÉSÉE = PÂRIS = ACHILLE =

ORESTE = HERMIONE IPHIGÉNIE Cinq EUPHORION
enfants
TISAMÉNOS

mère. Le personnage d'Hélène, l'un des plus célèbres de la mythologie grecque, a fait l'objet de tant de versions, de commentaires et d'interprétations au cours de l'Antiquité qu'il est malaisé de dégager les caractères originaux de la légende.

Elle était parée de tous les dons que confère la beauté et fut l'objet de la convoitise de nombreux héros. Thésée l'emmena de force en Attique, et, avant de partir pour les Enfers, il l'épousa. La jeune femme fut délivrée, en l'absence de son époux, par les Dioscures et donnée en mariage à Ménélas, l'un des quelque cent prétendants qui se disputaient sa main et qui s'étaient engagés à secourir l'élu s'il subissait un outrage. Elle eut de ce second mariage une fille, Hermione. Mais Hélène, toujours plus épanouie, émut le cœur de Pâris, qui l'enleva, à demi consentante, et gagna avec elle la Troade. Selon le serment qu'ils avaient prêté, tous les prétendants décidèrent de venger l'affront fait ainsi aux Grecs par les Troyens. Une guerre interminable commençait. Des

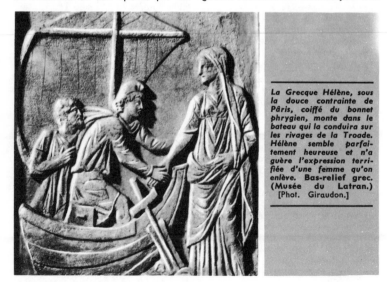

La Grecque Hélène, sous la douce contrainte de Pâris, coiffé du bonnet phrygien, monte dans le bateau qui la conduira sur les rivages de la Troade. Hélène semble parfaitement heureuse et n'a guère l'expression terrifiée d'une femme qu'on enlève. Bas-relief grec. (Musée du Latran.) [Phot. Giraudon.]

traditions tardives ont tenté d'innocenter le comportement d'Hélène, qui avait trahi en quelque sorte sa patrie. Elle n'aurait été que le jouet d'une implacable destinée et, durant la guerre, aurait maintes fois manifesté sa sympathie pour les Grecs. A la mort de Pâris, elle épousa Déiphobos. Mais elle n'hésita pas à trahir cet époux, et, pendant le sac de Troie, elle le livra à Ménélas, avec lequel elle se réconcilia. Tous deux retournèrent à Sparte, après bien des aventures, et régnèrent enfin sur la cité dans le bonheur et la paix. Hélène, dont la grâce avait désarmé tant de farouches héros, d'ennemis irréductibles, eut, selon quelques versions, une fin digne de son exceptionnelle destinée : comme Protée l'avait prédit dans l'Odyssée, les dieux lui accordèrent l'immortalité et la faveur de vivre éternellement en compagnie de Ménélas dans les champs Élysées. Selon une autre version, après avoir disparu de la Terre, elle épousa Achille, l'un des rares héros qui, en raison de sa jeunesse, n'avait pas figuré au nombre des prétendants. Leurs noces eurent lieu dans les îles des Bienheureux, l'île Blanche, et furent bénies par la naissance d'un fils ailé, Euphorion, qui, dédaignant, quelques années plus tard, l'amour de Zeus, fut foudroyé. Plus dramatique demeure la version de Pausanias. Après la mort de Ménélas, Hélène se serait réfugiée à Rhodes. Mais Polyxo, qui l'accueillit dans l'île, désespérée par la mort de son époux Tlépolémos devant Troie, l'accusa de ce malheur et la poussa au suicide.

HÉLÉNOS. Frère jumeau de Cassandre, qui lui enseigna l'art de la divination, le fils de Priam et d'Hécube, Hélénos, combattit aux côtés de son frère Hector contre les Grecs; mais, lorsque Priam lui eut refusé la main d'Hélène, il prit la fuite et se réfugia sur le mont Ida, où il fut capturé par Ulysse; il trahit alors sa patrie et révéla aux Grecs les conditions nécessaires à leur victoire. Après la chute de Troie, il devint le conseiller et le devin de Néoptolème, qui, en mourant assassiné par Oreste, lui laissa le royaume d'Épire et Andromaque, dont il eut un fils, Cestrinos.

HÉLIADES. 1° Filles d'Hélios et de la nymphe Clyméné, l'une des plus belles Océanides, les Héliades sont ordinairement au nombre de trois, Lampétie, Phaétuse et Phœbé. Après la mort de Phaéton, leur frère, elles pleurèrent sur sa dépouille, durant quatre mois, au bord du fleuve Éridan. Les dieux, pris de compassion devant la vivacité de leur douleur, les métamorphosèrent en peupliers blancs et changèrent leurs larmes en grains d'ambre. Cette brillante matière, qui a l'éclat du soleil et la transparence d'une larme, trouva dans cette fable une justification mythique qui favorisa son commerce. 2° Les fils d'Hélios portent également ce nom. Ils furent vénérés à Rhodes, où naquit leur mère, la nymphe Rhodos, et ils étaient célèbres par leurs connaissances en astrologie.

HÉLICON. Cette célèbre chaîne de montagnes en Béotie, non loin du golfe de Corinthe, était le lieu de séjour privilégié d'Apollon et de son cortège de Muses. Il y jaillissait les fontaines d'Aganippé et d'Hippocrène.

HÉLIOS. Fils d'Hypérion et de Théia, frère d'Éos et de Séléné, Hélios est la représentation divine du Soleil, de la chaleur et de la lumière solaire. Époux de Perséis, il eut plusieurs enfants qui jouèrent un rôle important dans les légendes, ainsi Aiétès auprès des Argonautes, et Pasiphaé sous le règne de Minos de Crète; la nymphe Rhodos, en outre, lui donna sept fils, et l'Océanide Clyméné, sept filles, les Héliades, et un fils, Phaéton.

Sur un quadrige attelé de chevaux fougueux, Hélios s'élance vers les cieux. Sa tête est couronnée de rayons lumineux; son visage, un peu empâté, exprime à la fois la noblesse grandiose et la force souveraine de la lumière, dont il est la plus noble expression. Bas-relief grec. (Musée de Berlin.) [Phot. Giraudon.]

Confondu très tôt avec le dieu Apollon, Hélios ne figure pas cependant au nombre des grands dieux grecs. Il est avant tout le serviteur de Zeus et accomplit chaque jour, monté sur son char d'or, une course à travers les cieux; le soir, il se repose à l'Ouest, au nord de l'Océan, dans l'île des Bienheureux. D'une beauté éclatante, le front ceint d'une couronne aux rayons d'or, Hélios est le seul dieu qui peut embrasser d'un seul regard la surface entière de la Terre et renseigner l'Olympe sur ce qui s'y passe. Aussi, on le voit, dans les légendes, avertir Héphaïstos qu'Aphrodite le trompe avec Arès, ou signifier à Déméter qu'Hadès est l'auteur du rapt de sa fille Coré (Perséphone). Il apparaît également dans la légende d'Ulysse; les compagnons du héros ayant dévoré en Sicile une partie de ses troupeaux sacrés, Hélios réclame à Zeus une vengeance exemplaire, et le dieu souverain foudroya sans pitié les impies. Dans le Panthéon grec, sa place est modeste; cependant, l'idée qu'il évoque, le Soleil, centre du monde, dispensateur de la lumière et de la chaleur indispensables à la vie, par opposition aux ténèbres et à la mort, a pris, à la fin de l'Antiquité, une importance considérable, à tel point que le dieu Soleil, sous diverses dénominations (Mithra, Sol Sanctissimus, Sol Invictus, Éliogabale), est devenu le dieu essentiel, sinon unique, du paganisme proche de sa fin.

HELLÊ. Fille d'Athamas et de Néphélé, Hellê réussit à s'enfuir avec son frère Phrixos, promis à un sacrifice, sur le bélier à toison d'or, qui s'envola dans les airs. Elle tomba dans la mer, entre Ségée et la Chersonnèse, dans ce détroit qu'on nomme depuis *Hellespont*. En revanche, son frère parvenait sans dommage en Colchide.

HELLEN. Fils de Deucalion et de Pyrrha, Hellen, roi de Phthie, était regardé par tous les Grecs comme leur père. Les légendes lui attribuaient trois fils, Doros, Éole et Xouthos, nés de la nymphe Orséis, ancêtres mythiques de l'ensemble des Hellènes. De Doros et Éole sont issus les Doriens et les Éoliens. Quant aux deux fils de Xouthos, Achæos et Ion, ils engendrèrent les Achéens et les Ioniens.

HÉMON. 1° Ce neveu de Jocaste fut l'un des tout premiers hommes dévorés par le Sphinx de Thèbes. Créon, son père, roi de cette ville, en conçut un si vif chagrin qu'il promit son royaume à celui qui tuerait le monstre. Dans une autre légende, Hémon, toujours fils de Créon, est le fiancé d'Antigone. Lorsqu'elle fut condamnée à être enterrée vive, il se coupa la langue et se tua sous les yeux de son père. Une troisième tradition, suivie toutefois par Euripide dans une tragédie perdue, montre Antigone et

Hémon s'enfuyant du palais de Créon. Un fils leur naquit qui revint à Thèbes et prit part à des jeux funèbres. Créon, l'ayant reconnu comme son petit-fils, le fit mettre à mort. Fou de douleur, Hémon tua son épouse et se suicida. 2° Fils de Pélasgos, père de Thessalos, ce **Hémon** vivait en Hémonie, terre qui prit, à sa mort, le nom de *Thessalie*.

HÉPHAÏSTOS. Fils de Zeus et d'Héra, selon une version, mais aussi d'Héra qui le conçut seule, sans le concours de son époux, car elle était jalouse qu'Athéna fût elle-même née de Zeus sans le sien, Héphaïstos avait un aspect gnomique, particulièrement hideux, et boitait des deux jambes. On raconte, à ce propos, que Zeus le jeta du haut de l'Olympe pour avoir osé prendre parti pour Héra dans une querelle; il s'abattit sur l'île de Lemnos et en resta boiteux toute sa vie. On dit aussi qu'Héra, dégoûtée d'avoir mis au monde un fils aussi laid, le précipita des cieux dans la mer, où, durant neuf ans, il fut élevé par Téthys. Il fut l'époux de plusieurs déesses, mais la plus célèbre demeure Aphrodite, qui le trompa bien souvent, notamment avec Arès. Hélios rapporta la nouvelle de cet adultère à Héphaïstos, qui, pour se venger, surprit les deux amants en flagrant délit et les emprisonnant dans un filet les rendit ridicules à tous les dieux de l'Olympe.

Dieu du Feu et même personnification divine du feu, Héphaïstos devint bien vite le dieu de la Métallurgie et le forgeron officiel des dieux et des héros. Installé, selon des traditions tardives, au fond des volcans ou des îles volca-niques, comme Hiéra, Imbros, assisté des Cyclopes et des Cabires, Héphaïstos, avec un art et un génie consommés et inimitables, forgea ainsi l'armure d'Achille, le trident de Poséidon, la cuirasse d'Héraclès, les armes de Pélée, le sceptre et l'égide de Zeus. Il fabriqua aussi un trône magique, d'où Héra ne put se relever, car il avait voulu se venger de sa mère, qui l'avait abandonné; mais il consentit bientôt à délivrer la déesse contre la promesse qu'il serait réintégré au sein de l'assemblée des dieux de l'Olympe. Assimilé par les Romains à leur divinité italique Vulcain, Héphaïstos était représenté soit comme un nain, dont on plaçait la statue devant le foyer pour conserver toute sa force à la flamme, soit, plus généralement, comme un vieillard robuste, à la barbe hirsute, à l'allure sauvage, la tête recouverte du bonnet ovale des forgerons et portant un marteau.

HÉRA. Fille de Cronos et de Rhéa, Héra fut élevée par Océan et Téthys, avant de devenir l'épouse de Zeus, dont elle était également la sœur. Jalouse et rancunière, elle est connue dans les légendes pour les nombreuses querelles

Dans cette représentation archaïque, Héphaïstos n'apparaît pas encore sous les traits d'un dieu dont la laideur, plus tard, sera proverbiale. Il exprime ici la puissance, et même le rayonnement du feu indispensable à l'éclosion de la vie. Art grec archaïque. (Musée Barracco, Rome.) [Phot. Alinari-Giraudon.]

Dans une attitude d'épouse soumise, Héra s'approche de son époux Zeus, qui lui a saisi le poignet. Ici, Héra incarne plus la femme mariée que la déesse jalouse et coléreuse des légendes. Métope du temple de Sélinonte. (Musée de Palerme.) [Phot. Anderson-Giraudon.]

qui l'opposèrent à son divin mari, dont elle déplorait sans cesse les continuelles infidélités. Aussi, pour se venger, elle persécuta sans relâche les enfants que Zeus eut des mortelles : Europé, Io, Dionysos, Héraclès, pour ne citer que les plus célèbres, furent les victimes de sa fureur. Un jour, pour empêcher Zeus de descendre sur la Terre rejoindre ses amours, Héra conçut, en accord avec Poséidon et Athéna, le projet d'enchaîner son époux. Mais Zeus déjoua le complot et suspendit provisoirement sa femme par les cheveux à un anneau fixé dans les nuages, après lui avoir lié les mains et les pieds. Cependant, on voyait souvent les irascibles époux réconciliés pour quelque temps. Zeus put ainsi devenir le père de quatre enfants légitimes, Arès, Hébé, Héphaïstos et Ilithye. D'autre part, Héra se mêlait fréquemment des affaires des mortels. On la vit ainsi soutenir les Grecs contre les Troyens pour se venger de Pâris, qui ne lui avait pas décerné, en lui accordant la pomme d'or, le titre de la plus belle déesse, mais qui lui avait préféré Aphrodite. Elle protégea également le navire *Argo* au cours de l'expédition des Argonautes, surtout au moment du dangereux passage entre Charybde et Scylla. Il lui arriva parfois d'être l'objet des assiduités des mortels, tels le Géant Porphyrion et Ixion. Zeus, se montrant encore plus jaloux qu'elle, foudroya le premier et ravit Héra au second sous la forme d'une nuée.

Seule déesse mariée parmi toutes les divinités féminines de l'Olympe, Héra jouit de privilèges, et elle est traitée avec un constant respect. Elle apparaît alors aux yeux des Grecs comme la déesse du mariage légitime, la protectrice de la fécondité du couple et, particulièrement, avec Ilithye, de la femme en couches. Dans la littérature comme dans l'art, elle porte les attributs royaux traditionnels : le sceptre et le diadème; sa tête recouverte de voiles est le symbole du mariage. Parfois même, elle tient dans l'une de ses mains la pomme de grenade, emblème de la fécondité. Le paon est l'animal qui lui est consacré en souvenir d'Argos, dont elle prit les cent yeux, lorsqu'il eut été tué, pour les placer sur le plumage du volatile. Héra ne peut se prévaloir, toutefois, du titre de reine des dieux et des hommes : elle est simplement l'épouse unanimement vénérée du dieu suprême.

HÉRACLÈS. L'un des plus célèbres héros de la mythologie grecque, Héraclès était le fils de Zeus et d'Alcmène, une descendante de Persée. Le dieu suprême l'avait engendré en l'absence d'Amphitryon, l'époux légitime. Au bout de neuf mois, Héra, jalouse, fit promettre à Zeus que tout descendant de Persée qui naîtrait la nuit suivante acquerrait sur les hommes un immense pouvoir. La déesse se transporta ensuite à Mycènes et permit à Nicippé, épouse de Sthénélos, lui aussi descendant de Persée, de mettre au monde un fils, Eurysthée, avant qu'Alcmène ne donnât le jour à Héraclès. Ainsi, ce dernier se trouvait privé de ses droits. Héra continua son œuvre de vengeance. Elle envoya sur le berceau du nouveau-né deux serpents; mais tandis qu'Iphiclès, le frère jumeau d'Héraclès et fils d'Amphitryon, s'enfuyait épouvanté, le futur héros, sans perdre son sang-froid, réussissait à étrangler de ses mains les deux monstres, prouvant ainsi qu'il était bien de race divine. Au cours de son enfance, Héraclès reçut une éducation de choix : il apprit d'Amphitryon l'art de conduire

Sans crainte, le nouveau-né Héraclès a saisi le serpent envoyé par Héra pour le tuer. Comparer cette assurance tranquille avec la peur d'Iphiclès, le jumeau d'Héraclès, devant le même serpent (v. p. 166). Déjà Héraclès se révèle fils de dieu. (Musée du Capitole, Rome.) [Phot. Anderson-Giraudon.]

un char, d'Eurytos, la manière de tirer à l'arc, de Linos, la façon de chanter et de jouer agréablement de la lyre. Il fut ensuite préposé à la garde des troupeaux d'Amphitryon et commença la série de ses exploits en tuant le lion de Cithéron, qui ravageait le royaume

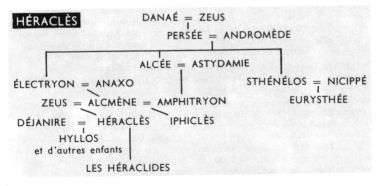

HÉRACLÈS

DANAÉ = ZEUS

PERSÉE = ANDROMÈDE

ALCÉE = ASTYDAMIE

ÉLECTRYON = ANAXO   STHÉNÉLOS = NICIPPÉ

ZEUS = ALCMÈNE = AMPHITRYON   EURYSTHÉE

DÉJANIRE = HÉRACLÈS   IPHICLÈS

HYLLOS
et d'autres enfants

LES HÉRACLIDES

de son père et celui du roi Thespios; en récompense, ce dernier accorda au jeune héros les faveurs de ses cinquante filles. On vit alors Héraclès combattre et tuer Erginos, le roi d'Orchomène, qui imposait un lourd tribut aux Thébains. Le roi de Thèbes Créon lui donna la main de sa fille Mégara. Mais Héra, dont la colère ne s'était pas apaisée, frappa Héraclès de folie et le héros massacra alors ses propres enfants. Désespéré d'avoir accompli ces crimes involontaires, il se réfugia chez Thespios, qui le purifia, et, sur les conseils de la Pythie, il se rendit en expiation à Tirynthe, chez Eurysthée, qui lui imposa les Douze Travaux. Si les Douze Travaux avaient été victorieusement accomplis et si douze années étaient passées, le Héros pourrait songer à briguer l'immortalité.

1° *Combat contre le lion de Némée* : cette bête redoutable, fruit des amours d'Échidna et de Typhon, terrorisait la vallée de Némée. Héraclès, après avoir vainement essayé d'abattre de ses flèches et de sa massue l'animal, finit par l'étrangler de ses propres mains; il l'écorcha et se revêtit de sa peau, qu'aucune flèche ne pouvait transpercer;

2° *Combat contre l'Hydre de Lerne* : envoyé par Héra, ce monstre à neuf têtes de serpents venimeux ravageait le pays de Lerne, près d'Argos; Héraclès coupa les têtes les unes après les autres et enterra celle qui était immortelle sous un énorme bloc de rocher;

3° *Capture du sanglier d'Érymanthe* : Héraclès avait reçu d'Eurysthée l'ordre de ne pas tuer l'animal qui vivait sur cette montagne d'Arcadie; le héros le poursuivit donc pendant de longs mois. Il reçut l'hospitalité du centaure Pholos, mais, au cours d'une discussion, il entra en lutte avec les centaures et en tua un grand nombre. Par la suite, le héros retrouva la trace du sanglier,

Héraclès a posé son carquois, son arc et sa massue pour s'attaquer main nue au lion de Némée. Il a soulevé l'animal et a plongé ses mains dans la crinière de la bête afin de mieux l'étrangler. L'animal, à moitié étouffé, sort la langue, tandis que ses énormes pattes semblent soudain paralysées et pendent sans réaction. Plateau d'argent du Trésor de Bernay. (Bibl. nat.) [Phot. Giraudon.]

qu'il attrapa dans un filet. A la vue de la bête, Eurysthée fut si effrayé qu'il se cacha dans un tonneau;

4° *Prise de la biche de Cérynie* : cette biche magique, qui avait des cornes d'or et des pieds d'airain, fut poursuivie une année durant par Héraclès, mais en vain. Enfin, le héros réussit à blesser l'animal d'une de ses flèches et, le plaçant sur ses épaules, le rapporta vivant à Eurysthée;

5° *Destruction des oiseaux du lac Stymphale* : immenses aigles, aux becs et serres d'airain, ces oiseaux se nourrissaient de chair humaine et semaient la terreur autour du lac Stymphale, en Arcadie. Aidé par Athéna, qui lui avait offert des cymbales qui effrayaient les rapaces, Héraclès réussit à les abattre de ses flèches;

Par la vigueur de ses seuls poignets, Héraclès a réussi à dompter la fougueuse biche de Cérynie en la saisissant par une de ses cornes. L'attitude du héros illustre la puissance et l'élégance dans la force.

Héraclès a réussi à entraver, grâce à des cordes, les quatre pattes de l'indomptable taureau crétois de Minos. Deux détails d'une coupe grecque. (Louvre.) [Phot. Giraudon.]

6° *Nettoyage des écuries d'Augias :* toujours sur l'ordre d'Eurysthée, Héraclès nettoya les gigantesques écuries d'Augias, roi d'Élide, en détournant les cours de l'Alphée et du Pénée. Le roi, qui, auparavant, lui avait promis le dixième de son bétail, refusa alors de lui accorder cette récompense. Héraclès devait le tuer lui et tous ses fils, à l'exception de Phyléos, qui avait eu le courage de témoigner en sa faveur;

7° *Capture du taureau de Crète :* Poséidon ayant rendu furieux un taureau blanc que Minos, roi de Crète, avait refusé de lui sacrifier, l'animal dévastait les récoltes de l'île et menaçait les habitants de famine. Le héros réussit à l'attraper par les cornes, à le dompter et à l'apporter sans dommage à Eurysthée, en Grèce. Là, le taureau fut rendu à la liberté et finalement capturé par Thésée aux portes de Marathon;

8° *Capture des cavales de Diomède en Thrace :* aidé de son compagnon Abdéros, Héraclès fut chargé de s'emparer des cavales de Diomède, roi des Bistones, qui se nourrissaient de chair humaine. Au cours d'un combat, Diomède fut tué par le héros et sa dépouille jetée à ses chevaux carnivores, qui venaient de dévorer le malheureux Abdéros. Apaisés, les animaux furent livrés aux bêtes féroces sur le mont Olympe;

9° *Prise de la ceinture de la reine des Amazones* : cette ceinture magique, cadeau d'Arès, ornait la taille d'Hippolyte, la reine des Amazones. Héraclès, d'abord bien accueilli par la souveraine, dut finalement la tuer pour s'emparer du précieux objet. A son retour, le héros délivra Hésioné, sur le point d'être dévorée par un monstre marin. Mais n'ayant pas reçu en récompense les deux chevaux que Laomédon, roi de Troie et père de la jeune fille, lui avait promis, Héraclès jura de se venger;

10° *Capture des bœufs de Géryon* : ce géant demeurait dans un pays de l'Ouest, au-delà des limites connues de la Terre. Héraclès partit en expédition, franchit le détroit de Gibraltar, y élevant deux colonnes pour laisser une trace de son passage. Mais, accablé par la chaleur, le héros menaça Hélios de ses flèches. Pour l'apaiser, le Soleil lui prêta un bateau d'or qui lui permit de franchir l'Océan. Héraclès tua alors Géryon, les gardiens du troupeau et s'empara du bétail. Il revint ensuite par la Gaule, l'Italie et la Thrace dans le territoire d'Eurysthée, qui sacrifia tous les animaux à Héra;

11° *Les pommes d'or des Hespérides* : ces fruits merveilleux, qu'Héra avait reçus à l'occasion de son mariage avec Zeus, étaient gardés par des nymphes et par un dragon dans un jardin enchanté. Après avoir appris de Nérée la route à suivre, Héraclès prit provisoirement la place du géant Atlas, qui soutenait le poids du monde, et lui demanda de lui rapporter les pommes. Le géant revint quelque temps après

avec les fruits, mais refusa de reprendre son fardeau. Héraclès réussit cependant à s'enfuir, grâce à une ruse, avec les pommes, et les fruits furent consacrés à Athéna;

12° *Enlèvement de Cerbère aux Enfers* : ce fut la dernière et la plus périlleuse des missions qu'accomplit Héraclès. Aidé par Hermès et Athéna, le héros descendit dans le royaume des Ombres, d'où jamais aucun mortel n'était revenu. Il profita de ce voyage pour délivrer Thésée, immobilisé depuis plusieurs années sur la chaise de l'Oubli, et réussit à s'emparer de Cerbère et à le transporter en Argolide. Épouvanté, Eurysthée lui fit aussitôt rendre le monstre aux Enfers.

Après ces travaux, Héraclès put regagner Thèbes; il donna Mégara, sa première épouse, à Iolaos; il gagna ensuite un concours à l'arc sur le roi Eurytos, mais ne reçut pas Iole, la fille du roi, qui lui avait été promise s'il était vainqueur. Furieux, il tua Iphitos, le fils du roi, et fut contraint, pour se laver totalement de ce crime, de se placer comme esclave au service d'Omphale, la reine de Lydie : celle-ci humilia le héros, l'obligeant suivant une version romancée de la légende, à filer la laine à ses pieds. Mais on dit aussi qu'Héraclès eut quelques libertés pour mener à bien certains hauts faits : il prit ainsi part à la chasse au sanglier de Calydon et à l'expédition des Argonautes. Délivré du joug d'Omphale, il partit contre Troie et tua Laomédon, comme il se l'était juré. Il prêta ensuite son concours aux dieux de l'Olympe pour combattre les Géants, puis se vengea d'Augias, qui avait refusé de lui payer son salaire, combattit le roi Nélée, qui n'avait pas voulu le purifier, entreprit une expédition contre Sparte, où régnait Hippocoon, et accomplit une foule d'autres exploits. Il se rendit ensuite à Calydon, où il épousa Déjanire, non sans avoir été obligé de combattre un des prétendants de la jeune femme, le dieu-fleuve Achéloos. Toutefois, ayant tué accidentellement le jeune Eunomos, un des pages de son beau-père Œnée, il dut à nouveau s'exiler avec Déjanire. Pendant le voyage, le centaure Nessus tenta de faire violence à cette dernière, et Héraclès le blessa mortellement de ses flèches ; mais, en mourant, le centaure offrit à l'épouse du héros un philtre empoisonné. Établi à Trachis, Héraclès accomplit sa dernière vengeance en tuant le roi Eurytos et tous ses fils, et en s'emparant enfin d'Iole. A cette nouvelle, Déjanire versa le philtre sur une tunique, pensant que le héros, s'il la revêtait, lui resterait désormais fidèle, comme le lui avait assuré Nessus. Mais le vêtement consuma le corps du malheureux. Déjanire épouvantée se pendit ; Hyllos, le fils aîné d'Héraclès, reçut les dernières volontés de son père, qui se fit brûler sur un bûcher au sommet du mont Œta. On dit, à ce sujet, que Zeus le ravit à la Terre, et, l'ayant transporté dans l'Olympe, lui accorda l'apothéose et l'immortalité.

Symbole de la force et de l'énergie, et même de l'héroïsme, Héraclès fut vénéré autant comme un héros que comme un dieu. Grand buveur, gros mangeur, bon vivant, il représente aux yeux des Grecs le justicier qui combat le méchant et le parjure, punit l'impie, et il reste le modèle du courage devant les périls mortels qui assaillent l'homme. Enfin, par sa postérité, les Héraclides, il est l'ancêtre mythique de tous les Grecs du Péloponnèse.

HÉRACLIDES. On connaît sous ce nom tous les descendants d'Héraclès. A la mort du héros, poursuivis par la haine d'Eurysthée, ils se réfugièrent d'abord auprès de Céyx, roi de Trachis, qui, par crainte de représailles contre son pays, les renvoya. Puis les Héraclides trouvèrent chez Thésée, roi

d'Athènes, une aide efficace. Le héros accepta d'entrer en guerre contre Eurysthée, qui, au cours de la lutte, périt avec ses fils. Les Héraclides conquirent alors le Péloponnèse et s'y installèrent. Mais ils en furent bientôt chassés par une peste envoyée par les dieux, irrités que les héros n'eussent pas su attendre le moment imparti par le destin et les oracles pour une telle entreprise. Au cours de deux expéditions, la première sous la conduite d'Hyllos, fils d'Héraclès, la seconde sous celle d'un de ses descendants, Aristomachos, les Héraclides tentèrent de passer l'isthme de Corinthe, mais chaque fois ils furent repoussés par les rois du pays, parce qu'ils n'avaient pas su interpréter l'oracle qui leur conseillait de passer par les détroits, Enfin, les trois fils d'Aristomachos, Téménos, Cresphontès et Aristodème, ayant compris qu'il fallait entendre par « détroits » la voie maritime entre la Grèce continentale et le Péloponnèse, assurèrent la relève et reprirent la lutte. Aristodème mourut frappé par la foudre peu de temps avant de pénétrer dans le Péloponnèse, laissant deux fils jumeaux, et les Héraclides entamèrent la lutte finale et victorieuse, au cours de laquelle ils tuèrent le roi Tisaménos, fils d'Oreste. Dans le partage, Téménos obtint Argos, Proclès et Eurysthénès, fils d'Aristodème, la Laconie, et Cresphontès, la Messénie. L'installation des Héraclides dans le Péloponnèse correspond dans l'Histoire à l'invasion des Doriens et à l'organisation des territoires ainsi conquis. Par la suite, toutes les familles royales anciennes, pour asseoir leur pouvoir, établirent des généalogies qui les faisaient toutes descendre des Héraclides. Crésus, ainsi, prétendait descendre d'Héraclès par Omphale. Le roi Tarquin, à Rome, affirmait qu'un de ses ancêtres était Antiochos, fils d'Héraclès ; il n'est pas jusqu'à certaines familles romaines qui n'inventèrent des généalogies qui leur donnaient comme ancêtre un Héraclide.

HERCULE. Transposition latine d'*Héraclès*, Hercule a emprunté à son modèle grec presque toutes ses légendes. Cependant, les écrivains romains leur ont adjoint quelques suppléments. C'est ainsi qu'Hercule assomme le géant Cacus et tue le roi Faunus, qui avait la redoutable habitude de massacrer les étrangers qui s'aventuraient sur ses terres. Enfin, Hercule est reçu avec bienveillance par le roi Évandre, qui fonde en son honneur un sanctuaire à Rome. Moins redoutable qu'Héraclès, il porte comme attribut la lyre et accompagne souvent le cortège des Muses et d'Apollon Musagète.

HERMAPHRODITE. Fruit des amours d'Hermès et d'Aphrodite, auxquels il emprunte son nom, Hermaphrodite était un jeune homme d'une rare beauté. Un jour qu'il parcourait l'Asie Mineure, il se baigna dans les eaux de la fontaine Salmacis, qu'habitait une nymphe : celle-ci, émerveillée, s'élança vers lui, l'enlaça et demanda aux dieux de lui être unie pour toujours. Les dieux l'ayant exaucée, ils ne formèrent plus qu'une seule personne d'une double nature. Le mythe de l'androgyne, proche de celui d'Hermaphrodite, est évoqué par Platon dans son *Banquet* : il prétend qu'à l'origine les hommes possédaient les deux natures, masculine et féminine. Les dieux eurent peur de leur puissance et les coupèrent en deux, créant ainsi des hommes et des femmes.

HERMÈS. Fils de Zeus et de Maia et petit-fils d'Atlas, Hermès naquit dans une caverne du mont Cyllène en Arcadie. Il manifesta aussitôt une étonnante précocité et des qualités d'intelligence et de ruse extraordinaires. Il était encore nouveau-né quand il parvint à quitter son berceau et à s'enfuir en Piérie. Là, par goût de la farce et du lucre, il s'empara des bœufs d'Apollon. De retour dans sa caverne natale, il heurta une écaille de tortue qui traînait sur le sol; il la ramassa et tendit des cordes sur cette boîte de résonance originale : ainsi naquit la lyre. Pendant ce temps, Apollon avait réussi à rejoindre Hermès, son voleur, mais loin d'entrer en fureur contre le jeune dieu, il fut charmé par les sons qui sortaient du nouvel instrument de musique et il fit aussitôt d'Hermès son ami. Il lui offrit sa houlette de berger qui, transformée, devint le célèbre caducée. Promu quelques temps après héraut officiel des dieux, Hermès apparaît dans un grand nombre de légendes, et son influence sur les dieux, les hommes et le cours des événements n'est pas négligeable. On voit ainsi le dieu conduire Priam à Achille pour réclamer le corps d'Hector, placer les trois déesses, Aphrodite, Athéna et Héra, en présence de Pâris qui jugera leur beauté, tuer Argos, le gardien de Io, offrir à Néphélé le bélier à toison d'or qui sauvera Phrixos et Hellê, se porter maintes fois au secours d'Ulysse en danger, et offrir à des héros aussi célèbres qu'Héraclès et Persée leurs armes imparables. Il a également la triste fonction de conduire les âmes du monde des vivants à celui des morts : il porte en cette douloureuse occasion le surnom de Psychopompe. Hermès revêt souvent un casque ailé, un manteau et un chapeau de voyageur et des ailettes attachées à ses talons. Ainsi paré, l'ambassadeur de l'Olympe, l'instrument de la volonté divine peut exercer toutes ses fonctions sans difficulté et avec célérité. Intelligent, rusé, fraudeur même, Hermès est sans doute un des dieux les plus pittoresques de l'Olympe. Les Grecs le vénéraient comme patron des orateurs, comme inventeur de

Trois représentations d'Hermès : Hermès olympien, au visage de vieux sage et de philosophe. Le profil est grec, les cheveux sont bien soignés, l'ensemble de la représentation exprime à merveille la noblesse et l'ordre. Art grec. (Louvre.) Hermès voyageur et protecteur du jeune Dionysos : pieds ailés, pétase attaché à son dos, tunique assez ample, caducée du médecin à la main. Détail d'un cratère. (Louvre.) Hermès Psychopompe. Il conduit une femme en larmes vers la barque de Charon. Terre cuite de Tanagra. (Coll. part.) [Phot Giraudon.]

l'alphabet, de la musique, de l'astronomie, des poids et mesures (il était alors le dieu des commerçants), de la gymnastique. Des statues lui étaient élevées aux carrefours ou sur le bord des routes. Sa présence soutenait le courage du voyageur et le dur labeur du marchand ambulant, car le dieu écartait d'eux les périls de la route et les mauvaises rencontres. Ainsi, ni surhumain ni inhumain, Hermès était le véritable ami divin de tous les Grecs.

HERMIONE. Unique enfant née de l'union de Ménélas et d'Hélène, Hermione fut fiancée, un peu avant la guerre de Troie, à Oreste. Mais, afin d'attirer Néoptolème dont la présence était nécessaire pour assurer la prise de Troie, Ménélas donna sa fille en mariage au fils d'Achille. Oreste, mécontent, tua Néoptolème, et put ainsi épouser librement Hermione, dont il eut un fils, Tisamenos.

HÉRO. Jeune fille d'Abydos pour l'amour de laquelle Léandre traversait chaque nuit l'Hellespont à la nage, jusqu'au jour où il se noya.

Un groupe de héros grecs entoure le guerrier Achille qui s'arme pour le combat. Même noblesse dans le maintien, même soumission au Destin qui a fait de tous ces mortels des héros par la grâce insigne des dieux. Haut-relief grec. (Louvre.) [Phot. Giraudon.]

héros. On appelle héros, dans la mythologie, tout personnage qui a exercé sur les hommes et sur les événements une telle influence, qui a fait la guerre avec tant de bravoure, ou accompli des exploits avec tant de témérité, qu'il s'est élevé au-dessus de ses semblables, les mortels, et qu'il a pu prétendre approcher les dieux, méritant ainsi, après sa mort, une vénération et un culte particulier. La poésie épique, *l'Iliade* en particulier, a, la première, créé l'idée de héros. On voit ainsi Achille, Ajax, Ulysse et bien d'autres se livrer, pendant les combats de la guerre de Troie, à des prodiges d'ingéniosité et de courage. Mais, par leur naissance même, ces héros sont déjà différents des hommes. La plupart du temps, ils sont fils d'un dieu ou d'une déesse, dont ils reçoivent au cours de leur existence aide et protection. Avec les siècles, la notion de héros s'est peu à peu transformée. Chaque territoire a voulu posséder son propre héros, véritable symbole national ou régional. Ainsi, on a vu apparaître les héros athéniens, tel Thésée; thébains, comme les Labdacides; argiens ou béotiens, et une foule de héros éponymes. Certaines familles sacerdotales ou nobles ont, par la suite, prétendu descendre de héros légendaires, les devins de Mélampos, César d'Énée, et par conséquent de Vénus, Marc Antoine d'Hercule. A l'ère classique grecque (Ve siècle av. J.-C.), des hommes politiques grecs, des philosophes, des poètes tragiques, tels Périclès, Platon, Sophocle, ont été, après leur mort, l'objet du culte décerné aux héros.

HERSÊ. La plus jeune des trois filles de Cécrops, Hersê, est, avec ses deux sœurs, Pandrosos et Aglauros, l'une des héroïnes de la légende du berceau d'Érichthonios. On raconte qu'Hermès, qui était amoureux d'elle, acheta à prix d'or l'aide d'Aglauros pour s'en emparer. Mais celle-ci n'ayant pu tenir sa promesse, le dieu irrité la changea en pierre et n'hésita pas à violenter Hersê, qui donna le jour à Céphale et à Céryx.

HERSILIE. Cette héroïne de haut rang, médiatrice heureuse dans la guerre qui opposa les Sabins et les Romains, épousa Romulus, auquel elle donna une fille, Prima, et un fils, Aollius, devenu Avilius. Elle mourut, frappée par le foudre de Jupiter, et fut transportée dans les cieux, où elle prit place parmi les divinités sous le nom de *Hora* ou *Horta.* Elle fut dès lors invoquée par la jeunesse romaine comme la déesse qui favorise le courage.

HÉSIONÉ. 1° On connaît sous ce nom une Océanide, épouse de Prométhée. 2° Une autre **Hésioné** fut enchaînée par son père, le roi Laomédon, à un rocher de Troie. Celui-ci voulait par ce geste apaiser Apollon et Poséidon qu'il avait offensés, et consentait à offrir sa fille en pâture à un monstre marin. Héraclès délivra la malheureuse et alla réclamer au roi le prix de son exploit : les deux chevaux que Zeus avait offerts, en échange de Ganymède; mais Laomédon refusa. Quelques années plus tard, Héraclès revint devant les murs de Troie, envahit la ville, tua le roi parjure et donna Hésioné en mariage à son compagnon Télamon. De cette union naquit un fils, Teucer.

HESPÉRIDES. Aux limites occidentales de la Terre vivaient les trois Hespérides, Ægié, Érythie, Hespéraréthousa. Belles jeunes femmes insouciantes, elles veillaient avec le concours du dragon Ladon sur les jardins enchantés, où poussaient les célèbres pommes d'or, présent de Gaïa à Héra, lors de son mariage avec Zeus. Héraclès, aidé par Atlas, ravit les fruits magiques. Consacrés à la déesse Athéna, ils furent rendus quelque temps plus tard aux Hespérides.

HESPÉROS. Fils d'Éos et frère d'Atlas, suivant la généalogie la plus commune, Hespéros disparut du

Sous l'arbre qui porte les pommes d'or, on reconnaît, de chaque côté d'Héraclès, deux des gardiennes des fruits enchantés, les Hespérides. Métope d'Olympie. (Temple de Zeus.) [Villa Albani, Rome.] [Phot. Alinari-Giraudon.]

dans les demeures et dans les temples, et qui les purifie, Hestia est vénérée comme la protectrice des familles, des villes et des colonies. En effet, quand les Grecs voulaient fonder une colonie, ils emportaient de la métropole le feu d'Hestia destiné à allumer le foyer de la nouvelle patrie. Hestia, toujours immuable et inchangée, symbolise ainsi la pérennité religieuse, la continuité d'une civilisation et de ses lumières au mépris des émigrations, des destructions, des révolutions et des vicissitudes des temps. Elle fut assimilée par les Romains à la célèbre déesse Vesta.

HEURES. Filles de Thémis et de Zeus, les Heures — Thallo, Carpo, Auxo — sont avant tout des divinités qui président à l'ordre de la nature et des saisons. Elles représentent donc, dans les traditions les plus habituelles, le printemps, l'été et l'hiver. A une époque plus tardive, les Grecs, lorsqu'ils divisèrent le jour en douze heures, en accrurent le nombre. On les nomma les « Douze Sœurs ». Comme les Heures ne figurent pas dans les légendes mythologiques grecques et que les notions qui concernent ces divinités ont évolué ou changé au cours des âges antiques, il est difficile de définir leurs attributions respectives. Tout au moins peut-on les voir représentées sous l'aspect de jeunes filles heureuses, dansant en compagnie des Muses et des Grâces, et portant les produits agricoles des

monde des mortels et on pensa qu'il avait été transformé en cet astre qui brille, le premier, lorsque tombe le crépuscule: l'Étoile du soir.

HESTIA. Fille de Cronos et de Rhéa, Hestia appartient à la génération des douze grandes divinités de l'Olympe. Quand Zeus, son frère, s'empara du pouvoir suprême, elle obtint la faveur de conserver éternellement sa virginité, afin d'échapper aux assiduités amoureuses d'Apollon et de Poséidon. Incarnation du foyer domestique, de la flamme sacrée qui brûle sans cesse diverses saisons, fleurs, épis de blé, ceps de vigne, fruits.

HILÆRA. Fille de Leucippos et de Philodicé, Hilæra était une prêtresse d'Artémis; de son côté, sa sœur Phoibê desservait le culte d'Athéna. Toutes deux sont connues sous le nom de *Leucippides.* Elles furent enlevées par les Dioscures, et Hilæra épousa Castor.

HIPPOCOON. Héraclès eut à lutter contre Hippocoon, qui avait usurpé le pouvoir à Sparte et avait banni Tyndare, son frère. Aidé par ses douze fils, Hippocoon faisait trembler le pays sous sa loi tyrannique. Héraclès parvint non sans mal à le tuer ainsi que ses fils, et à rétablir Tyndare dans ses droits.

HIPPOCRÈNE. Cette « fontaine du cheval » jaillit sur l'Hélicon sous le sabot du cheval Pégase et fut choisie par les Muses comme le centre d'un de leurs lieux de séjour préférés. Les poètes viennent y chercher l'inspiration.

HIPPODAMIE. 1° Les noces de Pirithoos et d'Hippodamie, fille d'Adraste, furent le prétexte du célèbre combat des Centaures et des Lapithes. 2° Cette fille d'Œnomaos, roi de Pise en Élide, fut l'enjeu d'un concours de chars entre son père et ses prétendants. Seul Pélops, aidé de Myrtilos, réussit à vaincre le roi et put épouser Hippodamie, qui lui donna de nombreux et célèbres enfants, tels Atrée, Pitthée, Alcathoos, Plisthène, Thyeste. Chassée de son pays pour avoir fait assassiner son beau-frère Chrysippos, dont elle craignait l'ambition, elle se réfugia en Argolide.

HIPPOLYTE. Fruit des amours de Thésée et de la reine des Amazones Antiopé, Hippolyte fut confié, dès sa naissance, à sa grand-mère Æthra à Trézène, tandis que son père se remariait quelque temps plus tard avec Phèdre. Comme sa mère, Hippolyte honorait tout particulièrement la déesse Artémis; mais il manifestait un tel dégoût pour les femmes qu'Aphrodite, à la fois jalouse du culte dont bénéficiait sa divine rivale et furieuse de la façon dont Hippolyte traitait l'amour, décida de se venger. Elle inspira à Phèdre une folle passion pour son beau-fils. Hippolyte dédaigna cet amour. Craignant qu'il ne révélât à Thésée les avances qu'elle lui avait faites, Phèdre calomnia le jeune homme, qui reçut de son père l'ordre de quitter Athènes et de n'y plus jamais revenir. Puis, le roi pria Poséidon de punir son fils d'une manière exemplaire. Hippolyte, monté sur son char,

Malgré le mauvais état du sarcophage, on se rend compte aisément de la beauté naturelle du jeune Hippolyte, qui, chassé par son père, dit un adieu éploré à ses compagnons et serviteurs. Il a le pressentiment qu'il va vers la mort. Fragment de sarcophage. (Louvre.)
[Phot. Giraudon.]

longeait la mer lorsqu'il vit sortir de l'écume blanche des flots un monstre qui affola les coursiers; ceux-ci s'emballèrent, renversèrent le char et piétinèrent Hippolyte. D'après Ovide et Virgile, Artémis demanda à Asclépios de le ressusciter, et, depuis lors, Hippolyte vécut en Italie, près d'Aricie, où on l'identifia avec le dieu Virbius.

HIPPOMÉDON. Fils d'Aristomachos et neveu d'Adraste, Hippomédon fut tué en montant à l'assaut de la ville de Thèbes au cours de l'expédition des Sept Chefs. Mais il laissa un fils, Polydoros qui, afin de venger la mort de son père, s'enrôla aux côtés des Épigones pour une seconde expédition contre Thèbes.

HIPPOMENÊS. Fils de Mégarée et petit-fils de Poséidon, Hippomenês fut l'époux d'Atalante. Cette dernière, farouchement opposée au mariage, battait tous ses prétendants à la course et les faisait mettre à mort. Au vainqueur possible, elle réservait sa main. Hippomenês implora l'aide d'Aphrodite, courroucée de la chasteté d'Atalante. La déesse donna à l'amoureux trois pommes d'or, sans doute cueillies dans le jardin des Hespérides, et lui conseilla de les semer une à une dans la carrière où devait se dérouler la course. Intriguée par ces pommes, Atalante s'arrêta par trois fois pour les ramasser et ne put l'emporter sur Hippomenês, qu'elle épousa. Ayant insulté Zeus (certains disent Cybèle) en se livrant, dans un sanctuaire, à leurs transports amoureux, les deux époux furent métamorphosés en lions, que Cybèle attela à son char. En effet le lion, dans l'Antiquité, passait pour ne s'unir qu'au léopard : ainsi, jamais plus Atalante et Hippomenês ne devaient se rejoindre.

HIPPOTHOOS. Fils du géant Cercyon, Hippothoos fut placé sur le trône d'Arcadie, par Thésée, le meur-

trier même de son père. Il fut tué accidentellement par Télèphe, son neveu; son fils Æpytos lui succéda, mais mourut aveuglé par Poséidon pour avoir forcé les portes d'un des temples du dieu.

HORACES (les). 1° La légende et l'histoire ont retenu le nom de trois frères célèbres de la ville de Rome qui combattirent les Curiaces d'Albe pour savoir laquelle des deux villes devait dominer l'autre. Au cours de la lutte, deux des Horaces furent tués, mais le troisième, indemne, réussit à massacrer les trois Curiaces, qui étaient tous blessés. A son retour à Rome, Horace tua sa sœur, qui pleurait la mort de son fiancé, un des Curiaces. Acquitté pour ce crime, il dut néanmoins passer sous le joug de l'infamie, la tête voilée. 2° On connaît sous ce nom un autre héros de la légende romaine, **Horace le Borgne** (*Horatius Coclès*). Avec deux guerriers, il défendit contre une invasion étrusque le pont Sublicius sur le Tibre, empêchant ainsi l'ennemi de pénétrer dans Rome; il se sauva ensuite à la nage et fut blessé à la cuisse. En son honneur, on éleva une statue et on le gratifia de terres. 3° Dans une autre légende romaine enfin, un **Horace** apparaît. Au terme d'une bataille entre Rome et les Étrusques, aucun des deux camps ne sut qui avait gagné, tant la lutte avait été particulièrement furieuse et les morts nombreux de part et d'autre. Le romain Horace cria alors d'un bois voisin que les Étrusques avaient perdu un guerrier de plus que les Romains. Il provoqua aussitôt la fuite des ennemis, donnant ainsi la victoire à sa cité.

HYACINTHE. Ce beau jeune homme, dont les dieux se disputaient les faveurs, fut un jour blessé mortellement par le palet d'Apollon au cours d'un jeu. On raconte également que Zéphyre, jaloux de l'affection qu'Apollon témoignait à Hyacinthe, détourna de son souffle le palet et, le faisant dévier de sa course, le dirigea contre le front du jeune homme. Apollon, devant ce malheur, fut pris d'une violente douleur et, pour perpétuer le souvenir de son ami, changea le sang de sa blessure, qui tachait la terre, en une fleur pourpre au calice en forme de lys, dont les pétales portaient inscrit le mot grec *ai*, qui signifie « hélas! », ou encore l'initiale du nom d'Hyacinthe (Y). Comme Narcisse et Adonis, Hyacinthe fait partie de ces jeunes êtres fauchés au printemps de leur vie et changés en fleur. Certains mythographes avancent l'hypothèse que leurs légendes sont issues de la pratique archaïque des sacrifices humains, au cours desquels on répandait sur la terre le sang des victimes immolées pour la fertiliser.

HYADES. Nom générique des nymphes formant un groupe de sept étoiles dans la constellation du Taureau. Elles étaient les sœurs des Pléiades, et les filles d'Atlas et de Pléioné, ou d'Æthra selon les versions. Leur nombre varie. Les plus connues sont : Ambrosie, Eudore, Coronis, Polyxo, Phæo, Dioné, Aesilé. Zeus, pour les récompenser d'avoir nourri et protégé Dionysos, les plaça parmi les constellations des cieux. Selon une autre tradition, les Hyades, éperdues de douleur à la mort de leur frère Hyas tué en Libye par une bête féroce, émurent Zeus par leurs plaintes. Pour les consoler et faire cesser leurs pleurs, le dieu les métamorphosa en étoiles. Mais elles ne cessèrent pas pour autant de verser des larmes, d'où leur nom *Hyades* (« Pluvieuses ») : leur apparition au lever ou au coucher du soleil annonce la pluie.

HYDRE DE LERNE. Né de Typhon et d'Échidna, ce monstre vivait dans une caverne près du lac de Lerne. Il avait le corps d'un chien et neuf têtes de serpent. Une seule de ces têtes était immortelle. Envoyé par Eurysthée pour tuer l'Hydre, Héraclès accomplit alors le second de ses douze travaux. Le héros coupa d'abord une tête, mais aussitôt deux autres repoussèrent à la place. Aussi, avec l'aide d'Iolaos, son fidèle compagnon, Héraclès brûla les têtes de l'Hydre, trancha celle qui était immortelle et l'enterra sous un lourd rocher; puis il trempa ses flèches dans le sang du monstre afin de rendre leur blessure mortelle. On dit que ce sang entra dans la composition du philtre empoisonné que Nessus, en mourant, offrit à Déjanire et qui provoqua la mort d'Héraclès. On raconte encore que l'odeur pestilentielle qui s'exhalait du fleuve Anigros avait été provoquée par les flots de sang du monstre qui s'étaient déversés dans ses eaux.

HYGIE. Fille d'Asclépios, dieu de la Médecine, descendante d'Apollon, cette déesse seconde son père non seulement

Hygie tient un bol où, sans doute, elle prépare les remèdes ; de la main droite elle fait un geste apaisant. (Musée du Vatican.) [Phot. Alinari.]

pour soulager les humains malades, mais aussi pour guérir les animaux. Elle leur conseille les régimes et les médicaments appropriés à leurs maux. Comme la plupart des divinités tutélaires, elle est entourée d'emblèmes infernaux, et les œuvres d'art la représentent tenant un serpent, symbole chthonien par excellence.

HYLAS. Fils de Théiodamas, roi des Dryopes, Hylas, ami d'Héraclès, participa à l'expédition des Argonautes et fit une halte sur les côtes de Mysie avec ses compagnons. Étant allé puiser de l'eau à la source d'une fontaine, il fut enlevé par les nymphes du lieu, qui s'étaient éprises de sa beauté, et il disparut à jamais. Héraclès, aidé du Lapithe Polyphème, erra dans les bois à sa recherche, l'appelant en vain. Pendant ce temps, les Argonautes, profitant d'une brise favorable, avaient levé l'ancre, sans attendre le retour des quelques héros descendus à terre. Polyphème demeura dans le pays et fonda la ville de Cios, sur laquelle il régna. Héraclès, de son côté, promit aux Mysiens de les laisser en paix s'ils continuaient à rechercher Hylas. La tradition se maintint aux époques historiques où l'on voyait chaque année des prêtres parcourir la campagne en criant à tous les échos le nom d'Hylas.

HYLLOS. L'un des fils préférés d'Héraclès et de Déjanire, Hyllos fut élevé par Céyx, roi de Trachis, en Thessalie, pendant que son père accomplissait ses exploits. Envoyé par sa mère à sa recherche, il le trouva revêtu de la tunique de Nessus et mourant; il le transporta alors au pied du mont Œta, où il écouta ses dernières volontés, et, sur son ultime recommandation, épousa Iole. Il devint le chef des Héraclides et tenta de pénétrer sur le territoire du Péloponnèse, d'où il avait été chassé; il défia Échémos, roi d'Arcadie, dans un combat singulier avec la promesse qu'il obtiendrait le royaume s'il était victorieux, mais aussi la menace, s'il était vaincu, que tous les descendants d'Héraclès seraient bannis du Péloponnèse pour cinquante nouvelles années. Il fut tué et enterré dans la ville de Mégare.

HYMÉNÉE. Ce dieu du Mariage, fils d'Apollon et d'une Muse, ou de Dionysos et d'Aphrodite, présidait primitivement le chant nuptial lui-même, et le personnifiait. Pour justifier son invocation au cours des cérémonies du mariage sous le nom d'« Hyménée », on lui a attribué de nombreuses légendes. Il aurait été un magnifique jeune homme, qui aurait délivré des jeunes filles enlevées par des pirates et les aurait rendues à leurs parents, à condition qu'on lui accordât la main de celle qu'il aimait, mais qui le dédaignait; selon une autre tradition, il aurait perdu sa voix au cours des noces d'Ariane et de Dionysos. Toutes les légendes reconnaissent que la beauté d'Hyménée rivalisait avec celle d'Apollon; les artistes ne l'oublièrent pas, et, par la suite, ils lui attribuèrent les emblèmes mêmes du mariage, le flambeau nuptial, la flûte et la couronne de roses.

HYPERBORÉENS. Ce peuple mythique, que, seuls, quelques héros voyageurs, tels Persée ou Héraclès, visitèrent, vivait dans des régions enchanteresses, au-delà des pays où souffle Borée, le vent du nord, glacé et neigeux. Les Hyperboréens ignoraient la nuit. Un jour éternel, une chaleur délicate les incitaient au bonheur parfait. Toujours heureux, pratiquant avec simplicité la bonté et la piété, ne craignant ni les maladies ni la mort, ils passaient leur existence à chanter ou à danser, parmi les champs et les bois sacrés que hantent des chœurs de nymphes gracieuses et parfumées. Ils étaient consacrés à Apollon, qui, à l'automne, dès l'arrivée des premières froidures, quittait la Grèce : conduisant un char, attelé de cygnes blancs, il trouvait chez eux un refuge incomparable. Il passait les mois d'hiver dans leur royaume, qui ne connaissait que la douceur sans fin d'une saison unique et tempérée.

HYPÉRION. Ce Titan, fils d'Ouranos et de Gaia, s'unit à sa sœur Théia, qui lui donna Hélios, dieu du Soleil, dont Apollon conduit le char, Séléné, la Lune, et Éos, l'Aurore.

HYPERMNESTRE. 1° Danaos, roi d'Argos, avait donné l'ordre à ses cinquante filles d'égorger leurs époux. Seule Hypermnestre épargna son mari, Lyncée, et lui donna un fils, Abas. Traduite devant un tribunal d'Argiens pour s'être opposée à son père, elle fut acquittée.
2° Sous ce nom, on connaît aussi la mère d'Amphiaraos.

HYPNOS. Personnification du Sommeil, Hypnos est le frère jumeau de la Mort, dont il est une image adoucie. Génie ailé, « il voltige tranquillement », plein de douceur pour les mortels », dit Hésiode. Il est représenté parfois, sur les sarcophages, sous l'aspect d'un jeune garçon endormi, le bras appuyé sur une lampe renversée. Ses attributs sont la corne et le pavot.

HYPSIPYLE. Fille de Thoas, roi de l'île de Lemnos, Hypsipyle était la petite-fille de Dionysos. Pour avoir abandonné le culte d'Aphrodite, les Lemniennes s'étaient attiré la vengeance de la déesse : elle les avait accablées d'une odeur si forte que leurs époux ne pouvaient les supporter et leur préféraient des concubines, des esclaves ou des étrangères. Furieuses d'être délaissées, les femmes massacrèrent tous les hommes de Lemnos, sauf Thoas, qu'Hypsipyle réussit à sauver. Choisie comme reine, lors du séjour des Argonautes, elle s'éprit de Jason, dont elle eut deux fils, Eunéos et Nébrophonos. Mais, par la suite, les Lemniennes découvrirent que Thoas était toujours vivant, et Hypsipyle dut s'enfuir. Elle fut capturée peu après par des pirates et vendue au roi de Némée, Lycurgue, qui lui confia la garde de son jeune fils Opheltès. Ayant un moment abandonné l'enfant royal, pour indiquer leur chemin aux Sept Chefs, elle le retrouva mort, étouffé par un serpent. Fort heureusement, les héros intercédèrent auprès de Lycurgue et de son épouse Eurydice, qui voulait mettre à mort l'étourdie nourrice, et Hypsipyle, avec ses deux fils, put regagner Lemnos, saine et sauve.

Grâce aux ailes, attachées à ses tempes, Hypnos peut voler rapidement au secours des mortels qui réclament le sommeil, dont il est l'incarnation divine. Art grec. Bronze trouvé près de Pérouse. (Phot. X.)

IACCHOS. Ce jeune dieu, couronné de myrte, un flambeau dans une main, précédait la procession des mystères d'Éleusis. Iacchos est, selon la tradition la plus courante, le fils de Zeus et de Déméter, le frère de Coré-Perséphone et le demi-frère de Dionysos. En revanche, d'après certaines autres versions, Iacchos est le fils de Dionysos. Plus tardivement, au moment du développement des mystères orphiques, on le considéra comme le fils de Zeus et de Perséphone, et la réincarnation de Zagréos.

IAMBÊ. Quand Déméter, à la recherche de sa fille, trouva un bienveillant accueil à la cour de Céléos, roi d'Éleusis, la nymphe Iambê voulut consoler la déesse en pleurs et lui récita des vers comiques, origine mythique, sans doute, de l'ïambe, et des poèmes, qui étaient chantés au cours des mystères d'Éleusis.

IASION. Fils de Zeus et de la Pléiade Électre, ce Titan, frère de Dardanos, fut aimé par la déesse Déméter et s'unit à elle sur un champ trois fois labouré. Zeus découvrit les amants et, irrité de tant d'audace, foudroya Iasion. Quelques mois plus tard, en Crète, la déesse mit au monde un fils, Plutos, qui prit place dans le Panthéon grec parmi les divinités de la Fertilité et de l'Abondance.

IASOS. Plusieurs héros portent ce nom : l'un, père d'Atalante, régna sur l'Arcadie ; un autre fut le père d'Amphion ; un troisième, roi d'Argos, est parfois considéré comme le père d'Io.

IBYCOS. Bien que ce poète lyrique grec, né à Rhegion, qui vivait à la cour du tyran Polycrate de Samos vers 540 av. J.-C., appartienne à l'histoire littéraire de la Grèce, sa mort fut l'objet d'une légende : non loin de Corinthe, une bande de voleurs blessa mortellement Ibycos ; il pria des grues qui volaient au-dessus de lui de le venger. Peu de temps après, au-dessus du théâtre de Corinthe, où la foule s'était assemblée pour assister à un spectacle de jeux, une bande de grues fit son apparition ; un des assassins d'Ibycos, qui se trouvait parmi les spectateurs, s'écria, affolé : « Voilà les vengeurs d'Ibycos! » Dans un moment de panique, le meurtrier avait donc avoué publiquement son crime. Il fut mis à mort avec ses complices.

ICARE. Fils de Dédale et d'une esclave crétoise du roi Minos, Icare se trouve enfermé avec son père dans le Labyrinthe. Tous deux purent s'échapper grâce aux ailes que Dédale fabriqua et qu'ils attachèrent sur leurs épaules avec de la cire. Avant qu'ils ne prissent leur vol, Dédale avait recommandé à son fils de ne pas s'approcher trop près du soleil ; mais Icare, dans son ivresse de pouvoir voler, s'éleva toujours plus haut dans les airs, tant et si bien que les rayons du soleil firent fondre la cire. Les ailes se détachèrent, et l'infortuné sombra dans la mer qui, depuis, porte son nom.

ICARIOS. 1° Cet Athénien accorda un jour l'hospitalité à Dionysos ; le dieu, pour le remercier, lui apprit la façon de faire le vin, tout comme il avait fait don d'un plant de vigne à Œnée, dont il avait été l'hôte. Icarios, très fier de sa nouvelle boisson, invita des bergers à un banquet. Mais ceux-ci s'enivrèrent et furent bientôt effrayés par les maux dont ils souffraient : ils se crurent empoisonnés et tuèrent Icarios. Sa fille Érigoné, retrouvant sa tombe, se suicida. Dionysos se vengea en frappant de folie les jeunes filles d'Athènes.

2° Sur la généalogie d'un autre **Icarios**, on connaît deux versions; selon la première, il est le fils de Périérès, selon la seconde, seulement son petit-fils. Chassé avec son frère Tyndare de Lacédémone par Hippocoon, il demeura en Acarnanie après le meurtre de celui-ci par Héraclès et il épousa la nymphe Péribola, dont il eut un certain nombre d'enfants au nombre desquels figurent Thoas, Alétès et surtout Pénélope. Lorsque cette dernière fut en âge de se marier, Icarios qui l'aimait tendrement essaya de susciter tous les obstacles pour l'empêcher de prendre un époux. Finalement, il fit de sa fille l'enjeu d'une course de chars, qui fut gagnée par Ulysse. Icarios demanda alors au héros de rester auprès de sa fille. Ulysse refusa pour sa part, mais laissa le choix à Pénélope entre lui ou son père. La jeune fille rougit et se couvrit le visage d'un voile montrant ainsi qu'elle avait choisi Ulysse. Icarios se soumit à cette décision, et il éleva même à l'endroit où s'était produite cette scène un temple à la déesse Pudeur.

IDA. Dans l'Antiquité, on connaissait deux chaînes de montagnes qui portaient ce nom. L'une, au centre de l'île de Crète, avait été notamment le lieu de refuge de Zeus nouveau-né, nourri par une nymphe, Ida. L'autre se trouvait non loin de Troie et fut, au moment de la guerre qui opposa Grecs et Troyens, le lieu de séjour favori des dieux, lorsqu'ils participaient aux combats.

IDAS. Fils d'Apharée et d'Arénè, Idas participa à diverses expéditions mythiques, aux côtés de son frère Lyncée. Il se signala en particulier à la chasse du sanglier de Calydon et dans l'expédition des Argonautes. Mais ayant voulu s'emparer du royaume de Mysie, il fut vaincu par Télèphe. Les faits les plus célèbres de sa légende demeurent sa lutte contre Apollon et ses combats contre les Dioscures.

Il avait enlevé Marpessa, fille d'Événos, et l'avait épousée. Mais le dieu, également amoureux de la jeune femme, voulut s'en emparer. Zeus mit un terme à la querelle, en laissant à Marpessa le droit de choisir qui elle aimait : elle préféra Idas.

Par ailleurs, une lutte acharnée opposa Idas aux Dioscures, ses cousins, à propos du partage d'un troupeau. En effet, le héros s'était approprié, par ruse, toutes les têtes de bétail. Il fut attaqué, lui et son frère Lyncée, par les Dioscures. Castor fut tué au cours de la lutte, et Pollux allait subir le même sort lorsque Zeus intervint et foudroya Idas. De ce dernier, on dit aussi que le châtiment du dieu lui fut infligé parce qu'il avait voulu disputer aux Dioscures les deux filles de Leucippos, Hilæra et Phoibê.

IDMON. 1° On connaît sous ce nom un teinturier de Colophon, père d'Arachné.

2° Un autre **Idmon,** fils d'Apollon et d'Astéria, ou de Cyrène, eut pour père officiel Abas. Devin chargé de conseiller les Argonautes dans leur expédition, il savait par avance que la mort l'y attendait. Ayant atteint le pays des Mariandynes, il fut attaqué par un sanglier féroce. Malgré la lance d'Idas, qui tua la bête, Idmon mourut de ses blessures.

IDOMÉNÉE. Ce roi de Crète, fils de Deucalion et petit-fils de Minos et de Pasiphaé, comptait au nombre des prétendants d'Hélène. Il quitta la

Crète avec une flotte de quatre-vingts vaisseaux, montés par un fort contingent de Crétois, et participa au siège de Troie. Il figura, ensuite, parmi les héros qui prirent place dans le fameux cheval de bois et pénétrèrent, à la suite de cette ruse, dans la ville. Selon l'*Odyssée*, son retour fut heureux. Mais d'autres traditions, posthomériques, lui donnent une tournure dramatique. Sa flotte ayant été assaillie par une tempête, Idoménée promit à Poséidon de lui sacrifier la première personne qu'il apercevrait à son retour en Crète. Sa douleur fut vive, lorsque, jetant l'ancre, il découvrit, sur le rivage, son propre fils, venu pour lui manifester sa joie. La plupart des mythographes assurent qu'il s'acquitta de son engagement et qu'il immola son fils. Mais, une peste ravageant leur île, les Crétois, déjà saisis d'horreur par l'infanticide de leur roi, le chassèrent pour apaiser les dieux. Idoménée se rendit alors en Calabre et fonda Salente, instituant dans cette ville les sages lois de son grand-père Minos.

ILIONÉ. Fille aînée de Priam et d'Hécube, Ilioné épousa Polymestor, roi de la Chersonnèse en Thrace, auquel elle donna un fils, Déipyle. Celui-ci fut tué par son père, qui croyait supprimer un de ses ennemis, Polydoros, le propre frère d'Ilioné. Celle-ci vengea la mort de son enfant en tuant son époux. Selon une autre version de la légende, ce fut Hécube elle-même qui fit périr Polymestor, après l'avoir aveuglé.

ILITHYE. Déesse de la Maternité, sœur d'Hébé, d'Arès et d'Héphaïstos, Ilithye est envoyée par Héra, sa mère, pour apporter son aide aux femmes en couches. Dans l'*Iliade*, il existe plusieurs Ilithyes qui personnifient les différentes phases des douleurs de l'enfantement. Ilithye, représentée sous les traits d'une jeune fille, tient une de ses mains levée et porte dans l'autre un flambeau allumé, symbole de la vie qui naît à la lumière.

ILOS. Fils de Tros et de la nymphe Callirhoé, frère de Cléopâtra, Assaracos et Ganymède, arrière-petit-fils de Dardanos, Ilos épousa Eurydicé et en eut un fils, Laomédon, le père de Priam. Une seconde femme lui donna une fille, Thémisté, la grand-mère d'Énée. Après avoir remporté une victoire dans des jeux, il reçut en récompense des esclaves et une vache. Comme le lui avait conseillé un oracle, Ilos suivit l'animal, qui, finalement, s'arrêta sur la colline Até, en Phrygie. Il y fonda une ville, la cité d'Ilion, appelée plus tard *Troie*. Zeus confirma et approuva ce choix en envoyant à Ilos une statue d'Athéna-Pallas, le Palladion, destinée à protéger la nouvelle ville.

immortalité. Accordée généralement à tous les dieux, l'immortalité est dispensée sans cesse dans l'Olympe par le nectar et l'ambroisie, seules nourritures des divinités. Parfois, certains hommes peuvent acquérir l'immortalité; les uns, comme le pêcheur Glaucos, en mangeant une herbe magique qui le métamorphose en dieu marin; les autres, comme la plupart des héros ou héroïnes, parce qu'ils sont de race divine et qu'ils se sont montrés d'un courage et d'une vaillance surhumains. Parfois aussi on voit des héros, tel Tydée, dégoûter les dieux par leur cruauté et se voir refuser l'immortalité. Les hasards de la nature donnent à certains mortels une immortalité conditionnelle; ainsi, le roi Ptérélas ne mourut que lorsque sa fille lui eut coupé un cheveu d'or, qui le retenait à la vie. Enfin, il arrive quelquefois que l'immortalité soit échangée contre la mort : tel fut le cas de Prométhée, qui accepta de recevoir l'immortalité du centaure Chiron, qui, blessé et en proie à d'atroces douleurs, préféra l'apaisement de la mort à la souffrance éternelle.

INACHOS. Ce dieu-fleuve d'Argolide, fils d'Océan et de Téthys, père lui-même de la nymphe Io, fut un jour choisi par Héra et Poséidon pour arbitre : ils se disputaient la souveraineté de la contrée qu'il arrosait. Inachos se prononça en faveur d'Héra. Dépité, Poséidon l'assécha. Seules les pluies lui rendent un cours normal.

INO. Fille de Cadmos et d'Harmonie, et femme d'Athamas, roi d'Étolie, Ino fut appelée *Leucothéa*, après sa métamorphose en déesse marine. Elle eut deux fils, Léarchos et Mélicerte.

IO. Cette jeune prêtresse d'Argos, fille du roi Inachos, ou d'Iasos, roi d'Argos, suivant une autre version, séduisit un jour par son charme le cœur toujours ardent de Zeus; le dieu s'unit à elle, mais fut obligé de la transformer en génisse afin que sa jalouse épouse ne soupçonnât pas son infidélité. Héra, qui n'était pas dupe de la métamorphose, demanda alors à Zeus de lui consacrer l'animal. Le dieu obéit. Io fut confiée à Argos aux cent yeux, qui ne dormait jamais que de cinquante yeux. Saisi de compassion, Zeus demanda à Hermès d'arracher la prisonnière à son gardien. Délivrée, Io ne jouit pas longtemps de sa liberté : Héra lui envoya un taon. L'insecte, s'attachant à ses flancs, rendit si furieuse la fausse génisse qu'elle erra durant des mois à travers toute la Grèce sans jamais s'arrêter, passa le Bosphore (ou « gué de la Vache ») et rencontra, attaché à son rocher sur le mont Caucase, Prométhée, qui, selon Eschyle, lui prédit une belle destinée. De là, Io gagna l'Égypte, où elle reprit sa forme première, et enfanta Épaphos, de la race des Danaïdes. On l'identifia alors avec la déesse Isis, et, après sa mort, avec la déesse Lune, représentée sous la figure d'une femme aux cornes d'or.

IOBATÈS. Roi de Lycie, Iobatès eut deux filles, Sthénébée, qui se maria à Proétos, et Philonoé, qui épousa Bellérophon; il joua dans la légende de ces deux personnages un rôle important.

IOLAOS. Fils d'Automéduse et d'Iphiclès, le frère utérin d'Héraclès, Iolaos, fut un des plus fidèles compagnons de son oncle, dont il conduisait habituellement le char; il l'aida ainsi à vaincre l'Hydre de Lerne, à capturer les bœufs de Géryon, il prit part, aux côtés des Argonautes, à la chasse du sanglier de Calydon et gagna la course de char aux premiers jeux Olympiques institués par Héraclès. Celui-ci envoya son neveu en Sardaigne à la tête des fils qu'il avait eus des filles de Thespios. Iolaos mourut dans cette île. Plus tard, les Enfers lui accordèrent la permission de revenir secourir les enfants d'Héraclès en danger : il tua alors Eurysthée, et retourna au royaume des Ombres, honoré de tous.

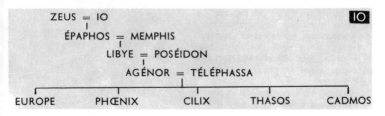

ZEUS = IO   **IO**

ÉPAPHOS = MEMPHIS

LIBYE = POSÉIDON

AGÉNOR = TÉLÉPHASSA

EUROPE   PHŒNIX   CILIX   THASOS   CADMOS

IOLE. Le roi Eurytos d'Œchalie promit sa fille Iole à Héraclès si le héros parvenait à le surpasser en précision au tir à l'arc; Héraclès le vainquit sans peine. Mais le roi se parjura, et Héraclès, pour pouvoir s'emparer de la jeune fille, dut le tuer lui et ses fils. Devant le massacre de ses parents, Iole voulut se suicider en se jetant du haut des remparts. Le vent gonfla alors ses vêtements, et elle descendit à terre sans aucun mal. Héraclès l'envoya à son épouse Déjanire. Celle-ci, croyant que le héros lui préférait la jeune fille et voulait la répudier, lui fit parvenir la tunique que le centaure Nessus lui avait offerte. En fait, la tunique empoisonnée provoqua la mort d'Héraclès. Ainsi Iole avait-elle été la cause indirecte de la fin tragique du plus grand des héros de l'Antiquité.

ION. Des trois fils d'Hellen, l'un, Doros, émigra sur le mont Parnasse, le second, Éole, fut le héros éponyme des Éoliens, et le troisième, Xouthos, s'enfuit à Athènes, où il se maria avec la fille d'Érechthée, Créüse, qui lui donna deux fils, Achaeos et Ion. Toutefois, une autre tradition suivie par Euripide prétend qu'Apollon était le véritable père de Ion. Le dieu avait emmené son fils abandonné à Delphes et en avait fait un des servants de son temple. Xouthos et Créüse, désolés de demeurer sans enfants, vinrent un jour à Delphes consulter l'oracle, qui leur demanda d'adopter Ion. Mais Créüse tenta d'empoisonner ce fils qu'elle ne reconnaissait pas, jusqu'au moment où on lui apporta la corbeille où elle l'avait abandonné à sa naissance. Après ces événements, Ion se maria avec Hélicé, la fille de Sélinos, roi des Ægialéens, auquel il succéda, avant de devenir le roi de l'Attique, à la mort d'Érechthée, et de gouverner sagement ce royaume après l'avoir divisé en quatre tribus.

A sa mort, le pays prit son nom, et une colonie d'Athéniens, partie pour l'Asie Mineure, imposa à la contrée, où elle se fixa, le nom d'*Ionie*.

IPHICLÈS. Fils d'Amphitryon et d'Alcmène, Iphiclès naquit une nuit avant Héraclès, fils de Zeus et d'Alcmène. D'ascendance mortelle, il n'avait pas la force ni le courage de son demi-frère. Une nuit, Héra, pour se venger de sa rivale, envoya dans la demeure d'Alcmène deux serpents qui devaient tuer Héraclès. A leur vue, Iphiclès s'enfuit de son berceau en poussant des hurlements, mais Héraclès, sans perdre son sang-froid, malgré son jeune âge, étrangla les deux monstres. Plus tard, Iphiclès fut particulièrement attaché au héros, et il l'accompagna dans plusieurs expéditions, en particulier contre les habitants d'Orchomène. Il épousa en premières noces Automéduse, dont il eut Iolaos, et, en secondes noces, la plus jeune des filles de Créon. Il périt aux côtés de son frère, pendant la guerre contre les fils d'Hippocoon.

Iphiclès, le frère jumeau d'Héraclès, lève les mains en signe de crainte et replie une de ses jambes pour éviter la morsure du serpent envoyé par Héra. **Bronze antique. (Bibl. nat.)** [Phot. Giraudon.]

IPHIGÉNIE. Fille d'Agamemnon et de Clytemnestre, suivant la tradition la plus commune, Iphigénie était destinée par son père, sur le conseil du devin Calchas, à être sacrifiée à la déesse Artémis, qui retenait la flotte grecque à Aulis et l'empêchait de gagner Troie. Appelée par son père sous le fallacieux prétexte qu'elle allait devenir l'épouse d'Achille, elle devait périr sous le couteau du sacrificateur, quand Artémis, prise de pitié, lui substitua une biche, l'enleva dans une nuée, et la transporta en Tauride. Là, Iphigénie devint la grande prêtresse d'Artémis, spécialement chargée d'immoler les étrangers à la déesse. Un jour débarqua sur la côte de Tauride son frère Oreste accompagné de Pylade. Fait prisonnier, il fut conduit au temple où Iphigénie officiait et fut reconnu par sa sœur. La prêtresse, pour sauver Oreste, fit annuler le sacrifice en prétendant que cet étranger coupable d'un meurtre ne pouvait être sacrifié avant d'avoir

Dénudée, Iphigénie, emportée par deux servants, parvient devant le grand prêtre, qui lève son couteau de sacrificateur pour l'égorger. Il semble hésiter un moment et tourne son regard vers les cieux. La déesse Artémis, montée sur un cerf, surgit dans un nuage et s'apprête à enlever la jeune fille. Ici c'est la version tardive de la légende qui a été suivie par l'artiste. **Fresque de Pompéi. (Musée de Naples.)** [Phot. X.]

Sur ce tombeau étrusque, la version suivie est plus dramatique. Aucune divinité n'est présente pour sauver Iphigénie du sacrifice. Seule la déesse Hécate attend, en compagnie de son chien, l'âme de la malheureuse pour la conduire aux Enfers. **Urne funéraire étrusque. VI° s. av. J.-C. (Musée de Volterra.)** [Phot. Lombardi.]

été purifié. Puis, emportant la statue d'Artémis, elle prit la fuite avec son frère et Pylade, et aborda en Grèce grâce à des vents favorables. On dit qu'Iphigénie mourut à Mégare; mais on prétend aussi qu'Artémis avait rendu la jeune fille immortelle, l'assimilant à la déesse Hécate. En fait, il semble surtout qu'Iphigénie ait été à l'origine l'une des représentations d'Artémis.

IPHIS. 1° Jeune fille de Crète, Iphis était destinée à être exposée par sa mère Téléthousa parce que son père, Ligdos, ne voulait pas de fille. Sur les conseils d'Iris, elle fut élevée et habillée comme un garçon, à tel point que Ianthé, une jeune fille de son pays,

---

Iris apparaît bien ici comme la messagère des dieux. Ses ailes, sa grâce, car elle doit être diplomate, la complexité harmonieuse du plissé de sa robe, tout dans cette divinité exprime la rapidité et le charme. Vase à boire (scyphos) grec. IVᵉ s. av. J.-C. (Louvre.)

s'y trompa et en tomba amoureuse. Téléthousa tenta, à plusieurs reprises de différer le mariage, ne voulant pas dévoiler la vérité. Isis, finalement, eut pitié de la malheureuse mère et métamorphosa Iphis en jeune homme, permettant ainsi son mariage avec Ianthé.

2° On connaît aussi sous ce nom l'amant d'Anaxarété qui, désespéré par le mépris de la jeune fille, se suicida.

IPHITOS. 1° Fils d'Eurytos, roi d'Œchalie, Iphitos se signala comme un archer redoutable aux côtés des Argonautes. Seul de ses frères il prit parti pour Héraclès, qui venait de gagner, au concours de l'arc, sa sœur Iole, mais qui se querellait à ce propos avec Eurytos. Pourtant, Iphitos fut tué, quelque temps après, par Héraclès, à qui il tentait de reprendre des bœufs volés. Une autre version prétend qu'il fut jeté du haut des murs de Tirynthe par le héros pris soudain d'un accès de folie.

2° On connaît également sous le nom d'**Iphitos** un roi mi-légendaire, mi-historique, qui gouvernait l'Élide vers le IXᵉ siècle av. J.-C. Son royaume était la proie des divisions, des famines et des épidémies. Sur le conseil de l'oracle de Delphes, le souverain réorganisa les jeux Olympiques fondés par Héraclès dont on s'était désintéressé. Il réalisa alors une entente avec Lycurgue, roi de Sparte, et put ainsi amorcer une première union entre les Grecs, dont les territoires étaient morcelés en de multiples États ennemis : au cours des Jeux, toutes les hostilités devaient être en effet suspendues.

IRIS. Cette ancienne divinité était fille de Thaumas et d'Électre. Messagère, servante, et même confidente d'Héra, elle s'appliquait à déférer aux moindres désirs de sa maîtresse. Elle symbolise l'arc-en-ciel, ce pont entre le ciel et la terre, entre les dieux et les hommes, qu'elle emprunte, dans sa course, sous la forme d'une jeune fille ailée, tenant dans une main le bâton du héraut. Dans des poèmes tardifs, elle est l'épouse de Zéphyre et la mère d'Éros.

IROS. 1° Ce mendiant d'Ithaque essaya, à la plus grande joie des prétendants de Pénélope, de chasser à coups de poing Ulysse de retour dans ses États. Il fut assommé par le héros.

2° On connaît un **Iros**, père des Argonautes Eurydamas et Eurytion. Pélée, ayant tué accidentellement un de ses fils, lui offrit des troupeaux pour le consoler. Iros refusa et abandonna le bétail, qui fut dévoré par un loup. La bête féroce fut changée en statue de pierre.

ISIS. Déesse égyptienne, épouse d'Osiris et mère d'Horus, Isis fut adorée par les Grecs, qui assimilèrent sa légende à celle de Io, puis à celle de Déméter. En effet, dans la légende, les deux déesses partirent à la recherche l'une de son époux, l'autre de sa fille pour les arracher au royaume de la Mort et des Ombres. Isis eut droit également à un culte sous l'Empire romain, et on lui éleva même un temple spécial sur le Champ de Mars. Elle symbolisa alors la Terre et l'inépuisable et fécond recommencement de toutes choses.

ISMÈNE. Au même titre qu'Antigone, Étéocle et Polynice, Ismène est un des enfants nés du mariage d'Œdipe avec sa mère Jocaste. Quand, après ses crimes, Œdipe fut chassé de Thèbes, Ismène resta dans la ville et n'accompagna pas Antigone et son père aveugle sur les chemins de Grèce. Mais elle se trouvait auprès d'Œdipe lorsque celui-ci mourut à Colone, et elle regagna Thèbes avec sa sœur. Elle assista à la lutte fratricide qui opposa Étéocle et Polynice et n'osa

pas enfreindre l'ordre de Créon, qui interdisait toute sépulture pour Polynice. Pourtant, Antigone ayant passé outre, Ismène tenta de partager le sort fatal de sa sœur, en s'accusant aussi de la faute; Antigone la repoussa doucement et partit seule vers la mort. C'est alors qu'Ismène disparaît mystérieusement de la légende : on ignore sa fin.

ITALOS. Selon certains auteurs, Télégonos, fils de Circé et d'Ulysse, après avoir tué involontairement son père, épousa Pénélope, la veuve de celui-ci, et eut un fils, Italos. Ce dernier donna son nom au pays nommé *Italie*, qui était habité par la peuplade des Sicules. Mais, dans d'autres légendes, Italos apparaît comme un roi indigène.

ITHAQUE. L'une des sept îles ioniennes, Ithaque, non loin de la côte d'Épire, était la patrie et le royaume d'Ulysse. Elle entra dans la légende grâce aux poèmes d'Homère et au héros éponyme Ithacos.

IULE. Ascagne, fils d'Énée, ayant conduit à la victoire les peuples du Latium en guerre contre les Rutules, se vit décerner, en signe de vénération reconnaissante, le nom de *Iule*, une des contractions de *Jovis*, Jupiter. D'autres mythographes ont prétendu qu'Iule était le fils d'Ascagne. Il aurait été chassé du royaume du Latium par son oncle Silvius et contraint de se vouer à la prêtrise.

IXION. A Ixion revient le châtiment infligé dans les Enfers aux ingrats. Ce roi des Lapithes, après avoir épousé Dia, la fille du roi Déionée, refusa à son beau-père les riches présents qu'il lui avait promis, puis le tua en le précipitant dans une fournaise. Le crime était doublement odieux, car son auteur se montrait coupable et d'un parjure et d'un meurtre sur la personne d'un parent. Ixion, que nul ne consentait à purifier, implora Zeus : le souverain des dieux fut touché par ses pleurs et l'invita même à sa table, où il consomma le nectar et l'ambroisie, qui assurent l'immortalité. Toutefois, nullement reconnaissant de ces bienfaits, Ixion tenta de séduire Héra. Zeus, alors, créa une nuée qui ressemblait à son épouse. Ixion s'unit à cette apparence. Les centaures furent les fruits de ces amours illusoires. Hermès reçut mission d'appliquer à l'ingrat le châtiment qu'il méritait. Le dieu lia Ixion au moyen de serpents à une roue qui tourne sans relâche au fond du Tartare.

La légende romaine a suivi la légende grecque. Mercure, que l'on reconnaît à son caducée, vient d'enchaîner Ixion, à l'extrême gauche, sur la roue enflammée qui tournera éternellement dans les Enfers; à droite, Junon, que le supplicié voulut un jour séduire, regarde avec satisfaction la scène. Fresque à Pompéi, maison des Vettii. (Phot. Alinari-Giraudon.)

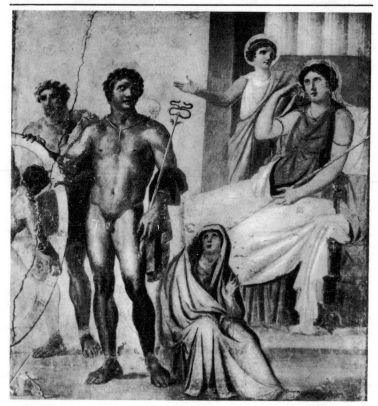

JK

JANUS. Cette divinité est assurément l'un des plus grands dieux du Panthéon romain et possède même une certaine prééminence sur le dieu suprême, Jupiter. Il aurait abordé l'Italie avec une flotte et se serait établi dans le Latium, où il aurait fondé une ville, qui prit de lui son nom de *Janicule*. Il aurait régné sur le Latium et accueilli Saturne chassé des cieux. Pour le remercier, Saturne aurait donné à Janus le don de la « double science » celle du passé et celle du futur, mythe que les Romains ont rendu en représentant Janus avec deux visages tournés en sens contraires. Ce dieu à double face possède de nombreuses autres attributions. Il est la divinité gardienne des portes, parce que toute porte regarde de deux côtés (*Janus Bifrons*). Lors d'une déclaration de guerre, les Romains ouvrent solennellement les portes de son sanctuaire, pour indiquer que le dieu est parti combattre, et les referment en temps de paix, pour montrer que le dieu, sauvegarde de la cité, a réintégré son sanctuaire. Peu à peu, les attributions de Janus ont pris une extension considérable. Il est devenu le dieu du commencement de toutes choses, celui de l'Année (*Januarius* signifie « janvier »), le dieu des Quatre Saisons : il porte alors quatre têtes au lieu de deux. Ovide prétend que Janus possède un double visage, parce qu'il exerce son pouvoir sur la Terre et sur les Cieux. Peut-être n'est-il nullement un dieu cosmogonique, mais seulement et exclusivement un dieu de Rome, symbolisant la surveillance de la ville, où transitent les trafics sur le Tibre, en amont comme en aval.

La diversité de ces attributions montre à quel point Janus est le dieu essentiel d'un monde ou d'une ville qui s'ouvre et se ferme à sa volonté, sans que rien lui échappe.

JAPET. Fils d'Ouranos et de Gaia, ce Titan, qui appartient à la toute première génération des dieux, est surtout célèbre pour la postérité

Le dieu Janus, dont les deux visages, regardant en sens opposé vers la gauche et vers la droite, vers la paix et vers la guerre, vers l'amont et vers l'aval, sont l'expression la plus significative de l'ambiguïté de la pensée humaine et divine et du manichéisme de toute religion. Monnaie romaine d'argent. Vers 268 av. J.-C. (Bibl. nat. Cabinet des Médailles.) [Phot. Larousse.]

qu'il légua au monde des dieux et des hommes. Époux de l'océanide Clyméné, il engendra, en effet, Atlas, Prométhée, Épiméthée, Ménœtios. S'étant opposé à la prise du pouvoir suprême par Zeus, il fut précipité au fond du Tartare avec son frère Cronos et les autres Titans.

JASON. Fils d'Æson, roi d'Iolcos en Thessalie, Jason était encore enfant lorsque son oncle Pélias détrôna son père. Il put s'échapper cependant et fut élevé par le centaure Chiron. Parvenu à l'âge adulte, il quitta le mont Pélion pour Iolcos, dans l'espoir de reprendre une revanche sur Pélias et de rétablir Æson dans ses droits. En chemin, au bord d'une rivière, il rencontra une vieille femme sous les traits de laquelle se cachait Héra, et qui lui demanda de bien vouloir la porter sur l'autre rive. Après ce service, qui lui attira pour quelque temps les faveurs de la déesse, il s'aperçut qu'il avait perdu une de ses sandales. Or, un oracle avait prédit à Pélias qu'il lui faudrait se méfier de toute personne qui se présenterait devant lui déchaussée. Aussi, lorsque Jason arriva à la Cour, le roi usurpateur, à la vue de cet homme au pied nu, fut saisi de frayeur et le chargea, afin de l'éloigner, de mener à bien une expédition pour conquérir la Toison d'or, gardée par le roi de Colchide Aiétès. Jason accepta et s'embarqua sur l'*Argo* avec les prin-

Comme tous les héros de la mythologie, Jason connaît un peu l'art de la médecine. Il l'a appris de son maître, le centaure Chiron. On le voit palper le foie d'un malade, le foie, organe de la force dans les croyances primitives. Stèle funéraire grecque. (Phot. B. Guégan.)

cipaux héros grecs surnommés « les Argonautes ». Avec l'aide de Médée, qu'il épousa, il put s'emparer de la Toison d'or et revenir à Iolcos, où il vengea la mort de son père, que Pélias, en son absence, avait tué. Mais, chassé par Acaste, il dut s'enfuir à Corinthe avec Médée. Là, il s'éprit de Créüse, la fille de Créon, et répudia

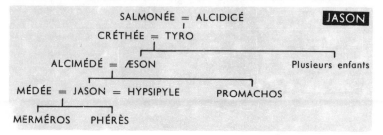

SALMONÉE = ALCIDICÉ   **JASON**
      CRÉTHÉE = TYRO

  ALCIMÉDÉ = ÆSON   Plusieurs enfants

MÉDÉE = JASON = HYPSIPYLE   PROMACHOS

MERMÉROS   PHÉRÈS

Médée, qui se vengea en faisant périr sa rivale et en tuant ses propres fils. Deux versions content la fin de Jason : selon l'une, le héros se tua de désespoir à l'annonce de la mort de ses enfants; selon l'autre, il mourut écrasé par la poupe du navire *Argo*.

jeux. A l'époque homérique, les jeux n'étaient que des joutes, poétiques ou athlétiques, au cours desquelles les héros entraient en compétition pour le plaisir, afin d'obtenir la main d'une femme, la possession d'un trône ou pour honorer la mémoire des guerriers ou des héros morts au champ d'honneur. Ainsi l'*Iliade* chante longuement les jeux funèbres donnés par Achille pour Patrocle, tué à la guerre de Troie. Tout différents et plus tardifs sont les jeux publics, qui apparaissent vers le milieu du VIe siècle et qui se déroulent à date fixe. Ils ne sont pas réservés exclusivement aux familles de l'aristocratie, et, empreints d'un sentiment de vénération religieuse, ils obtiennent toujours un grand succès populaire. Tous les quatre ans, en effet, à Olympie, dans l'enceinte sacrée de l'Altis, on célébrait les jeux Olympiques, assurément les plus fameux, fondés par Héraclès, qui voulait commémorer sa victoire sur Augias. Au moment du déroulement des jeux, toute hostilité entre les Grecs était suspendue. Les jeux Pythiques, célébrés à Delphes, également tous les quatre ans, rappelaient la victoire d'Apollon sur le serpent Python. Comme le dieu favorisait principalement les arts et la musique, on se livrait surtout à des concours de chants et de danses. En revanche, les jeux Néméens avaient lieu tous les deux ans. Ils avaient été fondés soit par Héraclès, qui venait de tuer le lion de Némée, soit par Adraste, l'un des Sept Chefs, en souvenir de la mort accidentelle d'Opheltès, le fils d'un roi du pays. Enfin, les jeux Isthmiques, qui se déroulaient à Corinthe tous les trois ans, furent organisés pour la première fois par Poséidon en l'honneur de Palémon-Mélicerte, ou par Sisyphe, ou même par Poséidon et Hélios, qui scellaient ainsi leur accord sur la possession de l'Isthme par le premier et sur celle de l'Acrocorinthe par le second. On prétend également que le véritable fondateur des jeux Isthmiques fut Thésée.

D'autres jeux, à caractère politique et religieux encore plus accusé, avaient lieu régulièrement en Grèce, tel celui des Panathénées, qui réunissait chaque année tous les Grecs de l'Attique pour un culte commun à la déesse Athéna et permettait à la cité d'Athènes de raffermir sa puissance et son unité. Ce fut, à l'époque classique, l'un des buts de tous les jeux publics que cette prise de conscience des pèlerins réunis autour des sanctuaires d'un dieu pour une seule et grande Grèce.

JOCASTE. Fille d'un prince de la famille royale de Thèbes, Jocaste, appelé *Épicaste* par Homère, eut le triste privilège d'être à la fois la mère et l'épouse d'Œdipe, meurtrier de son premier mari Laïos. Jocaste lui donna quatre enfants, Étéocle, Polynice, Antigone et Ismène, surnommés « les Labdacides », sur lesquels, en signe de malédiction, devait s'acharner le destin. En apprenant son inceste, Jocaste se pendit dans son palais.

JUNON. Le nom de Junon a sans doute la même racine que celui de Jupiter. Comme Jupiter est le roi du Ciel et des dieux, Junon est vénérée à Rome comme la reine des Cieux et l'épouse de Jupiter. Protectrice des femmes, elle les accompagne, durant leur vie, depuis leur naissance jusqu'à leur mort. Elle tient le rôle d'une sorte de double divin, chaque femme ayant sa Junon, comme chaque homme

Junon pose ici dans une attitude majestueuse. Mais la déesse des femmes et de la fécondité a cependant l'aspect général d'une matrone aux amples formes et aux larges hanches. Sculpture antique. (Musée du Vatican.)
[Phot. Alinari-Giraudon.]

possède son génie. Pour chaque étape décisive de la vie féminine, elle porte un surnom. Présidant au mariage, elle s'appelle *Jugalis*. Les femmes en couches implorent son aide sous la dénomination de *Juno Lucina*. Les enfants qui naissent sont placés sous sa protection. En fait, plus que la déesse des Épouses, elle est la patronne suprême des mères de famille, la *Juno Matronalia*. Son rôle politique n'est pas non plus négligeable. En compagnie de Jupiter et de Minerve,

elle fait partie de la Trinité du Capitole, qui préserve l'État romain et assure sa pérennité. Moins importante, mais plus proche des mortels que la Héra grecque, à qui on l'assimile, la Junon romaine témoigne avant tout de la puissance féconde de la femme.

JUPITER. Pendant toute la durée de l'Antiquité romaine, Jupiter demeura le plus grand de tous les dieux, le souverain du Ciel et de la Terre. Vénéré primitivement en tant que divinité des Éléments — le temps, la foudre, le tonnerre, la lumière —, portant des surnoms, épithètes suggestives, telles que *Fulminator, Fulgurator, Tonitrualis, Pluvius, Tonans*, il absorba peu à peu les petites déités locales de l'Italie, et ses attributions, ainsi que ses représentations, prirent une ampleur nouvelle et multiforme. L'État romain, centralisé à l'extrême, avait besoin d'un dieu qui, sur le plan religieux, assurerait et fortifierait son unité. Jupiter devint en quelque sorte un dieu politique, garantissant les lois, les traités, les serments, soutenant Rome dans ses guerres. A Jupiter Férétrien, on offrait les dépouilles des chefs ennemis. On implorait Jupiter Stator — comme au temps du conflit entre Romains et Sabins — pour arrêter une invasion. On lui avait élevé un temple sur le capitole, où, aux côtés de Junon et de Minerve, il composait avec elles la triade capitolienne, protectrice de l'intégrité de la ville. Il portait le nom d'*Optimus Maximus* et les consuls, au moment de leur entrée en charge, imploraient son aide et son indulgence. Si forte était la prééminence de Jupiter dans l'État romain qu'elle ne fut pas éclipsée par l'introduction de Zeus dans son panthéon. S'il est vrai qu'on attribua au premier les mythes sans nombre du second, il n'en est pas moins sûr que Jupiter conserva, jusqu'à la fin du paganisme, son importance politique. Il continua d'assurer un lien unique entre les diverses cités de l'Empire romain, qui, toutes, possédaient leur temple et leurs statues dédiés à Jupiter. Le dieu s'incarna lui-même dans la personne des empereurs, qui, pour augmenter leur prestige, n'hésitèrent pas à s'attribuer ses titres.

JUSTICE. Cette divinité allégorique romaine, à l'aspect à la fois sévère et digne, fut identifiée avec la Thémis des Grecs. Elle habitait jadis la Terre, du temps où les hommes vivaient dans la bonté et la paix. Mais, quand s'acheva l'âge d'or et que naquirent dans le cœur des mortels certaines tendances au crime et à l'iniquité, la Justice préféra s'enfuir et gagner les cieux, où elle devint la constellation de la Vierge.

JUTURNE. Nymphe d'une fontaine du Latium, Juturne, sœur de Turnus, roi des Rutules, était célèbre dans la mythologie romaine pour sa beauté. Jupiter, qui était amoureux d'elle, lui accorda l'immortalité et le pouvoir de régner sur les ondes. Les eaux glacées de la fontaine Juturne étaient réputées pour leurs propriétés salutaires et symbolisaient également l'insensibilité de la nymphe aux avances de Jupiter.

JUVENTUS. Cette divinité allégorique de la jeunesse dans la religion romaine fut assimilée tardivement à l'Hébé grecque. Elle était particulièrement vénérée par les jeunes adolescents au moment où ils revêtaient la toge prétexte. Elle passait pour patronner leur entrée dans le monde des adultes.

K

KÈRES. Génies de la mort, les Kères, filles de la Nuit, avaient un aspect hideux, des ailes noires et le corps

Colosse aux muscles puissants, Jupiter apparaît bien ici comme le dieu souverain. Le foudre qu'il brandit accroît encore le sentiment de crainte respectueuse qu'il inspire aux hommes. Sculpture antique de Smyrne. (Louvre.) [Phot. Giraudon.]

recouvert d'un manteau humide de sang. Elles s'abattaient sur les champs de bataille pour sucer le sang des mourants et enfoncer leurs pattes griffues dans leurs chairs. Dans l'*Iliade*, cependant, leurs attributions ne sont guère différentes de celles des Parques : les Kères sont la personnification des diverses destinées entre lesquelles l'homme ou le héros doit choisir pour toujours. A une époque plus tardive, les Kères, mauvais génies, conseillent aux hommes leurs actions néfastes.

LA GRÈCE ANTIQUE

THRACE

Nestos

Mt Ismaros

Hèbre

Byzance

Bosphore

Chalcédoine

PROPONTIDE

BITHYNIE

I. Thasos

I. Samothrace

MER DE THRACE

I. Proconessos

Presqu'île de Dolion

Cyzique

L. Ascania

Sangarios

ACTÉ

I. Imbros

CHERSONÈSE

Sestos

Granique

PHRYGIE DE L'HELLESPONT

Mt OLYMPE DE MYSIE

Mt ATHOS

Hephæstia

Hellespont

Abydos

Hellespont

TROADE

Troie

Scamandre

Ésopos

Mt IDA

Rhindacos

I. Lemnos

I. Ténédos

MYSIE

I. Halonnesos

Macestos

I. Polyægos

I. Icos

Mt OTHRYS

Mytilène

Pergame

Caicos

Mt Temnos

I. Péparéthos

I. Lesbos

ÉOLIE

Cume

Hermos

Mt SIPYLE

PHRYGIE

I. Scyros

MER

I. Psyra

Magnésie

Hermos

Sardes

Mt PARNASSE

Mt HÉLICON

I. Chios

Chios

LYDIE

ÉGÉE

Cap Capharée

Caystre

Mt CITHÉRON

Athènes

I. Andros

IONIE

I. Samos

Ephèse

Mt Salbacos

Mt HYMETTE

I. Céos

I. Tenos

I. Icaria

MER

Méandre

Harpassos

I. Syros

I. Myconos

ICARIENNE

I. Corassiæ

Milet

CARIE

Indos

I. Cythos

Délos

I. Patmos

I. Lepsia

CYCLADES

I. Paros

I. Léros

Halicarnasse

I. Sériphos

I. Naxos

I. Calymna

SPORADES

I. Siphnos

I. Oliaros

I. Cos

Cos

Cnide

I. Symé

LYCIE

I. Cimolos

I. Sicinos

I. Ios

I. Astypaléa

I. Nisyros

I. Mêlos

I. Pholégandros

DORIDE

I. Télos

I. Théra

I. Anaphè

I. Syrnos

I. Chalcé

I. Rhodes

CRÈTE

Mt IDA

I. Carpanthos

Gnosse

Gortyne

I. Casos

1. Mégare
2. Eleusis
3. Epidaure
4. *Pise*
5. *Thelpousa*

LABDACOS. Le nom de ce roi de Thèbes, petit-fils de Cadmos et d'Harmonie, père de Laïos et grand-père d'Œdipe, mérite surtout d'être retenu parce qu'il a été employé pour désigner sous le nom patronymique de *Labdacides*, les célèbres héros et héroïnes thébains, Œdipe, Polynice, Étéocle, Antigone, Ismène. On sait, par ailleurs, peu de chose sur Labdacos, sinon qu'il ne put régner que fort tard à Thèbes et que sa souveraineté fut marquée par une guerre contre Pandion, roi d'Athènes.

Labyrinthe. A l'origine, le labyrinthe, que l'on trouve principalement en Égypte, était un monument souterrain, creusé dans le roc, qui servait généralement de tombe à un grand personnage. Le labyrinthe était conçu comme un ensemble de couloirs compliqués, de voies sans issues et de croisements multiples. Cette coutume semble avoir gagné la Crète, où, dans la légende, le célèbre Labyrinthe, construit par Dédale sur ordre du roi Minos, cachait à jamais de la vue des vivants le Minotaure, monstre à corps d'homme et à tête de taureau, conçu par Pasiphaé, après ses amours avec un taureau. Le labyrinthe crétois ne se trouvait pas sous terre. Il était construit à ciel ouvert et comprenait une succession de pièces et de couloirs enchevêtrés, disposés avec un désordre savant et conçu par Dédale. Seul Thésée, aidé par le fil d'Ariane, réussit à trouver le chemin, rejoignit le Minotaure et put tuer le monstre. Le mythe du Labyrinthe a été repris d'une manière plus originale par une autre légende : celle du roi Cocalos, qui, pour découvrir Dédale, s'avisa d'offrir une récompense à quiconque pourrait faire passer un fil tout le long de la spirale interne d'une coquille d'escargot. Dédale y réussit en attachant un fil à la patte d'une fourmi; l'insecte s'engagea dans la coquille, en fit plusieurs fois le tour, pour atteindre sans peine avec le fil le bout de ce nouveau labyrinthe.

LACÉDÉMON. Roi éponyme du territoire occupé par les Lacédémoniens, Lacédémon épousa Sparta, fille du roi Eurotas, et il donna à la capitale de son royaume le nom de sa femme. Il eut pour fils Amyclas, qui lui succéda sur le trône, et pour fille Eurydice, l'épouse d'Acrisios, fils d'Abas.

LADON. 1° Dieu-fleuve d'Arcadie, affluent de l'Alphée, fils d'Océan et de Téthys, époux de Stymphalis et père de Daphné et de Métopé. Sur ses rives Pan rencontra la nymphe Syrinx et se mit à la poursuivre. Celle-ci se précipita dans le fleuve, qui la métamorphosa en roseau. 2° Le dragon qui veillait sur les pommes d'or des Hespérides porte aussi le nom de **Ladon.**

LAËRTE. Ce roi d'Ithaque était le fils d'Acrisios, et il avait pris part à l'expédition des Argonautes et à la chasse du sanglier de Calydon. Son épouse Arcisios, la fille d'Autolycos, mit au monde Ulysse. Il mena une vie retirée et triste, pendant la longue absence de son fils. Il vivait toujours lorsque celui-ci revint; mais, rajeuni par Athéna, il put aider Ulysse à se défaire des parents des prétendants massacrés.

LAÏOS. Fils de Labdacos, roi de Thèbes, Laïos succéda à son père après maintes contestations et épousa Jocaste, selon la tradition des poètes tragiques. L'oracle de Delphes lui ayant prédit que, s'il lui naissait un fils de cette femme, grands seraient les périls qu'il encourrait, il chassa loin de sa couche son épouse, sans lui donner de raison. Vexée, celle-ci enivra son mari, le plongeant dans une demi-inconscience, et put ainsi concevoir un fils, Œdipe. Abandonné sur une montagne, Œdipe fut recueilli et élevé par le roi de Corinthe Polybos; un jour, il rencontra Laïos sur son chemin. Ignorant tous deux leurs liens de parenté, ils se disputèrent, et Œdipe tua Laïos, puis, plus tard, épousa la veuve de celui-ci, sa propre mère.

LAMIA. Souvent identifiée avec Empousa, Lamia prenait l'apparence d'un fantôme terrifiant pour enlever et dévorer les enfants. Elle avait été autrefois une belle jeune femme, fille du roi Bélos. Unie à Zeus, elle donna naissance à plusieurs enfants qu'Héra, par jalousie, fit tous périr. Lamia se vengea en se métamorphosant en un monstre qui se mit à manger les nourrissons. Héra la priva alors de sommeil. Zeus, pour consoler son amante de tant de persécutions, lui accorda le pouvoir d'enlever ou de mettre ses yeux à volonté.

LAMPÉTIE. Fille d'Hélios, Lampétie gardait avec sa sœur Phaétousa les troupeaux sacrés de son père en Sicile. Quand les compagnons d'Ulysse dévorèrent quelques-unes des têtes de bétail, les deux sœurs allèrent trouver Hélios et l'avertirent du sacrilège. Le dieu courroucé foudroya les impies.

LAOCOON. Laocoon, selon la version la plus connue de sa légende, est le fils du prince troyen Anténor. Chargé du culte d'Apollon, il commit un sacrilège en se mariant, enfreignant de la sorte un vœu de célibat, ce qui attira sur lui la colère d'Apollon. Il joua un rôle déterminant lors de la chute de Troie et plus particulièrement dans l'épisode du célèbre cheval de bois, contre lequel il lança un javelot, pour montrer à ses concitoyens que ses flancs rendaient le son d'une cavité où s'entrechoquaient des armes. Il voulait ainsi les inciter à ne pas introduire dans leur ville cette forteresse camouflée. C'est à ce moment que deux énormes serpents sortirent de la mer et se jetèrent sur le prêtre impie et sur ses deux fils, les lacérant et

---

Expression presque inhumaine de la souffrance, cette tête de Laocoon, avec sa bouche entrouverte, ses joues creuses, ses rides et ses yeux révulsés, est celle d'un agonisant terrassé par l'asphyxie, celle d'un homme abandonné par les dieux et par la vie. Détail du groupe de « Laocoon et ses fils » (v. p. 180). Art hellénistique (Rhodes). Marbre. Vers 50 av. J.-C. (Musée du Vatican.) [Phot. Anderson-Giraudon.]

▲

Dans ce chef-d'œuvre de l'art hellénistique, du baroque grec, l'artiste a rendu puissamment à travers ce groupe le sentiment d'impuissance des hommes victimes de la colère des dieux. La révolte, autant que la prière, anime les corps et les visages de Laocoon et de ses fils, qui tentent de desserrer l'étreinte des anneaux du serpent, gigantesque monstre envoyé par les dieux. Marbre. Vers 50 av. J.-C. (Musée du Vatican.) [Phot. Anderson-Giraudon.]

les étouffant de leurs nœuds. Cependant, les Troyens ignoraient tout du sacrilège commis par Laocoon. Ils estimèrent que son refus de faire pénétrer le cheval de bois dans la cité avait, seul, provoqué la colère des dieux. Ils ouvrirent donc toutes grandes les portes de leurs remparts et précipitèrent, par ce geste malheureux, la ruine de Troie.

LAODAMIE. 1° Cette fille d'Acaste aimait son époux Protésilas avec passion. Lorsqu'elle apprit sa mort survenue devant les murailles de Troie, elle supplia les dieux de lui accorder la permission de revoir son époux seulement pendant trois heures. Cette faveur lui fut accordée, mais lorsque le court délai imposé se fut écoulé et que Protésilas se prépara à descendre pour la seconde fois aux Enfers, Laodamie se suicida pour ne pas le quitter. On raconte aussi que Laodamie passait ses nuits à enlacer une statue qui avait la forme de Protésilas. Ayant appris la chose, Acaste fit jeter la statue au feu. Laodamie s'élança alors dans les flammes et périt.

2° On connaît sous ce nom une nourrice qui recueillit et sauva Oreste.

3° Une troisième **Laodamie** est fille de Bellérophon; elle fut aimée de Zeus et mit au monde un fils, Sarpédon.

L'artiste a respecté l'épisode fameux du combat des Lapithes contre les Centaures. Ces derniers sont armés d'énormes blocs de pierre, mais les Lapithes semblent plus libres de leur mouvement et s'apprêtent à vaincre leurs ennemis quelque peu embarrassés par leurs corps chevalins. Détail d'un vase grec. (Louvre.) [Phot. Giraudon.] ▶

LAODICÉ. 1° Fille de Priam et d'Hécube, Laodicé fut, selon certains, l'épouse de Télèphe, selon d'autres, la femme d'Hélicaon, fils d'Anténor. Elle avait été la maîtresse d'Acamas, l'un des fils de Thésée, lorsqu'il était venu à Troie en ambassade et avait donné le jour à un fils, Mounitos. A la chute de Troie, elle s'enfuit, mais la terre s'entrouvrit sous ses pas et l'engloutit.

2° Une autre **Laodicé**, fille de Clytemnestre et d'Agamemnon, est connue par les tragiques grecs sous le nom d'*Électre*.

LAOMÉDON. Ce fils d'Ilos succéda à son père sur le trône de Troie. Avec le concours de Poséidon et d'Apollon, il fit entourer la ville d'immenses remparts et construire un port protégé par d'importantes digues. Quand les dieux eurent accompli avec zèle leurs charges respectives, Laomédon refusa de leur sacrifier les têtes de son bétail nées pendant l'année, ainsi qu'il le leur avait promis. Pour se venger, Apollon envoya sur le royaume une épidémie, et Poséidon dépêcha un monstre qui ravageait les champs en les inondant d'eau de mer. L'oracle consulté annonça au roi qu'il devait exposer sa fille Hésioné aux fureurs du monstre afin d'apaiser le dieu de la Mer courroucé. Laomédon fut donc contraint d'attacher sa fille sur un rocher au bord de la mer. Mais le hasard voulut qu'Héraclès, accompagné de Télamon, vînt débarquer sur le rivage de Troie et aperçût la jeune fille. Le héros brisa aussitôt les chaînes et offrit à Laomédon d'abattre le monstre. Le roi lui promit en revanche les deux chevaux blancs immortels et plus légers que l'air que Zeus lui avait cédés pour prix du rapt de Ganymède. Héraclès plongea alors son épée dans la gorge du monstre. Une fois encore, Laomédon viola son engagement. Décidé à se venger, Héraclès quitta la ville de Troie, recruta une armée, revint devant la ville et ordonna un assaut immédiat. Il renversa les murailles, tua Laomédon et tous ses enfants, sauf Priam, qu'il établit sur le trône, et Hésioné, qu'il offrit à son fidèle compagnon Télamon.

LAPITHES. Peuple mythique, les Lapithes habitaient les montagnes de la Thessalie. Ils intervinrent dans de nombreuses légendes (Argonautes, sanglier de Calydon), et se signalèrent surtout par la lutte qui les opposa aux Centaures. En effet, ils étaient gouvernés par Pirithoos, fils d'Ixion, et par conséquent demi-frère des Centaures. Ceux-ci revendiquèrent leur part d'héritage. Pour les apaiser, Pirithoos les invita à ses noces. Pris

de vin, les Centaures attaquèrent les Lapithes, tentèrent de faire violence à Hippodamie, la fiancée de Pirithoos, mais finalement furent battus.

LARA. Déesse romaine du Silence, Lara, parfois surnommée *Muta* ou *Tacita*, est l'héroïne d'une légende rapportée par Ovide dans ses *Fastes*. Nymphe de l'Almon, ruisseau qui se jette dans le Tibre, elle refusa de se plier aux ordres de Jupiter. Celui-ci avait demandé aux divinités des rivières de l'aider à ravir Juturne, dont il était amoureux. Qui plus est, Lara s'en fut tout raconter des projets galants de Jupiter à Junon et à Juturne. Courroucé, le dieu lui arracha la langue et ordonna à Mercure de conduire cette bavarde aux Enfers. En cours de route, le dieu la séduisit et la rendit mère des Lares. Lara est considérée par les Romains à la fois comme la déesse de la Médisance et comme une des divinités du silence éternel, la Mort.

LARE. Dieu romain d'origine étrusque, fils de Mercure et de Lara, Lare incarne l'âme des morts sous la forme d'une petite statuette figurant les traits d'un adolescent. Il protège chaque demeure romaine, transmis de génération en génération. On lui voue un culte minutieux et superstitieux. Aux Lares domestiques s'ajoutent les multiples Lares publics qui garantissent la sécurité des rues, des champs, des carrefours et les Lares de la cité qui sont choisis parmi les dieux romains : ainsi Janus, Diane, Mercure.

LARENTIA. Les légendes ne s'accordent pas sur cette divinité romaine, surnommée parfois Acca Larentia. Suivant l'une, elle est l'épouse du berger Faustulus et la mère nourricière des jumeaux Romulus et Remus. D'après une autre, elle s'unit à Hercule, qui l'avait gagnée en dette de jeu. Une troisième version lui donne un mari riche, possesseur de terres autour de Rome. Mais peut-être n'est-elle qu'une divinité chthonienne, affiliée aux dieux Lares, comme l'indiquerait son nom même de Larentia.

LARVES. Ces génies malfaisants et démoniaques étaient souvent confondus avec les Lémures. Ils représentaient également l'esprit des morts qui n'avaient pas reçu de sépulture ou qui avaient commis, durant leur existence, des crimes inexpiables. Les Larves revenaient sur la terre tourmenter les vivants et leur apparaissaient sous l'aspect de spectres ou de squelettes, apportant avec elles les terreurs, les névroses et même l'épilepsie.

LATINUS. Ce roi légendaire, qui a donné son nom aux Latins, était pour les Romains soit un fils de Circé et d'Ulysse, ou même un petit-fils d'Ulysse, soit le fils de Faunus et de la nymphe Marica. D'Amatée, son épouse, il eut une fille, Lavinia, que convoita Turnus, le roi des Rutules. Mais un jour, Lavinia, alors qu'elle accomplissait un sacrifice, prit feu sans éprouver la moindre souffrance. Interrogé sur ce prodige, son grand-père Faunus assura qu'elle devait attendre pour se marier l'arrivée d'un glorieux guerrier qui élèverait bien haut la gloire du nom latin. Le jour où Énée débarqua dans le Latium, le roi reconnut le héros annoncé et lui donna sa fille. Latinus, après sa mort, fut divinisé sous le nom de *Jupiter Latiaris*.

LATIUM. Territoire situé entre l'Étrurie, au nord, et la Campanie, au sud, le Latium figure dans maintes légendes romaines antérieures à la fondation de Rome. Il fut, en effet, gouverné par une suite de rois légendaires qui, après leur mort, connurent les honneurs de l'apothéose (Janus, Picus, Faunus, Énée). La population de sa capitale, Albe-la-Longue, essaima dans la région et fonda, dit-on, la ville de Rome.

LAVERNA. Cette divinité romaine aux origines obscures fréquentait les lieux mal famés et accordait l'impunité aux bandits qui l'invoquaient. Elle devint ainsi la déesse des Voleurs.

LAVINIA. Fille unique du roi Latinus et d'Amata, Lavinia avait été fiancée à un chef indigène, Turnus. Mais Faunus, son grand-père, s'opposa, par ses oracles, au mariage et demanda d'attendre la venue d'un étranger qui engendrerait une race appelée à dominer le monde. Énée, débarquant peu de temps après en Italie, trouva refuge chez Latinus, qui, persuadé que la prophétie se réalisait, lui accorda la main de sa fille. Mais Junon, qui persécutait sans relâche tout être de race troyenne, provoqua, par l'entremise de la furie Alecto, la colère et l'opposition d'Amata, la fureur jalouse de Turnus et suscita une guerre inexpiable. Énée sortit vainqueur et épousa Lavinia. Devenue veuve, celle-ci donna le jour à un fils posthume, Silvius, auquel Ascagne, son demi-frère, fut contraint de céder la ville de Lavinium, le désignant plus tard comme son successeur sur le trône.

LÉANDRE. Ce jeune homme d'Abydos traversait chaque nuit l'Hellespont à la nage pour rejoindre Héro, une prêtresse d'Aphrodite, qui demeurait sur la rive opposée. Elle guidait avec un flambeau le parcours de son amant. Ils ne se quittaient plus qu'au matin, lorsque perçait l'aurore. Mais, par une nuit d'orage, la bourrasque souffla la flamme du flambeau. Léandre se perdit dans la noirceur des flots et, à bout de forces, se noya. La mer rejeta son corps sur le rivage, où, folle d'inquiétude, Héro l'avait attendu durant des heures. Désespérée, la malheureuse se précipita dans les flots et rejoignit de la sorte, au sein du trépas, son amant infortuné.

LÉARCHOS. Perséphone avait confié au roi Athamas d'Orchomène et à son épouse Ino le petit Dionysos. Rendu fou par Héra, le roi tua son fils Léarchos, le prenant pour un cerf, et mit son corps en pièces. On raconte aussi que Léarchos fut tué par mégarde à la place de sa mère Ino. Athamas voulait en effet punir son épouse pour avoir persécuté Phrixos et Hellê, les deux enfants qu'il avait eus de Néphélé.

LÉDA. Fille de Thestios, roi d'Étolie, elle vécut à la cour de son père, où elle fit connaissance de Tyndare, dépossédé de son royaume de Sparte. Elle l'épousa et lui donna une descendance illustre issue d'un œuf : Pollux et Hélène, enfants de Zeus, qui avait approché Léda sous la forme d'un cygne, et Castor et Clytemnestre, enfants légitimes de Tyndare.

LÉLEX. Roi éponyme des Lélèges à Sparte, Lélex eut deux fils, Mylès et Polycaon. Le premier fut le père du dieu-fleuve Eurotas, le second donna au territoire qu'il gouvernait le nom de son épouse, *Messénê* (Messénie). Parfois considéré aussi comme le grand-père de Téléboas, Lélex serait donc l'ancêtre des Téléboens, les sujets du roi Ptérélas.

LEMNOS. L'une des plus fameuses îles de la mer Égée, Lemnos figure dans la mythologie comme le territoire de passage d'un grand nombre de héros, tels les Argonautes et Philoctète; on pense qu'Héphaïstos y fut précipité lorsque les dieux le disgracièrent. L'île fut peuplée par des Thraces; mais ceux-ci furent massacrés par leurs épouses, maudites par Aphrodite. Hypsipyle, une des leurs, fut choisie comme reine. Lemnos fut remarquée par Jason, et les Argonautes s'unirent aux Lemniennes, mais la race qui naquit fut finalement chassée de l'île par les Pélasges.

LÉMURES. Ce sont les spectres malfaisants, inquiets et inquiétants, des morts, qui reviennent parfois dans les demeures pour terroriser les vivants. Afin de les apaiser, ou plutôt de les mettre en fuite, les Romains célébraient la fête dite « Lemuria ». On jetait aux Lémures des fèves noires, et l'on frappait, durant toute une nuit, sur des vases d'airain, pour les effrayer. Pendant cette fête, tous les temples étaient fermés et les mariages interdits.

LESTRYGONS. Ayant fait escale au sud de l'Italie, dans un port que l'on identifie généralement avec la ville de Formies, en Campanie, Ulysse et ses compagnons furent attaqués par les Lestrygons, géants anthropophages, qui leur jetèrent des pierres et coulèrent presque tous leurs navires. Le roi d'Ithaque put leur échapper, mais un grand nombre des navigateurs qui l'accompagnaient furent cueillis par les immenses mains des Lestrygons et dévorés.

LÉTHÉ. Fille d'Éris, la Discorde, et mère des Charites, Léthé est une source des Enfers, où les âmes des morts viennent se désaltérer, afin d'oublier toutes leurs souffrances passées et les circonstances de leur existence terrestre antérieure. Sous l'influence de la doctrine néo-platonicienne, Léthé devint le fleuve dans lequel toute âme qui revenait sur la Terre devait se tremper pour oublier l'ancienne personne qu'elle avait habitée, et surtout les images connexes de l'Enfer et de la Mort.

LÉTO. Appelée *Latone* par les Romains, Léto, fille du Titan Cœos et de la Titanide Phoibê, fut aimée par Zeus, qui, par elle, engendra deux jumeaux. Mais le dieu, redoutant

Sous les palmiers de Delphes où Apollon a établi son culte, Léto écoute les accents mélodieux que son fils tire de sa lyre et les accompagne d'une sorte de crotale. Amphore grecque. (Louvre.) [Phot. Giraudon.]

la colère d'Héra, abandonna son amante. Héra, ayant découvert l'infidélité de son époux, ordonna à toutes les terres de refuser l'hospitalité à Léto. La malheureuse erra durant des mois de lieu en lieu. Elle parvint enfin en vue d'une parcelle de terre qui flottait sur l'eau et se nommait Ortygie. Cette île aride et désolée voulut bien accueillir Léto, saisie déjà des premières douleurs. Ni Héra ni Ilithye, déesse des Accouchements et des Naissances, ne consentirent à venir l'aider pour lui procurer une prompte délivrance. Ce qui fait que l'infortunée souffrit neuf jours et neuf nuits : elle ne mit pas au monde ses deux divins enfants, Apollon et Artémis, avant l'arrivée d'Ilithye, qui s'était laissée fléchir. C'est alors qu'Ortygie fut fixée au fond de la mer par quatre colonnes et que la végétation, les fleurs commencèrent à percer la croûte aride de son sol. Elle prit le nom de *Délos*, « la Brillante », et devint une des îles les plus célèbres et les plus fertiles des Cyclades. Léto eut droit, en récompense de sa constance et de son courage, à l'affection de ses deux enfants, qui la défendirent contre le géant Tityos, les injures de Niobé et le serpent Python.

LEUCIPPOS. 1° Ce fils d'Œnomaos pour mieux approcher Daphné, qu'il aimait, se déguisa en femme. Mais sa ruse fut découverte, et les nymphes le mirent en pièces, ou, suivant une autre version, il fut enlevé par les dieux.

2° On connaît également **Leucippos**, fils de Périérès de Messénie et époux de Philodicé, fille du dieu-fleuve Inachos. Il eut trois filles, Phoibê et Hilæra, fiancées à Idas et Lyncée et enlevées par les Dioscures, et Arsinoé, la dernière, qui fut l'amante d'Apollon et sans doute la mère d'Asclépios. Ce Leucippos donna son nom à la ville de Leuctres.

LEUCOTHÉA. C'est le nom porté par Ino après son accession au rang des divinités marines. Elle était la fille de Cadmos et d'Harmonie et la sœur de Sémélè, mère de Dionysos. Athamas, roi de Thèbes, avait répudié Néphélé, dont il avait eu deux enfants, Phrixos et Hellê, pour pouvoir l'épouser. Elle lui donna deux fils, Léarchos et Mélicerte. Craignant que les enfants du premier lit ne régnassent à la place de ses propres fils, Leucothéa, en grillant les graines de semence, attira sur Thèbes une famine épouvantable. Ayant ensuite soudoyé l'oracle, elle fit proclamer par toute la cité que les dieux exigeaient le sacrifice de Phrixos.

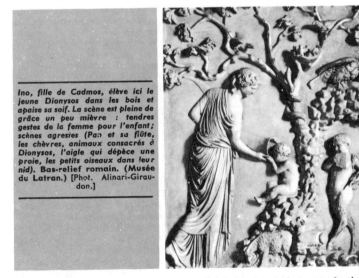

Ino, fille de Cadmos, élève ici le jeune Dionysos dans les bois et apaise sa soif. La scène est pleine de grâce un peu mièvre : tendres gestes de la femme pour l'enfant ; scènes agrestes (Pan et sa flûte, les chèvres, animaux consacrés à Dionysos, l'aigle qui dépèce une proie, les petits oiseaux dans leur nid). Bas-relief romain. (Musée du Latran.) [Phot. Alinari-Giraudon.]

Celui-ci eut juste le temps de s'enfuir avec sa sœur. Mais la malédiction devait s'abattre sur les deux époux : pour les châtier d'avoir élevé le petit Dionysos, fils adultérin de Zeus, Héra les rendit fous tous les deux. Le prenant pour une bête sauvage, Athamas tua son propre fils Léarchos. Leucothéa, pour sa part, jeta Mélicerte dans un chaudron rempli d'eau bouillante et se précipita dans la mer avec le cadavre de son enfant. Alors la colère des dieux s'apaisa. Leucothéa devint une divinité marine à la couleur blanche, semblable à celle de l'embrun. Elle obtint quelques pouvoirs pour apaiser les tempêtes et fut identifiée par les Romains avec la déesse Matuta. Son fils fut également vénéré à l'égal d'un dieu et associé au dieu romain Portunus, gardien des ports.

LIBER. Cette divinité archaïque de l'Italie centrale, qui ne possédait pas de mythologie propre, et sa parèdre Libera présidaient à la culture de la vigne et à la fertilité des champs. Aussi furent-ils assimilés sans difficulté à Bacchus, dieu du Vin, et à Cérès, déesse du Blé.

LIBERTÉ. Cette divinité allégorique fut créée pour les besoins de la politique impériale romaine. Associée à Jupiter, elle fut vénérée principalement sur l'Aventin; on lui donna l'aspect d'une femme coiffée d'un bonnet phrygien, attribut révolutionnaire de portée universelle, et tenant dans une de ses mains une branche de laurier.

LIBITINA. Cette très vieille divinité romaine du monde souterrain ne possède ni légende ni mythe. On la préposait aux cérémonies funéraires, dont elle assurait le bon déroulement. Aussi, la confondit-on bien vite avec la déesse de la Mort Proserpine. Par suite d'une étymologie erronée, on la rapprocha de *Libido* (la Passion), et elle devint une auxiliaire de Vénus.

LICHAS. Compagnon d'Héraclès, Lichas fut chargé par Déjanire d'apporter la tunique de Nessus à son maître, qui devait la revêtir au moment d'accomplir un sacrifice à Zeus. L'ayant mise, Héraclès sentit tout son corps se consumer. Fou de douleur, renversant les autels, déracinant les arbres, il injuria Lichas, terrifié,

qui tenta de se disculper. Héraclès ne l'écouta pas, le saisit par un pied, le fit tournoyer au-dessus de sa tête et le précipita dans la mer Eubée. Là, le malheureux fut métamorphosé en îles rocheuses, les Lichades.

LICYMNIOS. Fils d'Électryon et d'une esclave, Média, Licymnios accompagna, après la mort de son père, Amphitryon et sa demi-sœur Alcmène à Thèbes, où il se maria avec Périmédé, sœur d'Amphitryon, qui lui donna trois fils, Œnos, Argéios et Mélas, qui accompagnèrent tout trois Héraclès dans quelques-unes de ses expéditions. Le premier fut tué à Sparte par les fils d'Hippocoon; les deux autres furent massacrés au cours d'un raid en Œchalie, contre le roi Eurytos. Après la mort d'Héraclès, dont il était l'oncle, Licymnios fut pourchassé, avec les Héraclides, par Eurysthée et tenta de s'installer, en vain, dans le Péloponnèse. On raconte que Tlépolémos, un Héraclide, voulut battre une de ses esclaves avec un bâton, mais frappa par mégarde Licymnios, qui s'était interposé, et le tua.

LINOS. Il semble qu'à l'origine le Linos soit une sorte de chant de deuil. Mais, peu à peu, le Linos s'est personnifié. Suivant une tradition d'Argolide, Psamathé, la fille du roi Crotopos, avait eu d'Apollon un fils, Linos. Craignant le courroux de son père, elle exposa l'enfant. Des bergers le recueillirent, mais, peu après, il fut dévoré par des chiens. Psamathé ne put cacher sa douleur et découvrit ainsi sa faute. Furieux, son père la fit mettre à mort. Ce double crime entraîna la colère d'Apollon, qui châtia la cité d'Argos en envoyant une Harpye, puis la peste. Interrogé, l'oracle de Delphes ordonna aux Argiens d'établir un culte à la mémoire et en l'honneur de Linos et de Psamathé : aussitôt, l'épidémie cessa.

— En Béotie, une autre légende donnait à Linos une Muse pour mère. Excellent musicien, il avait été chargé d'instruire Héraclès. Mais un jour que Linos s'était permis de réprimander son élève indocile, le héros tua son maître. On racontait encore que Linos avait eu l'imprudence de rivaliser avec Apollon en prétendant qu'il jouait mieux de la lyre que le dieu. Ce dernier, courroucé, l'aurait tué pour le punir de son insolente vanité.

LOTIS. Cette nymphe parvint toujours à échapper au dieu Priape, qui cherchait à la séduire par surprise; elle fut ainsi sauvée par le braiement de l'âne de Silène, qui lui permit de s'enfuir au moment où le dieu s'approchait d'elle. Un jour où elle allait succomber à Priape, elle se métamorphosa en un arbuste, le lotus.

LOTOPHAGES. Ce peuple fabuleux, que les Anciens identifièrent avec les populations de l'Afrique du Nord-Est, avait l'étrange originalité de se nourrir exclusivement d'un fruit, le lotus, au goût savoureux de miel et de fleurs pilées. A quiconque débarquait sur leurs terres, comme le firent un jour Ulysse et ses compagnons, ils offraient cet aliment inconnu, dont la saveur était si fine, si délicate que les nouveaux venus, enchantés, oubliaient leur patrie et se refusaient à quitter une contrée dispensatrice d'une telle euphorie. Devant ce danger, qu'il n'avait point prévu, Ulysse dut user de la force pour contraindre ses compagnons à rejoindre leurs embarcations et à reprendre la mer en direction de leur patrie.

LUA. On consacrait à cette divinité primitive de l'Italie le butin de guerre et les armes capturées aux ennemis au cours des batailles. Comme elle côtoyait les guerriers morts, on la plaçait parfois au nombre des divinités infernales, sous le nom de *Lua Saturni.*

LUCIFER. Dieu-astre des Romains, identifié avec le Phosphoros des Grecs, Lucifer (« porteur de la lumière ») annonce l'Aurore, dont il est le fils. On lui connaît d'autres noms, qui tous désignent l'Étoile du matin : Hespéros, Héosphoros. Il est le père de Céyx, et de Daedalion, père de Chioné.
Lucifer est aussi le surnom porté par les principales divinités de la Lumière.

LUPERCUS. Cet ancien dieu italien, ami des bergers et protecteur des troupeaux contre les loups, fut vite assimilé par les Romains à Faunus, puis, après la conquête de la Grèce, au Pan arcadien. La fête des Lupercales était célébrée en son honneur pour prévenir la stérilité féminine.

LYCAON. 1° Fils de Pélasgos, Lycaon, roi d'Arcadie, et ses cinquante fils étaient réputés pour leur impiété. Zeus décida de leur rendre visite sous l'apparence d'un pauvre paysan. Lycaon, pour savoir si cet étranger, à sa table, était un dieu, eut l'effronterie de lui servir des mets mélangés à de la chair humaine. Zeus, indigné, repoussa au loin la table du festin, foudroya tous les fils du roi, sauf Nyctimos, qui monta sur le trône, et changea en loup Lycaon. Selon une légende, Lycaon était également le père de Callisto, qui devint la constellation de l'Ourse.
2° Fils de Priam, un autre **Lycaon** fut surpris dans le jardin de son père par Achille, qui le fit prisonnier. Patrocle vendit Lycaon à Lemnos, mais Eétion d'Imbros le racheta, et le prince regagna secrètement Troie pour périr de la main même d'Achille douze jours plus tard.

LYCOMÈDE. Roi de l'île de Scyros, Lycomède reçut Achille qui, déguisé en femme, tentait, sur les conseils

Caché dans le gynécée des filles de Lycomède, Achille passe le temps en jouant de la lyre. Son visage, par une sorte de mimétisme, est presque celui d'une fille dont il a pris l'apparence pour se cacher des Grecs partis à sa recherche. Mais Ulysse, à droite, souffle dans une trompe et réveille ainsi les ardeurs guerrières du héros, qui acceptera finalement de partir pour Troie.
Haut-relief grec. (Louvre.) [Phot. Giraudon.]

de sa mère Thétis, de ne pas partir pour Troie. Là, Achille eut de Déidamie, la fille de Lycomède, un fils célèbre, Néoptolème. On retrouve ce roi dans la légende athénienne sur Thésée. Quand le héros parvint à Scyros, Lycomède le reçut avec beaucoup de faste. Mais craignant que son hôte ne lui ravît son royaume, il le fit monter en haut d'une falaise et le poussa dans le vide.

LYCOS. 1° Fils de Cadmos, roi de Thèbes, Lycos fut mis à mort avec son épouse Dircé par Amphion et Zéthos pour le mauvais traitement que le couple avait fait subir à Antiope. 2° Un autre **Lycos,** fils de Pandion, fut banni du royaume d'Athènes par son frère Égée et trouva refuge en Messénie, où, devenu grand prêtre des déesses Déméter et Perséphone, il s'initia à leurs mystères et reçut le don de prophétie. Mais on dit aussi qu'il émigra dans ce pays d'Asie Mineure qui lui doit son nom, la *Lycie.* 3° Un troisième **Lycos,** roi des Mariandyniens, reçut l'aide d'Héraclès et, grâce à lui, put s'emparer du royaume des Bébryces.

LYCURGUE. 1° Lorsque Dionysos arriva en Thrace avec son cortège de Bacchantes et de fidèles, il fut attaqué par Lycurgue, roi des Édoniens, qui captura l'armée du dieu et obligea celui-ci à s'enfuir et à se réfugier dans la mer, au fond de la grotte de Thétis. L'impiété du roi méritait un châtiment. Les dieux aidèrent les Bacchantes prisonnières à briser leurs chaînes et frappèrent Lycurgue de démence : le malheureux mit à mort son fils Dryas à coups de hache, pensant abattre un plant de vigne. Devant l'horreur de ce crime, la terre de Thrace devint stérile. Un oracle demanda aux Édoniens de tuer leur roi. On attacha Lycurgue à quatre chevaux sauvages, qui l'écartelèrent et le mirent en pièces. La campagne reverdit à nouveau.

2° Roi de Némée, un autre **Lycurgue** accueillit les Sept Chefs en route pour Thèbes, consentit à leur donner de l'eau, et chargea Hypsipyle de les guider.

LYNCÉE. 1° Fils d'Égyptos, Lyncée fut le seul à échapper au massacre de ses frères par les Danaïdes et fut sauvé grâce à la complicité de son épouse Hypermnestre. Il s'enfuit d'Argos et attendit sur une colline voisine un signal lumineux pour revenir sain et sauf auprès de sa femme. Les Argiens, chaque année, commémoraient cette légende par une retraite aux flambeaux. On dit que Lyncée se

Il s'agit ici de Lyncée l'Argonaute, tombé à terre, frappé par Pollux. Bas-relief romain. (Villa Albani, Rome.) [Phot. Alinari-Giraudon.]

réconcilia avec son beau-père Danaos, mais d'autres légendes laissent entendre que, plus tard, Lyncée tua le roi et régna à sa place. Peut-être massacra-t-il toutes ses belles-sœurs pour venger le meurtre de ses frères. 2° Héros de Messénie, frère d'Idas et fils d'Apharée, ce **Lyncée** fut un des plus célèbres Argonautes : sa vue était si perçante qu'il voyait dans l'obscurité comme en plein jour. Il fut tué par Pollux, l'un des Dioscures.

LYNCOS. Roi de Scythie, Lyncos reçut un jour à sa cour Triptolème à qui Déméter avait donné l'ordre d'enseigner à toute la Terre l'art de cultiver le blé. Jaloux de ses pouvoirs et de ses dons, le roi voulut tuer son hôte pendant la nuit. Mais Déméter prévint ce geste criminel et changea Lyncos en lynx.

lyre. On doit l'invention de cet instrument de musique à la Muse Polymnie, selon les uns, mais, selon les autres, c'est Hermès, qui, encore nouveau-né, s'échappant de son berceau, butta contre une tortue qu'il tua et tendit sept cordes sur le creux de la carapace de cet animal. Symbole de la poésie, la lyre est non seulement l'instrument préféré d'Apollon, mais aussi celui des poètes mythiques, tels Orphée, qui put, en la pinçant, charmer les Sirènes, et Thamyris, qui voulut rivaliser avec les Muses : puni pour sa vanité, il fut frappé de cécité.

Lyre jouée aux doigts, sans plectre. **Détail d'une coupe grecque à fond blanc. (Louvre.)** [Phot. Giraudon.]

MACHAON. Fils d'Asclépios, Machaon régna avec son frère Podalirios sur trois villes thessaliennes. Prétendant d'Hélène, il prit part à l'expédition contre Troie, et, ayant reçu de son père le précieux don de guérir les blessures même les plus graves, il se mit au service des héros. Il soigna Ménélas, blessé par une flèche de Pandaros, et Philoctète, rongé par une plaie faite dix ans plus tôt par une flèche d'Héraclès. Il fut enfin un de ceux qui s'introduisirent dans les flancs du cheval de Troie. Machaon fut tué bientôt par Eurypylos, fils de Téléphe. Les cendres sacrées de ce médecin à la science miraculeuse furent rapportées par Nestor dans un sanctuaire de Gérénia, où les malades venaient chercher la guérison.

MAIA. Cette Pléiade fut aimée de Zeus dans une grotte du mont Cylène. Elle donna naissance à Hermès. Elle fut également la nourrice d'Arcas, fils de Zeus et de Callisto, ce qui lui attira le ressentiment d'Héra. Les Romains, qui vénéraient Maia, ajoutaient même que, persécutée par Junon, elle n'eut de repos que lorsque son amant l'eût métamorphosée en astre.

MÂNES. A l'origine, les Mânes étaient des génies tutélaires de la maison romaine au même titre que les Pénates et les Lares. Ils représentaient l'âme des défunts qui avaient autrefois habité la demeure. Plus tard, les Romains décernèrent ce nom aux âmes des morts qu'ils avaient divinisées, et ils en firent des divinités du monde inférieur, tout en leur rendant un culte pour apaiser leur courroux. Selon certaines traditions, ces génies avaient eu pour mère Mania, la personnification de la Folie. Mais en nommant *Mânes*, c'est-à-dire « Bienveillantes », les âmes des morts tant redoutées, les Romains, par cette naïve flatterie, tentaient d'attirer sur eux leurs faveurs.

MANIA. Semblable aux Érinyes, cette divinité avait le pouvoir terrifiant de susciter la folie dans l'âme des coupables et de les entraîner à des actions irréfléchies, à des crimes, à des meurtres ou à des sacrilèges.

MANTÔ. Fille du devin Tirésias, Mantô fut capturée par les Épigones au cours de leur expédition contre Thèbes. Ceux-ci l'envoyèrent, avec le butin pillé dans la ville, à Delphes pour remercier Apollon de son aide. Là elle apprit l'art de la divination et devint une sibylle; puis elle quitta la Grèce pour l'Asie Mineure, où, devenue l'amante d'Apollon, elle donna le jour au devin Mopsos. On raconte aussi que Mantô fut séduite par Alcméon, un des Épigones, qui engendra un fils, Amphilocos. Les Romains affirmèrent, de leur côté, qu'une Mantô, fille d'Hercule, avait donné naissance à un fils, Aucnus, qui, plus tard, en l'honneur de sa mère, fonda une cité à laquelle il donna le nom de *Mantoue*.

Mariage. Tout mariage, dans l'Antiquité, est placé sous la protection d'un certain nombre de divinités qui veillent particulièrement à la bonne entente des époux et à la fécondité de leur union. Ainsi, il est d'usage que la fiancée, la veille de son mariage, offre en « ex-voto » aux déesses Artémis et Aphrodite ses jouets, afin d'attirer sur elle leur bienveillance. Le jour du mariage, on invoque Junon (Héra), la déesse de la Femme, et on mange des gâteaux spéciaux qui favorisent la conception des enfants.

MARICA. D'après Virgile, cette nymphe de l'ancienne religion latine passait pour être l'épouse de Faunus et la mère de Latinus, roi du Latium. Elle était honorée dans un bois sacré, sur les bords du Liris, par les habitants de Minturnes, ville importante du Latium, aux frontières de la Campanie.

MARON. Petit-fils de Dionysos, fils d'Évanthès, et prêtre d'Apollon à Ismaros en Thrace, Maron offrit à Ulysse du vin très fort, avec lequel le héros parvint à enivrer le Cyclope Polyphème, et à le plonger dans le sommeil, avant de lui crever son œil. Maron, en raison de son origine, fait partie du cortège de Dionysos et personnifie l'Ivresse, principalement chez les Romains.

MARPESSA. Fille d'Événos, roi d'Étolie, et petite-fille d'Arès, Marpessa fut promise par son père à quiconque le vaincrait dans une course de chars. Il stipula, en revanche, que le prétendant vaincu par lui aurait la tête tranchée. Narguant le danger, nombreux furent ceux qui se proposèrent et qui périrent décapités. Un jour, Idas, épris de Marpessa, demanda à son père Poséidon de lui faire présent d'un char enchanté.

Il put de la sorte enlever Marpessa. Mais Apollon, amoureux, lui aussi, de la jeune femme, provoqua le héros en duel. Zeus, ayant séparé les combattants, demanda à Marpessa de faire son choix. Sagement, elle élit pour mari le mortel, craignant, à juste titre, que le dieu, trop volage, ne l'abandonnât lorsqu'elle commencerait à vieillir. Aussi, pour les Anciens, devait-elle symboliser la prudence raisonnée.

MARS. Transposition latine de l'**Arès** hellénique, Mars est l'un des dieux romains sur lesquels les interprétations des mythographes demeurent le plus sujet à controverses. Certes, il est le dieu de la Guerre : les collèges

Mars, dieu de la Guerre, fut particulièrement vénéré par les Romains. On l'a représenté ici dans l'attitude d'un jeune homme qui se repose. Il a posé son bouclier et tient d'une main une marotte, tandis qu'un Amour joue à ses pieds. Jamais, au contraire des Grecs, les Romains n'ont donné à Mars un caractère sévère. Art romain. (Musée des Thermes, Rome.) [Phot. Anderson-Giraudon.]

des prêtres saliens, qui l'honoraient, l'invoquaient en frappant des boucliers, et Auguste lui éleva un temple, lui accordant le surnom d'*Ultor* (« le Vengeur »). Cependant, l'influence qu'exerce la figure d'Arès sur Mars ne doit pas cacher le caractère beaucoup plus complexe du Mars primitif, vénéré particulièrement par les Sabins et les Osques. Loin d'être un dieu de la Destruction, Mars protégeait, au contraire, la végétation et assurait son épanouissement. Une fête lui était consacrée au cours du mois qui porte son nom et où se manifeste l'éclosion des premiers bourgeons et des premières fleurs. Les mythographes contemporains ont tenté de relier en une synthèse plausible les deux attributions du dieu : la guerre et la prospérité. Ils ont montré que les fêtes de Mars se déroulent au moment où les armées cessent d'hiverner et où les combats reprennent. Mars serait alors la figure symbolique du réveil de la force et de la vigueur tant dans la nature que dans le cœur des guerriers.

MARSYAS. Ce Silène, qui passe pour l'inventeur de l'harmonie phrygienne, ramassa un jour une flûte qu'Athéna avait jetée et maudite, prétendant qu'y souffler déformait ses joues. Ravi par les sons mélodieux de cet instrument, il conçut alors l'idée folle de défier Apollon. Le dieu consentit, à condition que le vaincu s'en remît à la discrétion du vainqueur. Les Muses et le roi Midas furent choisis comme arbitres du tournoi. Et, après une lutte serrée, les Muses se prononcèrent en faveur d'Apollon, tandis que

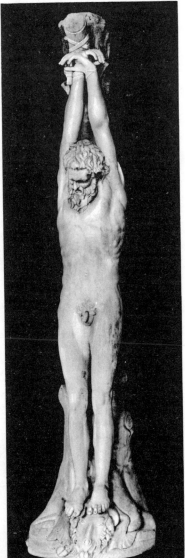

Pendu par les mains à une branche, le malheureux Marsyas va périr, écorché vif par Apollon. Art grec. Réplique antique d'une figure appartenant à un groupe du III s. av. J.-C. (Louvre.)* [Phot. Giraudon.]

Médée, partagée entre sa haine pour Jason et son amour pour ses enfants. Les yeux sont fixes, grands ouverts sur l'horreur du crime

prémédité. L'héroïne serre dans ses mains le glaive qui frappera ses enfants. Fresque de Pompéi. (Musée de Naples.) [Phot. Anderson-Giraudon.]

Midas, de son côté, réservait au Silène ses suffrages. Apollon châtia ce dernier, puis infligea à Marsyas l'horrible supplice d'être écorché vif, suspendu à un sapin. On raconte qu'Apollon, se repentant de cette affreuse vengeance, changea Marsyas en fleuve et consacra sa flûte à Dionysos.

MATER MATUTA. Cette déesse était primitivement adorée par les matrones romaines, dont elle favorisait la fécondité. Mais, plus tard, l'épithète de *Matuta*, qui lui fut décernée, la fit confondre avec la lumière matinale et l'Aurore. Lorsque les mythes grecs pénétrèrent à Rome, Mater Matuta fut, pour des raisons obscures, assimilée à Leucothéa, qui, transformée en déesse marine après son suicide, était venue, selon la légende, trouver refuge sur les côtes italiennes.

MÉANDROS. Comme tous les fleuves divinisés, Méandros est le fils d'Océan et de Téthys. Il prend sa source en Phrygie et se jette dans la mer icarienne. Il est le père de Cyanée, la mère de Caunos. Ce dernier fut aimé de sa sœur Byblis, et, pour échapper à cet amour coupable, il partit pour la Carie, où il fonda la ville de Caunos.

MÉDÉE. L'histoire de Médée se rattache à la légende des Argonautes. Quand ceux-ci débarquèrent sur le littoral du Pont, en Colchide, pour conquérir la Toison d'or, ils se heurtèrent à l'hostilité du roi Aiétès, gardien du précieux trésor. Cependant ils reçurent l'appui de Médée, la fille du roi, qui s'était éprise de Jason. Experte en l'art de la magie, la jeune fille donna à son amant un onguent dont il devait s'enduire le corps pour se protéger des flammes du dragon qui veillait sur la Toison d'or. Elle lui fit aussi présent d'une pierre, qu'il jeta au milieu des hommes armés, nés des dents du dragon : aussitôt, les guerriers s'entretuèrent et le héros put s'emparer de la Toison. Pour remercier Médée, Jason lui accorda le titre d'épouse. La magicienne s'enfuit alors avec lui, et, afin d'empêcher Aiétès de les poursuivre, elle tua et dépeça son frère Absyrtos, dont elle sema les membres sanglants sur sa route. Parvenue à Iolcos en Thessalie et reçue en grande pompe, par amour pour Jason, elle se livra à toutes sortes de crimes. Ainsi, elle incita les filles de Pélias, sous prétexte de le rajeunir, à tuer leur père, à le découper en morceaux et à le jeter dans un chaudron d'eau bouillante. Aussi, chassés par Acaste, le fils de Pélias, les deux époux se réfugièrent à Corinthe, où Médée donna le jour à deux fils, Phérès et Merméros. Au bout de quelques années de bonheur, Jason abandonna Médée pour Créüse, la fille de Créon, roi de Corinthe. Répudiée et bafouée, Médée médita une vengeance exemplaire. Elle offrit à Créüse une tunique qui brûla le corps de la jeune épousée et incendia le palais; puis elle égorgea ses propres enfants. Après ces crimes, elle s'enfuit à Athènes sur un char attelé de deux dragons ailés, et épousa le roi Égée, dont elle eut un fils. Bannie par Thésée, qu'elle avait vainement tenté de faire périr, elle retourna enfin auprès de son père en Colchide et, selon une tradition, descendit aux champs Élysées, où elle s'unit à Achille.

MÉDUSE. La seule des trois Gorgones à n'être pas immortelle, Méduse, se prévalait de la terreur particulière qu'elle inspirait aux mortels, avec sa chevelure, formée de serpents, ses

Sans regarder Méduse, de peur d'être pétrifié, Persée, après avoir saisi le monstre par les cheveux, lui tranche la tête. Du sang qui s'écoule de la plaie naît le cheval Pégase. Métope du temple de Sélinonte. VIᵉ s. av. J.-C. (Musée de Palerme.) [Phot. Brogi.]

dents immenses, les convulsions qui crispaient son visage, et son regard, pétrifiant tous ceux qui s'exposaient à son atteinte. Les mythes abondent à son sujet : ils tentent d'expliquer ses maléfices. Selon les uns, elle aurait été une belle jeune fille, trop fière de sa chevelure. Pour la châtier, Athéna aurait changé cette dernière en un paquet de serpents. Selon d'autres, la même Athéna l'aurait punie de s'être unie à Poséidon en lui imposant une forme affreuse. Sa mort est également le sujet de bien des récits : le plus connu met en scène le héros Persée, qui, sur l'injonction d'Athéna, et avec son aide particulière, trancha la tête de Méduse, prenant bien soin, pour n'être pas figé en pierre, de ne regarder que l'image de la Gorgone, telle qu'elle apparaissait au miroir poli de son bouclier. Du sang qui se répandait naquirent Pégase et Chrysaor, fils de Poséidon, le seul dieu qui n'ait pas craint de se joindre à l'horrible monstre. La tête de Méduse orna l'égide d'Athéna. La déesse, grâce à cet attribut magique, mettait en fuite ses adversaires.

MÉGARA. Le roi de Thèbes, Créon, accorda Mégara, sa fille, à Héraclès, vainqueur des Minyens d'Orchomène et de leur roi, Erginos, qui taxait les Thébains d'un lourd tribut. Cette union devait s'achever de façon tragique. Quand Héraclès dut un jour s'absenter pour descendre aux Enfers chercher Cerbère, un certain Lycos s'empara de Thèbes, tua Créon et voulut massacrer Mégara et ses enfants afin de pouvoir régner en toute quiétude. A son retour, le héros assassina l'usurpateur, mais Héra le frappa de folie et le poussa à égorger sa femme et ses enfants. Une autre version prétend que Mégara échappa à la tuerie, mais qu'Héraclès, ne pouvant supporter la vue de son épouse qui lui rappelait la mort de ses enfants, la donna en mariage à son neveu Iolaos.

MÉGÈRE. L'une des Érinyes, Mégère (« la Haine ») a deux fonctions principales : elle suscite parmi les hommes les querelles armées, les colères et les crimes de la jalousie et de l'envie; aux Enfers, elle tourmente, avec ses sœurs Alecto et Tisiphoné, les coupables mortels qu'elle a elle-même incités au meurtre.

MÉLAMPOUS. Petit-fils de Créthée, Mélampous avait acquis un don de divination hors pair en enterrant le corps d'un serpent. Les petits de cet animal — que vénéraient les Anciens — le récompensèrent de ce pieux office en lui léchant, pendant son sommeil, les oreilles. Il s'aperçut, à son réveil, qu'il comprenait le langage des oiseaux, des insectes et de nombreux autres animaux. Il mit ce don au service de son frère Bias, qui, pour obtenir la main de Péro, fille de Nélée, devait ravir à Phylacos un troupeau, gardé par un chien féroce qui ne dormait jamais. Le devin se rendit chez Phylacos et fut retenu un an prisonnier. Un jour, il entendit deux vers de bois annoncer l'écroulement imminent des poutres vermoulues qui soutenaient le plafond de son cachot. Mélampous prévint ses gardiens et se fit transférer dans une autre prison. Celle qu'il venait de quitter s'effondra peu après. Stupéfait d'une telle prescience, Phylacos demanda à Mélampous de guérir son fils frappé d'impuissance. L'autre y réussit à force de pratiques magiques. Pour le remercier, Phylacos lui fit don de son troupeau et Bias put ainsi obtenir la main de Péro.

Mélampous, par la suite, multiplia les prodiges. Il fut le premier à introduire le culte de Dionysos en Grèce. Il ramena à la raison les filles de Proétos, roi de Tirynthe. Celles-ci, atteintes de démence, se prenaient pour des vaches et parcouraient les champs en beuglant. Pour prix de ses soins, Mélampous exigea les deux tiers du royaume.

Après bien des refus et des hésitations, le roi consentit et donna même en mariage à Mélampous et à son frère deux de ses filles, Iphianassa et Lysippé.

MÉLANIPPE. Hippé, fille du centaure Chiron, fut séduite par Éole, le fils d'Hellen sur le mont Pélion. Elle lui donna une fille, Mélanippe, et obtint de Poséidon d'être placée parmi les étoiles, où elle devint la constellation du Cheval. Ainsi, le centaure Chiron ne connut jamais la faute de sa fille. Mélanippe fut séduite elle-même par Poséidon et mit au monde deux fils, Bœtos et Éole. — On connaît une autre légende dans laquelle elle était la reine des Amazones. Capturée par Héraclès, elle fut rachetée par sa sœur Hippolyte, mais tuée peu après, dans un combat, par Télamon pour avoir rompu une trêve.

MÉLANIPPOS. 1° Quand Thésée eut tué le bandit Sinis, il s'unit avec Périgouné, la fille de celui-ci, et eut un fils, Mélanippos.
2° Le plus célèbre **Mélanippos** reste dans la légende celui qui combattit avec Étéocle contre les Sept Chefs et tua Mécistée et Tydée. Ce dernier, sur le point d'expirer, vit arriver Amphiaraos, qui lui apportait la tête de Mélanippos. Dans sa sauvagerie et dans un dernier instinct de vengeance, Tydée fendit le crâne de l'ennemi et avala d'un seul coup la cervelle; puis il expira. Athéna, horrifiée par cet acte de cruauté, refusa alors d'accorder à Tydée l'immortalité.

MELANTHIOS. Ce chevrier trahit son maître Ulysse et se rangea du côté des Prétendants. Quand le héros revint à Ithaque, déguisé en mendiant, Melanthios l'insulta, puis il donna des armes aux Prétendants attaqués par Ulysse. Il fut fait prisonnier après le victoire de ce dernier; on lui coupa le nez, les oreilles, les mains et les pieds, que l'on donna à manger aux chiens.

MELANTHO. 1° Fille de Deucalion, Melantho, selon la version de la légende la plus commune, s'unit à Poséidon et donna le jour à un fils, Delphos, qui fut le héros éponyme de Delphes.
2° On connaît une autre **Melantho**, sœur de Melanthios, le chevrier d'Ulysse, qu'elle suivit dans la trahison en se rangeant du côté des Prétendants. Comme toutes les servantes infidèles du héros, elle fut pendue.

MÉLÉAGRE. On connaît deux versions de la légende de Méléagre; l'une dans *l'Iliade*, que conte Phœnix à Achille, l'autre plus tardive. Dans la première version, Méléagre est le fils d'Œnée, roi de Calydon, et d'Althée. Son père avait omis de sacrifier à Artémis. La déesse en fut si outrée qu'elle envoya sur-le-champ un sanglier monstrueux qui dévastait le pays de Calydon et risquait d'introduire peu à peu la famine dans le royaume étolien. Méléagre s'offrit à le chasser et réclama le concours des cités d'alentour ainsi que celui des Curètes. L'animal abattu, Artémis, au cours du partage des dépouilles, suscita une querelle entre les Étoliens et les Curètes, qui en vinrent rapidement aux mains. Dans la mêlée générale, Méléagre tua les frères de sa mère. Cette dernière appela alors sur son fils la malédiction des dieux et la colère des Érinyes. Méléagre se retira du combat, par crainte du courroux des puissances divines. Cependant, comme les Curètes victorieux assiégeaient la ville et l'incendiaient, tous les amis de Méléagre, sa mère, son épouse Cléopâtra se jetèrent à ses pieds et le supplièrent de reprendre la lutte. Le héros se laissa émouvoir, revêtit sa plus belle armure et parvint à repousser l'assaut des Curètes.
Selon l'autre tradition, Althée reçut la visite des Parques, lorsque naquit Méléagre. Elles lui révélèrent que son

A gauche, en compagnie d'Atalante et de deux autres chasseurs, Méléagre savoure sa victoire sur le sanglier de Calydon, auquel il a porté le coup fatal. On aperçoit la tête du monstre à ses pieds. Fresque de Pompéi. (Musée de Naples.) [Phot. Brogi.] A droite, la tragédie, placée sous la protection de Melpomène, symbolisée sur cette statue par le masque que la divinité tient d'une main. Son regard est à la fois inspiré, songeur et serein. Statue romaine. (Musée du Vatican.)

enfant vivrait aussi longtemps que durerait le tison qui brûlait alors dans l'âtre. Althée s'empressa d'éteindre le tison et de le cacher soigneusement. Méléagre grandit en force et en courage, et avec une foule de héros participa à la chasse du sanglier de Calydon. Une fois la bête vaincue, il désira offrir les dépouilles à la chasseresse Atalante. Vexés qu'on leur préférât une femme, les frères d'Althée proférèrent des menaces. Irrité, Méléagre les frappa et les tua. Mais Althée, dans un accès de fureur désespérée, reprit dans sa cachette le tison, l'enflamma et lorsque s'éteignit la dernière braise, la vie s'échappa du corps de Méléagre. Quand elle prit conscience de son geste, Althée se pendit de désespoir, et les sœurs de Méléagre ne cessèrent de pleurer jusqu'à ce qu'Artémis les métamorphosât en pintades.

MÉLIA. Nymphe Océanide, Mélia épousa le dieu-fleuve Inachos et donna le jour à Phoronée, un des rois fabuleux d'Argos, Ægialée et Phégée, un des rois d'Arcadie.

MÉLIADES. Ces Nymphes naquirent du sang qu'Ouranos répandit lorsqu'il fut mutilé par Cronos. Pour commémorer ce mythe, les Grecs leur assignent pour habitat les frênes, avec lesquels on fabriquait, alors, des armes meurtrières qui provoquaient de larges effusions de sang. Elles protègent les enfants abandonnés sous la ramure des frênes dont la voûte leur sert d'abri naturel contre les intempéries. D'autres traditions reconnaissent aux Méliades, sans doute pour la même raison, le pouvoir de sauvegarder les troupeaux.

MÉLICERTE. Fils d'Ino et d'Athamas, il fut la victime de la folie meurtrière de ses parents et fut, selon les uns, jeté dans l'eau bouillante d'un chaudron ou, selon les autres, tué par son père d'un coup d'épieu, ou encore précipité avec sa mère dans la mer. Cependant, ce tragique destin devait obtenir une récompense suprême : Mélicerte fut admis parmi les divinités de la Mer et prit le nom de *Palémon*; les jeux Isthmiques furent même institués en son honneur par Sisyphe. Mélicerte fut assimilé par les Romains au dieu Portunus, protecteur des ports de Rome.

MELPOMÈNE. La tragédie est placée sous la protection de cette Muse. Mais, à l'origine, Melpomène avait en partage le chant et l'harmonie musicale. Comme elle fut bientôt associée à Dionysos, on songea alors à mettre sous son patronage la tragédie, née du culte dionysiaque, et on lui plaça dans la main droite la massue d'Héraclès, héros dont le théâtre aimait célébrer les exploits, et, dans la main gauche, le masque tragique.

MEMNON. Fils d'Éos (l'Aurore) et de Tithonos, chef d'un contingent d'Éthiopiens à la guerre de Troie, Memnon fut un héros d'une grande valeur et combattit avec courage aux côtés des Troyens contre les Grecs. Grâce à son armure, qui, comme celle d'Achille, avait été forgée par Héphaïstos, il put tuer de nombreux héros grecs et, en particulier, Antiloque, le fils de Nestor. Achille décida de venger la mort de ce compatriote et ami, et engagea contre Memnon un combat singulier. Dans les cieux, Zeus pesa le destin des deux héros devant Thétis et Éos, leurs mères éplorées. La balance pencha en faveur d'Achille, et le dieu accorda comme consolation l'immortalité à Memnon. Le corps du héros fut enterré en grande pompe, tandis qu'apparaissaient dans le ciel des oiseaux, les Memnonides, qui, chaque année, disait-on, visitaient les cendres

Memnon a été tué par Ajax. Eos, l'Aurore ailée, dont les pleurs devinrent les gouttes de rosée, soulève son fils pour le transporter en Éthiopie, où Zeus lui a accordé l'immortalité. Coupe attique de Douris (peintre de vases grec). Début du V s. av. J.-C. (Louvre.)* [Phot. Giraudon.]

Une Ménade dansant : corps en proie à une fièvre délirante, poitrine dénudée, bras rejeté derrière la tête, large vêtement en voile mince pour ne pas gêner les pas de la danse bachique. Sculpture de Callimaque. Vᵉ s. av. J.-C. (Palais des Conservateurs, Rome.) [Phot. Alinari-Giraudon.]

du héros au bord de l'Hellespont. On raconte aussi que Memnon fut enterré en Égypte, à Thèbes, et que sa statue qui se dressait derrière le temple rendait un son semblable à celui de la lyre quand elle était touchée par les premiers rayons du soleil auroral. Seul Éos ne se consola pas de la mort de son fils, et elle verse chaque matin des larmes qui se transforment en gouttes de rosée.

MÉNADES. Ce mot, qui signifie, au pluriel, « les Furieuses », désigne les Bacchantes. En effet, celles-ci étaient la proie d'une sorte de folie forcenée lorsqu'elles célébraient les mystères de Dionysos.

MÉNÉLAS. Comme son frère Agamemnon, ce fils d'Atrée fut mêlé au conflit qui opposait son père à Thyeste. Lorsque les circonstances attribuèrent à ce dernier le trône d'Atrée, il se réfugia à la cour du roi Tyndare de Sparte, qui avait une fille d'une grande beauté, Hélène. Ménélas s'en éprit et l'épousa. Tandis qu'Agamemnon réussissait à reprendre le trône d'Argos, il s'installa sur celui de Sparte que lui avait légué son beau-père en mourant. Il devait vivre heureux avec Hélène, qui lui donna de nombreux enfants, jusqu'au jour où Pâris, fils de Priam, roi de Troie, de passage à Sparte, vint le trouver. Ménélas le reçut avec bienveillance, puis dut partir pour offrir un sacrifice. En son absence, Pâris séduisit Hélène, l'enleva et, avec elle, gagna Troie. Apprenant la fuite de son épouse, Ménélas convoqua tous les anciens prétendants d'Hélène pour tirer une vengeance exemplaire de cet affront. Ménélas et Ulysse furent envoyés en ambassade à Troie pour réclamer pacifiquement la restitution d'Hélène. Mais devant le refus des ravisseurs, ils se préparèrent à la guerre. La plus grande partie des États grecs manifesta sa solidarité et mit sur pied une armée commune. Pendant la guerre de Troie, qui devait durer dix ans, Ménélas tua de nombreux troyens, et Pâris aurait péri sous ses coups si Aphrodite ne l'eût protégé. A la mort de Pâris, Hélène, ayant épousé Déiphobos, ce fut vers la maison de ce Troyen que Ménélas se dirigea lorsqu'il put mettre la ville à feu et à sang. Déiphobos périt de sa main.

On voit ici Ménélas, à gauche, que Pâris, le ravisseur d'Hélène, provoque en combat singulier. Deux déesses, parmi lesquelles Artémis et son arc, à droite, surveillent le combat, qui tourne à l'avantage de Ménélas. Pâris s'apprête à prendre la fuite. Coupe attique peinte par Douris. Début V° s. av. J.-C. (Louvre.) [Phot. Giraudon.]

La rencontre d'Hélène et de Ménélas, après tant d'années d'absence, fut dramatique. Mais, ébloui par sa beauté, le héros pardonna à sa jeune femme, et la réconciliation entre les époux fut totale. Après un voyage de retour mouvementé, qui dura huit ans, parce que Ménélas dans sa joie avait négligé de sacrifier aux dieux, il vécut à Sparte longtemps encore avec son épouse, au milieu de la prospérité et du bonheur. A sa mort, il fut transporté par les dieux jusqu'aux lointaines contrées de la félicité éternelle, les champs Élysées.

MÉNESTHÉE. Banni du royaume d'Athènes, Pétéos, petit-fils d'Érechthée, eut un fils, Ménesthée. Pendant l'absence de Thésée, qui était descendu aux Enfers, les Dioscures envahirent l'Attique et cherchèrent un roi. On rappela alors Ménesthée d'exil, et il monta sur le trône d'Athènes. Comme prétendant d'Hélène, il conduisit un contingent athénien à la guerre de Troie, où il se distingua par son art consommé de la tactique militaire. Après la prise de la cité, Ménesthée, selon une version de la légende, ne revint pas à Athènes, mais s'établit à Mélos, dont il devint le roi. Une autre version affirme qu'après le retour de Thésée à Athènes, Ménesthée alla finir ses jours à Scyros.

MÉNIPPÉ. Cette fille d'Orion n'hésita pas, avec sa sœur Métioché, à se sacrifier afin d'apaiser les dieux qui avaient envoyé une peste sur le pays d'Orchomène. Destinées à être livrées aux puissances infernales, leur courage et leur abnégation émurent les dieux, qui les transformèrent en astres. Elles prirent alors, dans la légende, le nom de *Coronides*.

MÉNŒCÉE. 1° Petit-fils de Penthée, père de Jocaste et de Créon, Ménœcée se jeta du haut des murs de Thèbes pour tenter de mettre fin à la peste

qui ravageait la ville en punition de
l'inceste commis par Œdipe.

2° Petit-fils du précédent et fils de
Créon, il accomplit, en se suicidant, le
même geste que son aïeul, afin de
s'attirer la faveur d'Arès, dieu de la
Guerre, au cours de la lutte qui opposait Thèbes aux Sept Chefs. Ces derniers furent en effet repoussés et six
d'entre eux tués.

MENTOR. Fils d'Alcimos d'Ithaque,
Mentor sut mériter l'amitié d'Ulysse,
qui, à son départ pour Troie, lui confia
la gérance de ses biens et de ses terres,
et l'éducation de Télémaque. Dans
l'Odyssée, Athéna apparaît plusieurs
fois sous les traits de Mentor pour protéger et instruire Ulysse et son fils. Le
proverbe s'est emparé, par la suite,
de ce nom.

MERCURE. Après l'hellénisation des
dieux romains, Mercure fut confondu
avec l'Hermès des Grecs, dont il prit
les attributs et les légendes. Toutefois,
le caractère primitif de Mercure est
avant tout marqué par son nom même,
qui n'est pas sans rapport avec *merx*
(« marchandise ») et *mercari* (« trafi-
quer »). A l'origine, il est donc, vraisemblablement, une divinité du Né-
goce. Cependant, aucune légende
romaine ne se rattache à lui; il apparaît seulement dans *l'Amphitryon* de
Plaute et joue le rôle d'entremetteur
au service des aventures amoureuses
de Jupiter. Enfin, les Romains lui
accordent parfois la paternité des
dieux Lares, protecteurs des chemins,

*Hermès était considéré par les Grecs comme
un dieu parfois redoutable. Ici, le Mercure
des Romains apparaît sous les traits d'un
jeune homme au sourire triste et tendre,
avec son caducée ailé et son chapeau, les deux
emblèmes du dieu qui sont communs aux
sculptures grecques et romaines. Art grec.
IVᵉ s. av. J.-C. (Musée étrusque de Gré-
goriano, Rome.)* [Phot. Anderson-Giraudon.]

et d'Évandre, fondateur d'une cité
arcadienne au pied du mont Palatin.

MÉROPE. 1° Fille du roi Cypselos,
Mérope avait épousé un des Héraclides, Cresphontès, roi de Messénie;
mais celui-ci fut tué, lui et ses fils, par
un autre Héraclide, Polyphontès, qui
s'appropria le royaume et força Mérope à l'épouser. Cependant, la jeune
femme avait réussi à sauver un de ses
fils, Æpytos, et à l'éloigner. Polyphontès
le sut et fit tout son possible pour
retrouver l'enfant et le tuer, afin de ne
pas être plus tard détrôné par cet héritier légitime. Un jour, Æpytos, qui avait

atteint l'âge d'homme, vint à la cour du roi usurpateur sous le nom de Téléphontès et prétendit qu'il avait tué Æpytos. Polyphontès méfiant le garda à sa cour afin de vérifier ses dires, tandis que Mérope, qui avait appris que son fils avait disparu, était persuadée que l'étranger avait dit vrai. Une nuit, elle s'introduisit dans la chambre du faux Téléphontès pour le tuer, mais elle apprit, au dernier moment, d'un serviteur que ce Téléphontès n'était autre que son fils. Alors Mérope, en plein accord avec Æpytos, joua la comédie de la mère éplorée qui vient de perdre son fils et qui se soumet à son sort. Polyphontès félicita donc le faux Téléphontès et lui demanda de présider un sacrifice. Se servant du poignard du sacrificateur Téléphontès, Æpytos assassina son beau-père et se fit reconnaître comme roi.

2° Cette Pléiade du même nom, qui fut la seule à ne pas épouser un dieu mais un mortel, Sisyphe, donna le jour à un fils, Glaucos, père de Bellérophon. Honteuse de cette union, elle refusa de briller dans le ciel, lorsqu'elle fut métamorphosée par Zeus en astre : elle y est, en effet, la moins éclatante des étoiles.

3° On connaît une autre **Mérope**, fille du roi Œnopion.

métamorphose. Signe de la présence des dieux, la métamorphose apparaît dans la mythologie comme la péripétie essentielle ou la conclusion d'une légende. Ceux qui en sont l'objet échappent ainsi soit aux poursuites amoureuses des dieux ou des hommes, soit au courroux d'ennemis mortels ou immortels. Ils peuvent emprunter toutes les formes possibles, animales, végétales et même minérales. Ainsi, Daphné, sur le point d'être rejointe par Apollon, qui l'aimait, se changea en laurier. De même, la nymphe Aréthuse, pour laquelle le dieu-fleuve Alphée éprou-

vait une profonde passion, fut transformée en fontaine, grâce au concours d'Artémis. Il arrive aussi que les dieux, pour mieux tromper celles qu'ils veulent séduire, ou pour déjouer leur ruse, empruntent des formes animales : c'est sous l'apparence d'un taureau que Zeus enlève Europe, et sous celle d'un cygne qu'il s'unit à Léda changée en oie. Parfois, la métamorphose est l'expression brutale et sans appel de la colère et de la punition des dieux : leurs victimes sont le plus souvent métamorphosées en statue, et condamnées ainsi à l'immobilité pour l'éternité. Il arrive aussi que la métamorphose est un don des dieux, la récompense d'une louable action. Le plus bel exemple est celui de Philémon et de Baucis, changés tous deux en arbres pour avoir accordé l'hospitalité à Jupiter et à Mercure. La métamorphose peut être aussi parfois le signe de la pitié des dieux: les Héliades, filles du Soleil, inconsolables de la mort de leur frère Phaéton, furent changées en peupliers. Changer de forme, changer d'essence est sans doute aux yeux des mortels la plus haute expression de la puissance des divinités, car si l'immortalité des dieux n'est pas toujours perçue par l'âme humaine, la métamorphose, en revanche, est un prodige presque toujours visible, et même palpable.

MÉTANIRE. Fille d'Amphictyon et épouse du roi d'Éleusis Céléos, Métanire accorda dans sa cité l'hospitalité à Déméter et la prit à son service. Une nuit, par ses cris d'effroi, elle fut la cause involontaire de la mort de son fils Démophon, que la déesse reconnaissante voulait, par le feu, rendre immortel : surprise, Déméter lâcha l'enfant dans le foyer. Pour apaiser les pleurs de la reine, Déméter lui promit qu'elle donnerait le jour à un fils, Triptolème, auquel la déesse accorda les dons les plus merveilleux.

MÉTIOCHÉ. Fille d'Orion et sœur de Ménippé, Métioché fut comme cette dernière métamorphosée en astre, et prit le nom de *Coronide*.

MÊTIS. Personnification de la Prudence, fille d'Océan et de Téthys, Mêtis fut la première femme de Zeus. Magicienne, elle lui offrit une potion magique qui, bue par Cronos, obligea le Titan à restituer ses enfants. Le premier enfant qu'eurent les deux époux fut une fille; mais un oracle de Gaia révéla que le prochain fils qui lui naîtrait chasserait Zeus de l'Olympe. Zeus avala alors Mêtis, mais il fut saisi aussitôt d'un violent mal de tête. Pour le soulager, sur les conseils d'Hermès, Héphaïstos lui troua la tempe, d'où sortit Athéna armée et casquée.

MIDAS. Ce roi de Phrygie est surtout entré dans la légende populaire pour ses oreilles d'âne. En effet, un jour qu'il parcourait les bois, il parvint au mont Tmolos, où Apollon et Marsyas se mesuraient pour savoir lequel des deux était le meilleur musicien. Choisi comme arbitre, Midas eut la malheureuse et stupide idée de déclarer Marsyas vainqueur. Apollon, irrité, lui octroya aussitôt une paire d'oreilles d'âne. Honteux, le roi les cacha sous un bonnet phrygien. Son barbier fut le seul à connaître son secret, jusqu'au jour où, incapable de garder plus longtemps le silence, il creusa un trou dans la terre, en approcha sa bouche et cria : « Le roi Midas a des oreilles d'âne! » Au même endroit poussèrent des roseaux, qui, en bruissant, répétaient sans cesse cette phrase impertinente. Bientôt, elle courut par tout le royaume, et l'on se moqua du roi.

Cette légende, tardive, rapportée par Ovide, fait suite à une autre légende qui prouve derechef l'irréflexion de Midas. Silène accompagnait le cortège de Dionysos et des Satyres, lorsqu'il s'égara. Découvert endormi par des habitants de la Phrygie, il fut conduit, enchaîné, à Midas, qui s'empressa de le libérer et de le remettre à Dionysos. Celui-ci, pour récompenser le roi obligeant, lui accorda le choix d'une faveur. Midas, dans sa sottise, demanda que tout ce qu'il toucherait se changeât en or. Exaucé, il s'aperçut incontinent que tous les aliments qu'il portait à sa bouche devenaient des lingots d'or et que toute boisson se convertissait en flots de métal précieux. Risquant de mourir de soif et d'inanition, il supplia Dionysos de dissiper l'enchantement. Celui-ci, heureux d'avoir donné à Midas une leçon profitable, exigea simplement de lui qu'il se purifiât dans le Pactole. Ce fleuve, depuis lors, roule des pépites d'or.

MILÉTOS. Une des versions de la légende, rapportée par Ovide, dit de Milétos qu'il était le fils d'Apollon et de Déioné. Chassé par Minos de Crète, il gagna la Carie et y fonda une cité et un royaume, Milet. Une autre tradition en fait le fils d'une fille de Minos. Il fut abandonné et élevé par des bergers. Minos le découvrit, et, amoureux de lui, voulut lui faire violence, ignorant les liens de parenté qui l'unissaient à cet adolescent. Sur les conseils de son oncle Sarpédon, Milétos s'enfuit, aborda sur la côte d'Asie Mineure et fonda Milet.

MILON de Crotone. Comme Gygès et tant d'autres héros, Milon de Crotone appartient moins à la mythologie qu'à la tradition des légendes populaires. Il fut, vers la fin du V⁰ siècle av. J.-C., un des plus grands athlètes de toute la Grèce. Vainqueur dans tous les jeux Olympiques et Pythiques pendant plusieurs années, il se livra également à des exploits inattendus, dont plusieurs égalent ceux d'Héraclès. Il porta dans ses bras un bœuf vivant, parcourant dans toute sa longueur le

A gauche, cette statue de Minerve est conforme à la tradition : majesté de la déesse, impression de puissance et d'intelligence. Minerve tient le globe du monde et le bâton du pouvoir. Statue romaine. (Louvre.) [Phot. Giraudon.] A droite, selon une coutume assez répandue dans l'Antiquité, l'artiste a donné au visage de Minerve des traits assez épais. Sur le casque, l'image du cheval Pégase; sur la cuirasse apparaît la tête de Méduse, présent de Persée à Minerve. Sculpture romaine. (Musée de Naples.) [Phot. Alinari-Giraudon.]

stade d'Olympie. Non content d'avoir ainsi affirmé sa supériorité sur ses concurrents, il tua l'animal à coups de poing et le dévora tout entier dans l'espace d'une seule journée. Mais il finit par trop présumer de ses forces. Un jour qu'il avait entrepris d'abattre un chêne en le fendant par le milieu, ses mains restèrent coincées entre les deux parties de l'arbre qui s'étaient rejointes, et Milon, immobilisé définitivement, fut dévoré par les loups.

MINERVE. Cette très ancienne divinité romaine, d'origine étrusque, était associée à Junon et à Jupiter au sein de la triade capitolienne, à Rome. Elle représentait la pensée élevée, les lettres, les arts et la musique, la sagesse et l'intelligence, toutes images allégoriques dont on trouve maints exemples dans la religion romaine. Elle se confondit avec l'Athéna des Grecs, et

il fut très vite impossible de distinguer les caractères proprement romains de ses attributs.

MINOS. Fils de Zeus et d'Europe, Minos succéda à Astérion sur le trône de Crète. Dès le commencement de son règne, il s'attira la vengeance et la colère de Poséidon en refusant de lui sacrifier un taureau. Pasiphaé, l'épouse du roi, s'éprit de l'animal et enfanta un monstre, le Minotaure. Minos délaissa cette femme impie et se livra sans retenue à d'innombrables aventures amoureuses; on dit, à ce propos, que pour se venger des infidélités répétées de son mari Pasiphaé jeta un sort sur la couche du roi, d'où sortirent des scorpions et des serpents qui tuèrent toutes les maîtresses de Minos. Son règne fut marqué principalement par l'assassinat d'un de ses fils, Androgée. Afin de ne pas laisser le meurtre impuni, Minos fit la guerre aux Athéniens, et il exigea d'eux un tribut annuel de sept jeunes gens et de sept jeunes filles, qui étaient livrés au Minotaure et dévorés. Thésée réussit à s'introduire dans le Labyrinthe et à tuer le monstre. Puis il enleva Ariane, l'une des filles du roi, qui l'avait aidé dans son entreprise. Dès lors les malheurs accablèrent Minos. Il apprit en effet que Dédale avait sans doute favorisé les amours monstrueuses de Pasiphaé et le fit jeter en prison, mais l'architecte réussit à s'évader. Le roi leva donc une armée et se mit à sa poursuite. Parvenu en Sicile chez le roi Cocalos, il fut jeté traîtreusement dans une bassine d'eau bouillante. Malgré sa tragique existence, Minos passait, dans l'Antiquité, pour un roi sage et un législateur remarquable. On disait aussi qu'il conversait fréquemment avec Zeus dans une grotte sacrée et qu'il tirait de ses dialogues avec le dieu les meilleurs enseignements pour la conduite des affaires de ses États. Aussi, en raison de son esprit d'équité, il siégea aux côtés de son frère Rhadamanthe et d'Éaque au tribunal des Enfers.

MINOTAURE. Monstre hideux, au corps d'homme et à la tête de taureau, le Minotaure naquit de l'amour irrésistible et contre nature de la reine de Crète Pasiphaé pour un taureau blanc que le roi Minos, son époux, avait refusé de sacrifier à Poséidon. Épouvanté par cette naissance, le roi voulut en cacher la nouvelle à ses sujets, et il fit construire par Dédale un palais aux nombreux couloirs, aux salles enchevêtrées, qui se croisaient sans cesse, et il ordonna qu'on y enfermât le Mino-

taure. On nourrissait ce monstre de chair humaine, fournie en particulier par le tribut annuel de sept jeunes gens et de sept jeunes filles d'Athènes. Thésée, avec le concours d'Ariane, tua le Minotaure.

MINYAS. Petit-fils de Poséidon, Minyas émigra de Thessalie en Béotie, où il fonda la cité d'Orchomène et régna sur le peuple des Minyens, dont descendait un certain nombre d'Argonautes. Bientôt, les Minyens étendirent leur domination sur Iolcos, en Thessalie. Minyas était un roi fort riche, l'un des premiers souverains qui aient ordonné la construction d'un « Trésor ». Sa postérité est célèbre; ses filles, les Minyades, Alcithoé, Leucippé et Arsippé, refusèrent de se joindre au cortège de Dionysos; irrité, le dieu les frappa de folie, avant de les changer en chauves-souris. Minyas eut de nombreux autres enfants qui furent célèbres : une de ses filles devint la mère de Tityos et une autre, Clyméné, fut l'épouse de Phylacos et la grand-mère de Jason. Quant à son fils Orchoménos, il lui succéda sur le trône de la cité d'Orchomène, riche ville de Béotie.

Ayant immobilisé le Minotaure, homme à tête de taureau, Thésée, muni d'un long glaive, lui tranche la tête. Amphore attique. (Louvre.) [Phot. Alinari-Giraudon.]

MNÉMOSYNE. Fille d'Ouranos et de Gaia, cette Titanide enfanta les neuf Muses, après avoir accueilli Zeus neuf nuits de suite auprès d'elle. Elle est avant tout la personnification de la Mémoire. Les Anciens l'ont représentée sous les traits d'une femme qui tient une de ses oreilles avec sa main droite.

MOIRES. Assimilées par les Romains aux Parques, les Moires sont trois sœurs : Clotho, Lachésis et Atropos. Filles de Zeus et de Thémis, voire de la Nuit, elles ne constituaient, primitivement, qu'une seule divinité. Leur apparition dans le culte grec est aussi ancienne que le début de la religion et des mythes. Elles demeurent dans un palais voisin de l'Olympe. Elles veillent au déroulement de la vie de chaque homme. Clotho file, et sa quenouille, qui tourne, symbolise le cours de l'existence. Lachésis dispense le sort réservé à chacun. Quant à Atropos, elle tranche, sans jamais se laisser fléchir, le fil de la vie.

MOLOSSOS. Après la prise de Troie, Andromaque échut comme captive à Néoptolème et lui donna plusieurs fils, dont Molossos. Ce nouveau-né fut exposé par sa mère, mais bientôt recueilli et reconnu par son père, qui, entre-temps, avait épousé Hermione. Celle-ci, dont le mariage était resté stérile, persécuta Andromaque et Molossos, et elle s'apprêtait même à les égorger sur l'autel de Thétis quand Pélée réussit à les sauver. Thétis ordonna alors à Andromaque et à Molossos de partir pour l'Épire, où Andromaque épousa Hélénos, le roi du pays, auquel succéda, peu après, Molossos, donnant son nom au peuple des Molosses.

MOMOS. Personnification de la critique et des sarcasmes et inséparable compagnon de Comos, dieu des Festins, Momos était adorée depuis la plus haute Antiquité, puisque Hésiode la mentionne et la fait naître de la Nuit. Elle est l'héroïne de plusieurs légendes, dont la plus célèbre la montre raillant l'être humain formé par Vulcain, qui n'avait pas laissé à la poitrine de sa créature une petite ouverture afin qu'on pût y lire ses pensées secrètes.

MONÉTA. Au moment du partage du monde par les dieux, Junon reçut l'Empire des richesses. Lui attribuant le surnom de *Moneta* et l'office de protéger les transactions commerciales, les Romains lui élevèrent un temple où l'on frappait les monnaies.

montagnes. Le sommet des hautes montagnes était en général le lieu où demeurait la divinité. Par extension et par assimilation, les Anciens finirent par adorer la montagne elle-même à l'égal d'une divinité. Cette coutume, d'origine sémitique et phénicienne, se développa principalement dans les pays d'Asie Mineure et du Proche-Orient, colonisés par les Grecs. On cite, à ce propos, le mont Argée, en Cappadoce, qui orne les monnaies sous les traits de Zeus et parfois d'Apollon. Dans sa *Théogonie*, Hésiode cite un certain nombre de montagnes comme des lieux sacrés et divinisés, et, parmi celles-ci, l'Olympe, demeure des dieux, et l'Ida, lieu de naissance de Zeus. Ces montagnes furent bientôt personnifiées. Elles devinrent semblables à des déesses ou à des nymphes (le mont Taygète), ou à des héros, comme le Cithéron, qui, dans la légende, prend l'apparence d'un roi de Platées. Tel aussi le mont Atlas, le Géant, qui, métamorphosé en pierre, unit le Ciel et la Terre. Enfin, il ne faut pas négliger les montagnes sanctifiées par l'oracle d'un dieu (le mont Parnasse).

MOPSOS. 1° Fils d'Ampyx et de la nymphe Chloris, ce Lapithe, l'un des plus célèbres devins de la mythologie grecque, mit ses dons au service des Argonautes et des chasseurs du sanglier de Calydon. En Libye, il fut piqué par un serpent, né du sang qui avait coulé de la tête tranchée de Méduse; il mourut en quelques instants. Les Argonautes l'enterrèrent avec tous les honneurs funèbres.

2° On connaît un autre **Mopsos**, fils d'Apollon et de Mantô, la fille de Tirésias. Son père adoptif fut l'Argien Rhacios. Fondateur de Colophon, Mopsos entra dans cette ville en compétition avec un autre devin, Calchas, de retour de Troie. Par deux fois, Mopsos eut raison de la science de son concurrent, qui, de honte, se tua. Après cette victoire, Mopsos et Amphilocos, qui avait lui aussi des dons de prophétie, fondèrent la ville de Mallos, en Cilicie. Resté un moment seul souverain, Mopsos vit revenir Amphilocos, qui réclama sa part du royaume. Un combat singulier s'engagea entre les deux héros et se termina par la mort de l'un et de l'autre.

MORPHÉE. L'un des nombreux fils d'Hypnos, Morphée est un dieu ailé qui parcourt sans cesse la Terre et touche les mortels d'une fleur de pavot pour les endormir; de plus, il suscite les songes en prenant l'apparence des êtres humains : c'est à ce titre qu'il intervient dans les légendes, en particulier dans celle d'Alcyoné, à qui il apparaît sous les traits de son époux Céyx, noyé au cours d'un naufrage.

mort. Dans les religions des Grecs et des Romains, la mort est rarement personnifiée. Certes, on connaît Perséphone et Hadès, qui règnent sur le territoire des morts; mais ni l'un ni l'autre, malgré leur caractère farouche et implacable, ne s'identifient réellement avec la mort. Même le dieu Thanatos n'est pas celui qui est la mort, mais celui qui donne la mort.

En fait, la mort, dans l'esprit des Anciens, est une idée abstraite, le sentiment de l'inconnu. On connaît ses serviteurs, Apollon, Artémis et leurs flèches empoisonnées; mais de la mort même, il n'y a point d'images, point de représentations allégoriques. Le culte si minutieux des morts chez les Grecs et chez les Romains, sous forme d'offrandes, est un hommage nécessaire rendu aux âmes qui ont franchi les limites du connu et qui sont ainsi entrées en communication directe avec les divinités; cependant ce culte n'est pas l'expression d'une vénération craintive envers une divinité qui aurait pour nom la Mort.

MUCIUS SCAEVOLA. Ayant décidé de tuer le roi étrusque Porsenna, qui assiégeait Rome, le Romain Mucius se glissa un jour dans le camp ennemi, mais il se trompa de personne et tua un des officiers du roi. Arrêté aussitôt et conduit devant Porsenna, il plaça sa main droite sur un brasero apporté là pour un sacrifice et la laissa se consumer sans rien dire, pour bien montrer aux ennemis qu'un Romain n'a peur de rien. Séduit par cet acte de courage, Porsenna rendit la liberté à Mucius. Ce dernier, avant de partir,

Le groupe des neuf Muses. De gauche à droite : Clio, Thalie, Erato, Euterpe, Polhymnie, Calliope, Terpsichore, Uranie, Melpomène. Sarcophage romain. (Louvre.) [Phot. Giraudon.]

avertit Porsenna que trois cents autres Romains étaient prêts à l'assassiner. Effrayé, le roi demanda alors la paix et leva le siège. Vénéré comme un héros, Mucius, qui avait perdu la main droite dans cette aventure, mérita le surnom de *Scævola* (« le Gaucher »).

MUSÉE. Fils d'Orphée ou d'Eumolpos, et de la déesse Séléné, Musée appartient à la génération des poètes mythiques de Thrace, qui jouèrent un rôle important dans la fondation des mystères et la création de la secte orphique. On attribuait à Musée divers ouvrages sur les dieux, l'initiation mystique et l'invention de nouvelles formules de purification. On disait qu'Héraclès s'était adressé à lui pour se faire admettre, à Éleusis, au nombre des initiés aux Mystères.

MUSES. Selon Homère, les Muses étaient les déesses qui inspiraient les chants. Au VIIIᵉ siècle, cependant, elles ne possédaient pas encore d'attributions très précises. En revanche, un siècle plus tard, leurs caractères sont, dans la *Théogonie* d'Hésiode, plus nettement définis. Filles de Zeus et de Mnémosyne (la Mémoire), au nombre

de neuf après avoir été primitivement trois, elles président aux différentes formes de la poésie. A Clio revient l'Histoire, à Euterpe la Poésie lyrique, à Thalie on attribue la Comédie, à Melpomène la Tragédie; Terpsichore inspire la Danse, Érato la Poésie érotique, Polhymnie l'Hymne; à Uranie on accorde l'Astronomie et à Calliope, la Poésie épique. Leur cortège est précédé par Apollon, qui reçoit, en cette occasion, le surnom de « Musagète ». Leurs demeures sont multiples et correspondent le plus souvent à des lieux de culte ou à des légendes. Elles habitent l'Olympe et distraient les dieux de leurs chants, mais elles ont sur la Terre des lieux de prédilection comme le mont Piéros, en souvenir des neuf filles du roi de Macédoine Piéros, qui voulurent rivaliser avec elles et qui furent, en punition, changées en pies par Apollon. Les poètes venaient également chercher l'inspiration sur le mont Hélicon et auprès des fontaines sacrées d'Aganippé et d'Hippocrène, où, dit la légende, séjournaient parfois les Muses. Celles-ci furent identifiées par les Romains avec les Camènes.

MYRMIDONS. Ce peuple de Phthiocide, en Thessalie, était appelé de la sorte en l'honneur du roi Myrmidon, dont la mère, Euryméduse, fut séduite par Zeus. Mais une autre tradition, plus connue et plus ornée, rapporte une légende qui explique l'étymologie du mot grec *myrmidons* (en grec, *murmêkès*, « fourmis »). Autrefois, sur l'île d'Égine, régnait le roi Éaque, fils de Zeus et d'Égine, Héra, qui supportait mal les infidélités de son époux, voulut punir le fils adultérin de celui-ci. Elle dépêcha sur son royaume une peste qui en fit périr tous les habitants. Affolé, Éaque, se voyant roi privé de sujets, courut au temple de Zeus, son père, et le supplia de repeupler son île. Le même soir, il rêva que des fourmis étaient changées en créatures humaines. Le lendemain matin, son fils Télamon vint le réveiller et lui montra au loin une multitude armée qui s'approchait de son palais. Toutes les fourmis de l'île avaient, en effet, été transformées en guerriers. Commandés par Pélée, fils d'Éaque, les Myrmidons émigrèrent en Thessalie, et, sous la conduite d'Achille, se comportèrent avec bravoure durant le siège de Troie.

MYRRHA. Le roi de Chypre Cyniras prétendit un jour que la beauté de sa fille Myrrha (ou Smyrna) surpassait celle d'Aphrodite. La déesse se vengea de cette insulte : Myrrha conçut en effet un amour incestueux pour son père, et une nuit, se glissa dans sa couche. Cyniras engendra ainsi un fils, qui était également son petit-fils, le célèbre Adonis. Réalisant son crime, le roi chassa sa fille de son palais. Parvenue au sommet d'une colline, la malheureuse jeune femme fut changée en arbre à myrrhe, par Aphrodite, qui, prise de pitié, recueillit Adonis.

MYRTILOS. Cocher d'Œnomaos, roi de Pise en Élide, Myrtilos était un fils d'Hermès et de Phaétousa, une des Danaïdes. Pélops contraint, pour conquérir Hippodamie, la fille du roi, d'être à tout prix le vainqueur dans une course de char, proposa à Myrtilos un marché : celui-ci trahirait son maître, et il aurait l'autorisation de passer une nuit avec Hippodamie. Ayant accepté l'offre, Myrtilos remplaça par de la cire les axes des roues du char royal. Pendant la course, le char se brisa, et Œnomaos perdit la vie. Pélops, vainqueur, ravit Hippodamie, mais il refusa de tenir sa promesse et précipita traîtreusement dans la mer Myrtilos, qui, avant de mourir, maudit Pélops et tous ses descendants.

mystères. On appelle « mystères », dans l'Antiquité, un ensemble de rites magiques célébrés, dans le plus grand secret, par un certain nombre d'initiés, en l'honneur d'un dieu ou d'une déesse comme Héra, Athéna, Aphrodite, Dionysos. Le plus célèbre de ces mystères demeure celui qui était célébré à Éleusis. Ouverts à l'origine à tous, les mystères d'Éleusis furent interdits au public vers le Ve siècle av. J.-C., et réservés à une élite, qui se transforma bientôt en secte. Les mystères d'Éleusis rendaient non seulement un culte à Déméter, déesse de la Moisson et plus généralement de la Fertilité de la terre, mais célébraient aussi l'histoire mythique de Coré, la fille de la déesse, qui passait six mois chaque année aux Enfers pour renaître à la Terre et à la vie les six autres mois. Ainsi, à l'hommage rendu à la personnification de la Fertilité s'ajoutait la vénération pour celle qui mourait et ressuscitait chaque année. On vit bientôt en Coré le symbole de l'immortalité de l'âme, à laquelle seuls pouvaient accéder, par certaines pratiques, processions et liturgies, les initiés, qui devenaient ainsi des élus capables de connaître un jour l'éternité heureuse et la sérénité de l'âme.

NAÏADES. L'origine de ces nymphes des eaux courantes, fontaines, ruisseaux, fleuves, diffère, selon les traditions. Homère leur donne Zeus pour père, d'autres mythologues, Océan. Parfois, on prétend qu'elles sont engendrées par le fleuve où elles vivent. Jeunes filles au visage délicat et au corps d'une blancheur éclatante, elles sont l'objet constant des désirs des dieux et des mortels. Elles savent toutefois se défendre contre les entreprises des soupirants qu'elles dédaignent et peuvent les frapper de folie. Parfois, elles paralysent ceux qui se sont baignés indûment dans leurs eaux interdites ou sacrées. Mais elles savent se montrer généreuses envers ceux qui leur réclament la guérison d'une maladie et qui se baignent dans certaines sources, dans certains fleuves bien déterminés, aux propriétés thermales salutaires.

naissance. Les femmes en couches pouvaient appeler à leur aide un certain nombre de divinités. Ainsi, elles demandaient à Ilithye et à Mater Matuta d'atténuer les douleurs de l'enfantement et d'écarter toutes menaces qui pourraient peser, au moment de la naissance, sur la santé de la mère et de l'enfant. Elles imploraient également Junon, déesse de la Femme, et lui demandaient un beau et sain nouveau-né, symbole de la fécondité heureuse du mariage.

NAPÉES. Ces nymphes d'une grande beauté parcourent en chantant les pentes des collines, les vallons ombragés, les bocages fertiles et favorisent l'éclosion des bourgeons et des herbes.

NARCISSE. Fils de la nymphe Liriopé et du fleuve Céphise, en Phocide, Narcisse, jeune homme d'une beauté éclatante, restait insensible aux sentiments d'amour dont il était l'occasion : la nymphe Écho, qui éprouvait une muette adoration pour lui, fut rejetée avec mépris et trépassa de douleur. Ses sœurs s'indignèrent et se plaignirent à Némésis de l'égoïsme et de l'indifférence de Narcisse. La déesse décida alors de venger les soupirantes éconduites. Le devin Tirésias, ayant déclaré que Narcisse vivrait tant qu'il ne verrait pas sa propre image, Némésis, au cours d'une chasse, poussa le jeune homme à se désaltérer dans une fontaine. Épris d'amour pour ce visage que lui renvoyaient les ondes, et qu'il ne pouvait atteindre, incapable de se détacher de sa vue, Narcisse en oublia de boire et de manger, et, prenant racine au bord de la fontaine, il se transforma peu à peu en la fleur qui porte son nom et qui, depuis, se reflète dans l'eau à la belle saison, pour dépérir à l'automne. Selon une autre version de la même légende, Narcisse avait une sœur qui lui ressemblait et qu'il aimait follement. La jeune fille vint à mourir. Pour ne pas perdre le souvenir de son image, Narcisse se contempla dans une fontaine, jour et nuit, et mourut de consomption.

NAUPLIOS. 1° On connaît un **Nauplios,** fils de Poséidon, qui fonda la ville de Nauplie non loin d'Argos. 2° Un second **Nauplios,** descendant du premier et souvent confondu avec lui, épousa Clyméné, fille du roi Catrée de Crète, selon la version la plus commune; il eut plusieurs fils, dont le plus célèbre fut Palamède. Nauplios était un navigateur célèbre, et on eut souvent recours à ses services pour exiler ou déporter les indésirables d'un royaume. Ainsi, le roi Aléos demanda à Nauplios de noyer Augé, sa fille, qui avait été séduite par Héraclès. En cours de route, la malheureuse mit au monde un fils, Télèphe; Nauplios, pris de pitié, les épargna et les vendit à des marchands du royaume de Teuthras en Mysie. Mais la partie la plus fameuse de la légende de Nauplios est inséparable de celle de Palamède, qui, faussement accusé de trahison par Ulysse, fut lapidé par les Grecs au cours de la guerre de Troie. Nauplios décida alors de se venger. Il incita d'abord les femmes des héros et des rois grecs partis pour Troie à tromper leurs époux, en leur racontant que ceux-ci étaient morts ou qu'ils se livraient sans retenue à l'adultère. On vit alors Clytemnestre, épouse d'Agamemnon, prendre Égisthe pour amant; Ægialée, la femme de Diomède, devenir la maîtresse de Cométès; et Méda, épouse d'Idoménée, celle de Leucos. Non content d'avoir semé pour l'avenir la mésentente entre les époux, Nauplios alluma, après la chute de Troie, des torches sur le dangereux promontoire de Capharée, sur la côte d'Eubée, et attira ainsi les navires grecs, qui firent presque tous naufrage.

NAUSICAA. Fille d'Alcinoos et d'Arété, souverains des Phéaciens, Nausicaa, un matin, se rendit sur les bords de la rivière non loin de la mer pour y laver du linge. La tâche accomplie, elle joua avec ses servantes et compagnes à la balle. Celle-ci leur échappa et tomba dans la rivière. Aux cris que poussèrent les jeunes filles, Ulysse, qui, après un naufrage, avait échoué là évanoui, et tout nu, se réveilla et se voila le corps avec des branchages. Les Phéaciennes effrayées s'enfuirent; seule Nausicaa osa s'approcher du héros, lui donna des vêtements et le conduisit au palais de son père. Alcinoos le réconforta et lui donna un navire pour regagner Ithaque. Nausicaa vit, à regret, partir le naufragé qu'elle aimait, mais qu'elle ne pouvait épouser puisqu'il était déjà marié à Pénélope.

NAXOS. L'une des Cyclades, Naxos, doit son nom à un héros éponyme qui s'installa dans l'île avec une colonie carienne. C'est à Naxos qu'Ariane fut abandonnée par Thésée, puis épousée peu après par Dionysos, auquel on dédia les honneurs d'un culte particulièrement somptueux.

NÉLÉE. Fils de Poséidon et de Tyro, Nélée fut abandonné avec son frère Pélias et sauvé par des paysans. Plus tard, les jumeaux apprirent le secret de leur naissance, et, ayant retrouvé leur mère, ils tuèrent sa marâtre Sidéro sur l'autel d'Héra. La déesse courroucée suscita de violentes querelles entre les deux frères, et Nélée dut bientôt s'exiler en Messénie, où il fonda la ville de Pylos, dont il devint le roi. Époux de Chloris, une fille d'Amphion, il eut une fille et douze fils. Ceux-ci furent tous tués par Héraclès, à l'exception de Nestor, parce que leur père avait refusé de purifier le héros du meurtre d'Iphitos. Nélée, dit-on, subit aussi le sort réservé à ses fils, mais on raconte également qu'il mourut de maladie à Corinthe, après avoir échappé au massacre.

NÉMÉSIS. Divinité primitive de l'Attique, Némésis fut vénérée peu à peu dans toute la Grèce. Parfois confondue avec les Érinyes, elle a acquis lentement et progressivement une généalogie et une légende propres. Fille de la Nuit, elle fut pourchassée par Zeus, qui en était amoureux, et elle prit toutes sortes de formes pour lui échapper. Elle se changea ainsi en oie; mais

Troie vient d'être prise. Néoptolème a vengé la mort de son père Achille en précipitant Astyanax, le fils d'Hector, du haut de la citadelle de la ville. L'artiste a quelque peu orné la légende. Néoptolème, à droite, s'est emparé du cadavre du malheureux sacrifié et s'apprête à en frapper le roi Priam. Un grand-père tué par le cadavre de son petit-fils, quel symbole puissant de la rage qui s'empara de tous les guerriers grecs en pénétrant dans Troie! Détail d'une coupe grecque de Brygos (potier athénien). Environ 500 av. J.-C. (Louvre.) [Phot. Giraudon.]

Zeus se métamorphosa en jars pour s'unir à elle. La déesse pondit un œuf qui fut confié à Léda et d'où sortirent Hélène et les Dioscures. Némésis se différencie cependant des Érinyes; les vengeances qu'elle exerce ne sont point aveugles; elle veille simplement à ce que les orgueilleux mortels ne tentent pas de s'égaler aux dieux; elle abaisse ceux qui ont reçu trop de dons et s'en flattent. Elle conseille la modération et la discrétion : on la représente alors tenant son index devant sa bouche.

NÉOPTOLÈME. Fils d'Achille et de Déidamie, surnommé aussi *Pyrrhos* en raison de sa chevelure rousse, Néoptolème fut élevé à la cour du roi Lycomède, souverain de l'île de Scyros. Parvenu à l'âge adulte, il dut suivre les Grecs, qui avaient appris d'un oracle que la présence du fils d'Achille dans leur rang était indispensable à une victoire sur la ville de Troie. Au cours de la lutte finale, Néoptolème se comporta avec bravoure et se montra le digne successeur de son père : il fut ainsi un de ceux qui se cachèrent dans les flancs du cheval de bois. Une fois dans la ville, Néoptolème tua le vieux roi Priam et le petit Astyanax et reçut, au moment du partage des captives troyennes, Andromaque, qui lui donna trois enfants : Molossos, Piélos et Pergamos. En revenant vers ses États, il sacrifia Polyxène, une des filles de Priam, aux Mânes d'Achille. Mais il ne gagna pas la Phthie, la terre de ses ancêtres, dont Acaste s'était emparé pendant son absence, et il s'arrêta en Épire, dont il devint le roi. Pour le remercier de ses éminents services, Ménélas lui accorda la main de sa fille Hermione, promise autrefois à Oreste. Ce dernier se vengea en tuant à Delphes Néoptolème, qui venait consulter l'oracle sur les raisons de la stérilité de son mariage.

NÉPHÉLÉ. Nuée créée par Zeus, Néphélé s'unit au roi Athamas et lui donna deux enfants, Phrixos et Hellê. Mais elle fut bientôt délaissée par son époux, qui lui préféra Ino et voulut même sacrifier Phrixos à Zeus pour obtenir la fin d'une sécheresse. Néphélé sauva ses enfants, en les laissant monter sur le dos du bélier à la toison d'or, qui s'éleva dans les airs et gagna la Colchide. On raconte aussi que Zeus lui donna la forme d'Héra et qu'unie à Ixion elle enfanta les redoutables et monstrueux centaures.

Neptune, les pieds posés dans les anneaux d'un serpent de mer, est tiré par quatre chevaux rapides, aux sabots pourvus d'une sorte de nageoire. Il est entouré d'une multitude de petits personnages marins : poissons, crustacés, et plus particulièrement d'Amours montés sur des tritons, hommes au corps de poisson. Mosaïque à Ostie. (Phot. Chevallier.)

NEPTUNE. Identifié avec Poséidon à une date relativement ancienne, Neptune a perdu peu à peu son caractère spécifiquement italien mais a profité, en échange, des mythes concernant son homologue grec. Il est certain que Neptune, dans la religion primitive des peuples du Latium, ne fut pas le dieu de la Mer. Ces nations, en effet, s'adonnaient à l'agriculture, à l'opposé des Grecs, dont l'économie se fondait, pour le principal, sur le trafic commercial maritime. Neptune était, aux yeux des Latins, une divinité de l'Humidité. Les Neptunalia se déroulaient en son honneur, au moment des grandes chaleurs de juillet, sous des huttes de feuillage qui dispensaient une certaine fraîcheur et où l'on pouvait retrouver l'essence même du dieu Neptune.

NÉRÉE. Ce très ancien dieu marin, antérieur à Poséidon, se distingue du grand dieu de la Mer par son caractère à la fois juste, sage et pacifique. Fils de Pontos et de Gaia, époux de l'Océanide Doris et père des cinquante Néréides, Nérée est figuré sous les traits d'un vieillard dont l'image apparaît sur la mer, dans les rides des eaux, parmi le blanc bouillonnement des vagues écumantes. Son empire s'étend particulièrement sur les ondes de la mer Égée. Il y demeure au fond d'une grotte éclatante de lumière. Mais il sort souvent de son refuge fastueux pour se manifester aux yeux des mortels et leur prédire l'avenir. C'est ainsi qu'il indiqua à Héraclès le chemin qui le mènerait au jardin des Hespérides. C'est lui aussi qui avertit Pâris des malheurs qui menaceraient sa patrie si Hélène était ravie aux siens.

NÉRÉIDES. Divinités marines, filles de Nérée et de Doris, les cinquante Néréides étaient en quelque sorte les nymphes de la Méditerranée. Elles habitaient au fond de la mer, dans un palais lumineux, et divertissaient leur père par leurs chants et leurs danses. Mais, personnifiant chacune une forme, un aspect particulier de la surface des eaux, elles y apparaissaient souvent et, magnifiques créatures, mi-femmes mi-poissons, se mêlaient aux vagues et aux algues en chevauchant des Tritons ou des chevaux marins. On leur attribue peu de légendes. Cependant, cer-

On remarquera la symétrie voulue dans la composition de ce groupe élaboré par un artiste du V° siècle. Les deux Néréides semblent flotter dans un milieu aquatique, symbolisé par le triton monté par un Amour. En haut, on perçoit la tête d'Hélios. Malgré le christianisme triomphant, la mythologie continue à inspirer les artistes, d'une manière il est vrai toute formelle. Art copte.
Fragment d'une corniche. (Musée de Trieste.) [Phot. Giraudon.]

taines d'entre elles furent célèbres, témoin Amphitrite, épouse de Poséidon, Orithye, Galatée, Thétis, épouse de Pélée et mère d'Achille.

NESSUS. Ce centaure, fils d'Ixion et de Néphélé, était devenu le passeur de la rivière Évenos. Il tenta de faire violence à Déjanire, l'épouse d'Héraclès, au cours de la traversée du cours d'eau, mais il fut mortellement blessé par une flèche du héros. Avant de rendre le dernier soupir, il confia à Déjanire une fiole, où étaient mélangés un peu de son sang et de sa semence, et lui assura traîtreusement que ce liquide répandu sur le vêtement d'Héraclès aurait le pouvoir de rendre son époux à jamais fidèle. En revêtant une tunique sur laquelle la crédule Déjanire avait versé le philtre, Héraclès sentit son corps se consumer peu à peu, et, fou de douleur, il se fit brûler sur un bûcher au sommet de l'Œta.

Sur cette statue de Niobé se lit toute la douleur d'une mère qui vient de voir périr ses enfants. La malheureuse a déchiré ses vêtements. Son corps est renversé, sur le point de défaillir, ses yeux semblent chavirés vers les cieux pour implorer la mansuétude des dieux. Sa bouche est entrouverte et ses deux bras tordus en signe de désespoir. Statue antique. Fin du V⁰ s. av. J.-C. **(Musée des Thermes, Rome.)** [Phot. Anderson-Giraudon.]

L'artiste, afin de mieux révéler sans doute son talent, a fait une entorse à la légende. Ici, Nessus n'est pas tué par les flèches d'Héraclès, mais étranglé par le géant-héros. Aussi assiste-t-on à un beau spectacle de lutte. Sans violence, mais avec une sûreté presque raisonnée, Héraclès a tordu le bras de Nessus et a immobilisé le centaure. Ce dernier semble demander grâce. Sculpture antique. **(Galerie des Offices, Florence.)** [Phot. Alinari-Giraudon.]

Apollon a tendu son arc et s'apprête à tirer une autre flèche sur une des Niobides. De son côté, Artémis, d'un geste implacable, sort une des flèches de son carquois et poursuit le massacre, tandis qu'aux pieds des dieux impitoyables agonisent un Niobide et une Niobide. **Cratère attique.** (Louvre.) [Phot. Giraudon.]

NESTOR. L'un des douze fils de Nélée et de Chloris, Nestor vit périr ses onze frères de la main d'Héraclès, mais fut épargné. Roi de Pylos, guerrier sage et juste, il participa en particulier à trois hauts faits, qui, dans la mythologie grecque, occupent une place de choix. Il défit, aux côtés des Pyliens, les Épiens. Il prit part au combat des Lapithes contre les Centaures et à la chasse du sanglier de Calydon, en compagnie des Argonautes. Apollon, lui ayant accordé de vivre trois générations d'hommes, il put s'embarquer à la tête de quatre-vingt-dix vaisseaux, qu'il conduisit au siège de Troie. Son rôle éminent, en tant qu'élément modérateur, et son souci constant d'apaiser les discordes entre les héros grecs — tels Achille et Agamemnon — sont attestés par les nombreux portraits élogieux qu'en trace Homère dans *l'Iliade* et dans *l'Odyssée*. Après la chute de Troie, il fut l'un des rares guerriers grecs à revenir sans encombre dans sa patrie, où il demeura jusqu'à sa mort, faisant régner dans ses États la justice et la piété.

NIKÉ. Cette divinité grecque est la personnification de la Victoire et l'un des surnoms d'Athéna.

NIOBÉ. Niobé, fille de Tantale et épouse d'Amphion, mit au monde sept fils et sept filles, les Niobides. Orgueilleuse comme son père, elle se vanta devant qui voulait l'entendre de sa fécondité et de la beauté de ses enfants, et se moqua de

NIS

Léto, qui n'avait donné le jour qu'à
Artémis et Apollon. Mais c'était là
s'attaquer aux dieux, et la malheureuse
Niobé l'apprit à ses dépens. Indignés
d'une telle présomption, les deux
enfants de Léto tuèrent ceux de Niobé
à coups de flèches ; une fille échappa
au massacre, mais sa frayeur fut telle
qu'elle conserva toute sa vie un teint
d'une pâleur mortelle et qu'on lui
donna le nom de *Chloris* (« pâle »).
Entendant les cris de ses enfants ago-
nisants, Niobé sortit de son palais, et,
à l'horrible spectacle de tous les corps
étendus et râlants, elle fut comme pétri-
fiée ; pris de pitié, Zeus la changea en
rocher, d'où coulèrent ses larmes sous
la forme d'une source. Pendant neuf
jours, les corps restèrent sans sépulture. Au dixième jour, les dieux s'apaisèrent et enterrèrent eux-mêmes les
enfants de Niobé.

NISOS. Fils de Pandion, roi d'Athènes,
Nisos avait trois frères, Égée, Pallas
et Lycos, qui, comme lui, avaient été
chassés de l'Attique à la mort de leur
père. Bientôt, les quatre héros rétablirent leur souveraineté sur ce territoire, qu'ils partagèrent entre eux ;
ainsi, Nisos acquit le royaume de
Mégare avec son port, Nisa. Au cours
d'une expédition contre la Grèce, afin
de venger la mort de son fils Androgée,
tué par Égée, roi d'Athènes, le roi de
Crète Minos assiégea Nisa. Scylla, la
fille de Nisos, amoureuse de Minos,
trahit sa patrie et coupa le cheveu d'or
de son père qui le retenait à la vie,
livrant la ville à l'ennemi contre la promesse que le roi de Crète l'épouserait.
Mais ce dernier fut tellement épouvanté
du parricide qu'il fit, dit-on, noyer
Scylla. On raconte également que
Nisos, changé en aigle, fondit des airs
sur sa fille, qui fut alors métamorphosée en oiseau.

NISUS. Compagnon d'Énée et ami
d'Euryale, Nisus participa avec ce
dernier aux jeux funèbres célébrés en
l'honneur d'Anchise. Dans la course à
pied, il glissa et tomba ; cependant, se
relevant aussitôt, il bouscula un des
concurrents bien placés et permit ainsi
à Euryale de remporter la victoire.
Plus tard, au cours de la guerre contre
les Rutules, Nisus et Euryale partirent
de nuit pour surprendre les ennemis
endormis dans leur camp après de
nombreuses libations. Ils tuèrent un
des chefs, Rhamnès, et de nombreux
autres guerriers. Ils s'apprêtaient à
regagner leur propre camp, lorsqu'ils
furent surpris par des cavaliers rutules
et n'eurent que le temps de se sauver
dans un bois. Bientôt, Euryale fut fait
prisonnier. Nisus, alors, attaqua seul
les Rutules, et c'est ensemble que les
inséparables amis, luttant avec une
énergie farouche, tombèrent sous les
coups et furent unis dans la mort comme ils l'avaient été dans la vie.

NOTOS. Ce vent chaud et humide,
fils d'Eos, souffle du Sud.

NUIT ou **NYX.** Cette divinité,
dont l'origine remonte à des temps
très anciens, représente l'obscurité
primordiale, angoissante, pleine d'une
sombre incertitude. Fille de Chaos,
elle s'unit à son frère, Érèbe, et
devint mère de l'Éther (« air »)
et d'Héméra (« lumière »). Mais
elle enfanta aussi des abstractions
divinisées, peu favorables aux humains, la Mort, les Parques, la Fraude,
la Vieillesse, Némésis, les Hespérides.
Ses demeures se situent en Hespérie,
au-delà des colonnes d'Hercule (détroit
de Gibraltar), dans des contrées où nul
n'a jamais osé s'aventurer.

numen. On a coutume, pour plus
de simplicité, de traduire le mot
Numen par « divinité ». En fait, le
Numen, chez les Romains, correspond
à la force divine, mystérieuse, qui
guide chacun des actes des hommes,
les rend efficaces, et se trouve dans
chaque chose, dans chaque végétal,

dans chaque animal, leur donnant ainsi un souffle de vie et de volonté. Aussi, les *Numina* sont innombrables, et il convient avant tout pour les hommes de se concilier leur appui par des fêtes ou des sacrifices. On peut dire enfin que le Numen est l'expression fruste du divin, tel que le conçurent les premiers hommes, bien avant de construire sur cette notion des généalogies, des mythes et des légendes.

La déesse Nuit n'a pas l'aspect policé des divinités de l'Olympe. Elle est la fille de Chaos, une Furie désordonnée et mystérieuse, combattant sans cesse les forces de lumière, la personnification sombre d'un des éléments qui règle l'existence de l'homme. Détail de la frise de l'autel de Pergame (Musée de Berlin.) [Phot. Musée de Berlin.]

NYCTÉE. Sa fille Antiope s'étant enfuie à Sicyone chez le roi Épopée, Nyctée, fils d'Hyriée et de Clonia, qui gouvernait alors la cité de Thèbes, monta une expédition contre ce roi ennemi, lui livra bataille, mais il fut vaincu et tué, laissant le pouvoir à son frère, Lycos. Selon une autre version de la légende, il se serait suicidé en apprenant le départ de sa fille.

NYMPHES. Sous ce nom très général, les Grecs groupent toutes les divinités féminines de la nature, qui peuplent les mers, les eaux, les bois, les arbres, les forêts, les montagnes, les vallées fertiles, les sources, les bosquets, les rochers et les grottes. Jeunes femmes d'une rare beauté, représentées nues ou à demi-vêtues, elles étaient filles de Zeus et du Ciel. La pluie que le dieu faisait tomber rejaillissait en sources et leur donnait naissance. Aussi, les Anciens attribuaient aux Nymphes un pouvoir fertilisant et nourricier, qu'elles exerçaient en se mêlant à l'humidité de l'air, de l'eau et des forêts. Mais leur action bienfaisante ne concernait pas seulement la nature. Les êtres humains, pour leur part, bénéficient de leur tendre sollicitude. Elles protègent les fiancés, qui se plongent dans l'onde de certaines sources ou fontaines pour y obtenir la purification indispensable à une heureuse fécondité. A ce caractère régénérant, particulièrement apprécié par les Grecs, s'ajoutent deux autres attributs : les Nymphes aiment prophétiser, et elles sont capables d'inspirer aux hommes qui goûtent l'eau sacrée de leurs sources de nobles pensées et le désir d'accomplir de grands exploits. Elles leur révèlent également l'issue, favorable ou néfaste, de leurs maladies. Elles vont jusqu'à les guérir de leurs maux par l'action de certaines de leurs eaux. Dans la mythologie grecque, les Nymphes sont classées et répertoriées

Trois nymphes se tiennent par la main. Leurs cheveux sont soigneusement coiffés en chignon et leur corps est recouvert d'une sorte de tunique transparente et ridée qui évoque la pureté miroitante des eaux des rivières et des fontaines. Art grec archaïque. Stèle des Nymphes. (Musée de l'Acropole, Athènes.) [Phot. Alinari-Giraudon.]

avec précision : les Néréides peuplent les mers; les Naïades, les fleuves et, d'une manière générale, les eaux vives; les Dryades, les forêts de chênes; les Alséides, les bocages. Quant aux Oréades, elles habitent les montagnes et les Hamadryades, les bois. Les Napées occupent les vallons et les Méliades ne vivent que sur les frênes. Les légendes innombrables où les Nymphes interviennent nous les montrent non seulement amoureuses des dieux, mais aussi de simples mortels. De leur union avec ces derniers naquirent les héros, les demi-dieux, les ancêtres des premières races humaines. Insouciantes, filant et chantant sur les ondes et dans les arbres, elles vivent, bien que mortelles, des milliers d'années. Elles sont les fées de l'Antiquité.

NYSOS. Dionysos confia à Nysos, son père nourricier, le royaume de Thèbes avant son départ pour un long périple en Inde. Mais quand le dieu revint, Nysos refusa de lui rendre le pouvoir de la cité. Dionysos, patiemment, attendit quelques années, puis il lui demanda la permission de célébrer une fête dans Thèbes; le roi y consentit. Déguisés en Bacchantes, les guerriers du dieu s'emparèrent de Nysos et rétablirent leur chef divin dans ses droits.

O

OCÉAN. Élément originel qui est apparu avant le monde lui-même et qui a présidé à la Création, l'Océan tient une place importante dans la mythologie. Fils d'Ouranos et de Gaia, il est la personnification divine de l'eau. Il entoure la Terre comme un immense fleuve où tout se crée et où tout vient mourir. Il est le père des quelque trois mille fleuves qui alimentent en eau les hommes et fertilisent la Terre. Téthys, son épouse, lui a donné une multitude de filles, les Océanides. Tardivement représenté dans les œuvres d'art, l'Océan a l'aspect d'un vieillard à la barbe verte; il tient une corne de taureau qui symbolise l'abondance puissante et nourrissante des eaux.

OCÉANIDES. Couronnées de fleurs, accompagnant de leur cortège la conque de leur mère Téthys, les Océanides sont les nymphes des fonds inaccessibles de la mer et de l'Océan, leur père. Quelques-unes, dans les légendes, se sont distinguées, telles Clyméné, épouse du Titan Japet, et Dioné, amante de Zeus.

ŒAGRE. Ce dieu-fleuve, roi de Thrace, épousa la Muse Calliope et fut, selon une des versions de la légende, le père d'Orphée. Il eut aussi de Calliope un autre fils également poète, Linos.

ŒDIPE. Le roi de Thèbes, Laïos, inquiet de ne pas avoir d'héritier, alla consulter l'oracle de Delphes. Celui-ci prédit que le fils qui lui naîtrait tuerait son père et épouserait sa mère. Malgré ces fatales prédictions, un enfant naquit à la cour de Thèbes. Jocaste, sa mère, effrayée de la sentence de l'oracle, l'abandonna sur le mont Cithéron, après lui avoir percé les chevilles avec une aiguille et les lui avoir liées avec une lanière. Des bergers recueillirent l'enfant; ils l'appelèrent Œdipe (« pied enflé ») et le présentèrent au roi de Corinthe Polybos, époux de Périboéa, qui, sans enfants, l'adopta avec joie et l'éleva comme son propre fils. Un jour, un jeune Corinthien apprit à Œdipe qu'il n'était qu'un enfant trouvé. Intrigué par cette révélation, Œdipe consulta l'oracle de Delphes, qui répéta l'horrible prédic-

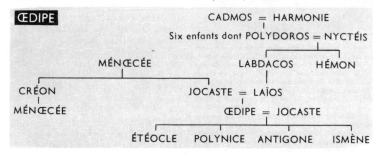

ŒDIPE			
	CADMOS = HARMONIE		
	Six enfants dont POLYDOROS = NYCTÉIS		
MÉNŒCÉE		LABDACOS	HÉMON
CRÉON	JOCASTE = LAÏOS		
MÉNŒCÉE	ŒDIPE = JOCASTE		
ÉTÉOCLE	POLYNICE	ANTIGONE	ISMÈNE

tin faite à Laïos : « Tu tueras ton père et épouseras ta mère. » Persuadé que Polybos et Périboéa étaient ses véritables parents, Œdipe les quitta en hâte. Dans un défilé, non loin de Delphes, il croisa Laïos sans savoir que celui-ci était son père et, s'étant pris de querelle avec lui, il le tua en coupant le timon de son char. Ainsi s'accomplissait la première prédiction. Poursuivant sa route et parvenu aux portes de Thèbes, il rencontra le Sphinx, monstre terrifiant, qui posait une énigme aux voyageurs et les dévorait s'il n'obtenait pas de réponse. Œdipe sut trouver la bonne réponse et le Sphinx, dépité, se jeta du haut d'un rocher et se tua, délivrant ainsi le pays de la terreur. Accueilli à Thèbes comme un bienfaiteur, Œdipe fut nommé roi et épousa Jocaste, ignorant

Simple voyageur, avec son bâton, ses sandalettes, son chapeau et sa tunique, Œdipe s'est assis sur une borne. En face de lui, le redoutable Sphinx, corps de lion et tête de femme, juché sur une sorte de trépied de style corinthien, lui pose la fameuse énigme sur l'homme. Les jambes croisées, signe de grand sang-froid, le héros, attentif, le menton appuyé sur la main, lève le visage vers le monstre et l'écoute. Tasse attique. (Musée du Vatican.) [Phot. Anderson-Giraudon.]

qu'elle était sa mère. Ainsi s'accomplit la seconde prédiction. De cette union incestueuse naquirent quatre enfants, Étéocle, Polynice, Antigone et Ismène, qui eurent tous une destinée tragique. Quelques années plus tard, une peste s'abattit sur la ville, et l'oracle consulté répondit : « Il faut expulser de la ville le meurtrier de Laïos. » Contre ce meurtrier, c'est-à-dire contre lui-même, Œdipe, toujours dans l'ignorance de son crime, prononça une malédiction implacable. Mais bientôt les révélations embarrassées du devin Tirésias permirent au héros de deviner la vérité. De honte, Jocaste se pendit; Œdipe se creva les yeux et, chassé de Thèbes, erra en mendiant dans la contrée, accompagné de sa fille Antigone, qui, seule, lui était restée fidèle. A la fin de sa vie, l'infortuné trouva asile en Attique, auprès de Thésée. A Colone, petit bourg non loin d'Athènes, les Érinyes l'entraînèrent dans la mort. Toutefois, Thésée accorda une sépulture au corps de cette victime de la plus terrible des fatalités, car il était dit que le tombeau d'Œdipe serait un gage de victoire pour le peuple athénien.

ŒNÉE. Roi de Calydon en Étolie, Œnée épousa en premières noces Althée, dont il eut plusieurs enfants; à la mort de celle-ci, il se remaria avec Périboéa, qui lui donna entre autres fils, Tydée, le père de Diomède. C'est sur les terres d'Œnée que se livra la chasse au sanglier de Calydon, que Méléagre réussit à vaincre, et c'est également dans son royaume qu'Héraclès accomplit bon nombre d'exploits avant d'épouser Déjanire. Dépossédé de son trône par les fils de son frère Agrios, qui le tuèrent, il fut vengé par son petit-fils Diomède.

ŒNOMAOS. Fils d'Arès et d'Harpinna ou encore de la Pléiade Stéropé, Œnomaos était le roi de Pise en Élide.

Il avait décidé d'accorder la main de sa fille Hippodamie à quiconque serait capable de le battre dans une course de char; nombre de concurrents furent ainsi mis à mort par le roi toujours vainqueur, qui montait sur un char dont les chevaux imbattables par leur rapidité lui avaient été donnés par le dieu son père. Seul Pélops, avec l'aide de Myrtilos, réussit à vaincre par ruse le roi, dont le char se brisa et qui mourut traîné par ses chevaux.

ŒNONE. Fille du dieu-fleuve Cébren, cette nymphe avait reçu d'Apollon le don de préparer les simples. Première épouse de Pâris, elle fut bientôt délaissée pour Hélène. Œnone, qui connaissait l'avenir et prévoyait l'issue malheureuse de la guerre de Troie, tenta en vain de dissuader son mari infidèle d'épouser sa rivale. Toutefois, elle lui demanda de venir la trouver si jamais il était blessé; elle était en effet la seule à pouvoir le guérir. Or, plus tard, atteint au cours d'une bataille par une des flèches de Philoctète, Pâris envoya des messagers supplier la nymphe de le soigner. Mais celle-ci, oubliant dans sa jalousie sa promesse, refusa son concours, et Pâris mourut. Prise de tardifs remords, la nymphe partit pour Troie, où elle trouva son époux sans vie. De désespoir, elle se pendit ou se fit brûler sur un rocher.

ŒNOPION. Roi de l'île de Chios, Œnopion, fils d'Ariane et de Dionysos, apprit de son père l'art de faire le vin. De ses nombreux enfants, la plus célèbre est sa fille Mérope. Orion en tomba amoureux et, pour la conquérir, combattit et tua toutes les bêtes féroces et fauves qui infestaient l'île. Une fois cette tâche accomplie, il demanda au roi la main de sa fille Mérope. Œnopion refusa. Mais une nuit, alors qu'il était ivre, Orion chercha à séduire la jeune fille. Pour venger cette offense, le roi arracha à l'impudent les deux yeux et le chassa.

oiseaux. Dans le culte gréco-romain, les oiseaux sont soit des animaux de sacrifice, soit des emblèmes de certains dieux, dont ils rappellent une légende ou une attribution particulière. Ainsi, l'aigle majestueux et redoutable est l'incarnation de Zeus; la blanche colombe, consacrée à Aphrodite, représente l'amour dans la paix des cœurs; le paon, animal sacré d'Héra, doit la particularité de son plumage à la déesse, qui y plaça les cent yeux d'Argos; la chouette est l'oiseau prophétique voué à Athéna. Parfois aussi, dans les légendes, on voit certains personnages changés en oiseaux; ils sont ainsi soustraits à la colère d'un dieu ou à ses assiduités; ou bien encore cette métamorphose est un signe de la pitié des dieux, mais, plus souvent, de leur colère. Picus fut transformé en pivert parce qu'il n'a pas voulu succomber aux charmes amoureux de la magicienne Circé; Coronis est changée par Athéna en corneille, pour échapper aux poursuites de Poséidon; Ædon, la mère inconsolable, qui tua son fils Itylos par mégarde, est métamorphosée en rossignol; Perdix, jeté par son oncle Dédale du haut de l'Acropole, prend, à la dernière extrémité, l'apparence d'une perdrix. Enfin, certains oiseaux ont leur légende, tel Phœnix, qui, incapable de perpétuer sa race, se fait brûler et renaît de ses cendres.

olivier. Emblème de la paix et de la richesse, l'olive était l'aliment essentiel des Grecs. L'olivier fut introduit pour la première fois en Grèce par Athéna, au cours de sa querelle avec Poséidon pour la suprématie sur l'Attique. La déesse fit jaillir l'olivier derrière l'Érechthéion, comme le plus beau présent qu'elle ait pu offrir aux Athéniens. On adorait encore à l'époque classique les douze rejetons de la souche originale qui avait été plantée dans les jardins de l'Académie. Des rameaux ou des couronnes d'olivier étaient offerts aux vainqueurs des jeux des Panathénées et aux meurtriers qui venaient d'être purifiés. L'olivier était l'arbre de la civilisation, de la paix et de la victoire sur les forces obscures, stérilisantes, injustes.

OLYMPE. Cette célèbre montagne, située entre la Macédoine et la Thessalie, passait, dans l'Antiquité, pour être la demeure des dieux. Après sa victoire sur les Géants, c'est là que Zeus siégea dans toute sa majesté, pourvu de ses attributs et assisté de l'assemblée des grandes divinités. Il y délibérait sur la destinée des héros et des mortels, et, parfois, sur celle des dieux eux-mêmes. Soustraits aux regards des mortels par un manteau de nuages, qui recouvrait le sommet de l'Olympe, les dieux festoyaient dans des banquets somptueux, buvant le nectar et savourant l'ambroisie, au milieu des chants et des danses des gracieuses Muses.

OLYMPIE. Cette ville d'Élide en Grèce, sur la rive droite de l'Alphée, devait acquérir dans l'Antiquité une immense célébrité en raison des jeux qu'on y donnait tous les quatre ans en l'honneur de Zeus. Ces jeux furent fondés pour la première fois par Pélops, l'époux d'Hippodamie, en l'honneur d'Héra, la déesse du Mariage. Plus tard, Héraclès, après sa victoire sur Augias et sur la ville d'Élis, reprit la tradition des jeux, mais, cette fois, en l'honneur de Zeus, son père, qui l'avait si bien protégé dans ses exploits; une enceinte sacrée, l'Altis, fut délimitée par ses soins, et un temple consacré à Pélops, son illustre prédécesseur. Le bois de peuplier blanc dont on se servait pour les sacrifices à Olympie fut, dit-on, rapporté des Enfers par Héraclès. Pourtant, les jeux Olympiques ne prirent une réelle expansion que sous l'impulsion de héros légendaires comme Oxy-

los et Iphitos, tous deux rois d'Élide. Le second, principalement, voulut, en créant autour de ces jeux une idée d'unité, mettre un terme aux luttes intestines qui ravageaient la Grèce.

OMPHALE. Ayant tué dans un accès de fureur un de ses meilleurs amis, Iphitos, fils du roi Eurytos, Héraclès alla consulter l'oracle d'Apollon, qui lui conseilla de se vendre comme esclave à la reine de Lydie, Omphale, afin de se purifier du meurtre. La reine imposa au héros un certain nombre de tâches, qu'il accomplit avec éclat. Ainsi, il débarrassa la région des deux Cercopes pillards réputés pour leur cruauté, de Sylée, qui forçait les étrangers de passage à cultiver ses vignobles avant de les tuer; il fit la guerre aux Lydiens d'Itone, qui dévastaient les terres d'Omphale, récupéra leur butin, puis rasa leur ville. Enfin, il mit à mort un immense serpent qui dévorait hommes et troupeaux. Séduite par la valeur et aussi par la beauté de son esclave, Omphale lui accorda la liberté et l'épousa. Une étrange version latine de la légende raconte que la reine de Lydie humiliait Héraclès en l'habillant en femme et en le forçant à filer la laine à ses pieds, tandis qu'elle revêtait la peau du lion de Némée et brandissait la massue de son époux.

omphalos. Cette pierre conique sacrée, dont le nom signifie « nombril », passait pour être le centre de la Terre. Deux aigles envoyés par Zeus autour du monde, l'un en direction de l'ouest, l'autre en direction de l'est, s'y étaient rencontrés. L'omphalos était vénéré à Delphes et associé au culte d'Apollon.

OPS. Assimilée à Cybèle et à Rhéa, Ops, épouse de Saturne et déesse de l'Abondance, figure au nombre des nombreuses divinités romaines de la Terre. Elle protège les cultures, et sa fête publique est célébrée au moment

D'après cette photographie, nous pouvons deviner aisément la crainte et le respect que l'Olympe inspirait aux Grecs de l'Antiquité. Montagne inviolée, aux sommets enneigés et drus, l'Olympe, avec ses couloirs menacés du péril mortel des avalanches et des éboulis de roches, est toujours voilé par des nuages sombres et lourds pour dérober à la vue des hommes les dieux qui y trônent dans la solitude et qui, de ses hauteurs, peuvent surveiller le monde. (Phot. Boissonnas.)

225

MYTHOLOGIE

8

des moissons et des semailles. Introduite, selon la légende, par le chef des Sabins, Titus Tatius, dans le Panthéon romain, elle a été représentée, tardivement, sous les traits d'une matrone qui tend la main droite pour offrir du secours et la main gauche pour distribuer du pain.

oracle. Avertissement, conseil ou ordre d'un dieu, l'oracle permettait aux hommes de connaître la volonté des Immortels et de prendre des décisions en fonction de la réponse du dieu. Il était consulté dans un temple spécial, en un lieu auquel une légende avait généralement accordé un grand crédit. Les oracles de Zeus et d'Apollon demeurent les plus célèbres. L'oracle de Dodone, en Épire, exprimait, dans un bois sacré, par le bruissement des feuilles, la pensée de Zeus. Mais les servants du grand dieu interrogeaient également le vol des oiseaux ou le clapotis d'une fontaine. A Delphes, l'oracle d'Apollon (il en existait un autre à Didyme) fut fondé, suivant l'hymne homérique, en l'honneur d'Apollon Python, par le dieu lui-même après sa victoire sur le serpent Python. Il détrôna ainsi le très vieil oracle de Gaia, la Terre. Une sorte de confédération religieuse se forma autour du sanctuaire, et des jeux Pythiques furent institués pour sceller cette nouvelle union de tous les pèlerins venus entendre la Pythie. On venait demander à l'oracle des conseils aussi bien d'ordre politique que d'ordre personnel. On s'y purifiait d'un meurtre comme Oreste. On cherchait à connaître le nouvel emplacement d'une colonie. L'oracle était la preuve d'une soumission des mortels aux destinées divines, et dans les légendes jamais héros n'a réussi à s'y soustraire.

ORÉADES. Ces nymphes, qui fréquentent les montagnes dont elles

apprécient les pentes escarpées, n'ont pas le caractère doux et un peu langoureux de leurs sœurs des vallées ou des bois. Aimant les exercices violents, en compagnie d'Artémis chasseresse, qu'elles choisissent parfois pour guide, elles poursuivent le gibier jusque dans les sites les plus périlleux, au bord des gouffres, au mépris de tout danger et de toute fatigue.

ORESTE. Il n'existe pas une légende d'Oreste, mais plusieurs, qui se complètent et auxquelles les poètes tragiques grecs ont donné un puissant relief. Oreste n'était qu'un enfant lorsque son père Agamemnon fut tué par Clytemnestre et par Égisthe. Il put, avec l'aide de sa sœur Électre, se réfugier chez son oncle Strophios, en Phocide; là, il se lia d'amitié avec Pylade, son cousin, qui demeura le fidèle compagnon de ses infortunes. Parvenu à l'âge adulte, il décida, sur les conseils d'Apollon, de venger la mort de son père. Accompagné de Pylade, il se rendit en secret à Mycènes et tua Égisthe et Clytemnestre. Son meurtre, qui semblait cependant une juste vengeance, frappa les dieux d'horreur, et, en tant qu'assassin de sa propre mère, ils lui dépêchèrent les Érinyes pour le tourmenter jusqu'à la folie, au milieu des hallucinations et des remords. Cependant, Apollon n'abandonna pas l'infortuné. Il lui conseilla de se réfugier à Athènes, où l'Aréopage, grâce à l'intervention décisive d'Athéna, l'acquitta de son meurtre. Puis le dieu le purifia à Delphes et, par la bouche de la Pythie, lui fit savoir qu'il serait définitivement guéri de sa démence en allant chercher la statue d'Artémis en Tauride. En Tauride donc, Oreste et Pylade, sur le point d'être sacrifiés comme étrangers, furent reconnus par Iphigénie, prêtresse d'Artémis, qui s'enfuit avec eux en leur livrant la statue. De retour dans le Péloponnèse, à Mycènes, le héros prit possession du

Le glaive à la main, les muscles du bras encore gonflés par les coups mortels dont il vient de frapper sa mère, Oreste porte déjà sur son visage les traces de la folie dont les dieux l'ont aussitôt accablé. Bas-relief romain. **(Musée de Naples.)** [Phot. Giraudon.]

royaume de son père Agamemnon, injustement spolié, puis enleva et épousa Hermione. Oreste régna dès lors sur Argos, et il mourut paisiblement à un âge avancé.

ORION. Les légendes qui concernent ce chasseur géant d'une grande beauté sont innombrables; les unes le disent fils d'un paysan de Béotie qui logea Zeus, Poséidon et Hermès. Les dieux, pour le remercier de cette hospitalité, lui auraient fait don de ce fils. D'autres prétendent qu'il est le fils de Poséidon et d'Euryale; sa vie et sa mort sont également décrites de diverses façons. S'étant rendu à Chios, il tomba amoureux de la fille du roi Œnopion, Mérope, petite-fille de Dionysos, et voulut la séduire. Le roi, pour le punir, le priva de la vue. Pour la recouvrer, il dut gagner l'Orient et s'exposer aux rayons du soleil. Il vécut ensuite comme chasseur en compagnie d'Artémis, mais Éos, qui l'aimait, l'enleva, et, par jalousie, Artémis le tua d'une flèche. Suivant d'autres mythographes, la déesse le tua à l'instigation de son frère, qui lui montrait dans la mer un point éloigné et la défiait de l'atteindre. Elle tira une de ses flèches, qui atteignit le but, mais c'était la tête d'Orion qui dépassait sur la mer. Apollon n'avait pas pu supporter l'affection que sa sœur portait au chasseur. Horace prétend, de son côté, qu'Orion voulut faire violence à Artémis et que la vierge l'aurait tué de la piqûre d'un scorpion qu'elle aurait fait sortir de terre. Quelles que soient les versions de la légende, elles concordent presque toutes pour affirmer qu'Orion, après sa mort, fut placé parmi les astres et forma la constellation qui porte son nom.

ORITHYE. Fille d'Érechthée, l'un des rois légendaires d'Athènes, Orithye fut enlevée par Borée et transportée en Thrace. Là, elle donna le jour à quatre enfants, les Boréades, dont deux fils, Zétès et Calaïs, prirent part à l'expédition des Argonautes, aux côtés de Jason.

ORPHÉE. Fils du roi de Thrace, Œagre et de la Muse Calliope, Orphée est le plus grand poète légendaire de la Grèce. Comblé de dons multiples par Apollon, il reçut en cadeau du dieu une lyre à sept cordes, à laquelle il ajouta, dit-on, deux autres cordes, en souvenir des neuf Muses, les sœurs de sa mère. Il tirait de cet instrument des accents si émouvants et si mélodieux que les fleuves s'arrêtaient, les rochers le suivaient, les arbres cessaient de bruire. Il avait aussi la faculté d'apprivoiser les bêtes féroces. Les Argo-

Représenté comme un dieu d'Asie Mineure, ce qui est conforme à la légende, Orphée est coiffé du bonnet phrygien. Des animaux domestiques ou sauvages, des oiseaux de toute espèce font cercle autour de lui. Ils écoutent, soudain charmés ou domptés, les accents magiques que le musicien, assis sous un arbre, tire, d'une main, de sa lyre, tandis que son autre main tient le stylet grâce auquel le poète trace ses écrits sur la cire des tablettes. Mosaïque romaine. (Musée de Palerme.) [Phot. Alinari-Giraudon.]

nautes se servirent de ses talents dans leur expédition. Par la douceur et la beauté de sa voix, il sut calmer les flots agités, surpasser la séduction des Sirènes et endormir le dragon de Colchide. Il voyagea en Égypte et s'initia aux mystères d'Osiris, dont il devait s'inspirer en fondant les mystères orphiques d'Éleusis. Au retour de l'expédition des Argonautes, il s'établit en Thrace, où il épousa la nymphe Eurydice. Un jour, la jeune femme, voulant échapper aux avances du berger Aristée, s'enfuit et, piquée par un serpent, mourut aussitôt. Fou de douleur, Orphée obtint de Zeus la permission d'aller la retrouver aux Enfers et de la ramener sur la Terre. Avec sa lyre, il calma le féroce Cerbère, apaisa un moment les Furies et arracha sa femme à la mort, mais à la condition de ne pas la regarder avant d'avoir atteint le monde des vivants. Au moment où il parvenait aux portes de l'Enfer, il tourna la tête pour voir si Eurydice le suivait. Alors elle s'évanouit à ses yeux et pour toujours. Revenu en Thrace, Orphée voulut demeurer fidèle à son épouse disparue, et dédaigna l'amour des femmes de son pays, qui, dépitées, mirent le poète en pièces. Sa tête jetée dans l'Hèbre fut recueillie à Lesbos. Sa lyre fut placée par Zeus parmi les constellations à la demande d'Apollon et des Muses, qui, de leur côté, accordèrent une sépulture à ses membres épars au pied de l'Olympe.

ORPHISME. Le poète mythique Orphée fut, dit-on, le fondateur de cette religieuse, qui, dès le début du VIe siècle avant notre ère, se livrait à des mystères dont le déroulement et l'ordonnance sont, de nos jours encore, partiellement inconnus. Le succès de l'orphisme chez les Grecs comme chez les Romains s'explique par sa tendance à dégager la mythologie d'une complexité qui la rendait presque incompréhensible et à syncrétiser des dieux, des mythes et des doctrines religieuses pour tenter de faire jaillir au mieux l'idée d'un dieu unique, qui portait alors le nom de *Zeus* ou plus communément celui de *Zagréos*. La théogonie orphique, en effet, diffère sensiblement de la théogonie hésiodique et traditionnelle. Le monde est né d'un œuf; la partie supérieure de la coquille devint le ciel et l'inférieure la Terre, puis se succédèrent les dieux originels, et enfin Zeus, uni à sa fille Perséphone, eut un fils, Zagréos, appelé à régner sur le monde. Mais Zagréos fut dépecé par ses ennemis; il put, toutefois, être ressuscité par son père. Selon la doctrine orphique, l'âme est immortelle; elle habite un corps mortel, marqué par le péché, souillé par les crimes de multiples générations. Après la mort,

l'âme se réincarne soit dans une autre enveloppe humaine, soit dans le corps d'un animal, et ainsi de suite. Au cours de ses transformations successives, elle se nourrit des riches expériences que lui fournit son passage dans des corps différents. Dans les intervalles de sa réincarnation, elle trouve aux Enfers la mortification nécessaire à son épanouissement et à sa purification. Seuls, les initiés aux mystères orphiques, les mystes, c'est-à-dire ceux qui connaissent les formules magiques qui permettent de passer d'un corps à un autre, de la vie animale à la vie de béatitude, peuvent prétendre un jour au salut définitif de leur âme. Les mystères orphiques accordent aussi à l'âme des adeptes une sorte de baptême au lait de chevreau qui les prépare et les ouvre à la vie éternelle et bienheureuse, tout en leur laissant par ailleurs le libre arbitre entre le bien et le mal. On voit donc que, par l'orphisme largement répandu dans toutes les couches de la société gréco-romaine, dans les dernières années du paganisme, les cœurs étaient déjà préparés à la doctrine du christianisme. Celle-ci, d'ailleurs, dans son iconographie, n'a pas tenté de renier tout ce qu'elle devait à l'orphisme, et, bien souvent, sur les stèles funéraires du début de l'ère chrétienne, le Christ a les traits et les attributs d'Orphée.

ORTHROS. Monstre né de l'union d'Échidna et de Typhon, Orthros, frère de Cerbère, était un chien à deux têtes. Il s'unit avec sa mère et engendra le Sphinx de Thèbes. Il appartenait au roi de l'île d'Érythie, Géryon, dont il gardait le célèbre et énorme troupeau. Mais il fut étranglé rapidement par Héraclès, qui put s'emparer ainsi sans difficulté du bétail.

OURANOS. Ce dieu, à la fois fils et époux de Gaia, est la plus ancienne des divinités grecques. Il eut une nombreuse postérité (les Titans, les Cy-

OXY

clopes, les Hécatonchires), mais il détestait tellement ses enfants que, dès leur naissance, il les faisait enfermer au fond des Enfers dans le Tartare. Il récolta la haine qu'il avait semée : son jeune fils Cronos, aidé de ses frères, de ses sœurs et de sa mère Gaia, qui lui fournit une faucille, le mutila et le détrôna.

OXYLOS. Descendant d'Endymion et d'Ætolos, roi d'Élide, qui avait été chassé de son territoire et avait trouvé une nouvelle souveraineté sur l'Étolie, Oxylos commit un meurtre et dut passer une année d'exil à Élis. En ce temps-là, les Héraclides cherchaient un être à trois yeux qui, selon l'oracle, était le seul à pouvoir les guider vers les terres que leur avait assignées le destin. Ils virent arriver alors Oxylos, qui, sa peine achevée, retournait en Étolie. Le héros était monté sur un cheval borgne; à eux deux, l'animal et l'homme, ils possédaient trois yeux. Les Héraclides demandèrent alors à Oxylos de les conduire dans le Péloponnèse. Après le partage des territoires, Oxylos reçut, comme promis, le territoire de l'Élide, qui avait appartenu à ses ancêtres. Il institua dans son royaume un gouvernement sage et donna une nouvelle vigueur aux jeux Olympiques, institués autrefois par Héraclès. Son fils Laias, qu'il avait eu de Piéria, lui succéda sur le trône.

Cette statue primitive de Tanagra, que le temps a encore érodée, donne à merveille l'image d'un monde magmatique à son commencement, dont Ouranos, représenté ici sous des traits à la fois grossiers et indécis, est la principale divinité. Statuette de Tanagra. (Musée Borély, Marseille.)
[Phot. Giraudon.]

230

PACTOLE. Fils de Zeus et de Leucothéa, Pactole eut pour fille Euryanassa, épouse de Tantale. Ayant commis un involontaire inceste avec sa sœur Démodicé, il se jeta tout honteux dans le fleuve Khrusorroas (« Fleuve qui roule de l'or »), dont il devint le dieu et auquel il donna son nom. Les sables d'or du Pactole sont devenus proverbiaux. Leur origine remonte au jour où Midas, qui transformait en or tout ce qu'il touchait, se baigna dans les eaux du fleuve pour se débarrasser d'un don aussi gênant.

PAIX. Cette divinité allégorique romaine, dont le culte apparaît tardivement, a été identifiée avec Eirênê, déesse grecque de la Paix, et une des trois Heures. Elle assume généralement la figure d'une femme à la physionomie douce, qui porte une corne d'abondance et une branche d'olivier.

PALAMÈDE. Ulysse ayant reçu l'ordre de rejoindre l'expédition des Grecs contre Troie, simula la folie. Palamède, fils de Nauplios, le trouva en train de labourer son champ, feignant de ne rien comprendre. Palamède, pour déjouer la ruse, plaça Télémaque, l'unique fils du héros, devant la charrue. Pour ne pas le tuer, Ulysse détourna ses bœufs, prouvant ainsi qu'il possédait bien toute sa raison; il dut alors rejoindre le camp des Grecs. Soucieux de se venger, Ulysse, au cours de la guerre de Troie, accusa Palamède de trahison et fournit des preuves montées de toutes pièces, notamment une lettre prétendûment écrite par Priam. Palamède fut jugé, déclaré coupable et lapidé. Son père Nauplios le vengea en attirant la flotte grecque, de retour de Troie, sur le promontoire rocheux de Capharée, où elle fit naufrage. On attribue souvent à Palamède, élève du sage et savant centaure Chiron, un certain nombre d'inventions comme quelques lettres de l'alphabet grec, la monnaie, les nombres, les jeux des osselets et des dés. On dit aussi qu'il inventa le jeu de dames pour abréger les longueurs du siège de Troie.

PALÉMON. Mélicerte prit le surnom de *Palémon*, quand sa mère Ino-Leucothéa se jeta dans la mer avec lui. Zeus le déifia et l'envoya vers la côte de Corinthe en le plaçant sur le dos d'un dauphin. Il fut recueilli et enterré par Sisyphe, qui fonda en son honneur les jeux Isthmiques.

PALÈS. Tantôt dieu, tantôt déesse, cette ancienne divinité pastorale, proprement latine, protège les pâturages, les troupeaux et les bergers; ces derniers sont alors appelés par les poètes les « élèves » ou les « favoris » de Palès. On ne sait s'il est un dieu ou une déesse; il s'agit vraisemblablement d'une divinité masculine. Le 21 avril, jour anniversaire présumé de la fondation de Rome, des fêtes se célébraient en son honneur, afin de purifier le bétail et les étables.

PALINURE. Ce pilote du navire d'Énée, pris d'un sommeil invincible, s'endormit à son gouvernail au cours de la traversée entre la Sicile et l'Italie et fut jeté à la mer par un brusque tangage. Il parvint à nager pendant plusieurs jours et put gagner la côte de Lucanie. Mais à peine avait-il touché la terre ferme qu'il fut tué par les naturels du pays. Quand Énée, guidé par la sibylle de Cumes, descendit dans le Monde souterrain, il retrouva, sur les bords du Styx, Palinure, qui, mort sans sépulture, ne pouvait pénétrer dans les Enfers. La sibylle promit au malheureux que les barbares qui l'avaient tué, menacés par une peste, s'empresseraient d'enterrer sa dépouille. Le cap Palinure, sur la côte ouest de Lucanie, perpétua désormais son souvenir.

PALIQUES. Séduite par Zeus, la nymphe Thaléia porta bientôt dans son sein deux enfants. Redoutant les effets de la terrible jalousie d'Héra, elle demanda à son amant de la cacher dans les entrailles de la Terre. Zeus exauça sa prière. Peu après, non loin de Palice, deux jumeaux sortirent du sol sicilien. Ils furent aussitôt placés au rang des dieux infernaux. En l'honneur de ces Paliques, les Grecs construisirent un temple non loin d'un petit lac volcanique aux eaux sulfureuses et bouillantes, qui passait pour avoir servi de berceau aux divins jumeaux. On y jetait des tablettes où l'on inscrivait des demandes et des vœux. Selon qu'elles flottaient sur les eaux ou qu'elles s'y enfonçaient, les présages d'accomplissement étaient considérés comme favorables ou adverses.

PALLADION. Cette petite statue de Pallas, haute de trois coudées, dont les pieds sont collés l'un à l'autre, tandis que sa main droite tient une lance, sa main gauche, une quenouille et un fuseau, fut, dit-on, précipitée par Zeus de l'Olympe, et tomba aux pieds d'Ilos, le fondateur de la ville de Troie. Le héros vit dans ce prodige un signe de la bienveillance des dieux et plaça, avec les plus grands honneurs, l'effigie

dans le temple d'Athéna. Un oracle assura alors que Troie subsisterait tant que le Palladion demeurerait dans la ville. Les Grecs, avertis de cette prédiction, au moment de la guerre de Troie, cherchèrent à ravir le Palladion. Ulysse et Diomède y parvinrent en s'introduisant de nuit dans les souterrains du temple. Mais certaines versions prétendent que, craignant cette éventualité, les Troyens avaient fait sculpter un second Palladion, et que, si le premier avait bien été dérobé par les Grecs, le second fut emporté par Énée en Italie et confié au temple de Vesta, à Rome : ainsi, était accomplie une prédiction qui disait qu'à travers Rome Troie renaîtrait de ses cendres.

PALLAS. 1° Pour expliquer ce surnom d'Athéna, on racontait que Pallas était une fille de Triton et qu'elle avait été tuée involontairement par Athéna. Celle-ci, désolée, avait pris pour l'honorer le nom de sa victime, et avait sculpté le Palladion.

2° Suivant quelques traditions, **Pallas** était le nom d'un Géant, père d'Athéna. Il voulut outrager sa fille ; elle l'écorcha vif et se revêtit de sa peau.

3° Un **Pallas,** fils de Lycaon, roi d'Arcadie, donna le Palladion à Dardanos, son gendre, lorsque celui-ci partit pour fonder une colonie à Troie. On connaît également ce Pallas comme le grand-père d'Évandre.

4° Héros éponyme du Palatin, un autre **Pallas** est le fils d'Évandre et l'allié d'Énée dans les combats contre les Rutules de Turnus.

5° On connaît enfin un **Pallas,** fils du roi d'Athènes Pandion ; il eut cinquante fils, les Pallantides, avec lesquels il combattit Thésée, considéré comme un usurpateur. Mais il fut défait, ainsi que ses fils, par le héros d'Athènes.

PAN. Particulièrement vénéré en Arcadie, ce dieu, dont le nom signifie « tout », protégeait primitivement les troupeaux, les chevriers et les bergers. Difforme, monstrueux avec sa tête et ses pieds de bouc, son torse velu d'homme, il fut la risée de tous les dieux de l'Olympe, lorsque son père Hermès le leur présenta. Dieu de la Fécondité et de la puissance sexuelle, à la fois brutal dans ses désirs et terrifiant dans ses apparitions (on parle d'une peur « panique »), Pan devait très vite être vénéré au cours de la période classique dans toute la Grèce. Il acquit des attributs nouveaux et fut associé à de nombreuses légendes. Médecin, guérisseur, prophète, inventeur de la syrinx, la flûte pastorale, exprimant à lui seul, tant par son aspect un peu bestial que par ses amours jamais rassasiées, la force invaincue et prolixe de la nature entière, Pan fut associé, sous l'influence de la philosophie néo-platonicienne, à l'idée de fertilité. Cette conception d'un dieu total devait inspirer l'histoire si étrange que Plutarque conte. Sous le règne de Tibère, un vaisseau s'immobilisa tout à coup sur les eaux de la mer Égée, et une voix s'éleva pour demander au navigateur de crier lorsqu'il parviendrait près des côtes : « Le grand Pan est mort. » Le pilote, après bien des hésitations se décida à annoncer la mort de Pan, et aussitôt s'élevèrent de toutes parts des gémissements et des plaintes douloureuses comme si la terre entière prenait le deuil. Selon les auteurs chrétiens, la mort de Pan était celle du paganisme, que remplaçait le christianisme.

PANACÉE. Fille d'Asclépios et de Lampétie, elle appartient au groupe des divinités qui guérissent toutes les maladies en utilisant les simples.

PANDARÉOS. Fils du devin Mérops, Pandaréos, né à Milet, s'empara un jour du chien d'or, qui avait été le gardien de l'enfant Zeus en Crète, et le confia à Tantale. Puis, quelque temps après, il vint réclamer son larcin. Tan-

On voit ici le dieu Pan, sorte de bouquetin à torse humain, enseignant amoureusement l'art de jouer de la syrinx au jeune demi-dieu des bois Daphnis, dont la beauté un peu féminine enflamme dans les légendes le cœur de toutes les divinités bucoliques. Groupe antique. (Musée des Thermes, Rome.)
[Phot. Anderson-Giraudon.]

tale feignit de tout ignorer. Zeus punit alors les deux compères : il pétrifia Pandaréos et enfouit Tantale sous le mont Sypile. On dit aussi que Pandaréos et sa femme Harmothoé purent s'enfuir à Athènes et, de là, en Sicile; mais ils n'échappèrent pas longtemps au courroux du dieu et furent tués. Leurs trois filles orphelines furent élevées par Héra, Aphrodite, Artémis et Athéna, jusqu'au jour où elles furent saisies par les Harpyes et entraînées au fond des Enfers.

PANDAROS. Ce héros commandait un régiment de Lyciens pendant la guerre de Troie, où il se distingua comme un archer habile, instruit dans cet art difficile par Apollon lui-même. Une trêve ayant été conclue entre les deux camps rivaux pour permettre à Ménélas et à Pâris de se mesurer dans un duel, Athéna incita Pandaros à tirer une flèche sur Ménélas. Les Grecs et les Troyens, devant cette provocation, reprirent aussitôt la lutte, et Pandaros fut tué par Diomède.

PANDION. Sous ce nom, on connaît deux rois d'Athènes. L'un, fils d'Érichthonios, eut deux fils, Erechthée et Boutès, et deux filles, Procné et Philomèle. C'est lui qui conclut le mariage de cette dernière avec Térée, roi de Thrace. — L'autre **Pandion** est l'arrière-petit-fils du précédent. Oreste fut purifié du meurtre de sa mère sous son règne. On raconte que, chassé d'Athènes, Pandion s'enfuit à Mégare et épousa la fille de Pylas, roi de la ville, auquel il succéda. De cette union naquirent quatre enfants : Égée, Pallas, Nisos et Lycos.

PANDORE. 1° Au cours de la lutte entre Athènes et Éleusis, le roi Érecthée, pour obtenir la victoire finale, dut sacrifier aux dieux la plus jeune de ses filles, Chthonia. Les deux sœurs de celle-ci, Protogénia et Pandore, se tuèrent aussitôt, ayant fait le vœu que, si l'une d'entre elles mourait, elles mourraient aussi.
2° Quand Prométhée eut dérobé le feu du ciel pour en faire présent aux hommes, les dieux de l'Olympe, afin de punir la race trop puissante des mortels, créèrent une jeune femme. On lui donna la beauté, la grâce, la ruse, l'audace, la force, et, après l'avoir nommée **Pandore** (« qui a tous les dons »), on l'envoya sur la Terre pour séduire les mortels et les conduire à leur perte. Épiméthée, le frère de Prométhée, la choisit pour épouse. Pandore, un jour, par curiosité, souleva le couvercle d'une jarre qu'elle devait garder fermée et en laissa échapper tous les maux qui se répandirent sur la Terre. Seule l'espérance demeura au fond du récipient. Plus tard, on déclara que cette jarre contenait les dons divins, qui, libérés par Pandore, retournèrent dans l'Olympe, abandonnant les hommes sans retour.

PANDROSOS. Fille de Cécrops, fondateur d'Athènes, sœur d'Aglauros et de Hersé, Pandrosos fut frappée de folie et se jeta du haut de l'Acropole après avoir ouvert le berceau du petit Erichthonios, que lui avait confié Athéna.

PÂRIS. Appelé aussi *Alexandre*, Pâris était le fils cadet de Priam, roi de Troie, et d'Hécube. Avant sa naissance, sa mère rêva qu'elle enfantait un brandon enflammé qui incendiait toute la ville, rêve prémonitoire de la ruine de Troie. Redoutant ce mauvais présage, Hécube abandonna Pâris sur le mont Ida, où il fut recueilli par le berger Agélaüs. Ayant réussi à découvrir son origine, le héros retourna à la cour de Priam, se fit reconnaître au cours de jeux funèbres par son frère Déiphobos et par sa sœur Cassandre, la prophétesse, et fut accueilli aussitôt avec joie par son père, qui le croyait mort. A Pâris se rattache l'histoire d'un jugement célèbre. Lorsque Pélée et Thétis célébrèrent leurs noces, tous les dieux furent invités à l'exception d'Éris, la Discorde. Furieuse de cette omission volontaire, la déesse jeta une pomme d'or parmi les convives avec cette inscription : « A la plus belle. » Aussitôt, Aphrodite, Athéna et Héra revendiquèrent cette élogieuse épithète. Pour les départager, Zeus en appela au jugement de Pâris. Les trois déesses se présentèrent devant lui, dans leur nudité. Héra lui promit la souveraineté sur l'Asie, Athéna la gloire des guerriers, et Aphrodite la plus belle des femmes. C'est à cette dernière que Pâris offrit la pomme. Afin d'exaucer sa prophétie, la déesse le protégea et lui permit d'enlever Hélène, épouse de Ménélas, roi de Sparte : telle fut l'origine de la guerre de Troie. Et, jalouses de n'avoir point été choisies, Athéna et Héra témoignèrent au cours de cette guerre d'une haine farouche à l'égard du Troyen Pâris et protégèrent les Grecs. Pâris échappa de peu aux coups de Ménélas, qui l'avait provoqué en un combat singulier. Aphrodite le cacha dans une nuée. Il tua de nombreux guerriers et surtout perça mortellement d'une de ses flèches Achille au talon. Blessé lui-même par une flèche de Philoctète, Pâris devait succomber peu après, sa première épouse Œnone ayant refusé de le soigner.

PARNASSE. Cette chaîne de montagnes, qui s'élève à quelques kilomètres de Delphes, passait pour être le séjour des Muses, d'Apollon et de Dionysos, le lieu privilégié, où musiciens et poètes venaient chercher l'inspiration. Les flancs du Parnasse étaient percés de nombreuses cavernes, habitées, selon les légendes, par des divinités agrestes. D'un de ces antres jaillissait la célèbre fontaine Castalie. Au pied du Parnasse se déroulaient la vallée du Plistos et la route de Delphes, où Laïos fut tué par son fils Œdipe.

PARQUES. Les trois Parques, qui revêtaient l'aspect de fileuses, présidaient, dans l'ancienne religion romaine, la première à la naissance, la seconde au mariage, la troisième à la mort. Surnommées *Tria Fata*, « les trois destinées », images redoutées du Fatum, du Destin auquel est lié toute vie, elles furent logiquement assimilées par les Romains aux sévères Moires grecques. Elles prirent pour noms latins les noms de Nona, Decima et Morta (V. illustration p. 236).

D'une main tenant la fameuse pomme de Discorde, de l'autre la couronne, Pâris va accorder à Aphrodite le titre de « la plus belle des déesses ». Art copte. Bronze du IVᵉ-Vᵉ s. apr. J.-C. (Louvre.) [Phot. Giraudon.]

PARTHÉNOPÆOS. Fils illégitime de Méléagre, ce héros fut abandonné par sa mère Atalante sur le mont Parthénion, aux frontières de l'Argolide et de l'Arcadie. Un berger le découvrit et l'offrit au roi Corythos, qui l'adopta, comme il l'avait fait pour Télèphe abandonné par sa mère Augé. Il reçut alors le nom de *Parthénopæos*, c'est-à-dire « fils d'une pure jeune fille », parce que, dit-on, Atalante, malgré sa maternité, avait conservé sa virginité. Il fut l'un des Sept Chefs qui marchèrent contre Thèbes, où il périt, laissant un enfant Promachos, qui, dix ans plus tard, avec les Épigones, vengea sa mort en détruisant Thèbes.

De gauche à droite, Nona, coiffée de plumes, symbolise le temps de la vie, et le nombre d'heures accordé à l'homme. Decima tient un rouleau déployé (le livre des destinées de l'homme); Morta tire l'horoscope du nouveau-né en suivant avec une baguette le cours des astres tracé sur un globe. **Sarcophage romain, dit « de Prométhée ». (Louvre.)** [Phot. Giraudon.

PASIPHAÉ. Fille d'Hélios, Pasiphaé, épouse de Minos, fut la mère d'Ariane, de Phèdre, de Glaucos et d'Androgée. Mais le couple se désunit rapidement. Minos avait refusé d'immoler un taureau blanc que Poséidon lui avait envoyé : irrité de cette impiété, Poséidon inspira à l'épouse du roi un amour monstrueux pour le taureau. Voulant pleinement assouvir sa passion, Pasiphaé demanda à Dédale de fabriquer une vache de bois et elle s'enferma dans le corps de l'animal. Le taureau se méprit et s'unit de la sorte à Pasiphaé, qui enfanta un horrible monstre, moitié homme, moitié taureau, le Minotaure.

PATROCLE. Né en Locride, où régnait son père Ménœtios, époux de Sthénélé, Patrocle, jeune encore, tua, dans un accès de colère, l'un de ses compagnons de jeux. Il dut s'exiler. Accueilli par Pélée, roi des Myrmidons, à Phthie en Thessalie, il reçut la purification nécessaire à l'expiation et à l'absolution de son meurtre. Mais, comme il s'était lié d'amitié avec Achille, le fils de ce généreux monarque, il ne rentra pas dans son pays. Lorsque la guerre de Troie éclata, il y suivit son ami, à la tête d'un contingent de Myrmidons, et se livra sous les murs de la ville à de vaillants exploits. Il suivit Achille sous sa tente, lorsque ce dernier se brouilla avec Agamemnon. Il refusa, comme lui, de continuer la lutte. Pourtant, comme le sort des armes ne favorisait pas les Grecs, Patrocle consentit à reprendre le combat, et Achille lui prêta même ses armes et son armure. Il réussit à repousser les Troyens. Mais, au cours d'un combat singulier, il fut tué par Hector. Rendu furieux par cette mort, Achille fut saisi d'un tel désir de vengeance qu'il sortit de sa réserve, reprit ses armes et tua Hector. Il honora la mémoire de son ami par des jeux funèbres solennels. Les deux inséparables compagnons devaient se retrouver, plus tard, dans l'île Blanche, demeure mythique et bienheureuse des héros, où ils continuent, par-delà la mort, une existence éternellement héroïque.

pauvreté. Connue par les Grecs sous le nom de *Pénia*, la Pauvreté s'unit à Poros, l'expédient, fils de Métis, pour donner le jour à Éros, l'Amour.

PÉGASE. Ce cheval ailé et magique, aussi rapide que le vent, naquit du sang de Méduse, lorsqu'elle eut la tête tranchée par Persée. Il vécut, recherchant les fontaines. D'un coup de sabot sur l'Hélicon, il donna naissance, dit-on, à la source d'Hippocrène. Un jour qu'il s'abreuvait à la

Blessé au bras gauche au cours d'un combat, Patrocle fait soigner sa plaie par son compagnon de guerre Achille. Patrocle détourne le regard, et son visage porte le masque et les rides de la souffrance. **Coupe grecque de Sosias (potier attique). Vers 500 av. J.-C. (Musée de Berlin.)** [Phot. Giraudon.]

Immenses ailes déployées, jambes fines et habiles à la course, Pégase pourrait être comparé à nos meilleurs chevaux de course par la puissance de son encolure et la finesse racée de son corps. **Monnaie de Corinthe. (Bibl. nat., cabinet des Médailles.)** [Phot. Larousse.]

source de Pirène, sur l'Acrocorinthe, il fut dompté par Bellérophon. Ce dernier, monté sur le miraculeux coursier, multiplia les grandes prouesses. Il vainquit en particulier la Chimère. Mais l'orgueil le perdit. Porté par Pégase, il voulut monter aux cieux. Zeus le désarçonna. Seul, le cheval ailé atteignit les demeures des dieux, qui le placèrent parmi les constellations.

PÉLASGOS. Les Pélasges, premiers habitants légendaires de la Grèce, prétendaient descendre de Pélasgos, ce héros mythique qui naquit sur le sol d'Arcadie, fruit des amours de Niobé et de Zeus. Époux de la nymphe Cylléné, il eut un fils, Lycaon, et une fille, Callisto, mère d'Arcas, héros éponyme d'Arcadie. Dans une autre version de la légende, il est le fils de Triopas et de Sosis, et le frère d'Iasos et d'Agénor; il eut une fille, Larissa. D'autres traditions prétendent, en revanche, que Larissa était sa mère et Poséidon, son père. Avec ses deux frères Achæos et Phthios, il partagea la souveraineté sur le Péloponnèse, divisant le territoire en trois régions, l'Achaïe, la Phthiotide et la Pélasgiotis.

PÉLÉE. Fils d'Éaque, roi des Myrmidons, Pélée commit un meurtre : dès son adolescence il assassina Phocos, son demi-frère, avec l'aide de son frère Télamon. Bannis de la cité, Télamon et Pélée se séparèrent alors pour suivre des destinées différentes. Euryction, roi de la Phthiotide, accorda à Pélée la purification nécessaire pour le laver de son meurtre et il lui donna même sa fille Antigone en mariage. Cependant, le bonheur du héros fut de courte durée; au cours de la chasse au sanglier de Calydon, Pélée tua son beau-père, et, malgré sa bonne foi, il fut banni. Réfugié à la cour d'Acaste à Iolcos, il refusa de céder aux avances de la reine Astydamie, qui, par deux fois, le calomnia : une première fois en envoyant une lettre à Antigone déclarant que Pélée la trompait; l'épouse, qui se croyait bafouée, se pendit; une seconde fois, en affirmant à son époux que Pélée avait voulu la séduire. Le roi abandonna Pélée sur le mont Pélion. Mais le héros réussit à s'échapper, grâce au centaure Chiron et aux bêtes féroces, et revint à Iolcos, où il tua Acaste et dépeça Astydamie. La nymphe Thétis, fille de Nérée, fut la seconde épouse de Pélée. Refusant d'épouser un mortel, malgré l'ordre des dieux, elle prit toutes sortes de formes lorsque Pélée voulut l'approcher, des plus petites aux plus grandes, des plus monstrueuses aux plus impalpables. Mais Pélée ne se laissa pas décourager ni effrayer et parvint à la vaincre. Les noces eurent lieu en grande pompe avec la participation et les présents de tous les dieux; Pélée reçut en particulier une armure invincible et deux chevaux immortels, qui servirent par la suite à Achille. Pélée vécut longtemps, mais pendant que son fils se trouvait à Troie, il fut chassé de son royaume par les fils d'Acaste et alla finir ses jours dans l'île de Cos, non loin des côtes de Carie.

PÉLIAS. Fils de Poséidon et de Tyro, Pélias fut exposé à sa naissance avec son frère Nélée et sauvé par des bergers. Tous deux apprirent plus tard qu'ils étaient d'origine divine, et s'étant rendus à Iolcos ils délivrèrent leur mère persécutée par sa belle-mère Sidéro. Pélias tua cette dernière dans le temple d'Héra, et, après avoir expulsé son frère, s'empara du trône. De son union avec Anaxibie naquirent un fils, Acaste, et quatre filles, Pisidicé, Pélopia, Hippothoé et Alceste. Après

Assis aux côtés de son épouse Thétis, qui semble peu satisfaite de ses noces, comme le dit d'ailleurs la légende, Pélée reçoit l'hommage et les présents des divinités et des mortels. Sarcophage romain. (Villa Albani, Rome.) [Phot. Alinari-Giraudon.]

Œnomaos tombe de son char, dont une roue s'est brisée. Pélops, son concurrent, galope vers la victoire (la main d'Hippodamie en est l'enjeu). Sarcophage antique. (Musée du Vatican.)
[Phot. Alinari-Giraudon.]

quelques années de règne, il vit arriver à Iolcos Jason, fils de son demi-frère Æson, qui réclama le royaume. Pour se débarrasser de ce parent gênant, Pélias l'envoya conquérir la Toison d'or en Colchide. Il profita du départ de Jason pour pousser Æson et Alcimédé, mère de Jason, au suicide, et pour tuer son cousin Promachos, éventuel prétendant au trône. Lorsque Jason revint, son épouse Médée incita les filles de Pélias à couper leur père en morceaux et à le faire bouillir sous prétexte de le rendre immortel. Seule Alceste refusa de participer à ce crime. Devenu roi, Acaste exila ses sœurs criminelles, ainsi que Jason et Médée, et fit célébrer en l'honneur de son père des jeux funèbres, auxquels prirent part quelques grands héros des légendes.

PÉLION. Montagne de Thessalie que les Géants entassèrent sur l'Ossa pour monter à l'assaut de l'Olympe, le Pélion fut aussi la demeure du centaure Chiron. Un célèbre temple, consacré à Zeus, couronnait son sommet.

PÉLOPIA. 1° Fille de Thyeste, Pélopia demeurait à Sicyone chez le roi Thesprotos, où elle occupait la fonction de prêtresse. De son union incestueuse avec son père naquit un fils, Égisthe, qu'elle fit exposer. Elle attendait cet enfant lorsqu'elle épousa son

oncle Atrée et se tua quand Égisthe, devenu grand, apprit le secret de sa naissance.
2° Une autre **Pélopia** est la fille de Pélias.

PÉLOPS. Tantale, roi de Lydie, reçut un jour les dieux à sa table et leur servit son fils Pélops en prétendant que le plat était des plus fins. Déméter mangea une épaule, mais les autres dieux s'étant aperçus aussitôt du sacrilège et du crime ne touchèrent pas au repas et s'empressèrent de ramener Pélops à la vie; l'épaule absente fut remplacée par une autre en ivoire. Pélops émigra en Grèce et fut reçu par le roi de Pise Œnomaos : il épousa sa fille Hippodamie après une course de chars dont elle était l'enjeu et qui fit de Pélops, avant Héraclès, le premier fondateur des jeux Olympiques. L'aide de Poséidon, qui l'aimait, lui fut nécessaire pour remporter la victoire. Sa vie fut heureuse, mais il eut de son épouse des enfants dont deux au moins se surpassèrent en cruauté, Atrée et Thyeste.

PÉNATES. Le culte de ces dieux aurait été, dit-on, importé de Phrygie par Tarquin l'Ancien. Ils forment, dans la religion romaine, avec le Lare et Vesta, une triade protectrice de la maison et du foyer. Une place pour le culte et les offrandes leur est réservée dans chaque demeure, afin qu'ils assurent en particulier l'approvisionnement. Aux cultes privés, il faut ajouter les cultes publics rendus aux dieux Pénates, du plus humble des villages à la plus grande des cités. A Rome, les Pénates de la cité, figurés par deux jeunes gens assis, avaient été, suivant une légende, apportés en Italie par Énée à son retour de Troie.

PÉNÉE. Principal fleuve de Thessalie, Pénée prend sa source au mont Pinde et arrose la vallée de Tempé entre le mont Ossa et la mer. Divinisé, considéré comme le fils d'Océan et de Téthys, il était principalement consacré à Apollon, car sa fille, Daphné, avait été changée en laurier pour avoir dédaigné l'amour de ce dieu.

PÉNÉLOPE. Fille de la nymphe Péribœa et d'Icarios, frère de Tyndare, roi de Sparte, Pénélope fut donnée en mariage à Ulysse, qui avait remporté une victoire au cours de jeux où s'affrontaient les divers soupirants de la belle jeune fille. Elle mit au monde un fils, Télémaque, encore enfant, lorsque Ulysse dut quitter son royaume d'Ithaque pour Troie. Pendant les vingt années que durèrent l'absence de son époux, Pénélope dut repousser par toutes sortes de ruses les avances de prétendants, qui, affirmant qu'Ulysse était mort, la pressaient de choisir un nouvel époux parmi eux. Elle déclara qu'elle devait terminer le tissage du linceul de son beau-père Laërte avant de faire un choix. La nuit, elle défaisait l'ouvrage qu'elle avait fait le jour. Ce stratagème fut dénoncé par une de ses servantes. Au moment où, de plus en plus sollicitée par ses prétendants, elle allait mettre fin, malgré elle, à plusieurs années de fidélité conjugale et de chasteté, Ulysse revint à Ithaque et, après s'être fait reconnaître de sa femme, massacra tous les hommes qui avaient envahi sa demeure et se livraient aux libations et aux pillages. Puis il revint

auprès de Pénélope, et Athéna, dit-on, prolongea pour eux la durée de la nuit. Les traditions posthomériques n'ont pas toutes suivi ce récit. Les unes déclarent que Pénélope a cédé aux prétendants et conçu le dieu Pan. D'autres ajoutent qu'Ulysse la répudia à son retour et qu'elle alla finir ses jours à Mantinée. Enfin, certains disent que Télégonos, fils d'Ulysse et de Circé, après avoir tué son père par méprise, l'épousa. Pénélope, cependant, demeure le symbole d'une fidélité conjugale d'autant plus remarquable qu'elle fut rare parmi les femmes des héros partis pour la guerre de Troie.

PENTHÉE. Fils d'Échion et d'Agavé, Penthée succéda à Cadmos sur le trône de Thèbes. Lorsque Dionysos, de retour des Indes, pénétra dans ses États, Penthée tenta de s'opposer à l'introduction du culte des mystères du dieu, qui décida de se venger. Ayant été invité par celui-ci à assister, sur le mont Cithéron, aux délires bachiques dont les femmes de Thèbes avaient été frappées, Penthée fut découvert par ces furies, et, pris pour une bête féroce, il fut mis en pièces. Sa mère Agavé, frappée de démence, lui coupa la tête et ne s'aperçut que trop tard de son horrible crime.

PENTHÉSILÉE. Cette reine des Amazones, fille d'Otrera et d'Arès, dut quitter sa patrie après avoir tué accidentellement sa sœur Hippolyte; purifiée de ce meurtre par Priam, elle porta secours aux Troyens découragés par la mort d'Hector. Au cours d'un combat, Achille la blessa à mort, mais, la voyant tomber, il la trouva si belle et si fière qu'il en devint amoureux et pleura longuement sur son cadavre. Thersite, fils de l'Étolien Agrios, le guerrier le plus bavard et le plus difforme de toute l'armée grecque, se moqua de la douleur de son chef. Celui-ci le tua. Pour le venger, Diomède, parent de Thersite, jeta le corps de Penthésilée dans le fleuve Scamandre ; Achille réussit à le recueillir et à l'enterrer avec tous les honneurs funèbres.

PERDIX. L'un des apprentis de Dédale, dont il était le neveu, Perdix inventa la scie, le compas, le tour du potier. Jaloux de tant d'habileté et d'ingéniosité, son oncle le jeta du haut du temple d'Athéna sur l'Acropole. L'Aréopage, convoqué pour juger ce meurtre, condamna Dédale au bannissement. — On connaît une variante de cette légende sur la mort de Perdix. Il s'appelle alors Talos, et on raconte que la déesse Athéna le transforma en perdrix au moment où son corps allait s'écraser sur les rochers.

Le sein gauche percé par le glaive d'Achille, la reine des Amazones, Penthésilée, adresse au héros un regard d'amour et de dernière supplication, elle lève un bras pour se raccrocher au héros, mais déjà ses jambes se dérobent sous le poids de la mort. Achille se montrera ému par cette ultime pensée de la royale mourante et lui accordera les honneurs d'une sépulture. Coupe grecque. V⁰ s. av. J.-C. (Musée de Munich.) [Phot. Giraudon.]

PERGAME. On connaît sous ce nom la ville historique d'Asie Mineure, dont le héros éponyme fut Pergamos, fils de Néoptolème et d'Andromaque. Mais les poètes grecs appelaient aussi Pergame la citadelle de Troie, voire, parfois, la ville elle-même.

PÉRIBOÉA. 1° Épouse de Télamon, Périboéa fut la mère du Grand Ajax. Elle se trouvait au nombre des jeunes filles destinées au Minotaure, quand Thésée partit vaincre le monstre. Le roi Minos, en voyant la jeune fille, tomba amoureux d'elle et voulut même la séduire ; Thésée l'en empêcha. 2° On connaît une autre **Périboéa,** épouse de Polybos, roi de Sicyone, qui recueillit Œdipe abandonné dans une corbeille sur la mer. Les deux souverains adoptèrent l'enfant. Plus tard, ayant appris qu'il était destiné à tuer son père et à épouser sa mère, Œdipe s'enfuit et gagna Thèbes, après avoir tué Laïos. Dans la ville, il épousa la veuve, Jocaste. Bientôt, il apprit de Périboéa que ni elle ni Polybos n'étaient ses parents, et il comprit ainsi qu'il avait tué son père et épousé sa mère, sans le savoir, ni le vouloir. 3° Une troisième **Périboéa** est l'épouse d'Icarios et la mère de Pénélope. 4° Une quatrième a donné le jour à Nausithoos, fondateur du royaume des Phéaciens. 5° On connaît une cinquième **Périboéa,** qui fut envoyée à Ilion par les Locriens pour devenir la servante d'Athéna, afin d'apaiser la déesse irritée par le geste d'Ajax, qui avait séduit Cassandre dans un de ses temples. 6° Enfin, une autre **Périboéa** est l'épouse d'Œnée et la mère de Tydée.

PÉRICLYMÉNOS. Fils de Poséidon et de Chloris, Périclyménos est dans la légende l'allié d'Étéocle contre Polynice et, d'une manière plus générale, contre les Sept Chefs. Au cours de la lutte, il tua l'un d'eux, Parthénopæos, et pourchassa, après la victoire des Thébains, Amphiaraos, que Zeus engloutit finalement dans la terre.

2° On connaît un autre **Périclyménos** le plus jeune fils de Nélée; il prit part à l'expédition des Argonautes. Mais il se distingue surtout par sa faculté de pouvoir prendre toutes sortes de formes. Quand Héraclès monta une expédition contre Pylos, Périclyménos tenta de s'attaquer au héros et se transforma en abeille. Averti par Athéna, Héraclès ne se méprit pas sur cette métamorphose et tua Périclyménos. On dit aussi que ce dernier eut le temps de se changer en aigle, mais qu'il fut abattu par une flèche d'Héraclès.

PÉRIPHÉTÈS. Géant boiteux, Périphétès, fils d'Héphaïstos et d'Anticlée, se servait, pour marcher, d'une béquille en bronze avec laquelle il avait coutume d'assommer les voyageurs. Thésée le trouva un jour sur sa route, lui arracha des mains cette arme improvisée, l'en frappa et le tua.

PERSÉE. Fruit des amours de Zeus et de Danaé, ce célèbre héros de l'Argolide fut, à sa naissance, placé avec sa mère dans un coffre, par son grand-père Acrisios, et abandonné sur la mer. Les flots les rejetèrent dans l'île de Sériphos, où régnait Polydectès. Voulant séduire Danaé, le roi chercha à se débarrasser de Persée devenu adulte en lui demandant de rapporter la tête de la Gorgone. Aidé par Hermès et Athéna, le héros contraignit les trois Grées, après leur avoir enlevé leur œil et leur dent, à lui indiquer le chemin des Nymphes. Il y reçut le casque d'Hadès, qui rend invisible, tandis qu'Hermès et Athéna lui fournissaient des armes merveilleuses. Il put ainsi trancher la tête de Méduse, sans être vu par les autres Gorgones. Sur le chemin du retour, il délivra Andromède et l'épousa, malgré un complot fomenté par Phinée. Puis, avant de regagner Sériphos, il fit un détour par l'Afrique : le géant Atlas l'ayant mal accueilli parce que le héros était fils de Zeus, Persée, en lui présentant la tête de Méduse, le pétrifia et le changea en la montagne qui porte son nom. Enfin à Sériphos même, la tête du monstre lui permit de délivrer sa mère Danaé, qui, poursuivie par les pressantes assiduités de Polydectès,

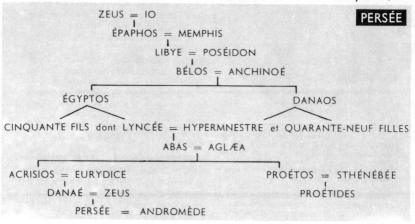

PERSÉE

ZEUS = IO
|
ÉPAPHOS = MEMPHIS
|
LIBYE = POSÉIDON
|
BÉLOS = ANCHINOÉ
|
ÉGYPTOS — DANAOS
|
CINQUANTE FILS dont LYNCÉE = HYPERMNESTRE et QUARANTE-NEUF FILLES
|
ABAS = AGLÆA
|
ACRISIOS = EURYDICE — PROÉTOS = STHÉNÉBÉE
|
DANAÉ = ZEUS — PROÉTIDES
|
PERSÉE = ANDROMÈDE

s'était réfugiée dans un temple : à leur tour, Polydectès et ses compagnons furent pétrifiés. Cependant, Persée était soucieux de connaître son grand-père; il désirait aussi revendiquer ses droits sur le royaume d'Argos. A son arrivée, Acrisios se souvint de la prédiction de l'oracle, d'après laquelle il serait tué par son petit-fils, et s'enfuit à Larissa chez les Pélasgiens. De passage également dans cette ville, Persée participa à des jeux funèbres. En lançant un disque, il frappa par mégarde un des spectateurs et le tua : c'était Acrisios. Lorsqu'il apprit l'identité de la victime, Persée rendit à son grand-père les honneurs funèbres, puis

n'osant revenir à Argos il céda à Mégapanthès, fils de Proétos, le royaume d'Argos, et il reçut en échange celui de Tirynthe. Vénéré comme un demi-dieu, il fut, après sa mort, placé dans les cieux parmi les constellations.

PERSÉPHONE. Fille de Déméter et de Zeus, Perséphone porte aussi le surnom de *Coré*. A l'insu de Déméter, Zeus l'avait promise à son frère Hadès. Tandis que la jeune fille cueillait un jour des fleurs dans la campagne en compagnie de ses compagnes et des nymphes insouciantes, elle aperçut un beau narcisse dont elle s'approcha et

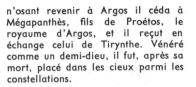

Après avoir tué Méduse, Persée, effrayé même par son exploit, prend la fuite et s'apprête à sauter sur son char, dont on aperçoit l'attelage de quatre chevaux. Détail d'un vase grec. (Louvre.) [Phot. Giraudon.]

Par l'archaïsme de l'image qui donne au héros Persée un aspect inquiétant, la légende prend plus de relief. Ici, Méduse possède un corps de femme qui se termine par une croupe d'animal. Persée détourne le regard tandis qu'il tue le monstre, qu'il a saisi par la crinière. Persée porte l'attirail des héros voyageurs : les sandalettes légères, la petite besace et le carquois empli de flèches pour se défendre des bêtes féroces. Cratère en bronze. Époque archaïque. (Louvre.) [Phot. Giraudon.]

La déesse Perséphone apparaît ici comme la femme soumise, et même craintive, du dieu Hadès. Amphore grecque. (Louvre.) [Phot. Giraudon.]

qu'elle cueillit. A cet instant, la terre s'entrouvrit, Hadès sortit de la crevasse et enleva sa nièce sur son char. Déméter, folle de douleur, car elle ne savait qui lui avait ravi sa fille, partit à sa recherche et erra dans le monde pendant neuf jours et neuf nuits. Au bout de ce temps, le Soleil, ému, lui apprit le nom du ravisseur. Pour se venger, Déméter quitta l'Olympe et cessa de faire fructifier la terre. Inquiet alors sur le sort des mortels, Zeus envoya Hermès dans le monde des Enfers pour y chercher Perséphone et la ramener à sa mère, à la seule condition que, durant son séjour dans le monde souterrain, elle n'eût rien mangé. Hadès, devinant la ruse de Zeus, donna à son épouse des grains de grenade. Ainsi, pensait-il, il pourrait garder Perséphone. Pourtant, le dieu fut obligé d'accepter un compromis. Perséphone ne resterait auprès de lui que six mois et demeurerait l'autre moitié de l'année auprès de Déméter.

La légende de cette divinité est facile à interpréter : Perséphone, enfermée dans les Enfers, n'est autre que les grains de blé, ensevelis sous terre durant l'automne et l'hiver. Au retour du printemps et durant l'été, à la germination des plantes correspond le retour de Perséphone auprès de sa mère, dont les mystères d'Éleusis symbolisent le caractère sacré. D'une manière générale, Perséphone demeure avant tout la femme d'Hadès, la majestueuse reine des Ombres, la mère des terribles Érinyes. Dans les œuvres d'art, elle atteste ce caractère redoutable que lui ont attribué les écrivains grecs. Sévère et grande, assise sur un trône à côté de son époux, elle tient un flambeau et parfois un pavot, dont les vertus soporifiques symbolisent le sommeil annuel — si proche de la mort — de la terre.

PERSUASION. Divinité allégorique, la Persuasion était vénérée par les Grecs, et particulièrement dans l'Attique, sous le nom de *Péitho*. Son culte se rattachait à celui d'Aphrodite. Les Romains lui avaient donné le nom de *Suada*. Ils employaient même parfois, pour la désigner, le diminutif « Suadela ». Associée à Vénus, elle suscitait le désir du mariage chez les amoureux et les incitait à se déclarer leur penchant.

PHAÉTON. « Celui qui brille », tel est le sens du mot grec *Phaéton*. Ce fils du Soleil et de l'océanide Clyméné aimait à se vanter auprès de ses compagnons de son origine divine, et, chaque jour, il leur montrait avec fierté la course du char de son père dans les cieux. L'un d'eux, cependant, le mit au défi de prouver son ascendance solaire. Piqué au vif, Phaéton se rendit chez son père pour lui demander un signe de sa naissance. Le Soleil jura par le Styx de lui accorder tout ce qu'il voudrait. Phaéton réclama son char et le droit de le conduire toute une journée. Horrifié, car nul mortel n'est assez puissant pour dompter les chevaux qui tirent le char, le Soleil tenta de dissuader son fils. Mais rien n'y fit : enflé de vanité, Phaéton n'écouta pas les supplications de son père, qui, tenu par son serment, fut obligé de se soumettre. Les chevaux fougueux s'élancèrent; mais, comme le Soleil l'avait prévu, Phaéton fut bien vite dépassé par sa tâche : les coursiers ne répondirent plus à son commandement, et le char commença à suivre une route désordonnée : tantôt il montait trop haut et risquait de brûler la route céleste ou de heurter les constellations, tantôt il descendait trop bas, et les montagnes prenaient feu, les fleuves se transformaient en vapeur, la terre se craquelait sous la chaleur. Pour éviter la destruction de l'univers, Zeus foudroya Phaéton et réduisit son char en miettes, et le fils du Soleil fut précipité dans le fleuve Éridan.

PHÉACIENS. On a longtemps pensé, même durant l'Antiquité, que les Phéaciens formaient une population historique. Mais les mythographes contemporains ont démontré l'inanité d'une telle assertion : les Phéaciens appartiennent bien à la mythologie. Ils demeuraient dans l'île de Schéria et passaient pour se conduire en marins pacifiques qui se livraient au commerce dans le bassin de la Méditerranée et jouissaient de leurs richesses en organisant bon nombre de festins. Leur roi Alcinoos reçut Ulysse, et c'est sous leurs auspices que se marièrent Jason et Médée.

PHÈDRE. Fille de Minos, roi de Crète, et de Pasiphaé, Phèdre était la sœur d'Ariane. Toutes deux furent choisies comme épouses par Thésée. Comme ce dernier avait quitté sa résidence royale, Phèdre conçut pour Hippolyte, son beau-fils, un amour coupable. Elle se rendit à Trézène, où il séjournait, pour l'approcher et l'admirer. Hippolyte ne remarqua pas son manège. Parvenue au dernier degré d'une maladie de langueur, désespérée, elle lui écrivit une lettre où elle lui avouait son amour et lui décrivait les

Le char du soleil a été brutalement arrêté par un envoyé de Zeus. Les attelages ont été rompus; les chevaux d'Hélios manifestent la plus grande nervosité. Phaéton est précipité la tête en bas de son char et tombe mort dans le fleuve Eridan, symbolisé ici par un vieillard barbu, tenant une palme. Sarcophage antique. (Galerie des Offices, Florence.) [Phot. Alinari-Giraudon.]

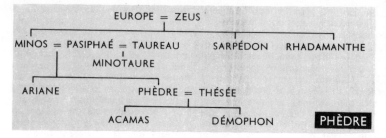

```
                    EUROPE = ZEUS

MINOS = PASIPHAÉ = TAUREAU      SARPÉDON      RHADAMANTHE
            MINOTAURE

  ARIANE              PHÈDRE = THÉSÉE
            ACAMAS          DÉMOPHON          PHÈDRE
```

souffrances qu'elle endurait. Horrifié, Hippolyte brûla l'indiscrète épître et se rendit auprès de sa belle-mère pour lui adresser de violents reproches. Phèdre, dans son affolement, l'accusa publiquement d'intentions incestueuses et se pendit.

PHÉGÉE. Roi d'une ville d'Arcadie, Phégée purifia Alcméon du meurtre de sa mère Ériphyle et lui donna sa fille Arsinoé en mariage. Celle-ci reçut en remerciement le collier et le péplos d'Harmonie. Mais les présents furent repris par Alcméon, qui voulait les offrir à sa seconde épouse Callirhoé, fille du dieu-fleuve Achéloos. Ayant appris la traîtrise de son gendre, Phégée donna l'ordre à ses deux fils, Pronoos et Agénor, de le tuer. Devenue veuve, Arsinoé lança une malédiction sur son père et ses deux frères. Elle devait porter ses fruits, car les deux enfants de Callirhoé vengèrent leur père Alcméon en tuant Phégée et ses deux fils.

Tourmentée par l'amour et les remords, Phèdre détourne son regard de son beau-fils Hippolyte qui vient lui dire adieu. Tous les personnages de la scène, et l'Amour aux pieds de Phèdre, portent le douloureux masque de la tristesse. Sarcophage. (Basilique Saint-Clément, Rome.)
[Phot. Boudot-Lamotte.]

PHÉNIX. Cet oiseau fabuleux, dont la légende est originaire d'Égypte, a été vénéré par les Grecs et longuement décrit par certains auteurs de l'Antiquité. Semblable à un aigle royal au plumage éclatant de couleurs chatoyantes, au vol lent et majestueux, le phénix vivait, disait-on, plusieurs siècles. Incapable de perpétuer sa race parce qu'il n'existait pas de femelle de son espèce, il devait cependant assurer sa descendance : lorsqu'il sentait sa mort proche, il édifiait un nid de plantes aromatiques et d'herbes magiques, au centre duquel il s'installait après y avoir mis le feu. De ces cendres renaissait un autre phénix, qui s'empressait d'aller porter les restes de son père à Héliopolis, où était adoré le dieu du Soleil, dont l'aigle était l'incarnation. Pour les Anciens, le phénix était le symbole de l'immortalité de l'âme, ou même de l'année qui renaît aussitôt après avoir terminé son temps.

PHÉRÈS. 1° Fondateur et roi éponyme de la cité de Phères en Thessalie, Phérès était fils de Créthée et de Tyro. Parmi ses fils, Lycurgue régna à Némée, et Admète épousa Alceste.
2° On connaît aussi sous ce nom un des fils de Jason et de Médée. Avec son frère Merméros, il fut tué par sa mère à Corinthe.

PHILAMMON. Dans la même nuit, Chioné, petite-fille de Lucifer, s'unit au dieu Apollon, qui engendra Philammon, et au dieu Hermès, qui la rendit mère d'Autolycos. S'étant épris de la nymphe Argiopé, Philammon eut un fils, Thamyris. Le père comme le fils furent, dans la légende, des musiciens réputés. Le premier inventa les chœurs de jeunes filles et introduisit les mystères de Déméter à Lerne, le second imagina de nouvelles formes musicales; mais il fut privé de ses dons pour avoir voulu rivaliser avec les Muses.

PHILÉMON. La légende de Philémon et Baucis est contée par Ovide dans ses *Métamorphoses*. Baucis, femme pauvre et usée par les ans, vivait avec son époux Philémon dans un village de Phrygie. Zeus, voyageant dans le pays sous les traits d'un simple mortel, en compagnie d'Hermès, décida de s'arrêter dans le village et d'y demander l'hospitalité pour la nuit. Les deux dieux frappèrent à toutes les portes, mais celles-ci restèrent closes. Seule s'ouvrit la porte de l'humble demeure de Philémon et Baucis, qui, en dépit de leur vieillesse et de leur fatigue, réconfortèrent les voyageurs divins. Alors Zeus et Hermès invitèrent les époux à gravir avec eux la montagne voisine; parvenu au sommet, le couple aperçut tout le village qui venait d'être englouti par les eaux. Mais à la place de leur maison s'élevait un petit temple. A Zeus, qui leur demandait de faire un vœu, Philémon et Baucis répondirent qu'ils désiraient devenir les ministres du temple et n'être jamais séparés. Leur souhait fut exaucé. Arrivés à une extrême vieillesse et tout près de la mort, Philémon et Baucis furent métamorphosés sur les marches du temple, le premier en un superbe chêne, la seconde en un tilleul bruissant. Cette histoire voulait simplement enseigner que l'hospitalité est un devoir sacré et que la fidélité conjugale est un gage de bonheur éternel.

PHILOCTÈTE. C'est à ce témoin des derniers moments de sa vie qu'Héraclès confia ses flèches et son arc avant de se livrer aux flammes d'un bûcher sur le mont Œta. Mais Philoctète, malgré sa promesse de ne jamais révéler à quiconque l'endroit où reposaient les cendres du héros, se parjura et fut puni. Comme tous les prétendants d'Hélène, il partit en guerre contre Troie, muni de ses précieuses flèches empoisonnées. Lorsque les Grecs firent escale dans l'île de Tenedos, il fut mordu par un serpent, ou, suivant d'autres traditions, blessé par le fer d'une de ses flèches. La plaie qui en résulta ne guérit point. Elle répandait une odeur si fétide que les Grecs, incommodés, se virent contraints d'abandonner Philoctète sur l'île de Tenedos. Il y resta dix années, souffrant sans cesse de sa blessure et de la solitude. Troie, demeurant toujours inexpugnable, les Grecs consultèrent l'oracle. Ce dernier leur révéla que les flèches de Philoctète étaient indispensables à leur victoire. Ulysse partit alors en ambassade pour Lemnos et força Philoctète, tant par contrainte que par persuasion patriotique, à gagner la Troade. Dès son arrivée, il fut soigné par Podalirios et Machaon, les fils d'Asclépios. Sa blessure se referma. Il participa à de nombreux combats et tua le plus célèbre des Troyens, Pâris. A son retour de Troie, Philoctète se fixa, prétend-on, dans le sud de l'Italie, où il fonda quelques cités.

En route vers Troie, Philoctète vient d'être mordu par un serpent sur l'île de Tenedos. Il y restera dix années. Vase grec. (Louvre).
[Phot. Giraudon.]

PHILOÉTIOS. Gardien des troupeaux d'Ulysse, Philoétios combattit avec le porcher Eumée aux côtés de son maître contre le chevrier Mélanthios et les prétendants. Après le massacre de ces derniers, il fut chargé avec Eumée de punir Melanthios pour sa trahison et de lui couper toutes les extrémités.

PHILOMÈLE. Fille de Pandion, roi d'Athènes, Philomèle avait une sœur Procné, mariée au roi de Thrace, Térée. Mais ce dernier s'éprit de sa belle-sœur et, enfermant son épouse, il annonça sa mort, et força Philomèle à lui céder. Lorsque la jeune femme apprit la vérité, le roi, pour l'empêcher de parler, lui coupa la langue. La malheureuse put cependant correspondre avec Procné, en lui faisant parvenir une tapisserie, où elle avait brodé les images principales de sa tragique aventure. Poursuivie par Térée, elle fut changée en hirondelle.

PHILYRA. Fille de l'Océan, Philyra fut aimée de Cronos, qui, craignant la jalousie de son épouse Rhéa, se transforma en cheval pour s'unir à elle. D'autres versions prétendent que ce fut Philyra qui se métamorphosa en jument afin d'échapper, mais en vain, aux avances du dieu. Un enfant naquit de cette union, le centaure Chiron, qu'elle éleva dans une grotte du mont Pélion. Plus tard, elle veilla avec ce fils, mi-homme, mi-cheval, à l'éducation de quelques grands héros légendaires.

PHINÉE. 1° Fils d'Agénor et roi de Salmydessos en Thessalie, Phinée fut aveuglé par les dieux pour de multiples raisons. Il aurait en effet exercé ses dons de prophétie avec trop de zèle, en particulier en révélant à Phrixos la route du retour en Grèce; ou bien il aurait été rendu aveugle pour avoir lui-même frappé de cécité ses deux fils Plexippos et Pandion, faussement accusés par leur belle-mère Idæa de violence sur sa personne; ou encore, il aurait préféré à la vue une longue vie. Il fut tourmenté par les Harpyes, qui lui ravissaient sa nourriture ou lui souillaient ses plats. Les Boréades Calaïs et Zétès le délivrèrent de ces monstres au cours de l'expédition des Argonautes, et, en récompense, Phinée leur révéla la route à suivre pour atteindre la Colchide par le Bosphore, et les dangers à éviter.

2° Un autre **Phinée** tenta vainement de se débarrasser de Persée, qui avait épousé sa nièce Andromède.

PHLÉGÉTHON. Dans les Enfers, cet affluent de l'Achéron roulait des flammes au lieu d'eau. Ce qui fait qu'on le nomme parfois *Pyriphlégéthon*, « Phlégéthon de feu ».

PHLÉGYAS. Fils d'Arès et de Chrysé, selon une des versions, Phlégyas fut le héros éponyme des Phlégyens et l'un des rois d'Orchomène. Son fils Ixion fut roi des Lapithes, et sa fille Coronis, séduite par Apollon, donna le jour à un célèbre fils, Asclépios. Irrité contre le dieu, Phlégyas mit le feu à son temple et fut, dit Virgile, puni de cet acte sacrilège par un rigoureux châtiment aux Enfers.

PHOBOS. Né de la déesse Aphrodite, Phobos, personnification de la Crainte, accompagne son père, Arès, sur les champs de bataille. Il suscite dans le cœur des combattants la lâcheté et les pousse à s'enfuir. On lui connaît un frère, Deimos, la Terreur.

PHOCOS. 1° Dionysos voulant venger la mort de Dircé frappa Antiope de folie. La malheureuse erra ainsi dans toute la Grèce jusqu'au jour où Phocos, un petit-fils de Sisyphe, la guérit de son mal et l'épousa en Phocide. Il fut enterré par les Phocidiens à Tithoréa, car un oracle avait prédit que cet acte de piété attirerait la fertilité sur tout le pays.

2° Un autre **Phocos** était le fils d'Éaque et de la nymphe Psamathé, tandis que ses demi-frères, Télamon et Pélée, étaient les fils d'Éaque et d'En-

déis. Ayant quitté sa patrie, Phocos conquit le pays, qui prit le nom de *Phocide*, épousa Astéria, dont il eut deux fils, Crisos et Panopée. De retour auprès des siens, il fut tué par ses frères, jaloux de sa puissance et de sa gloire.

3° On connaît également sous le nom de **Phocos,** un Béotien qui avait décidé de marier sa fille Callirhoé à un jeune homme qui serait déclaré vainqueur à l'issue d'une joute d'armes. Les prétendants de la jeune fille tuèrent ce père trop exigeant, tandis que Callirhoé réussissait à s'enfuir et à se cacher. Quelque temps après, les Béotiens apprirent la nouvelle du meurtre et parvinrent à retrouver les assassins. Les coupables furent bientôt capturés et aussitôt lapidés.

PHŒNIX. 1° Comme ses frères Cadmos et Cilix, Phœnix fut envoyé par son père Agénor à la recherche de sa sœur Europe, enlevée par Zeus. Ne l'ayant pas trouvée, il passa d'abord en Libye, puis revint s'établir dans un pays sur la côte du Proche-Orient méditerranéen, qui, en son honneur, prit le nom de *Phénicie*.

2° Un fils d'Amyntor et de Cléobulé ou d'Hippodamie porte aussi le nom de **Phœnix.** A l'instigation de sa mère, il séduisit Phthia, une concubine de son père, mais fut maudit et chassé par celui-ci après avoir eu les yeux crevés. Soigné par le centaure Chiron, Phœnix recouvra la vue et fut accueilli ensuite par Pélée, qui le fit roi des Dolopes et lui confia la garde d'Achille. Phœnix devait rester profondément attaché au grand héros, qu'il accompagna à Troie. Il tenta même d'adoucir la rancune d'Achille après sa brouille avec Agamemnon. A la mort de son ami, Phœnix prit part de l'ambassade qui alla chercher Néoptolème, afin qu'il continuât l'œuvre de son père à la guerre de Troie; il mourut pendant le voyage du retour.

PHOIBÊ. 1° Fille de Leucippé, Phoibê était la prêtresse d'Athéna. Promise à Idas, son cousin, elle fut enlevée par Pollux, qui l'épousa.

2° La Titanide **Phoibê** est une des divinités primordiales, fille d'Ouranos et de Gaia. Unie à Cœos, elle devint mère de Léto et d'Astéria, et par la suite la grand-mère d'Apollon.

PHOLOS. Un jour qu'il passait par l'Épire, Héraclès demanda l'hospitalité à Pholos, un sage et bienveillant centaure, fils de Silène et d'une nymphe Hamadryade. Pholos reçut le héros avec beaucoup d'égards, lui servit un riche repas. Cependant, Héraclès s'avisa de lui demander d'ouvrir une outre de vin réservée aux centaures. Lorsque ceux-ci humèrent l'odeur enivrante qui s'était répandue dans la campagne, ils furent pris de fureur, assiégèrent la caverne de Pholos et attaquèrent Héraclès, qui en tua un grand nombre et mit le reste en fuite. Pholos ne prit pas part au combat, mais en enterrant ses semblables il se blessa mortellement au pied à l'une des flèches empoisonnées d'Héraclès. Le héros accorda les honneurs funèbres à son involontaire victime et l'ensevelit sous une montagne, qui prit le nom de *Pholoé*.

PHORCYS. Divinité marine appartenant à la première génération des dieux, Phorcys est le fils de Pontos et de Gaia, le frère de Nérée, de Thaumas et de Céto, qu'il épousa. De cette union naquirent la plupart des monstres qui hantent les légendes grecques, Scylla, les Gorgones, Échidna, les Hespérides.

PHORONÉE. Selon quelques légendes, Phoronée était le fils du dieu-fleuve Inachos et de la nymphe Mélia. Premier roi d'Argos, il fut aussi le premier à enseigner à ses sujets l'usage du feu. Il épousa la nymphe Cerdo, agrandit son royaume, conquit le Péloponnèse. A sa mort, ses fils, Pélasgos, Iasos et Agénor, se partagèrent le Péloponnèse, et Car fonda la ville de Mégare.

PHRIXOS. Le pays d'Orchomène était désolé par la sécheresse et la famine. Le roi de la contrée, Athamas, décida d'envoyer à Delphes des députés, afin de consulter l'oracle du dieu Apollon. Ino, seconde épouse d'Athamas, qui haïssait les enfants du premier lit, Phrixos et Hellè, soudoya les envoyés, qui déclarèrent que le sacrifice de Phrixos était nécessaire à l'apaisement des dieux. L'infortuné put s'enfuir avec sa sœur sur le bélier ailé à toison d'or, mais seul il parvint en Colchide. Là, le roi Aiétès l'accueillit avec bonté et lui donna même sa fille Chalciopé en mariage.

PHYLLIS. Cette fille d'un roi de Thrace vit un jour débarquer, dans le royaume de son père, Démophon, ou son frère Acamas, fils de Thésée, qui revenait de l'expédition contre les Troyens. Il devint son amant. Il la quitta bientôt pour gagner sa patrie. La jeune femme, à son départ, lui confia une cassette qui renfermait, disait-elle, de riches présents destinés au culte de Rhéa. Elle lui enjoignit, cependant, de ne pas l'ouvrir tant qu'il n'aurait pas perdu tout espoir de revoir sa maîtresse d'un moment. Démophon s'installa à Chypre. Il oublia Phyllis. A la date qu'il avait fixée pour son retour en Thrace, Phyllis descendit par neuf fois sur le rivage de la mer pour scruter l'horizon. Aucune voile n'apparaissait. De douleur, elle se pendit. Le même jour, Démophon ouvrait la cassette. Un fantôme en sortit. Épouvanté, le jeune homme glissa du cheval sur lequel il était juché et tomba sur son épée, qui le perça. Selon une autre version de la même légende, Phyllis, après sa mort, fut métamorphosée en un amandier stérile. Seule l'étreinte d'un Démophon passionné et repentant avait le pouvoir de le faire fructifier.

PICUS. D'après les mythographes anciens, ce roi du Latium, fils de Saturne et époux de la nymphe Canens, aurait rendu des oracles avec le concours de l'oiseau pivert. Selon d'autres versions, dont les thèmes mythologiques sont plus fournis, dédaignant les avances charmeuses de Circé, il serait tombé amoureux de Pomone. De dépit, la magicienne l'aurait métamorphosé en pivert. Cependant, il aurait conservé sous cette forme ses dons de prophétie et notamment son pouvoir de prévoir la pluie. Aussi, il avait auprès des paysans romains le prestige d'une divinité agreste, qui protège les champs contre la sécheresse et assure la pâture du troupeau.

PIÉRIE. Région située au sud de la Macédoine, la Piérie était célèbre dans l'Antiquité pour le culte qu'on y rendait à Orphée et aux Muses, auxquelles on attribuait le surnom de *Piérides*. On connaît, à ce propos, une légende qui fait des neuf Piérides les filles de Piéros, roi de Macédoine, et d'Évippé. Elles osèrent comparer leur talent musical à celui des Muses, et furent vaincues par celles-ci dans un concours de chant. En punition de leur orgueil, elles furent métamorphosées en pies.

pierres sacrées. Désignées souvent sous le nom de *bétyles*, les pierres ou les aérolithes étaient, à l'origine, considérées comme la demeure d'un dieu ou comme sa représentation. A chaque dieu est dédiée une pierre de forme particulière. Elle est cubique pour Cybèle, rectangulaire pour Hermès, en forme de borne pour Mercure, divinité des routes. La pierre sacrée rappelle aussi dans la mythologie certaines actions des dieux ou des hommes. Ainsi, la pierre sonore de Mégare, où Apollon posa sa lyre, la pierre dont Anaxarété prit l'apparence ou bien la célèbre pierre que Cronos avala à la place de son fils Zeus. A Trézène, on montra longtemps la pierre sur laquelle s'étaient assis les neuf juges chargés de purifier Oreste.

PIÉTÉ. En honneur principalement chez les Romains, cette divinité allégorique symbolisait l'affection que l'homme devait porter à ses semblables, à ses parents, à ses amis, aux dieux et, plus tard, au génie de l'empereur, dont la Piété devint le puissant symbole. Cette divinité portait les attributs de l'opulence (la corne d'abondance) et de la fidélité (la cigogne).

PILUMNUS. Ancienne divinité romaine, Pilumnus, sur lequel on ne connaît guère de légendes, présidait aux naissances. Il était entouré d'attributs divers comme un balai, un pilon et une hache. Pilumnus fut, plus tard, vénéré comme un dieu de la Culture, et son culte fut parfois associé à celui de son frère Picumnus. Le pilon représenta alors le blé qu'on moud, et la hache les terres que l'on défriche.

PIRÈNE. Cette célèbre fontaine de Corinthe, un des hauts lieux légendaires de la Grèce, était habitée par la nymphe Pirène, fille du dieu-fleuve Asôpos. Elle fut métamorphosée en fontaine, tant elle avait versé de pleurs sur la mort d'un de ses fils. Selon une autre légende, la source de cette fontaine qui jaillissait du rocher de l'Acrocorinthe avait été donnée à Sisyphe par le dieu-fleuve Asôpos, qui avait appris de ce roi le nom du ravisseur de sa fille Égine.

PIRITHOOS. Ce roi des Lapithes en Thessalie est, dans la légende, l'objet de deux versions différentes. Dans la première, il est le fils de Zeus; dans la seconde, celui de Dia et d'Ixion. En entendant parler de Thésée, dont on vantait les exploits par toute la

Grèce, il fut pris d'une violente jalousie et voulut voir si cette gloire n'était pas surfaite. Il vola une partie du troupeau de Thésée en manière de provocation. Thésée s'apprêta à combattre Pirithoos. Mais celui-ci, séduit par le héros, déposa les armes et se déclara son esclave. Thésée en fit son ami. Ensemble, ils descendirent aux Enfers dans le dessein insensé de séduire Perséphone et de la ravir à son époux Hadès. Puni pour cet acte impie, Pirithoos ne devait jamais revoir la Terre.

PITTHÉE. Roi de Trézène et fils de Pélops et d'Hippodamie, Pitthée était connu pour sa science, sa sagesse, ses dons de prophétie. Ainsi, il avait appris par un oracle que le fils qui serait engendré par Égée aurait un nom glorieux. Aussi, après avoir grisé le roi d'Athènes son hôte, il le plaça dans le lit de sa fille Æthra. Thésée naquit de cette union involontaire, et Pitthée eut ainsi la joie et l'orgueil de devenir le grand-père du héros. Plus tard, Hippolyte, fils de Thésée, fut confié à la garde de son aïeul et lui succéda sur le trône de Trézène.

PLÉIADES. Divers récits commentent le mythe des sept sœurs, Maia, Électre, Taygète, Astéropé, Méropé, Alcyoné et Célaeno, filles d'Atlas et de Pléioné, qui forment la constellation des Pléiades. Selon une tradition béotienne, Zeus les plaça au nombre des étoiles après les avoir changées en colombes pour les soustraire à Orion, qui les poursuivait. Toutefois, la tradition la plus courante veut que, désespérées du châtiment que Zeus infligea à leur père, elles se soient donné la mort et aient été changées en étoiles. Leur apparition au printemps en mai (les Latins les nomment Vergiliæ, du mot *ver*, printemps) indique au marin qui cherche sa route dans les cieux la saison propice à la navigation (*Pléiades* est en effet dérivé d'un mot grec qui

signifie « naviguer »), et leur disparition au commencement de novembre signale le début du gros temps, dangereux pour les navires.

PLÉIONÉ. Fille d'Océan et de Téthys, Pléioné s'unit au géant Atlas et devint la mère des sept Pléiades. Poursuivie pendant cinq ans par Orion, elle fut métamorphosée en étoile.

PLISTHÈNE. Fils de Pélops et d'Hippodamie, selon la version la plus courante de la légende, Plisthène, selon d'autres versions, était le fils d'Atrée et l'époux d'Aéropé, et le père d'Agamemnon et de Ménélas. Une autre tradition prétend qu'il fut tué par son père; on ne sait rien de plus sur son existence.

PLOUTOS. S'étant rencontrés aux noces de Cadmos et d'Harmonie, Iasion et Déméter s'aimèrent sur un champ labouré trois fois. Un fils naquit de cette union, Ploutos, qui personnifia la Richesse. Zeus, dit-on, priva ce dieu

Visage sans indulgence, bouche presque cruelle, encadrée par une barbe bouclée et serrée, tel est Pluton, le dieu romain des Morts. Buste romain. (Musée des Thermes, Rome.) [Phot. Alinari-Giraudon.]

de la vue, afin qu'il dispensât ses biens sans égard pour les mérites propres à chacun, aussi bien aux riches qu'aux pauvres, aux bons qu'aux méchants.

PLUTON. Ce dieu, dont le nom était dérivé du mot grec *ploutos* signifiant « richesse », était la personnification divine de la Fécondité de la terre, le garant de l'abondance des récoltes; on lui donnait aussi le nom de *Dis Pater*, « père des Richesses », et il était fréquemment associé au dieu Ploutos. Divinité souterraine, Pluton devint bientôt un des surnoms d'*Hadès*, le souverain des Enfers, et il prit un caractère redoutable, surtout chez les Romains. On lui sacrifiait des animaux au pelage sombre, brebis ou porcs noirs, et on vouait à son courroux inflexible tous les condamnés à mort.

PODALIRIOS. Ce fils d'Asclépios partit contre Troie avec son frère Machaon à la tête d'une compagnie de Thessaliens. Aussi habile que son père dans l'art de la médecine, il mit ses dons au service des Grecs pendant toute la guerre, et fut le seul avec Machaon à pouvoir guérir l'affreuse blessure de Philoctète. Après la victoire de ses compatriotes, Podalirios quitta Troie avec Calchas, Amphilochos et quelques autres héros. Il parvint par voie de terre à Colophon, où mourut Calchas. Il consulta ensuite l'oracle de Delphes, qui lui conseilla de s'établir dans un pays où le ciel tombait sur la terre. Après beaucoup de réflexion, Podalirios s'établit en Carie à Syrnos, où il épousa Syrna, la fille du roi : le territoire de ce dernier était en effet entouré de montagnes telles que leurs sommets semblaient soutenir le ciel.

PODARCÈS. 1° Quand Héraclès tua Laomédon, roi de Troie, et tous ses fils, il épargna cependant l'un d'eux, Podarcès, qui avait pris parti pour lui. Le jeune homme fut par la suite racheté

Polhymnie, « inspiratrice des hymnes héroïques et divins ». Sa main, aux doigts repliés sur sa tunique, semble prête à rythmer la cadence des vers, tandis que son visage demeure perdu dans des songes féconds. Art grec. (Louvre.) [Phot. Giraudon.]

par Hésioné, et il prit le nom de *Priam*; puis il monta sur le trône de Troie.
2° On connaît sous ce nom le fils d'Iphiclos et le petit-fils de Phylacos, roi de Phylacae en Thessalie; il commandait un corps de Thessaliens au siège de Troie, où il fut tué par Penthésilée, la reine des Amazones.

POLHYMNIE. On accorde à cette Muse, ordinairement sans attributions précises, le titre d'« inspiratrice des hymnes héroïques et divins ». Pourtant, comme la statuaire la représente en général dans une attitude pensive, on l'assimile parfois à Mnémosyne, déesse de la Mémoire, dont elle serait la fille.

POLIADES. On donna ce nom aux dieux protecteurs d'une cité (*polis*, en grec). Athéna était adorée à Athènes sous cette désignation, en tant que protectrice de l'Acropole, noyau de la cité.

POLLUX. L'un des Dioscures, fils de Léda et de Zeus, frère de Castor.

POLYBOS. 1° Ce roi de Corinthe recueillit Œdipe abandonné et l'éleva comme son fils. Œdipe grandit et apprit l'affreuse fatalité qui s'attachait à sa vie et pesait sur son père et sa mère : il devait en effet tuer l'un et épouser l'autre. Pensant que Polybos et son épouse Périboéa étaient ses véritables parents, le malheureux les quitta aussitôt. Après avoir tué Laïos et épousé Jocaste, Œdipe reçut une lettre de Périboéa, qui lui annonçait la mort de Polybos et lui révélait le secret de sa naissance ainsi que les circonstances de son adoption.

2° On connaît également sous le nom de **Polybos** un roi d'Égypte qui hébergea Hélène et Ménélas.

3° **Polybos** est un roi de Sicyone, à qui succéda Adraste avant de monter sur le trône d'Argos.

POLYBOTÈS. Avec les autres géants, ses frères, Polybotès participa à la guerre contre les dieux de l'Olympe. Poséidon cassa, de son trident, un morceau de l'île de Cos et le jeta contre Polybotès, qui fut écrasé sous le poids des roches. Ainsi naquit une nouvelle île, celle de Nisyros.

←

Poséidon a bousculé Polybotès avec son trident. Il lâche sur le géant un morceau de l'île de Cos afin de l'écraser. Fond de coupe grecque. (Bibl. nat.) [Phot. Giraudon.]

POLYDAMAS. Fils du Troyen Panthoos et de Phrontis, Polydamas était le frère d'Euphorbe. Il se lia d'amitié avec le héros Hector, dont il fut en quelque sorte le conseiller stratégique et auquel il prêta maintes fois, au cours des combats, son concours.

POLYDECTÈS. Ce roi de Sériphos accorda l'hospitalité à Danaé et à Persée. Mais il voulut séduire Danaé. Persée, pour le punir de cet outrage, lui présenta la tête de la Méduse et le pétrifia. A sa mort, le royaume revint à son frère Dictys.

POLYDOROS. 1° Fils de Cadmos et d'Harmonie, Polydoros succéda à son père sur le trône de Thèbes. Époux de Nyctéis, il eut un fils, Labdacos, grand-père d'Œdipe.

2° On connaît un autre **Polydoros**, fils de Priam et de Laothoé. Il fut tué par Achille au cours de la guerre de Troie. Cependant, des versions postérieures prétendent que Polydoros était le fils de Priam et d'Hécube. Tout jeune, il fut confié au roi de Thrace, Polymestor, qui reçut également en garde les trésors de la ville de Troie. Après le sac de cette ville, voulant s'emparer des richesses, le roi égorgea Polydoros et jeta son cadavre à la mer. Les flots rejetèrent le corps sur les côtes de la Troade, où il fut découvert et reconnu par Hécube.

Une autre tradition, rapportée par les tragiques, raconte que Polydoros fut confié à sa sœur Ilioné, épouse de Polymestor. La reine éleva son frère, en faisant croire que son fils Déipyle était Polydoros. Polymestor, sur ordre des Grecs, tua son propre fils en croyant faire périr Polydoros. Alors, ce dernier incita sa sœur à se venger de ce meurtre et à massacrer son époux.

POLYMESTOR. Roi de Chersonnèse en Thrace, Polymestor fut marié à Ilioné, une fille du roi Priam. Les époux, au cours de la guerre de Troie, reçurent la garde du trésor de Troie et celle du jeune Polydoros, un des fils de Priam et d'Hécube; ils l'élevèrent comme leur propre enfant. Au moment de la chute de la cité, Polymestor voulut tuer Polydoros, mais il se trompa et égorgea son propre fils Déipyle. Ilioné, pour se venger, tua son époux meurtrier. On dit aussi que Polymestor, convoitant l'or qui lui avait été confié, obtint des Grecs, en échange du meurtre de Polydoros, le droit de conserver les richesses : le corps du jeune enfant jeté à la mer échoua sur le rivage de la Troade et fut aperçu par Hécube. Celle-ci convoqua alors Polymestor sous un faux prétexte et lui arracha les yeux. On raconte enfin que, prisonnier des Grecs, Polydoros était destiné à être échangé contre Hélène. Mais les Troyens ayant refusé ce marché, Polydoros aurait été lapidé.

POLYNICE. Ce personnage, qui appartient aux légendes thébaines, était né de l'union incestueuse de Jocaste et d'Œdipe. Il accepta, après avoir chassé son père, de partager le pouvoir avec son frère Étéocle, chacun régnant à tour de rôle une année. Mais comme Étéocle refusait de céder sa place, Polynice s'enfuit de Thèbes et se réfugia auprès d'Adraste, le roi d'Argos, dont il épousa la fille Argia. Il n'avait pas pour autant abandonné ses prétentions au trône de Thèbes, et il prépara une expédition contre son frère parjure. Les Argiens, sous la conduite de Polynice, Tydée, Capanée, Parthénopæos, Hippomédon, Adraste et Amphiaraos se présentèrent sous les murailles de Thèbes. Les deux frères, animés d'une haine inexpiable, se rencontrèrent alors en combat singulier et périrent tous les deux, comme le leur avait prédit leur père Œdipe dans sa malédiction. Étéocle eut droit aux honneurs funèbres, mais le corps de Polynice, coupable d'avoir porté les armes contre sa patrie, fut abandonné sans sépulture. Antigone s'attira la colère de Créon, nouveau tyran de Thèbes, pour avoir voulu ensevelir son frère. Ainsi, la race incestueuse d'Œdipe connut-elle jusqu'à sa disparition la haine et le malheur.

POLYPHÈME. 1° Fils d'Élatos et d'Hippé, ce Lapithe participa à l'expédition des Argonautes et s'installa ensuite en Mysie, où il bâtit la cité de Cios, sur laquelle il régna jusqu'à sa mort, survenue au cours d'une bataille contre les Chalybes, un des peuples du Pont.

2° On connaît un autre **Polyphème,** bien plus célèbre que le précédent. Fils de Poséidon et de la nymphe Thoosa, ce Cyclope était un monstre gigantesque, qui n'avait qu'un œil au milieu du front et se nourrissait de chair humaine. Il demeurait dans une caverne, non loin du mont Etna, et faisait paître son énorme troupeau de moutons sur la montagne. Il avait eu un amour malheureux pour Galatée, amante d'Acis, et s'était vengé cruelle-

Polyphème a dévoré une nouvelle fois un des
compagnons d'Ulysse. Il tient dans ses mains les
deux jambes du malheureux, seuls restes de son
horrible repas. Ulysse présente au Cyclope une
coupe de vin pour l'enivrer et, aidé des derniers
compagnons, qui ont échappé à l'anthropo-
phagie du monstre, il lui perce son unique œil
avec un pieu. Sur cette coupe, on remarquera
en haut le serpent, animal de l'obscurité souterraine qui symbolise la nuit où se trouvera
désormais plongé le Cyclope aveugle. Le
poisson de mer, sans doute un dauphin, qui
figure également sur cette coupe, est l'emblème
de Poseidon, le père de Polyphème, qui se
vengera cruellement des héros qui ont ainsi
mutilé son fils. Signalons que, afin de raconter
l'épisode le plus célèbre de cette légende
en une seule image, l'artiste en a contracté
les différentes péripéties. Coupe grecque
de Cyrène. (Louvre.) [Phot. Giraudon.]

Le géant Polyphème, dont les deux yeux
sont aveugles, porte son unique œil vivant
sur le front. Les Romains ont fait de Polyphème
une sorte de divinité agreste, à la fois lourde
et brutale. Il est assis sous un vieux chêne. A ses
pieds, un mouton à la laine abondante et
frisée : dans la tradition homérique, en effet,
Polyphème tire sa subsistance du produit de
son élevage. Comme tous les dieux des champs
et des bois, comme Pan et sa célèbre flûte, il
charme sa solitude en jouant d'un instrument
de musique, ici de la lyre, suivant l'inspiration
que lui souffle le génie ailé qui se tient derrière
son dos. Bas-relief romain. (Villa Albani,
Rome.) [Phot. Alinari-Giraudon.]

ment des deux jeunes gens. Mais il est
surtout connu pour sa lutte contre
Ulysse. Le héros aborda en effet sur
ses terres avec quelques hommes et
lui demanda l'hospitalité. Pour toute
réponse, Polyphème saisit deux compagnons d'Ulysse, et, après les avoir
tués, il les dévora en faisant craquer les
os des malheureux entre ses formi-
dables mâchoires; ensuite, il enferma
tous les autres marins dans un antre,
et en bloqua l'entrée par une grosse
pierre. Le lendemain matin, il mangea
deux autres prisonniers et, au soir,
deux autres encore. C'est alors qu'il
but le vin que lui présentait Ulysse et
que, sous l'effet de l'ivresse, il s'endormit. Aussitôt, le héros fit rougir au feu

le bout énorme d'un tronc d'arbre, et, aidé par le reste de ses compagnons, il le planta dans l'œil du Cyclope. Polyphème poussa un horrible cri : il était aveugle.

Pour sortir de la caverne, Ulysse et ses compagnons s'accrochèrent fortement sous le ventre des brebis et purent être rendus sans dommage à la liberté malgré la vigilance de Polyphème, qui, de la main, caressait le dos des bêtes afin de s'assurer qu'aucune n'emportait ses hôtes sur son dos. Lorsqu'ils firent voile vers la haute mer, Ulysse et ses compagnons lancèrent des injures à l'adresse de Polyphème, qui, dans sa rage, jeta d'énormes rocs contre leur navire. Puis le Cyclope appela ses frères à son aide contre « Personne » : tel était le nom sous lequel Ulysse s'était prudemment nommé. Le croyant devenu fou, les autres Cyclopes l'abandonnèrent et le malheureux n'eut plus qu'à implorer la vengeance de son père Poséidon. Le dieu, en effet, déchaîna sur Ulysse une série de redoutables tempêtes.

POLYPOÉTÈS. 1° Fils de Pirithoos et d'Hippodamie, Polypoétès succéda à son père comme roi des Lapithes en Thessalie. Prétendant d'Hélène, il prit part à ce titre à la guerre de Troie et se signala par sa vaillance au combat, en mettant à mort de nombreux héros troyens. Enfin, il figura au nombre des Grecs qui s'installèrent dans les flancs du cheval de Troie.
2° On connaît aussi un **Polypoétès**, fils d'Ulysse et de Callidicé, à laquelle il succéda sur le trône du pays des Thesprotes en Épire.

POLYXÈNE. La plus jeune des filles de Priam et d'Hécube, Polyxène fut mêlée à certains épisodes de la guerre de Troie, dont des traditions postérieures à l'Iliade se sont fait l'écho. Achille, en effet, s'éprit pour elle d'un vif amour lorsqu'elle vint le trouver, en compagnie de Priam et d'Hécube pour lui réclamer le corps de son frère Hector. On raconte que, pour obtenir sa main, Achille se montra prêt à trahir les siens, soit en retournant aussitôt en Grèce, soit en s'engageant dans les rangs des Troyens. Mais Pâris veillait; il tua le héros. Au moment du sac de Troie, l'ombre d'Achille apparut aux Grecs et leur demanda de sacrifier Polyxène. Sur son tombeau, Néoptolème, le propre fils d'Achille, s'acquitta de cet ordre pour apaiser les mânes tourmentés de son père.

POLYXO. 1° On connaît une **Polyxo** de Lemnos, qui conseilla à la reine Hypsipyle dont elle était la nourrice d'accueillir les Argonautes, afin que la race des Lemniens ne s'éteignît pas.
2° Une autre **Polyxo** est l'épouse de Nyctée, à qui elle donna une fille, Antiope.
3° La plus célèbre **Polyxo** était la veuve de Tlépolème, fils d'Héraclès, qui, à la tête d'un contingent rhodien, avait péri devant Troie. Folle de douleur, Polyxo voulut se venger de la mort de son époux. Hélène, femme de Ménélas, lui ayant demandé l'hospitalité, elle la reçut comme une amie, mais la rendant responsable de la guerre de Troie, elle déguisa ses servantes en Érinyes. Hélène, tourmentée sans cesse, et à demi folle, finit par se pendre.

POMONE. Cette nymphe étrusque des fruits et des fleurs, annexée par la religion romaine, a été chantée par les poètes, qui lui ont attribué de nombreuses amours avec les divinités agrestes et rustiques, notamment avec Picus, Silvain et Vertumne. Ovide nous dit qu'elle fut l'épouse de ce dernier et que leur fidélité immortelle leur permit de vieillir et de rajeunir sans cesse à l'image du cycle des saisons et de la maturation des plantes et des fruits. Assise sur un

La déesse Pomone porte dans un pan de sa tunique les fruits des vergers. L'ensemble de la statue exprime la sûreté sereine d'une divinité qui, jusqu'à la fin des temps, assurera la fructification des plantes et des arbres pour le plus grand bien des hommes. Statue romaine. (Galerie des Offices, Florence.)
[Phot. Brogi.]

grand panier de fleurs et de fruits, Pomone tient des pommes et un rameau. Les poètes la chantent couronnée de pampres et de raisins, tandis qu'elle verse les fruits d'une corne d'abondance.

PONTOS. Mentionné par Hésiode, Pontos est la personnification de la mer, de ses flots comme de ses abîmes. Il a été enfanté par Gaia, s'est uni ensuite à sa mère, qui donna, de ce fait, naissance aux forces multiples de l'Océan, Nérée, Phorcys, Céto, Thaumas. Toutefois, Pontos n'est le sujet d'aucune œuvre d'art, et on ne lui connaît aucune légende propre. Pour les Anciens son nom désignait seulement la mer Noire.

PORPHYRION. Ce géant fit la guerre aux dieux de l'Olympe, entassant jusqu'au ciel rochers sur rochers. Puis il tenta d'étrangler Héra et de lui faire outrage. Zeus, pour punir l'impudent, le renversa d'un trait de foudre, et Héraclès l'acheva d'une flèche.

PORTUNUS. Comme le dieu Janus, cette très archaïque divinité romaine protège, à l'origine, les portes, les passages et les entrepôts de blé. Plus tard, elle patronne les ports et, spécialement, le port de Rome, sur le Tibre. Assimilé par les Romains au dieu grec Palémon, Portunus avait pour mère Mater Matuta, elle-même identifiée avec la déesse Leucothée, mère de Palémon.

POSÉIDON. Fils de Cronos et de Rhéa, Poséidon, dieu de la Méditerranée, fut élevé par les Telchines. Célèbre, comme tous les dieux de l'Olympe, par ses amours avec les immortelles, telles Déméter ou Amphitrite, son épouse légitime, ou même avec des monstres comme Méduse, il engendra surtout des créatures néfastes, tels les Cercopes, les Aloades, Chrysaor ou le cyclope Polyphème. Il se mêla souvent des affaires des mortels; avec Apollon, il participa à la construction des murailles de Troie; il chercha en vain à ravir à Athéna la suprématie sur l'Attique, et, furieux d'avoir été joué, il frappa de son trident la roche de l'Acropole d'Athènes, qui en portait encore la trace à l'époque historique. Il disputa sans succès à Hélios la ville de Corinthe, et à Héra celle d'Argos. Au cours de la guerre de Troie, il prit le parti des Grecs par rancune contre les Troyens, qui ne s'étaient pas acquittés de leur dette lorsqu'il construisit leur mur. Il

A gauche, cette tête très expressive de Poséidon donne une impression de redoutable
angoisse : front bas, arcades sourcilières proéminentes, nez épaté, bouche énorme, semblable à
celle d'un poisson, barbe et cheveux hirsutes. Le front barré horizontalement par une ride
et les yeux révulsés accentuent encore l'expression dure et presque monstrueuse du dieu.
Ici, Poséidon est le dieu coléreux, le roi des tempêtes, le père de Polyphème (comparer avec
la tête de Polyphème, p. 254). Bronze grec. IIIᵉ-IIᵉ s. av. J.-C. (Louvre.) [Phot. Archives
photographiques.]

A droite, tout comme son frère Zeus brandit le foudre pour exprimer sa suprématie sur les
dieux et les hommes, et son autorité sur les éléments célestes, ainsi Poséidon tient le trident,
symbole redoutable de sa domination sur les eaux et sur les espèces vivantes qui peuplent les
océans et les mers. Il retient d'une main sa tunique, qui est roulée au-dessous de sa taille, comme
pour libérer ses mouvements et apparaître dans une presque nudité, admirablement propor-
tionnée, aux yeux de ses sujets éblouis. Souveraine noblesse du maintien, regard dirigé au loin
vers l'horizon sans fin de son royaume. Poséidon de Milo. (Musée national d'Athènes.)
[Phot. Boissonnas.]

consitt cependant à protéger Énée,
en le dérobant à la vue d'Achille, qui
s'apprêtait à le tuer.

Dieu des Tremblements de terre et
dieu de l'Élément liquide, dont la représentation la plus impressionnante
est la mer dans son immensité et sa puissance sauvage, Poséidon réside au fond
des eaux. Parfois, il sort de son palais
sur un char attelé de chevaux aux couleurs d'algues et d'écume, pour diriger
les mouvements des flots, apaiser ou
susciter les tempêtes, en frappant la
mer de son trident ou en hurlant des
ordres de son énorme et profonde
voix. Les marins le vénèrent et l'implorent afin d'obtenir une bonne traversée. Son pouvoir s'étend non seule-

ment sur l'élément marin, mais aussi sur les eaux douces et les nymphes; ainsi, il concourt, en dissipant l'humidité, à la fertilité des champs, et il est souvent considéré comme une divinité agraire.

POTHOS. Fils d'Aphrodite, Pothos personnifie, avec Éros, auquel il est souvent assimilé, le désir amoureux. Il ne possède aucune légende propre.

PRÉNESTE. Cette très ancienne ville latine fut fondée par Cæculus, fils de Vulcain. On attribue également l'origine de Préneste à Télégonos, fils d'Ulysse et de Circé. Cette cité latine acquit une grande renommée, grâce au temple consacré à la déesse Fortune,

devant laquelle on venait jeter les dés afin d'interroger les sorts.

PRÉTENDANTS. Dans la mythologie, les prétendants sont des héros qui sollicitent la main d'une jeune fille, souvent d'ascendance royale. Ces prétendants sont souvent astreints à concourir soit dans des jeux, soit dans des courses de char, soit dans des tirs à l'arc, avant d'être choisis pour époux. Ce fut le cas des prétendants d'Hippodamie, fille du roi Œnomaos, qui, vaincus, eurent tous la tête tranchée. Seul Pélops, grâce à une ruse, put épouser la jeune fille. Cependant, dans l'*Iliade*, les prétendants d'Hélène n'eurent pas à se livrer à d'aussi périlleuses actions. Au nombre d'une centaine, ils comptaient parmi les plus

Autour d'un de ces lits où ils passaient leurs journées et leurs nuits à festoyer, quelques préten-
dants à la main de Pénélope tentent d'éviter les traits lancés par Ulysse, ici invisible. Ils ont été
surpris dans leur nudité et, démunis de toute arme, ils sont incapables de riposter efficacement.
L'un d'eux a déjà reçu une flèche; un autre, sur le lit, étend devant son corps sa tunique comme
pour se protéger, tandis qu'un troisième, à moitié accroupi, se sert d'une table comme bouclier.
Cratère de Corneto. (Musée de Berlin.)

célèbres héros de l'Antiquité. Sur le conseil d'Ulysse, Tyndare obligea les prétendants à jurer que, quel que fût l'élu, tous s'engageraient à l'avenir à porter secours au futur époux ou à Hélène, si l'un ou l'autre venait à être outragé. Aussi, quand Pâris enleva Hélène, tous les prétendants gagnèrent Troie pour une expédition punitive. — On connaît enfin, dans la légende racontée par *l'Odyssée*, les prétendants de Pénélope, qui affirmaient qu'Ulysse était mort et pressaient Pénélope de choisir parmi eux un nouvel époux. Ils avaient envahi le palais du roi d'Ithaque, pillaient ses richesses et se livraient sans retenue aux festins et aux orgies. A son retour de la guerre de Troie, Ulysse, sans se faire reconnaître, suggéra que Pénélope fût unie à celui qui serait capable de tirer avec son arc. Aucun des prétendants ne réussit, excepté le héros, qui, aidé de Télémaque, tua tous ses rivaux.

PRIAM. Ce roi des Minyens s'appelait primitivement *Podarcès*, c'est-à-dire « pieds légers ». Il était le fils de Laomédon tué par Héraclès pour avoir refusé le prix convenu en échange de la délivrance de sa fille Hésioné. Épargné parce qu'il avait été le seul à soutenir Héraclès contre son père, il fut racheté par sa sœur et prit alors pour nom *Priam*, « celui qui a été vendu ». Il monta sur le trône de Troie, épousa Arisbé puis, en secondes noces,

Semblable à ce qu'en dit la légende, c'est-à-dire vieillard à la barbe et aux cheveux blancs, appuyé sur un bâton, Priam, accompagné de deux esclaves porteurs de jarres et de cassettes pleines de présents, réclame le corps de son fils Hector à Achille. Ce dernier feint de ne pas l'écouter. Il tient encore dans sa main le glaive qui frappa mortellement Hector, dont on aperçoit le cadavre aux multiples plaies sous la litière même de son meurtrier. Scyphos grec. (Musée de l'Histoire de l'art, Vienne.)

Hécube. Selon Homère, il fut le père de nombreux enfants qui, presque tous, jouèrent un rôle éminent au cours de la guerre de Troie : Hector, Pâris, Déiphobos, Cassandre, Créüse, Laodicé, Hélénos, qu'il vit périr à peu près tous. Tout jeune encore, Priam soutint les Phrygiens dans un combat contre les Amazones; mais il était d'un âge avancé lorsque éclata la guerre de Troie, et *l'Iliade* raconte qu'il ne prit pas une part active à la guerre. Il consentait à présider les conseils; mais seul Hector décidait du déroulement des opérations.

Il a, en fait, un rôle pathétique à la fin de *l'Iliade*, au moment où il supplie Achille de lui rendre le corps de son fils Hector. La douleur d'un père et l'émotion du vainqueur ennemi, l'une et l'autre confondues dans les mêmes et fatals malheurs de la guerre, donnent au texte de *l'Iliade* et au personnage de Priam un puissant relief. Lorsque Troie fut envahie par les Grecs, le roi se réfugia avec Hécube au fond de son palais et enserra l'autel de Zeus. Mais le dieu suprême ne pouvait rien faire en faveur du malheureux souverain, qui fut égorgé par Néoptolème.

PRIAPE. Ce dieu ithyphallique est, selon la tradition la plus courante, le fils de Dionysos et d'Aphrodite. Héra, qui était jalouse de sa mère, le rendit difforme à sa naissance. Craignant de se ridiculiser, Aphrodite abandonna son fils sur les contrées riveraines de l'Hellespont, où son culte se localisa principalement à Lampsaque. Divinité de la Fécondité, tant par son emblème, le phallus, que par sa parenté, Priape assure la reproduction des troupeaux de moutons et de chèvres, la naissance des abeilles, la pousse des raisins, et il est adoré par le peuple rustique des bergers des bords de l'Hellespont. Son culte se répandit en Italie, où il obtint une grande faveur. Priape fut assimilé à un certain nombre de divinités agrestes, et, notamment, au dieu Pan. On plaçait dans les vergers et les jardins une pierre phallique pour favoriser la floraison et la fructification.

PROCNÉ. La légende de cette fille du roi d'Athènes Pandion est inséparable de celle de Philomèle, sa sœur. Mariée en effet à Térée, roi des Thraces, qui était venu au secours de son père au cours d'une guerre, elle eut de lui un fils, Itys. Térée ayant séduit Philomèle, Procné décida de se venger d'une façon exemplaire. Elle tua son fils, découpa ses membres, les fit bouillir dans une marmite pour ensuite les servir en repas à son mari. Puis, lorsqu'il eut dégusté le plat, elle lui annonça la vérité. Elle eut le temps de fuir avec sa sœur; mais Térée, fou de douleur, se mit à leur poursuite, et il allait les rattraper lorsque les deux sœurs supplièrent les dieux de les épargner; elles furent toutes deux changées en oiseaux : Procné devint ainsi un beau rossignol et Philomèle une gracieuse hirondelle.

PROCRIS. L'une des filles du roi d'Athènes, Érechthée, Procris fut tuée involontairement par son époux, Céphale.

PROCRUSTE ou **PROCUSTE.** « Celui qui étire » : tel est le surnom du brigand Damastès ou Polypémon. Procruste possédait deux lits. Il forçait les voyageurs de grande taille à s'étendre sur le plus petit et ceux de petite taille à s'allonger sur le plus grand. Aux premiers il coupait les membres; aux seconds, il étirait les bras et les jambes. Thésée mit fin aux féroces exploits de Procruste et lui fit subir le même supplice.

PROÉTIDES. Filles de Proétos, roi de Tirynthe, Iphianassa, Iphinoé et Lysippé portaient le nom patronymique de Proétides. Héra les frappa de folie, parce qu'elles avaient comparé leur beauté à celle de la déesse, osant même affirmer que la leur était supérieure. Se croyant devenues des vaches, elles erraient en beuglant par les champs. On dit aussi que cette punition leur fut infligée par Dionysos, qui leur reprochait de dédaigner son culte. Le devin Mélampous réussit à guérir les Proétides et devint roi de la moitié du territoire gouverné par Proétos.

PROÉTOS. Fils d'Abas, Proétos dispute le royaume d'Argos à son frère jumeau Acrisios. Il en fut chassé et se retira à la cour du roi de Lycie, Iobatès. Il épousa une des filles de ce dernier, Sthénébée, qui lui donna trois filles connues sous le nom général des *Proétides*. Il leva ensuite une armée et fit pression sur son frère Acrisios, qui finit par consentir à lui céder une part de son territoire, celui de Tirynthe. Là, Proétos joua un rôle dans la légende de Bellérophon. Il purifia en effet le héros d'un meurtre. Toutefois, sur une fausse accusation de son épouse, il envoya cet hôte chez son beau-père Iobatès, pour qu'il fût mis à mort. Iobatès refusa, mais soumit le héros aux plus dangereuses épreuves.

PROMÉTHÉE. Fils du Titan Japet et de Clyméné, frère d'Atlas, de Ménoétios et d'Épiméthée, Prométhée était un géant dont Zeus redouta toujours la puissance. Prophète, inventeur, il créa d'un bloc d'argile mêlé d'eau le premier homme. Ne voulant pas laisser sa créature démunie de tout, il alla dérober au char du Soleil une étincelle qu'il cacha dans la tige d'une férule, et, de retour sur la Terre, il offrit cette source du feu divin aux hommes qui, en son absence, s'étaient multipliés. Non content de ce premier exploit et de cette injure faite à la puissance souveraine de Zeus, il en imagina un second. Il tua et dépeça un taureau. D'un côté, il étala la chair, la moelle, les entrailles, qu'il recouvrit de la peau de la bête; de l'autre, il posa les os, sur lesquels il plaça la graisse de l'animal. Prométhée offrit alors à Zeus de s'attribuer l'une des deux parts, l'autre allant aux hommes. Zeus attiré par la blancheur de la graisse choisit celle qui ne renfermait que les os. Ayant été ainsi joué, Zeus décida de

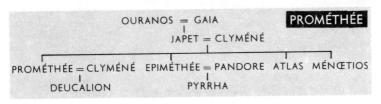

OURANOS = GAIA   **PROMÉTHÉE**

JAPET = CLYMÉNÉ

PROMÉTHÉE = CLYMÉNÉ   EPIMÉTHÉE = PANDORE   ATLAS   MÉNŒTIOS

DEUCALION   PYRRHA

A droite, ce sarcophage illustre deux des principaux épisodes de la légende de Prométhée. A l'extrême gauche, le dieu façonne le premier homme sous le regard bienveillant d'Athéna. A l'extrême droite, il quitte le ciel, où il vient de dérober le feu, représenté ici par un grand flambeau. Sarcophage. (Louvre.) [Phot. Giraudon.]

Ci-dessous, enchaîné à un rocher du mont Caucase par des anneaux de fer, Prométhée s'apprête à subir une nouvelle fois le supplice quotidien : l'aigle s'avance pour ronger son foie sans cesse renaissant. Mais Héraclès brandit sa massue qui écrasera la rapace. Ciste grecque de Préneste, gravée au trait. (Louvre.) [Phot. Giraudon.]

se venger des mortels et de Prométhée. Aux premiers, il envoya Pandore, belle jeune femme créée par Héphaïstos, qui répandit tous les malheurs sur la Terre, en ouvrant sa fameuse boîte. Au second il dépêcha Héphaïstos : Prométhée fut enchaîné par le dieu sur le plus haut sommet du mont Caucase, où, chaque jour, pendant des siècles, un aigle vint ronger le foie sans cesse renaissant du malheureux. Pour avoir averti Zeus de ne pas épouser Thétis, si le dieu ne voulait pas avoir un fils qui le détrônerait, Prométhée eut droit à la clémence de son maître. Héraclès tua le rapace d'une de ses flèches et délivra le géant. Cependant, Zeus lui imposa l'obligation de toujours porter au doigt un anneau de fer attaché à un petit morceau de roche. Par la suite, Prométhée acquit l'immortalité, que lui céda le centaure Chiron.

PROSERPINE. Divinité romaine, Proserpine étendait, à l'origine, sa protection toute particulière sur la germination des plantes. Bientôt assimilée à la Perséphone grecque, elle devint l'épouse de Pluton et la reine des Enfers.

PROTÉE. Fils de Poséidon et de Téthys, Protée est une divinité secondaire de la mer, chargée de garder les troupeaux de phoques qui appar-

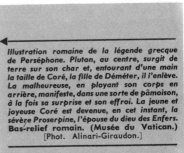

Illustration romaine de la légende grecque de Perséphone. Pluton, au centre, surgit de terre sur son char et, entourant d'une main la taille de Coré, la fille de Déméter, il l'enlève. La malheureuse, en ployant son corps en arrière, manifeste, dans une sorte de pâmoison, à la fois sa surprise et son effroi. La jeune et joyeuse Coré est devenue, en cet instant, la sévère Proserpine, l'épouse du dieu des Enfers. Bas-relief romain. (Musée du Vatican.)
[Phot. Alinari-Giraudon.]

PRO

tiennent à son père. Selon Homère, il
résidait dans l'île de Pharos, non loin
du fleuve Ægyptus. Virgile place sa
résidence dans l'île de Carpathos,
entre la Crète et Rhodes. Il était surtout célèbre par son pouvoir extraor-
dinaire de divination. Son père le lui
avait accordé, en récompense des
services qu'il en recevait. Il savait
parfaitement indiquer ce qui fut, ce
qui est, ce qui doit être. Mais ce « Vieillard de la mer », peu aimable, se
refusait toujours à proférer ses prédictions. Cependant, quiconque souhaitait
apprendre de lui l'avenir, n'avait qu'à
venir le trouver vers midi, heure de sa
sieste, et à le charger de chaînes. Surpris et furieux, Protée se métamorpho-
sait en une série de monstres, tous plus
effrayants les uns que les autres. Il prenait même l'apparence insaisissable de
l'eau et du feu. Cependant, si le consul-
tant tenait bon et ne s'effrayait pas, il
reprenait sa forme première et consentait à parler. C'est ainsi que Protée
apprit à Ménélas par quels moyens il
pourrait retourner dans sa patrie, et
que, grâce à ses conseils, Aristée put
repeupler ses ruches détruites par les
Dryades.

PROTÉSILAS. Protésilas appartient
aux légendes de la Thessalie, pays où
il est né du mariage d'Iphiclos, roi de
Thessalie, et d'Astyoché. Prétendant
d'Hélène, il partit pour Troie à la tête
de quarante vaisseaux, après avoir
épousé Laodamie, fille d'Acaste, de la
famille de Jason. Comme un oracle
avait prédit que le premier guerrier
grec qui toucherait le sol d'Asie serait
tué sur-le-champ, personne n'osait
descendre à terre. Protésilas se dévoua
et périt sous les coups d'Hector. Son
épouse inconsolable obtint qu'il revînt
quelque temps du séjour des morts, et,
lorsqu'il y retourna, elle le suivit.

PRUDENCE. Comme c'est le cas
pour toutes les divinités allégoriques
romaines, les caractères et les attributs
de Prudence sont mal définis. On la
représente généralement sous les
traits d'une femme au double visage,
l'un tourné vers le passé, l'autre
orienté vers l'avenir. Elle fut, à une
époque tardive, identifiée avec Métis,
la première épouse de Zeus.

PSYCHÉ. Dans les *Métamorphoses*,
Apulée raconte que Psyché était la plus
jeune et la plus belle des trois filles d'un
roi. Tous les sujets du royaume se pressaient autour d'elle pour l'admirer, et
ils lui rendaient même un culte, oubliant les marques de dévotion qu'ils
devaient à Vénus. La déesse de l'Amour
en conçut alors une jalousie vengeresse
et appela son fils Cupidon à son aide,
lui demandant d'inspirer à Psyché de
l'amour pour le plus laid et le plus
méprisable des hommes. Cupidon ban-
da son arc et s'envola vers la jeune
fille. Mais il fut tellement frappé par
sa beauté qu'il s'éprit d'elle et n'exécuta pas les ordres de sa divine mère.
Tandis que les deux sœurs de Psyché
épousaient de riches personnages, la
belle jeune fille ne se décidait pour
aucun prétendant. Fort soucieux, le roi
son père consulta l'oracle d'Apollon,
qui lui ordonna de vêtir sa fille de noir
et de l'accompagner en haut d'une colline, où un serpent hideux viendrait
s'unir à elle. Malgré son désespoir,
le roi exécuta les ordres des dieux et
abandonna Psyché. Alors s'éleva un
doux vent, et le souffle de Zéphyre
transporta la jeune fille dans les airs
pour la déposer saine et sauve sur une
moelleuse prairie odoriférante, où elle
s'endormit. Le lendemain, lorsqu'elle
ouvrit les yeux, elle se trouvait dans le
jardin enchanté d'un palais d'or et
d'argent incrusté de pierreries. Elle
s'approcha, inquiète et curieuse, de la
demeure inconnue et entendit le son
d'une voix, qui l'invitait à pénétrer
dans la riche demeure; elle poussa la
porte et trouva dans des salles
luxueuses un bain tout préparé, un

dîner et un lit somptueux, où elle s'étendit au commencement de la nuit. Elle se rendit compte, peu après, d'une présence à ses côtés, et elle crut que c'était le mari dont lui avait parlé l'oracle. Cet époux amoureux et tendre demanda à Psyché de ne pas tenter de le regarder. La jeune fille, en outre, obtint bientôt la permission de regagner quelques jours ses foyers et de revoir ses parents. Mais ses sœurs, en la voyant si heureuse, tentèrent d'insinuer le doute dans son cœur et lui déclarèrent que, dans les ténèbres de la Nuit, elle devait certainement s'unir à un monstre.

Bouleversée, Psyché, dès la nuit qui suivit son retour dans le palais, s'approcha de son époux endormi et l'éclaira d'une lampe. Au lieu d'un monstre, elle distingua Cupidon, le plus beau et le plus aimable des dieux; éblouie, elle avança la lampe plus près encore, et une goutte d'huile bouillante tomba alors sur l'épaule de son divin époux. Celui-ci s'éveilla en sursaut, reprocha à Psyché sa méfiance et disparut. Folle de douleur, l'infortunée erra à sa recherche et s'adressa finalement à Vénus. La déesse, trop heureuse de se venger, retint Psyché à son service comme esclave et lui imposa des travaux rudes et humiliants. Mais aucune tâche ne semblait impossible à la jeune femme, tant son amour lui donnait du courage et de la persévérance. Avec l'aide des fourmis, elle tria des graines de toutes espèces que Vénus avait mélangées. Elle rapporta la laine d'or de moutons féroces; grâce au concours d'un aigle, elle put puiser l'eau de la source du Styx, réputée inaccessible, amadouer Cerbère et parvenir jusqu'au trône de Proserpine, au plus profond des Enfers, pour apporter à Vénus un peu de la beauté de la reine des Ombres. Cependant, la curiosité devait la perdre une seconde fois. Elle ouvrit

Ce groupe, par la délicatesse comme par la précision des gestes et des attitudes, nous restitue, à travers la légende de l'Amour (Cupidon) épris de Psyché, l'image traditionnelle et éternelle des amants comblés. Sculpture antique. (Musée du Capitole, Rome.)
[Phot. Anderson-Viollet.]

une boîte que lui avait remise Proserpine et sombra dans un profond sommeil. Pendant ce temps, enfermé dans le palais de sa mère, Cupidon mourait d'amour pour la belle Psyché, jusqu'au jour où il réussit à s'envoler par une des fenêtres de la demeure, et, lorsqu'il eut retrouvé son épouse endormie, il l'éveilla d'une légère piqûre de ses flèches. Devant tant d'amour, Vénus ne resta point insensible. Mercure ravit Psyché à la Terre et la déposa dans le palais des dieux, où elle but l'ambroisie et le nectar, qui lui conférèrent l'immortalité. Ainsi, pour toujours, elle put rester unie à l'Amour. Le sens du conte est clair : Psyché est le symbole de l'âme humaine purifiée par les passions et les malheurs, et préparée à jouir, dans l'amour, d'une félicité éternelle.

PTÉRÉLAS. Électryon, roi de Mycènes, reçut un jour la visite des fils du roi Ptérélas, qui revendiquèrent le trône de la cité parce qu'il avait appartenu autrefois à leur aïeul Mestor. Électryon refusa de céder à cette requête, et, à sa mort, ce fut son neveu Amphitryon qui se chargea de mener une expédition contre Ptérélas. Mais Poséidon, père de Ptérélas, avait placé sur la tête de son fils un cheveu d'or qui le rendait immortel. C'est alors que la fille du roi, Comaitho, s'éprit d'Amphitryon et décida de trahir sa patrie : elle coupa le cheveu qu'il avait père, qui mourut sur-le-champ. Horrifié par ce crime, qui lui avait pourtant rendu service, Amphitryon condamna Comaitho à mort pour parricide.

purification. Inconnue d'Homère, cette pratique religieuse fut introduite, dit-on, par Apollon, quand le dieu eut tué le serpent Python. En effet, tout meurtre, même celui d'un monstre ou d'un criminel, constituait une souillure qui nécessitait une purification. Apollon se rendit alors en Thessalie et se baigna dans les eaux du fleuve Tempé. De même, dans la mythologie, les héros coupables d'assassinats ou de sacrilèges devaient s'exiler et chercher par tous les moyens à se purifier, afin d'apaiser les divinités infernales. En général, cette purification leur était accordée par un roi du pays voisin, et, si le meurtrier était repentant, il était aussitôt pardonné par les dieux.

PYGMALION. 1° Roi de Tyr, qui figure, parfois, dans la généalogie de Didon.
2° Roi légendaire de Chypre et sculpteur réputé, **Pygmalion** s'était voué au célibat et avait reporté l'amour dont il se frustrait sur une statue de jeune fille dont il était l'auteur. Il sup-

plia Aphrodite de lui procurer une femme qui ressemblât à son œuvre. La déesse anima la statue, et Pygmalion put épouser Galatéa, qu'il avait, en quelque sorte, créée. De cette union naquit Paphos, fondateur de la cité chypriote qui porte son nom, ville où devait s'élever un sanctuaire fameux d'Aphrodite.

PYGMÉES. *L'Iliade* parle des Pygmées comme d'êtres humains d'une taille minuscule qui habitaient le sud de l'Égypte, sans doute l'Éthiopie actuelle. Un jour, un Pygmée fut changé en cigogne par Héra : il avait négligé les soins de son culte. Devenu oiseau, il tenta plusieurs fois de venir enlever son fils. Les Pygmées le repoussèrent. Depuis lors, les cigognes devinrent leurs ennemis irréductibles. Une autre légende relative aux Pygmées met en scène Héraclès. Toujours prêts à combattre plus grand qu'eux-mêmes, ils montèrent un jour à l'assaut d'Héraclès, qui s'était endormi de fatigue après sa lutte contre Antée. Mais le héros s'éveilla et, les enveloppant d'un seul geste dans sa peau de lion, les réduisit à l'impuissance et les porta au palais d'Eurysthée.

PYLADE. Recueilli, après le meurtre de son père Agamemnon, par le roi de Phocide Strophios, Oreste fut élevé avec son cousin Pylade. L'amitié qui naquit entre les deux héros fut si fidèle qu'elle devint proverbiale. Pylade fut l'un des instigateurs du meurtre de Clytemnestre; mais il n'abandonna pas Oreste quand celui-ci, après son crime, fut frappé de démence et poursuivi par les Érinyes. Il fut récompensé de son dévouement ; Oreste, devenu roi d'Argos, lui accorda la main de sa sœur Électre. Deux fils lui naquirent, Médon et Strophios.

PYRAME. D'après Ovide, Pyrame et Thisbé étaient deux jeunes gens de Babylone qui s'aimaient tendrement.

Ils habitaient deux maisons contiguës et pouvaient se contempler à travers la fente du mur qui les séparait. Cependant, leurs parents refusaient de les marier. Un jour, ils se donnèrent rendez-vous au pied d'un mûrier blanc. Thisbé arriva en avance et fut surprise par une lionne; elle réussit à s'enfuir, mais elle perdit son voile, que l'animal souilla de sang. Pyrame, lorsqu'il arriva au rendez-vous, trouva le voile ensanglanté et crut que Thisbé avait été dévorée. Ne pouvant survivre à cette idée, il se perça d'une épée au pied du mûrier blanc, dont les fruits devinrent aussi rouges que le sang. Thisbé, qui revenait, découvrit le corps inanimé de son amant et se tua de désespoir. — Suivant une autre relation de la légende, plus ancienne et moins ornée, Thisbé, enceinte des œuvres de Pyrame avant son mariage, toute honteuse, se suicida, et son amant la rejoignit dans la mort.

PYRRHA. Fille d'Épiméthée et de Pandore, Pyrrha fut l'épouse de Deucalion, un des tout premiers héros. Grâce à sa grande piété, elle échappa, ainsi que son mari, au déluge universel et devint la mère d'un nouveau genre humain en lançant, imitée par Deucalion, des pierres qui se transformaient respectivement en femmes et en hommes.

PYRRHOS. On emploie parfois le nom de Pyrrhos, le Roux, à la place de celui de *Néoptolème*, fils d'Achille et de Déidamie, sans doute parce que ce héros de la guerre de Troie avait les cheveux roux.

pythie. Exclusivement attachée à l'oracle de Delphes, la pythie était choisie à l'origine parmi les plus belles et les plus chastes jeunes filles de la ville. Cette fonction fut, par la suite, réservée à des femmes d'âge mûr. Assise dans un temple sur un trépied, au-dessus d'une crevasse d'où s'échappaient des vapeurs imprégnées en quelque sorte de l'esprit d'Apollon, la pythie entrait dans une façon de transe hystérique et prononçait alors des paroles incohérentes, qui exprimaient l'avis du dieu. Interprétées par des prêtres, les réponses de la pythie étaient transmises aux consultants, qui pouvaient ainsi connaître et l'avenir de leurs projets et leur destinée.

PYTHON. Lorsque Héra apprit que Léto était enceinte des œuvres de Zeus, elle demanda à la Terre d'enfanter un monstre, Python, chargé de poursuivre Léto sans relâche. Pourtant, grâce à Poséidon, Léto réussit à se cacher et accoucha d'Artémis et d'Apollon. Ce dernier, en quatre jours, parvint à la taille adulte. Il se rendit à Delphes et rencontra, au pied du mont Parnasse, le serpent Python, qui avait tant persécuté sa mère. Il le pourchassa, pénétra à sa suite dans le temple où siégeait l'oracle de la Terre-Mère et le perça de ses flèches. Selon une autre légende, les prêtres hyperboréens, Pasasos et Agyiæos, fondèrent la suprématie de l'oracle d'Apollon sur celui de la Terre-Mère. En souvenir de cette victoire, Apollon fonda les jeux Pythiques et prit lui-même le surnom de *Pythien*.

Q

QUIRINUS. Associé à Mars et à Jupiter, cet ancien dieu sabin portait des attributs guerriers, dont la lance, et fut, de ce fait, bien souvent confondu avec Mars ou avec Romulus, fils de Mars et fondateur de Rome. En souvenir de cette légende, l'empereur Auguste prit le surnom de *Quirinus*. Cependant, un grammairien latin, dans un commentaire sur Virgile, affirme que Quirinus est un « Mars tranquille ». Sans doute, dans des temps très anciens, ce dieu exerçait la fonction éminemment pacifique de protecteur des agriculteurs.

REMUS. La légende de ce fondateur de Rome est inséparable de celle de son frère jumeau Romulus. Les deux frères se disputèrent sur les conditions de la fondation de la future Rome. Aussi, Romulus, ayant tracé une enceinte fictive pour délimiter l'emplacement de la ville, interdit à Remus de la franchir; ce dernier n'écouta point cet avertissement et fut tué par son frère, irrité de ce geste sacrilège. Remus fut enterré sur l'Aventin avec tous les honneurs par Romulus désolé de son mouvement criminel de colère.

RENOMMÉE. Messagère de Zeus chez les Grecs et particulièrement chez les Athéniens, qui lui avaient élevé un temple, la Renommée (en latin, *Fama*) a pris son caractère définitif sous les Romains, qui l'honoraient en effet avec respect et crainte. Divinité ailée et monstrueuse, la Renommée, fille de la Terre, possède de multiples bouches et de nombreux yeux, qui lui permettent de dévoiler les secrets les plus intimes des mortels et de les proclamer à l'Univers entier. L'Erreur, les Faux Bruits et bien d'autres divinités allégoriques pénètrent librement dans son palais, parcouru par tous les échos des voix humaines, et lui apportent de précieux renseignements sur les hommes.

résurrection. Ce mythe, qui s'est développé surtout après l'apparition de l'orphisme, n'a, dans les légendes, qu'une importance anecdotique. Il est ainsi permis à certains personnages, comme Perséphone, de revenir provisoirement sur la Terre, à d'autres, comme Asclépios, le médecin, ou Circé, la magicienne, de ressusciter les morts, grâce à leur connaissance des plantes magiques capables de vaincre la mort.

RHADAMANTHE. De l'union de Zeus et d'Europe trois fils naquirent : Minos, Sarpédon et Rhadamanthe. Ils furent adoptés par Astérios, roi de Crète, lorsqu'il épousa l'amante délaissée du roi des dieux. A la mort de ce prince, Minos prit le pouvoir, tandis que Rhadamanthe organisait les coutumes juridiques de l'île et rédigeait le code crétois. Une autre tradition rapporte que Rhadamanthe fut contraint de s'enfuir et de gagner la Béotie, où il épousa la veuve d'Amphitryon, Alcmène. Ayant promulgué les lois qui régissent les Cyclades, auteur, prétend-on, de la loi du talion, Rhadamanthe acquit une grande réputation de justice et de sagesse. C'est pourquoi les dieux, tenant à le récompenser, lui accordèrent le troisième siège du tribunal des Enfers, aux côtés d'Éaque et de Minos. Ils le chargèrent plus particulièrement de juger les âmes des morts provenant d'Afrique et d'Asie.

RHÉA. Fille de Gaia et d'Ouranos, cette Titanide donna le jour à Hestia, Déméter, Héra, Hadès, Poséidon et Zeus. Comme Cronos, son époux, dévorait tous les enfants qu'elle mettait au monde, ayant appris que l'un d'entre eux le détrônerait, Rhéa, sur le point d'accoucher, se réfugia en Crète. Elle y enfanta Zeus. Elle présenta alors à Cronos une pierre, langée comme le serait un nourrisson. Cronos, abusé par cette ruse, avala l'objet inerte. Ainsi, Rhéa devint la mère d'un dieu suprême, qui, en ravissant à son père sa souveraineté, allait apporter au monde la stabilité et la justice. On la vénéra, dans la religion grecque, avec une assiduité soutenue. Elle fut assimilée par les peuples de l'Asie Mineure à Cybèle, la Grande Mère des dieux, puis adorée dans tout l'Occident et dans le Proche-Orient méditerranéen sous une pluralité de formes et de noms.

RHÉA SILVIA. Descendante d'Énée et fille de Numitor, roi d'Albe, Rhéa Silvia fut condamnée, par son oncle Amulius, usurpateur du trône, à se faire vestale pour ne pas donner le jour à des enfants qui pourraient se proclamer les véritables héritiers du royaume. Cependant, séduite par Mars, elle enfanta Romulus et Remus, qui devaient rétablir Numitor sur son trône. Elle mourut peu après. On dit aussi que le fleuve Tibre, où son corps avait été jeté, l'épousa.

RHÉSOS. Fils du roi de Thrace Éionée, suivant la tradition homérique, Rhésos possédait deux rapides coursiers, plus blancs que neige, qu'il mit au service de Troie dans la dernière année de la lutte contre les Grecs. D'après une tradition postérieure à *l'Iliade*, un oracle avait prédit que, si les chevaux de ce héros s'abreuvaient dans les eaux du fleuve Scamandre, Troie demeurerait invulnérable. Avertis par Athéna, Ulysse et Diomède se rendirent de nuit dans le camp troyen, égorgèrent Rhésos sous sa tente et s'emparèrent de ses précieux chevaux.

RHŒCOS. 1° Ce Centaure, fils d'Ixion, voulut attenter à l'honneur d'Atalante. La jeune et chaste fille perça l'impudent de ses flèches.
2° On connaît un autre **Rhœcos** qui, ayant eu la pieuse idée d'étayer un chêne sur le point de s'abattre, avait sauvé ainsi de la mort les Hama-

La déesse Rhéa apporte à son époux Cronos une pierre enveloppée de langes. N'ayant pas éventé la ruse, celui-ci l'avalera, croyant faire disparaître à jamais son fils Zeus dont il redoute, à juste titre, l'ambition. Détail d'un cratère antique. (Louvre.) [Phot. Giraudon.]

dryades, qui demeuraient dans l'arbre.
En récompense, il avait eu droit à leurs faveurs à condition de leur rester fidèle. Mais, un jour, il fut piqué par une abeille, leur messagère, et frappé de cécité, soit parce qu'il avait mal accueilli l'insecte, soit parce qu'il s'était montré coupable d'infidélité envers ces nymphes des arbres.

ROBIGUS. Avec sa parèdre, Robiga, Robigus forme, dans la religion romaine, un couple de divinités agraires et céréalières. Un culte leur était rendu dans le souci de défendre les blés contre la « rouille », ce fâcheux parasite.

ROME. On connaît plusieurs héros éponymes de Rome. Lorsque Ulysse demeura quelque temps en la compagnie de Circé, certaines légendes, postérieures à Homère, prétendent qu'il

Symbole exclusivement guerrier, la déesse Rome, coiffée du casque des légionnaires et vêtue de la tunique du soldat, entraîne les Romains dans les conquêtes qui feront la grandeur de la Ville. L'index tendu, elle indique à ceux qui la suivent le chemin de la victoire. Exemple fort concret de la mythologie au service de la politique et de l'impérialisme romains. Bas-relief romain. (Musée du Vatican.)
[Phot. Anderson-Giraudon.]

engendra un certain nombre d'enfants, dont Romos, qui devait donner, dit-on, son nom à la cité de Rome. Cependant, parmi toutes ces traditions, la plus connue est celle qui fait remonter la fondation de Rome aux descendants d'Énée, fils d'Aphrodite. Le héros troyen, roi du Latium, eut un fils, Iule, qui fonda Albe-la-Longue, le berceau de la future Rome. Plus tard, Rhéa Silvia, descendante d'Énée, devint, par Mars, la mère de Romulus et de Remus, les premiers fondateurs de Rome. Aussi la ville, créée par des héros de race divine, put-elle, à ce seul titre, revendiquer par la suite la domination du monde et réconcilier, comme l'avait prédit Homère, les Troyens et les Grecs. Les Romains adorèrent sous l'Empire une déesse Roma, qui, selon la légende, avait été une des captives d'Ulysse et d'Énée, et qui avait conseillé aux héros de s'installer sur le Palatin. En reconnaissance, ceux-ci lui avaient voué un culte. Quoi qu'il en soit, ce dernier prit de l'extension, à mesure que le pouvoir de Rome s'étendait au-delà de l'Italie. On avait coutume de représenter Roma sous les traits d'une femme au casque ailé. Parfois, elle tenait dans une de ses mains une corne d'abondance qui verse au monde, soumis à sa loi, la prospérité et la paix.

ROMULUS. En mourant, Silius Procus, roi d'Albe-la-Longue et descendant du héros troyen Énée, laissa deux fils : Numitor, héritier légitime du trône, et Amulius. Ambitieux et sans scrupule, Amulius fit jeter Numitor en prison, s'empara du pouvoir, tua son neveu Lausus au cours d'une partie de chasse et força sa nièce Rhéa Silvia à se consacrer au culte de Vesta, afin d'écarter tout prétendant éventuel au trône. Les dieux, cependant, en décidèrent autrement. Dans un bois sacré où elle allait puiser de l'eau à une fontaine, Rhéa Silvia fut un jour séduite par le dieu Mars, qui la rendit mère de Romulus et de Remus. Amulius fit mettre à mort Rhéa Silvia pour avoir failli à son vœu de virginité, et il exposa les deux jumeaux sur le Tibre dans une corbeille d'osier; le Tibre était alors en crue. Mais la fortune voulut qu'un tourbillon d'eau déposât le berceau sur une berge au pied d'une

des collines de la future Rome. Une louve, ayant perdu ses petits, découvrit les nouveau-nés, et, reportant sur eux son instinct maternel frustré, elle leur offrit le lait de ses mamelles. Plus tard, un berger, Faustulus, et son épouse, Acca Larentia, les élevèrent et les instruisirent. Parvenus à l'âge adulte, Remus et Romulus, avec les mauvais garçons des alentours, se livrèrent sans scrupule au brigandage et volèrent des têtes du troupeau d'Amulius. Remus fut arrêté par les gardes du roi et jeté en prison. Romulus, à qui Faustulus avait révélé ses origines, se rendit alors à Albe, tua le roi usurpateur, délivra son frère et rétablit son grand-père Numitor sur le trône. Puis, les deux jumeaux quittèrent Albe et décidèrent de fonder une ville au bord du Tibre, à l'endroit même où le fleuve les avait rejetés, afin de le remercier de ne point les avoir engloutis. Mais l'entente des deux frères ne fut qu'éphémère. Une dispute s'éleva au sujet de l'emplacement de la ville : pour trancher la querelle, ils consultèrent les oracles; Remus vit six vautours sur l'Aventin, Romulus en vit douze sur le Palatin et décréta donc que les auspices lui étaient favorables. Remus s'inclina; mais lorsque Romulus traça avec une charrue un sillon autour de l'emplacement

ANCHISE = APHRODITE
LAVINIA = ÉNÉE = CRÉÜSE
SILVIUS   ASCAGNE
parmi ses descendants, PROCAS
NUMITOR   AMULIUS
MARS = RHÉA SILVIA   **ROMULUS**
ROMULUS   REMUS

Sur cette monnaie, à la gravure très expressive, on aperçoit l'énorme louve sauvage, à la crinière hérissée, qui allaite de ses multiples mamelles les deux jumeaux Romulus et Rémus. On remarquera la tendresse que la Louve témoigne aux jumeaux en les léchant et en les réchauffant de son haleine. Monnaie romaine.
[Phot. Larousse.]

futur de Rome, interdisant à quiconque de le franchir, Remus, en signe de dérision, sauta par-dessus la limite et périt de la main de son frère.

Devenu le seul maître du territoire, Romulus entreprit la construction de Rome, et, trouvant la population trop peu nombreuse, il créa sur la colline du Capitole un asile où se réfugièrent tous les gens de sac et de corde des environs et même les esclaves fugitifs. Romulus se proclama roi de ces vauriens. Cependant, les femmes manquaient, et la population de la ville diminuait; Romulus imagina une ruse; il fit annoncer dans toute la contrée qu'on célébrerait des jeux à Rome en l'honneur du dieu Consus, et il invita les Sabins, ses voisins, à cette fête. Pendant les cérémonies les hommes de Romulus enlevèrent les femmes des Sabins. Cet acte de violence provoqua une guerre entre les deux nations, guerre sanglante aux rebondissements imprévus, au cours de laquelle se situe l'épisode de la trahison de Tarpéia. Peu favorisé par le sort des armes, Romulus appela Jupiter à son aide et promit de lui bâtir un temple. Le dieu lui accorda aussitôt la victoire; les Sabins et les Romains s'unirent en une confédération gouvernée par deux rois, Romulus et le chef des Sabins Tatius, qui finit, croit-on, par être tué traîtreusement. Quant à la mort du fondateur de Rome, on en connaît deux versions, la première, glorieuse; la seconde, moins éclatante. Selon l'une, après un règne de trente-trois ans, Romulus, au cours d'un orage, fut enlevé dans les cieux par Mars son père, et il apparut, auréolé d'une lumière surnaturelle, à un sénateur romain, à qui il donna l'ordre de le proclamer dieu sous le nom de *Quirinus*. Mais, suivant une autre tradition, Romulus aurait été un tyran impitoyable; les sénateurs, lassés de son pouvoir, l'auraient mis en pièces, et auraient emporté sous leur robe les débris sanglants de son corps.

Il est difficile de considérer Romulus comme un authentique personnage de l'histoire romaine; il n'a sans doute jamais existé que dans l'imagination des Anciens. Cependant, il demeure un être légendaire qui justifie et divinise la fondation d'une ville appelée à dominer, pour des siècles, le monde méditerranéen.

RUTULES. Les Rutules habitaient un territoire situé au sud du Tibre, sur la côte du Latium. A l'instigation de Turnus, leur chef, ils combattirent les Troyens et Énée, pour empêcher ce dernier d'épouser Lavinia. Mais Turnus, héros légendaire, ayant péri au cours d'un combat singulier, ils furent rapidement soumis par les Romains et disparurent de l'histoire.

SABAZIOS. Dieu phrygien, Sabazios fut vénéré en tant que divinité identique à Dionysos, auquel il fut tardivement assimilé. Il était fils de Perséphone et de Zeus, mais on ne lui connaît guère de légende propre.

sacrifice. Dans la mythologie, cette pratique est une offrande destinée à attirer sur soi la faveur divine, ou l'action de grâces d'un héros envers un dieu. Le plus souvent réduit à la simple immolation d'animaux, le sacrifice portait, dans les cas de grandes détresses ou de grandes peurs, sur des personnes humaines. Ainsi voit-on dans les légendes Iphigénie sur le point d'être sacrifiée à la déesse Artémis, afin que la flotte grecque soit poussée par des vents favorables; Polyxène sera immolée sur la tombe d'Achille pour apaiser l'âme du héros. Parfois même, le héros ou l'héroïne s'offrent d'eux-mêmes au couteau du sacrificateur, telles les Coronides, qui, grâce à leur mort, mettent fin à une peste.

SAGESSE. Cette divinité allégorique fut longtemps personnifiée par Athéna elle-même qui représentait, aux yeux des Grecs, la raison et la paix, symbolisées respectivement par la chouette et le rameau d'olivier.

SALMACIS. Cette nymphe de Phrygie obtint de Zeus le privilège d'être à jamais unie à Hermaphrodite, dont elle était amoureuse.

SALMONÉE. Fils ou petit-fils d'Éole, frère de Sisyphe et père de Tyro, Salmonée émigra de Thessalie en Élide, où il devint le roi éponyme d'une ville dont il établit la fondation. Il était détesté par ses sujets, parce qu'il se prétendait l'égal de Zeus et exigeait qu'on lui vouât un culte. Il se promenait dans les rues de sa ville, monté sur un char qui traînait derrière lui des chaînes pour imiter le tonnerre, et il lançait de temps en temps des torches enflammées, qui simulaient les éclairs et brûlaient à mort les passants. Zeus, irrité d'une telle présomption. le foudroya ainsi que son peuple et incendia la ville de Salmonée. Les mythographes modernes prétendent que Salmonée avait sans doute voulu mettre fin à une sécheresse en parodiant l'orage, qui éclate et libère une pluie bienfaisante.

SALUS. Personnification de la Santé, de la Prospérité et du Bien-être public, cette divinité romaine sans légende fut de bonne heure associée à la déesse hellénique Hygie, la Santé, fille d'Asclépios et de Lampétie. On

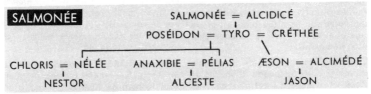

SALMONÉE

SALMONÉE = ALCIDICÉ

POSÉIDON = TYRO = CRÉTHÉE

CHLORIS = NÉLÉE   ANAXIBIE = PÉLIAS   ÆSON = ALCIMÉDÉ

NESTOR   ALCESTE   JASON

la représentait sous la figure d'une jeune personne accompagnée d'un serpent, attribut par excellence du monde infernal. Elle était invoquée par les malades, et même par l'État romain, lorsque de graves circonstances l'exigeaient.

SANCUS. L'un des plus anciens dieux de la religion romaine, Semo Sancus, sans doute d'origine sabine et identifié plus tard avec Dius Fidius, possédait un temple sur le Quirinal et présidait aux serments, auxquels il donnait un caractère sacré.

SANTÉ. Cette divinité allégorique sans légende particulière se nommait Hygie en Grèce, et elle était la fille d'Asclépios. Les Romains l'appelaient *Salus* et lui avaient élevé à Rome plusieurs temples. Non seulement les particuliers, mais l'État romain, corps vivant de la nation, étaient placés sous la protection de la Santé. Dans ce cas, elle symbolisait le Bien-être public et la Prospérité, et elle était l'objet d'une fête, le même jour que la Concorde et Janus. Tantôt, comme la Fortune, elle tenait un gouvernail, tantôt elle servait des libations sur un autel qu'entourait un serpent.

SARON. Cette divinité tutélaire de la mer, adorée par les matelots, fut autrefois un mortel, roi de Trézène, qui avait voué un culte à Artémis et, comme la déesse, s'était pris de passion pour la chasse. Il lui arriva, un jour, de pourchasser une biche jusqu'au bord de la mer. L'animal pénétra dans les flots et entraîna Saron en pleine mer, jusqu'au moment où, épuisé, il se noya. Son corps fut rejeté sur un rivage, non loin d'un golfe qui porte son nom (Saronique), et ses sujets le vénérèrent, le jugeant égal aux immortels.

SARPÉDON. La légende mentionne au moins deux Sarpédon. L'un, fils de Zeus et d'Europe, eut des démêlés

avec son frère Minos. Il se réfugia dans la contrée qui avoisine Milet. Il en devint roi.

L'autre **Sarpédon** est plus connu. Fils de Zeus et de Laodamie, il commanda un contingent lycien aux côtés des Troyens, les soutenant dans leur lutte contre les Grecs. D'une taille gigantesque, d'une bravoure inégalée, il devait mourir de la main de Patrocle.

SATURNE. Très vite assimilé au dieu grec Cronos, pour des raisons qui demeurent obscures, Saturne a perdu rapidement, en conséquence, ses attributs et son caractère proprement italiques. Dieu des Semailles et des Grains, parfois même de la Vigne, il est représenté avec la faucille du moissonneur et la serpette du vigneron. Virgile et Denys d'Halicarnasse ont construit, à propos de Saturne, une légende : le dieu, chassé de l'Olympe, trouva refuge en Italie et perpétua, après le règne de Janus, les bienfaits de l'âge d'or et d'une civilisation sans défauts.

SATYRES. Divinités grecques des Bois et des Montagnes, les Satyres, parfois appelés *Silènes*, parfois même *Faunes* par les Romains, symbolisent la force expansive et sans limites des êtres vivants, qu'elle soit végétale ou animale. Les Satyres ont l'aspect de petits hommes aux cheveux hirsutes, aux oreilles semblables à celles des animaux sauvages. Ils portent deux cornes au front. Ils ont, parfois, une queue de cheval ou de chèvre. Parcourant sans cesse les campagnes, ils cherchent à assouvir leurs appétits et sont, pour cette cause, redoutés par les mortels, qui craignent surtout en eux les débordements néfastes et incontrôlés de la nature.

SCAMANDRE. Ce fleuve de la plaine de Troie fut vénéré comme un dieu sous le nom de *Xanthe* : il naquit en quelque sorte des mains d'Héraclès, qui, assoiffé, creusa la terre et fit jaillir une source. Fleuve aux eaux rouges, dans lequel Aphrodite trempa ses cheveux pour les dorer afin d'affronter dans toute sa beauté le jugement de Pâris, Scamandre eut d'une nymphe un fils, Teucer, premier rameau de la famille royale de Troie. Ainsi uni à la famille de Priam, Scamandre lutta à sa manière contre les Grecs, tentant de noyer Achille

Divinité malicieuse et quelquefois malfaisante des Bois et des Champs, le satyre est représenté ici sous les traits d'un nain au corps trapu et musclé, au visage d'une grande laideur : yeux globuleux, nez difforme, barbe et chevelure abondantes. Chasseur impénitent, le satyre tient un glaive en main et de l'autre main un arc dont il ne reste plus qu'un morceau. Les muscles saillants, accroupi et prêt à bondir, il semble guetter quelque proie. Art étrusque.
(Munich, Wittelsbach.) [Phot. Giraudon.]

en débordant de ses rives. Mais Héphaïstos, armé d'une torche enflammée, le fit aussitôt rentrer dans son lit.

SCIRON. Ce brigand, qui perpétrait ses mauvais coups en Mégaride, était le fils de Pélops ou, peut-être, selon d'autres versions, de Poséidon. Il avait coutume d'obliger les voyageurs à lui laver les pieds, puis, en manière de remerciement, il les précipitait du haut d'un rocher dans la mer, où une tortue géante dévorait le corps des malheureux. Thésée refusa de se soumettre aux exigences du bandit et le jeta dans la mer; puis, pour expier son crime, le héros fonda les jeux Isthmiques.

SCYLLA. 1° Sur la généalogie de Scylla, les traditions diffèrent. Pourtant, elles concordent toutes pour assurer que l'amour déçu et la jalousie vengeresse furent les causes de la métamorphose et de la mort de ce monstre. Scylla, fille de Phorcys et d'Hécate, ou de Typhon et d'Échidna suivant une autre version, était une nymphe d'une beauté radieuse. Mais elle se montrait trop fière de ses charmes pour les dispenser au premier venu. Le dieu marin Glaucos s'en aperçut du reste, lui qui, éperdument amoureux de Scylla, la poursuivait en essuyant, jour après jour, les refus dédaigneux de l'orgueilleuse nymphe. Ne sachant comment parvenir à ses fins, Glaucos appela à son aide la magicienne Circé. Celle-ci, éprise de Glaucos, dirigea contre Scylla sa jalousie. Elle prépara un poison végétal qu'elle versa dans la fontaine où la nymphe avait coutume de se baigner. Lorsqu'elle s'y plongea, son corps, aux formes si parfaites, se métamorphosa en un monstre, pourvu de six pattes griffues et de six têtes de chien, qui, ouvrant leurs gueules énormes, hurlaient comme des lions et découvraient trois rangées de dents

acérées. Désolée de sa laideur soudaine, Scylla se jeta dans les flots.
Elle s'établit sur un rocher, au bord
du détroit de Messine, en face de
Charybde. Savourant une rancœur
sans fin, elle effrayait les matelots;
ceux-ci, abandonnant les commandes
de leurs navires, se sentaient attirés
par le monstre, qui se hâtait de les
dévorer. Ainsi périrent six compagnons d'Ulysse. Mais Jason et Énée,
grâce au concours des dieux et des
devins, connurent une plus heureuse
fortune. Ils parvinrent à éviter les
gueules béantes du monstre.

D'après Virgile, Héraclès tenta de
mettre fin aux funestes exploits de
Scylla. Comme elle avait mangé quelques-uns des bœufs de Géryon, le demi-
dieu la tua. Mais, de race divine, elle
ne pouvait périr de la sorte. Phorcys,
dit-on, ou Glaucos, la ressuscita,
et elle reprit le cours de ses méfaits.

2° On connaît également sous ce
nom une fille de Nisos, roi de Mégare.
Par amour pour Minos, qui pourtant
envahissait le royaume, elle n'hésita
pas à tuer son père endormi en lui
coupant le cheveu d'or qui le retenait
à la vie. Elle livra ainsi sa patrie à
l'ennemi. Mais Minos, qui pourtant
lui avait promis le mariage, fut si
horrifié par ce crime qu'il fit mettre
à mort la parricide.

SÉLÉNÉ. Fille d'Hypérion et de
Théia, sœur d'Hélios, Séléné personnifie la déesse Lune, qui, dans le ciel
grec, luit d'un si grand éclat. Elle a
les traits d'une jeune femme au visage
d'une blancheur éclatante qui fait
pâlir tous les astres lorsqu'elle parcourt
les cieux sur un char d'argent. On ne
compte plus ses amours, les uns avec
Zeus, les autres avec Pan, qui la
séduisit et l'attira dans les forêts en
lui faisant don d'une toison d'une
lumineuse blancheur. Mais sa passion
la plus justement célèbre reste celle
qu'elle éprouva pour le berger
Endymion, qui avait demandé aux
dieux de lui accorder l'immortalité,
quitte à rester plongé dans un sommeil
sans fin. Chaque nuit, Séléné visite son
amant immobile et le caresse de ses
rayons d'argent. Elle reste la plus
convoitée des déesses. A chacune de
ses éclipses, un dragon s'apprête
à la dévorer. Des magiciennes de
Thessalie sont chargées de faire peur
au monstre, afin de l'empêcher
d'accomplir son funeste repas.

SÉMÉLÉ. Fille de Cadmos, le fondateur de Thèbes, et d'Harmonie,
Sémélé fut une des amantes de Zeus.
Héra, jalouse, emprunta les traits de
Béroé, la nourrice de Sémélé, et
conseilla à sa rivale de demander à
Zeus de lui apparaître dans toute sa
gloire. Épouvanté, mais n'osant refuser,
car il lui avait promis de lui accorder
tout ce qu'elle désirerait, Zeus se
présenta donc devant elle avec sa

foudre et ses éclairs : en un instant, la malheureuse fut foudroyée. Le dieu eut cependant le temps de retirer, du sein de Sémélé, Dionysos, le fils qu'elle avait conçu. Par la suite, Dionysos devait descendre aux Enfers pour arracher sa mère au royaume des Ombres, et il la transporta dans l'Olympe, où elle devint immortelle sous le nom de *Thyoné*.

SÉMIRAMIS. La légende de cette héroïne assyrienne se répandit à travers toute la Grèce et toute l'Italie. Derketô, déesse d'Ascalon en Syrie, au visage harmonieux et au corps semblable à celui d'un poisson, avait ressenti une violente passion pour un jeune Syrien; elle en conçut une fille, la future Sémiramis. Abandonnée dans la forêt, le nouveau-né était voué à la mort, lorsque des colombes se chargèrent de l'élever, prélevant dans les bergeries du voisinage le lait et le fromage nécessaires à sa nourriture. Bientôt découverte par Simios, principal gardien des troupeaux du roi Ninos, elle fut adoptée par les bergers. Devenue grande, elle attira l'attention générale par sa beauté, sa grâce, son intelligence, qui finirent par provoquer l'amour d'Omnès, jeune général de Ninos : il l'épousa. Peu de temps après les noces, Omnès accompagna son roi — qui régnait aux environs de l'an 2500 av. J.-C. — dans une expédition contre la Bactriane. Au cours du siège de la ville de Bactres, apparemment imprenable, Omnès appela son épouse auprès de lui. Sémiramis, sans hésiter, avec un singulier jugement et une vaillante détermination, imagina un plan d'attaque de la cité. A la tête d'un contingent syrien, elle monta à l'assaut de celle-ci et conduisit ses guerriers à la victoire. Séduit par tant d'audace, Ninos voulut ravir Sémiramis à son époux, qu'il alla jusqu'à menacer de mort. Désespéré, ce dernier se pendit. Sémiramis épousa donc en secondes noces le roi et lui donna un fils, Ninyas. A la mort de Ninos, Sémiramis lui succéda sur le trône de Ninive. Alors débuta sa légende. Les récits abondent sur ses exploits, son héroïsme, son esprit d'entreprise. Elle fit construire Babylone, la ville modèle de l'Orient, avec ses murailles inexpugnables, le plan particulier de ses rues et ses jardins suspendus, dont toute l'Antiquité a vanté le caractère enchanteur.

SEP

On finit même par lui attribuer la fondation des villes et de toutes les constructions dont on ne s'expliquait pas l'origine. Enfin, non contente d'enrichir le patrimoine de son empire, Sémiramis se lança dans des guerres de conquêtes lointaines. Elle soumit plusieurs nations d'Asie, subjugua l'Égypte, où l'oracle d'Ammon lui annonça qu'elle périrait dès que son fils comploterait contre elle. Puis elle s'installa en Éthiopie. Elle porta, en outre, ses armes contre les habitants de l'Inde. Mais refoulée et blessée, elle apprit, au moment même de sa défaite, que son fils cherchait à usurper son pouvoir. Sans plus attendre, elle remit entre ses mains les destinées de l'empire dont elle avait la charge et disparut. Certains assurent qu'elle fut changée en colombe et divinisée. Pour les mythologues modernes, Sémiramis ne serait autre qu'une divinité sans doute identique à l'Astarté syrienne, assimilée plus tard à l'Aphrodite grecque.

SEPT CONTRE THÈBES (les). Titre d'une tragédie d'Eschyle, *les Sept contre Thèbes* racontent la lutte qui oppose les deux frères Étéocle et Polynice après la mort de leur père, pour la possession du royaume de Thèbes. Elle montre comment Polynice, chassé de la cité par son frère, s'allia à Adraste, roi d'Argos, et à cinq autres chefs, Amphiaraos, Capanée, Hippomédon, Tydée, Parthénopæos, puis marcha contre Thèbes. Les deux frères ennemis finirent par s'entretuer au cours d'un combat singulier, et les magistrats de la ville décidèrent d'accorder la sépulture à Étéocle et de laisser Polynice, traître à sa patrie, devenir la proie des vautours. Mais tandis qu'Ismène enterrait Étéocle, avec tous les honneurs, Antigone accordait à son frère Polynice le tombeau décent que la ville lui avait refusé.

SÉRIPHOS. C'est sur les rivages de cette île des Cyclades qu'échouèrent Danaé et son fils Persée, abandonnés dans un coffre par Acrisios. Persée fut élevé à Sériphos et en partit pour accomplir de brillants exploits. Pendant son absence, sa mère dut résister aux sollicitations de Polydectès, roi de l'île, qui voulait la séduire. A son retour Persée, irrité, présenta au roi et à ses compagnons la tête de la Gorgone, qui les changea aussitôt en pierre.

sibylle. Personnification de la Divination, la sibylle est une prêtresse d'Apollon qui émet des prophéties et tend, de plus en plus, surtout chez les Romains, à se substituer aux oracles des dieux. Les Anciens en connaissaient, entre autres, quatre d'un renom spécial : la sibylle Marpésienne, qui vivait dans une grotte du mont Ida, en Troade, celle d'Érythrée, celle de Tibur et, enfin, la plus célèbre de toutes, la sibylle de Cumes, qui apparaît dans maintes légendes, notamment dans celle d'Énée — celui-ci la consulta avant de descendre aux Enfers — et dans celle du roi Tarquin, qui acheta les Livres sibyllins, textes sacrés de l'État romain.

SICYON. Les généalogies sur ce roi demeurent très confuses. Tantôt il est le fils d'Érechthée, roi d'Athènes, tantôt celui de Pélops, tantôt encore celui de Marathon, fils d'Épopée. Le plus souvent, cependant, il est le petit-fils du roi d'Athènes, Érechthée. Il succéda à Lamédon sur le trône de la ville de Sicyone, dont il devint le roi éponyme.

SIDÉRO. Salmonée, roi de Salmone en Élide, avait épousé Alcidicé, dont il avait eu une fille Tyro. Sa première femme étant morte, le roi épousa en secondes noces Sidéro, qui infligea de mauvais traitements à sa belle-fille. Celle-ci s'unit un jour à Poséidon et mit au monde deux jumeaux, Pélias

et Nélée, qu'elle exposa pour ne pas encourir la colère de Sidéro. Ayant grandi et ayant appris la persécution dont était victime leur mère, les deux jumeaux décidèrent de se venger de la marâtre. Sidéro, affolée, se réfugia dans le temple d'Héra. Mais Pélias n'hésita pas à l'égorger sur l'autel même de la déesse.

SILÈNE. Fils d'Hermès ou de Pan, Silène éduqua, dit-on, le jeune Dionysos : il passait en effet pour un sage, un philosophe et un prophète. Mais, la plupart du temps, il se refusait à utiliser ces divers talents, et on devait l'y forcer, comme fit le roi Midas. Vieillard jovial et voluptueux, d'une laideur repoussante, le nez camus, le ventre énorme, Silène suivait, dans un état d'ivresse continuel, le cortège de Dionysos, et, monté sur un âne, chantait et riait sans cesse.

SILÈNES. C'est ainsi qu'on nommait les vieux Satyres, qui étaient les frères du dieu Silène. Ils aimaient le vin, l'amour et le sommeil, et, couverts de raisins, ils suivaient, tout joyeux, le cortège de Dionysos.

SILVAIN. Divinité romaine des Bocages, des Vergers et des Petits Bois, Silvain fut d'abord vénéré sous la forme d'un arbre, puis il prit une apparence humaine et fut assimilé soit à Pan, soit à Faunus. Son caractère malicieux, enclin à la taquinerie, le faisait craindre des voyageurs qui traversaient les bois, et les parents menaçaient leurs enfants du courroux de Silvain, lorsqu'ils cassaient les branches d'arbres. Ce génie ne possédait pas de culte officiel, mais il était très populaire dans les milieux ruraux romains en tant que divinité tutélaire et pastorale. On lui offrait des fruits et de jeunes animaux d'étable. On le représentait ordinairement sous les traits d'un vieillard d'allure joyeuse, couronné de lierre, et une serpe à la main.

SINIS. Ce brigand, tué par Thésée, avait coutume d'attacher les membres de ses victimes aux branches de deux pins, dont il avait préalablement rapproché les cimes; il libérait ensuite les arbres, qui, en s'éloignant brus-

Sur leur île dans la Méditerranée, les trois sirènes qu'Ulysse dut affronter sont telles que les Grecs les imaginaient : visage aimable de femme, longues ailes et pattes d'oiseau. De droite à gauche, selon la tradition, la première tient la lyre, la seconde chante et la troisième joue de la flûte. Les navigateurs qui entendaient leur trio aux sons suaves et enchanteurs étaient perdus à jamais.
Art grec. Terre cuite de Myrina. (Louvre.) [Phot. Giraudon.]

quement l'un de l'autre, écartelaient les malheureux. Thésée assomma Sinis, puis s'unit à Périgouné, la fille du bandit, qui s'était cachée dans un champs d'asperges. Elle lui donna un fils, Mélanippos.

SIRÈNES. Sur ces divinités qui hantent la mer, sur leur origine, ni les auteurs grecs ni les écrivains latins ne se trouvent d'accord. Au nombre de deux ou de trois, portant des noms divers parmi lesquels on peut citer Parthénopé, Leucosia et Ligia, elles étaient filles d'Achéloos et de Terpsichore, Melpomène ou Phorcys. Elles ressemblaient à de grands oiseaux à têtes de femmes. Demeurant à l'ouest de la Sicile, elles passaient pour des musiciennes incomparables, dont le chant magique attirait sur des récifs les navigateurs dont elles faisaient leur pâture. Pourtant, deux héros résistèrent à leur charme fatal. Orphée, tirant de sa lyre des accents mélodieux qui l'emportaient sur la musique des Sirènes, réussit à détourner des mortels écueils les matelots embarqués sur l'*Argo* avec lui et Jason. Ulysse boucha avec de la cire les oreilles de ses compagnons et se fit attacher au mât de son navire, pour pouvoir satisfaire sa curiosité sans risquer de succomber aux charmes des redoutables chanteuses. Comme un devin avait prédit qu'elles cesseraient de vivre si quelqu'un pouvait ouïr leur chant sans en devenir la victime, les Sirènes se précipitèrent dans la mer, où elles furent changées en rochers.

SISYPHE. Ce roi de Corinthe, fils d'Éole, épousa la Pléiade Mérope ; il eut pour fils Glaucos et pour petits-fils Bellérophon. Il est surtout connu dans la légende pour la peine qui lui fut infligée dans les Enfers : condamné à rouler une pierre jusqu'au sommet d'une montagne, il ne pouvait jamais parvenir à son but, et l'énorme bloc retombait toujours. L'infortuné était contraint de recommencer éternellement son travail. Les mythographes antiques ne s'accordent pas sur les motifs d'un tel châtiment. Selon les uns, il fut un roi ambitieux et hypocrite qui dévasta l'Attique et fut finalement tué par Thésée ; pour d'autres, il n'est qu'un dénonciateur qui aurait révélé au dieu-fleuve Asôpos que sa fille Égine avait été enlevée par Zeus ; à moins, assurent d'autres encore, qu'il ait commis le sacrilège d'instruire les hommes sur des mystères divins ; irrité par tous ces méfaits, Zeus envoya Thanatos, la Mort, auprès du roi de Corinthe, mais Sisyphe parvint à l'enchaîner, et l'empire des Morts se dépeupla peu à peu jusqu'au jour où Zeus lui-même força le héros à délivrer Thanatos. Transporté dans l'Hadès, Sisyphe réussit à s'en échapper et vécut encore de longues années, avant d'être enfin puni de ses crimes. En lui attribuant aux Enfers un labeur énorme et sans fin, les dieux interdirent ainsi à Sisyphe tout loisir pour penser à de nouvelles évasions ou à de nouveaux forfaits.

SISYPHE = MÉROPE **SISYPHE**
|
GLAUCOS (2) = EURYNOMÉ
|
BELLÉROPHON

SOL. Surnommé *Sol Indiges*, Sol était une vieille divinité sabine qui personnifiait la Lumière du jour et la Chaleur du soleil, sans lesquelles nulle terre ne peut devenir fertile. Il était toujours associé à la déesse Lune, qui symbolisait le cycle des saisons, et on le représentait en sa compagnie sur le temple de Jupiter Capitolin. Sol ne fut assimilé que tardivement à Hélios, et son culte prit une très grande extension sous l'Empire romain, quand s'établit, dans un effort de syncrétisme, le culte prééminent du Soleil.

SOMNUS. Divinité romaine du Sommeil, Somnus, tout comme l'Hypnos grec, est le fils de la Nuit et le frère de la Mort.

SONGES. Divinités gréco-romaines, les Songes sont des Génies qui communiquent aux mortels endormis les messages des dieux. Ainsi, grâce à eux, les hommes peuvent connaître, en particulier, la volonté ou la pensée de Zeus et d'Hermès, interprétées généralement par certains prêtres spécialisés dans l'art de commenter les rêves.

SORANUS. Adoré sur le mont Soracte en Étrurie, Soranus, dont le culte était associé à celui du loup, fut bientôt identifié avec Apollon-Lycien (Apollon-Loup).

SPARTE. Cette cité, capitale de la Laconie, dans le Péloponnèse, doit son nom à la fille d'Eurotas, Sparta, qui épousa Lacédæmon, fils de Zeus et de Taygète. Bien souvent, pour cette raison, Sparte est appelée « Lacédémone » par les poètes grecs. Dans Homère, Ménélas règne sur Sparte et son frère Agamemnon sur Argos. Mais la première de ces villes est subordonnée à la seconde. Le mariage d'Oreste, fils d'Agamemnon, avec Hermione, fille de Ménélas, mit fin à cet assujettissement. Sparte fut ensuite gouvernée par les Héraclides, Eurysthène et Proclès. Un de leurs descendants, Lycurgue, en devint le législateur légendaire.

SPERCHÉIOS. Dieu-fleuve d'une rivière du sud de la Thessalie, Sperchéios était le fils d'Océan et de Téthys. Il avait épousé Polydora, la fille de Pélée et de Thétis, et il était devenu, par ce mariage, le beau-frère d'Achille.

Très semblable au Sphinx qu'Œdipe rencontra sur sa route, ce sphinx de Naxos est un monstre à la tête de femme aux cheveux bouclés et nattés, et au corps de lion ailé. Art grec archaïque.

SPHINX. Le monstre, qu'on peut ranger au nombre des divinités infernales, possédait toutes les caractéristiques de la race dont il était issu. De sa mère Échidna, il avait hérité le visage et la poitrine d'une femme, de son père Typhon (on le disait aussi fils d'Orthros, le chien de Géryon), une queue de dragon, de sa sœur Chimère, un corps de lion. Ses ailes étaient pareilles à celles des Harpyes, ses autres sœurs. Le Sphinx avait été envoyé en Béotie, non loin de Thèbes, pour punir cette cité du crime du roi Laïos, père d'Œdipe, lequel avait aimé Chryssipos d'une passion contre nature. Installé sur une roche, le monstre posait une question aux voyageurs qui passaient. Ceux qui n'arrivaient pas à résoudre ses énigmes étaient immédiatement tués et dévorés. Œdipe résolut d'affronter le Sphinx, qui lui donna à résoudre l'énigme suivante : « Quel est l'animal qui a quatre pieds au matin, deux à midi et trois le soir? — L'homme, répondit Œdipe : dans son enfance il se traîne sur ses pieds et ses mains, à l'âge adulte il se tient debout, il s'aide d'un bâton dans sa vieillesse. » Se voyant joué, le Sphinx se précipita du haut de son rocher et se tua.

STAPHYLOS. 1° Ariane, abandonnée par Thésée, fut recueillie par Dionysos, qui l'épousa. Elle devait donner naissance à un certain nombre d'enfants et, parmi ceux-ci, à Staphylos. Ce dernier se maria à Chrysothémis et, dit-on, reçut de Rhadamanthe une petite île de la mer Égée située non loin de la côte thessalienne. 2° On connaît sous ce nom un berger du roi Œnée, qui inventa le vin, en pressant des grappes de raisin.

statue. A l'origine, les divinités n'étaient pas personnifiées, mais simplement représentées par une pierre de forme symbolique et grossièrement taillée. Plus tard, lorsqu'elles acquièrent un aspect anthropomorphique, les statues sacrées se multiplièrent dans les temples et même, comme celles d'Hermès ou d'Hécate, aux carrefours des routes et, d'une manière générale, dans les lieux que tel ou tel dieu était censé protéger. Chaque ville, en outre, possédait sa statue, qui passait pour la patronner. Ainsi, Troie demeura inexpugnable tant que le Palladion, statue d'Athéna-Pallas, demeura dans ses murs. On connaît également, dans la mythologie, des personnages qui furent changés en statues de pierre, parce qu'ils avaient irrité les dieux ou excité leur pitié. Enfin, c'est autour de la statue d'une femme que naît le mythe de Pygmalion. Ce roi de Chypre était amoureux de cette œuvre. Aphrodite consentit à l'animer, à la rendre vivante afin que Pygmalion pût l'épouser.

STENTOR. Ce héraut grec, devenu proverbial, de la guerre de Troie était célèbre par l'ampleur de sa voix, aussi forte, nous dit Homère, que les voix réunies de cinquante hommes robustes.

stérilité. Punition des dieux, la stérilité frappe autant la terre que les hommes. Elle est généralement envoyée pour châtier un pays d'un crime ou d'un sacrilège commis par l'un de ses habitants. Dionysos, mal accueilli par le roi Lycurgue de Thrace, rendit son royaume stérile. Les cours d'eau s'asséchèrent. La terre se craquela. Toute végétation disparut. Afin d'apaiser le dieu, on fut obligé de supplicier Lycurgue. Il arrive également qu'on voie les mortels frappés d'impuissance ou mis dans l'impossibilité de procréer. Dans la mythologie, deux mariages célèbres restèrent sans enfants : celui de Néoptolème et d'Hermione, d'Égée et de ses deux premières femmes. Les époux durent demander aux oracles les raisons de la colère des dieux, les moyens d'apaiser cette malédiction et d'assurer leur postérité.

STHÉNÉBÉE. Appelée aussi *Antéia* dans *l'Iliade*, Sthénébée était la fille du roi de Lycie Iobatès et la femme de Proétos, roi de Tirynthe. Son époux ayant accordé à Bellérophon, meurtrier d'un certain Belléros, hospitalité et amitié, elle s'éprit du héros. Mais celui-ci repoussa avec indignation les tentatives de séduction de Sthénébée. Irritée de ce refus, elle accusa Bellérophon d'avoir voulu lui faire violence. Proétos chassa celui qu'il prenait pour un ingrat, mais Sthénébée, honteuse, se donna la mort lorsque le héros, après ses exploits, revint à Tirynthe pour se venger. D'autres traditions prétendent que la malheureuse aurait tenté de s'enfuir sur le cheval Pégase : désarçonnée, elle serait tombée dans la mer et se serait tuée.

STHÉNÉLOS. 1° Fils de Persée et d'Andromède, roi de Mycènes, Sthénélos fut l'époux de Nicippé, qui lui donna quatre enfants célèbres dans la mythologie : Alcinoé, Méduse, Eurysthée et Iphis.

2° On connaît un **Sthénélos**, fils d'Androgée, qui, en compagnie de son frère Alcée, accompagna Héraclès dans son expédition contre les Amazones. Pour le récompenser, Héraclès lui accorda la souveraineté sur l'île de Thasos.

3° L'un des Épigones, ce **Sthénélos** était en effet le fils de Capanée et d'Évadné. Il participa au siège de Thèbes; il prit part ensuite à la guerre de Troie aux côtés de Diomède et des Argiens.

STRIGES. Ces femmes à corps d'oiseau et aux pattes crochues de rapace passaient, dans l'Antiquité, pour sucer le sang des petits enfants. Il est certain que cette croyance trouvait sa source dans l'existence des vampires, animaux qui hantaient le bassin de la Méditerranée. La déesse Carna, qui protégeait les gonds des portes, avait pour autres fonctions de veiller sur les enfants et d'éloigner ces monstres grâce à des incantations magiques.

STROPHIOS. Fils de Crisos et d'Antiphatia, ce roi de Phocide était le beau-frère d'Agamemnon, dont il avait épousé la sœur, Anaxabie. Il reçut à sa cour le petit Oreste, soustrait par Électre à la haine meurtrière de sa mère Clytemnestre, après le meurtre d'Agamemnon. Le jeune fugitif se lia d'amitié avec Pylade, le fils du roi.

STYMPHALOS. Fils d'Élatos et de Laodicé, Stymphalos gouverna la cité de Stymphalos en Arcadie. Une de ses filles, Parthénopé, s'unit à Héraclès et devint mère d'un fils, Évérès; d'autres traditions prétendent que Stymphalos était le père des Stymphalides, qui furent tuées par Héraclès. Pélops, qui voulait conquérir le Péloponnèse et n'était pas parvenu à battre le roi, invita celui-ci à un banquet, le tua et dispersa les membres de son corps, qu'il avait mis en lambeaux.

STYX. Principal fleuve des Enfers, le Styx roule des eaux fangeuses et glacées au milieu des ténèbres. Il ceint de ses méandres le royaume d'Hadès. A l'origine, Styx était une nymphe qui habitait en Arcadie une grotte au bord d'une fontaine. Fille d'Océan et de Téthys, elle avait épousé Pallas, lui donnant quatre enfants aux noms significatifs : Zélos (« l'acharnement »), Nikè (« la victoire »), Bia (« la violence ») et Cratos (« la puissance »). Lorsque Zeus entra en lutte contre les Géants, Styx rallia l'Olympe avec ses enfants pour les ranger au service des dieux célestes et de leur cause. En récompense, Zeus accorda à ces valeureux auxiliaires le droit de demeurer perpétuellement auprès de lui et de l'assister dans ses entreprises. Il dota Styx du privilège d'être invoquée par les dieux, ce qui donnait au serment, ainsi confirmé, une valeur absolue. Lorsqu'un dieu s'apprêtait à jurer par Styx, Iris allait chercher une coupe pleine d'eau du fleuve infernal, sur laquelle il étendait la main. L'immortel qui se parjurait encourait une punition sévère : durant une année entière, il se voyait condamné à ne plus accéder ni au nectar ni à l'ambroisie. Puis, pendant neuf ans, il était chassé du cercle des autres dieux.
Prenant sa source dans un lieu escarpé et isolé, roulant une eau noire et corrosive, se perdant dans les entrailles de la terre, Styx accrédite aisément les légendes, qui en font un fleuve infernal, maudit et pernicieux.

suicide. Considéré comme un crime par le droit grec et romain, le suicide, fréquent dans la mythologie, n'y est pas toujours condamné. On voit, par exemple, des héros se suicider pour que leurs âmes, assoiffées de vengeance, tourmentent sans cesse la conscience de leurs ennemis. Certains amants inconsolés mettent un terme à leurs jours pour se rejoindre par-delà la mort, et les dieux pardonnent leur geste fatal. Même dans ces cas, leur suicide prend une valeur de sacrifice; il devient un acte d'amour porté à des dimensions surnaturelles, et il honore Aphrodite. Il est souvent récompensé par une métamorphose en astre ou en constellation.

SYRINX. Cette nymphe d'Arcadie, poursuivie par Pan, se jeta dans les eaux du Ladon et se métamorphosa en un roseau, au moment où le dieu allait la rejoindre. Pan coupa ce roseau et en fit une flûte pour conserver le souvenir de celle qu'il avait aimée. Puis, il déposa l'instrument dans une caverne où, plus tard, on enfermait les jeunes filles qui, si elles étaient vierges, en ressortaient accompagnées par le tendre son de la Syrinx, mais qui, si elles ne l'étaient pas, malgré leurs affirmations, disparaissaient pour toujours.

TAGÈS. Un jour, en Étrurie, près de Tarquinies, un laboureur vit sortir du sillon qu'il traçait un nouveau-né, qui se présenta comme étant le fils de Génius Jovialis et prit le nom de Tagès. Bientôt, les Étrusques et leur roi Tarchon se pressèrent autour de lui pour admirer sa profonde et étonnante sagesse, semblable à celle d'un vieillard rompu aux expériences de la vie. Tagès, avant de disparaître, leur enseigna la divination et l'art d'interpréter les présages. Tous ces précieux conseils furent enregistrés dans des livres sacrés.

TALOS. 1° Lié par sa naissance à Héphaïstos ou à Dédale, Talos était soit un être humain, soit, plus communément, un robot de bronze. Il gardait la Crète du roi Minos avec une vigilance et un zèle redoutables, et empêchait les voyageurs d'aborder sur les côtes de l'île : il les lapidait ou les brûlait en les étreignant de son corps qu'il avait préalablement fait rougir au feu. Mais un jour, Médée, par ses enchantements, réussit à le rendre fou, et Talos se déchira la veine du pied, qui était le seul point vulnérable de son corps. On dit aussi que Philoctète la lui perça d'une de ses flèches.

2° On connaît un autre **Talos**, fils de Polycaste, neveu et apprenti de l'architecte Dédale. Ce Talos surpassa son maître et parent en ingéniosité et en adresse; il inventa, par exemple, la scie à partir de la mâchoire d'un serpent; il conçut le tour du potier et le compas, et acquit une grande renommée dans toute l'Attique. Dédale, jaloux de Talos, le jeta du haut de l'Acropole, puis tenta de cacher son crime, mais, bientôt confondu, il fut jugé par le tribunal de l'Aréopage. Convaincu de meurtre, il fut banni de la cité d'Athènes. Pendant ce temps, Polycaste, apprenant la mort de son fils, se pendait. L'âme de Talos, disent certaines versions, se changea en perdrix.

L'artiste a su rendre parfaitement la force redoutable du robot Talos, en faisant saillir les muscles; maintenu fermement par deux magiciennes, sans doute ministres de Médée, le monstre mourra la veine du pied déchirée. Détail d'un cratère grec. (Musée Jatta, Ruvo di Puglia.) [Phot. Anderson-Giraudon.]

TANTALE. Ce roi de Lydie ou de Phrygie était le fils de Zeus et de la nymphe Plouto, et le père de Niobé et de Pélops. Selon la version la plus communément admise, il divulgua aux mortels les mystères du culte des dieux; mais d'autres traditions prétendent qu'il déroba le nectar et l'ambroisie aux dieux pour offrir à ses sujets leurs essences immortelles. On rapporte aussi que, désirant éprouver l'art de la divination des dieux, il leur servit, au cours d'un festin, son propre fils. Le crime fut éventé par Zeus, et Pélops, ressuscité par Hermès. On raconte encore qu'il aurait encouru une peine éternelle en ne prenant pas soin d'un chien d'or qui lui avait été confié pour garder un temple consacré à Zeus. Quant au châtiment qui lui fut infligé pour tous ces crimes supposés, il passait, dans l'Antiquité, pour particulièrement horrible : soit qu'un rocher menaçât perpétuellement de l'écraser, soit que, consumé par la soif et la faim, il ne pût se désaltérer, ni manger les fruits d'un arbre qui se dérobaient quand il voulait les cueillir, Tantale souffrait le pire des supplices : celui de ne pouvoir saisir ce qu'il désirait.

TARPÉIA. Au cours de la guerre contre les Sabins, le roi Romulus avait confié la garde de la citadelle de Rome à Sempronius Tarpéius. La fille de celui-ci aperçut un jour dans le camp ennemi le roi des Sabins Tatius et en tomba amoureuse. Sur la promesse que ce souverain l'épouserait, Tarpéia n'hésita pas à ouvrir les portes de la citadelle. Mais le roi se parjura, et ses guerriers étouffèrent la jeune fille sous leurs boucliers. Les Romains, qui, plus tard, placèrent Tarpéia au nombre de leurs héroïnes, tentèrent de l'innocenter et ajoutèrent à la légende primitive d'autres anecdotes, qui étaient toutes en sa faveur.

On prétendit ainsi que Tarpéia était la fille de Tatius et qu'enlevée par Romulus elle s'était vengée de cet affront en ouvrant les portes de Rome aux Sabins, ses compatriotes. On disait aussi que Tarpéia était morte, parce qu'elle avait refusé de donner aux Sabins les plans de guerre établis par Romulus. Enfin, on racontait qu'elle avait promis aux Sabins de leur ouvrir les portes de la citadelle, mais leur avait demandé de se débarrasser auparavant de tout ce qu'ils portaient au bras gauche, comme si elle convoitait leurs bijoux; mais ce qu'elle désirait avant tout c'était leurs boucliers, sans lesquels ils étaient à la merci des Romains. Malheureusement cette ruse fut éventée, et Tatius ordonna aux Sabins d'étouffer Tarpéia sous leurs boucliers. L'héroïque jeune femme donna son nom à la roche Tarpéienne, d'où l'on précipitait les criminels.

TARTARE. Dans *l'Iliade*, Tartare est le lieu souterrain, fond des Enfers, que sépare de la surface du sol une distance égale à l'espace qui s'étend entre la Terre et le Ciel. Abîme insondable, obscur, qu'entoure un triple rempart d'airain, il est la prison des dieux de la première génération, vaincus par Zeus, des Titans, des Géants, de toutes les autres divinités qui ont enfreint les lois olympiennes. Les dieux pris en faute encourent sans cesse la menace de s'y voir précipités. Le Tartare constitue le fond de toutes choses, au-delà duquel il n'existe plus rien. Les poètes latins en ont fait l'expression même des Enfers : un lieu étouffant, situé au fond d'un abîme tel que les coupables, qui y sont l'objet d'un châtiment éternel, ne sauraient s'en échapper.

TATIUS. Quand Romulus fit enlever par ses gens les Sabines, le roi des Sabins Titus Tatius entra aussitôt en guerre contre Rome pour venger l'affront fait à son peuple. La lutte fut longue, entrecoupée de diverses péripéties, dont celle qui, grâce à la trahison de Tarpéia, permit à l'armée sabine de pénétrer dans la ville. Bientôt, les deux peuples se réconcilièrent et ne formèrent plus qu'un seul État, gouverné par une sorte de dyarchie, avec Romulus et Tatius pour rois. Cependant, au bout de quelques années, les querelles reprirent. Des Sabins tuèrent des Laurentins, et les parents des victimes, en représailles, assassinèrent le roi Tatius au cours d'une fête à Lavinium. Le roi fut enterré en grande pompe par son collègue Romulus, qui, cependant, ne fit rien pour punir les assassins et désormais régna seul sur les Romains et sur les Sabins.

TAYGÈTE. Cette Pléiade, poursuivie par Zeus, fut secourue par Artémis, qui la changea en biche. Rendue plus tard à sa forme première, elle consacra à la déesse la biche aux cornes d'or qu'Héraclès dut capturer. On raconte aussi qu'elle céda au dieu suprême et donna le jour à Lacédémon, l'ancêtre des Lacédémoniens, peuple de Sparte. Honteuse, elle se cacha au sommet du mont Amyclas, appelé depuis *Taygète*, en Laconie.

TÉLAMON. Comme son frère Pélée, père d'Achille, Télamon, père d'Ajax « le Grand », a mérité les honneurs de la légende. Fils d'Éaque, il participa au meurtre de son demi-frère Phocos, et, chassé de sa patrie d'Égine, il gagna Salamine, où le roi Cychrée le purifia de son meurtre et lui accorda la main de sa fille Glaucé. Lorsque son épouse et son beau-père moururent, il devint roi et épousa en secondes noces Périboéa, qui lui donna un fils, Ajax. Il participa à la chasse du sanglier de Calydon et prit part à l'expédition des Argonautes. Compagnon d'Héraclès à Troie, il assista le héros dans sa lutte contre Laomédon et, en récompense, reçut en mariage la fille de ce roi, Hésioné. Un fils, Teucer, naquit de cette union. Teucer et Ajax partirent pour Troie. Mais seul Teucer revint de l'expédition, et son père le chassa de son royaume parce qu'il n'avait pas su venger son frère.

TELCHINES. Ces génies, la plupart du temps malfaisants, passaient pour descendre de Poséidon et assumaient une forme qui tenait à la fois de l'homme et de l'animal marin, puisqu'ils étaient pourvus d'une queue de poisson ou de pieds palmés. Parfois, ils prenaient l'aspect d'un serpent. Ils demeuraient dans l'île de Rhodes, célèbre pour ses bouleversements sismiques et volcaniques, et, de ce fait, on leur attribuait la plupart des calamités qui s'abattaient sur l'île : la grêle, la neige, la pluie; on les accusait même de mêler du soufre à l'eau du Styx, pour rendre les terres stériles et faire périr les animaux. On comprend donc que, génies souterrains et esprits du feu, ils aient été confondus avec les Cabires, dont ils possédaient, à un degré plus rare encore, l'art de forger les métaux et de travailler les emblèmes des dieux, comme la harpe de Cronos et le trident de Poséidon. Cependant, en dépit de leurs dons artistiques, leur malfaisance incita les dieux à les punir. Zeus les précipita dans les flots de la mer et les changea en rochers; une autre version les fait périr sous les flèches lancées par Apollon.

TÉLÉGONOS. Ce héros naquit de l'union de Circé et d'Ulysse lorsque ce dernier, sur le chemin du retour, s'arrêta chez la magicienne. Élevé par sa mère et instruit de sa naissance, Télégonos partit pour Ithaque avec quelques compagnons, afin de se faire reconnaître par son père. Arrivé dans le royaume d'Ulysse, il s'empara des troupeaux du roi. Les Ithaciens et leur chef combattirent les pillards, et Télégonos, ignorant à qui il avait affaire, perça son père d'un javelot aux épines de raie; ainsi s'accomplissait l'oracle qui avait dit qu'Ulysse périrait de la mer et de la main de son fils. S'apercevant de sa méprise et de son crime involontaire, Télégonos pleura amèrement sur le corps de son père. Puis il porta la dépouille d'Ulysse à Circé, qui lui rendit les honneurs funèbres. Plus tard, il épousa Pénélope, dont il eut Italos, le roi éponyme de l'Italie.

TÉLÉMAQUE. Quand son père Ulysse partit pour Troie, Télémaque resta seul à Ithaque avec sa mère Pénélope. Mais comme l'absence de son père se prolongeait, les prétendants à la main de Pénélope affluèrent dans le palais, y exerçant d'odieux pillages. Télémaque, révolté, mais heureusement conseillé par Mentor et surtout par la déesse Athéna, partit à la recherche d'Ulysse. Il fut reçu par Nestor, qui chargea son propre fils de le conduire de Pylos à Sparte, où Ménélas l'accueillit. Mais il ne put rien apprendre de ses hôtes et reprit, le cœur lourd, le chemin d'Ithaque. Il y retrouva à sa grande joie son père, arrivé quelques jours avant lui, et qui avait reçu l'hospitalité du berger Eumée. Ensemble, ils préparèrent le massacre dans lequel devaient périr tous les prétendants de Pénélope. Les traditions accordent alors à Télémaque différentes épouses, soit Cassiphoné, fille d'Ulysse et de Circé, soit Circé elle-même ou Nausicaa, la fille d'Alcinoos, roi des Phéaciens.

TÉLÈPHE. Fils d'Héraclès et d'Augé, Télèphe fut abandonné sur la montagne et recueilli par des bergers, qui le confièrent au roi Corythos. Parvenu à l'âge adulte, il demanda à l'oracle de Delphes qui étaient ses parents. Il reçut le conseil de se rendre chez Theutras, roi de Mysie, qui avait épousé sa mère. Télèphe succéda au roi quelques années plus tard. Parent par alliance de la famille royale de Troie, il s'opposa à un débarquement des Grecs sur la côte de Mysie, tua en cette occasion un certain nombre de héros, parmi lesquels Thersandros, fils de Polynice. Mais Dionysos le frappa d'épouvante et le fit choir dans une vigne, où le héros fut blessé par Achille. La plaie ne guérit pas. Cependant, sur les conseils des devins, qui déclaraient que Troie ne pouvait être prise qu'avec l'aide de Télèphe, Achille revint le trouver et ferma la blessure purulente en la touchant de son javelot enduit de rouille. Télèphe reconnaissant, indiqua aux Grecs la route à suivre pour approcher et vaincre Troie.

TELLUS. Divinité romaine qui personnifie le principe de la fécondité, Tellus favorise le développement de l'espèce humaine et protège les récoltes. On la représente comme une femme aux multiples mamelles, et on lui voue un culte sous le nom de *Mère terrestre*. En tant que divinité de l'Abondance, elle est fréquemment placée en compagnie des divinités des Enfers. Assimilée plus tard à la déesse hellénique Gaia, Tellus perdit ses attributs propres au profit de Cérès et de Déméter, ou de Cybèle.

TÉMÉNOS. 1° Fils de Pélasgos, Téménos recueillit, dit-on, la déesse Héra lorsqu'elle naquit dans l'île de Samos, et il l'éleva en Arcadie. Puis il fit construire à Stymphalos trois temples en l'honneur de la déesse. Dans le premier, la déesse fut vénérée comme enfant divin, dans le deuxième comme épouse de Zeus, et dans le troisième, comme veuve lorsqu'elle se sépara provisoirement du dieu suprême.

2° On connaît aussi sous ce nom un héros qui descendait d'Héraclès. Avec ses frères Cresphontès et Aristodème, et, à la mort de ce dernier, avec ses

Sur ce promontoire plus près encore du ciel et de la lumière se dresse le temple, la demeure du dieu. Chaque jour, en levant les yeux, les paysans et les citadins de la plaine en contrebas peuvent avoir une pensée vénératrice pour le dieu qui protège leurs champs et leurs villes. **Temple de la Concorde à Agrigente.** (Phot. Giraudon.)

neveux Proclès et Eurysthénès, il voulut s'emparer du Péloponnèse. Mais un des Héraclides, Hippotès, ayant tué Carnos, poète d'Acarnanie, qui avait pénétré dans le camp des Grecs pour y chanter des vers prophétiques, les dieux irrités détruisirent la flotte des Héraclides dans une tempête et dépêchèrent sur l'armée une famine. On bannit alors le meurtrier, et, selon les conseils de l'oracle de Delphes, on choisit pour guide de l'expédition « un être à trois yeux », Oxylos, borgne monté sur un cheval. Téménos put débarquer sur la côte d'Élide et partager : le territoire du Péloponnèse Argos lui échut.

temple. A l'origine, le temple n'était souvent qu'une caverne ou une grotte dans laquelle on rendait un culte au dieu qui était censé, selon les légendes, y être né ou y avoir demeuré. Puis on construisit des temples en pierres et en briques, qui servirent à abriter les trésors des cités. Enfin, et beaucoup plus tard, ils devinrent la demeure des dieux sur la Terre. Le temple comprenait deux parties : l'une, le *hiéron*, sanctuaire réservé au culte et aux sacrifices; l'autre, le *naos*, bâtiment sacré où, dans l'obscurité et le secret, se dressait l'image ou la statue du dieu. Cet endroit du temple était interdit au public, car on craignait que le dieu ne fût troublé par quelques sacrilèges. Seuls les prêtres ou les prêtresses des dieux ou des déesses avaient le droit de pénétrer dans cette enceinte.

Dans une robe harmonieusement plissée qui voile à peine sa parfaite beauté, Terpsichore, la Muse de la danse, joue de la lyre. Son visage exprime la réflexion inspirée commune à tous les musiciens et musiciennes. Remarquons l'admirable vérité des mains, dont les doigts semblent danser sur les cordes de la harpe. Amphore grecque. (British Museum.)

TÉRÉE. Roi de Thrace, ce fils d'Arès osa séduire par des subterfuges malhonnêtes Philomèle, sœur de son épouse Procné. Il fut métamorphosé en vautour, tandis que Philomèle et Procné étaient changées respectivement en hirondelle et en rossignol.

TERMINUS. L'ancienneté du culte de ce dieu est attestée par le fait que les Sabins, les Ligures, les Étrusques le reconnaissaient comme une de leurs divinités. Il marque, de façon immuable, les limites des champs, puis, par extension, celles des frontières de l'État. Tout comme Jupiter divise les espaces des cieux, Terminus divise les espaces terrestres, les territoires et les propriétés. Une simple borne suffit donc à le représenter. Plus tardivement, on lui donna une tête humaine placée sur une pierre pyramidale; privé de bras et de jambes, il ne pouvait changer de place et garantissait l'intégrité du terrain qu'il délimitait.

TERPSICHORE. Cette Muse, représentée sous les traits d'une jeune fille enjouée, marque des sons de sa lyre la cadence des chants et de la danse chorale. Aussi, certains auteurs grecs lui attribuent la maternité des Sirènes, qui avaient, comme elle, le pouvoir d'ensorceler de leur chant tous ceux qui les entendaient. A partir du Ve siècle av. J.-C., toutefois, on la considère uniquement comme la muse de la poésie lyrique, des chœurs dramatiques et de la danse.

TÉTHYS. Fille d'Ouranos et de Gaia, Téthys occupe l'une des toutes premières places parmi les divinités primordiales de la Grèce. Son nom signifie « nourricière ». Elle est un symbole de la fécondité des eaux. Unie à Océan, elle donna naissance aux Océanides et à une copieuse multitude de sources et de fontaines, assurant de la sorte à la nature une nécessaire et bienfaisante humidité.

TEUCER. 1° Fils du dieu-fleuve phrygien Scamandre et de la nymphe Idæa, ce héros quitta la Crète, où il était né, et toucha les côtes d'Asie Mineure. Il fut un des premiers rois mythiques de Troie, le père d'Érichthonios et le grand-père de Tros.
2° Un second **Teucer** est, suivant Homère, le plus fameux archer parmi les guerriers grecs engagés dans la guerre de Troie. Neveu de Priam par sa mère Hésioné, il était le demi-frère d'Ajax-le-Grand par son père Télamon, et il combattit contre les Troyens. Il défit ceux-ci au cours de nombreux combats et

participa directement à la prise de Troie en prenant place dans le cheval de bois, en compagnie d'autres héros grecs. A son retour dans les États de son père, le roi de Salamine, il encourut de vifs reproches pour n'avoir pas su empêcher Ajax de se suicider. Il fut exilé et se réfugia auprès de Bélos, en Syrie. Puis il s'établit, grâce à la protection de son hôte, dans l'île de Chypre, où il épousa Euné, fille de Cypros. D'autres traditions le montrent retournant à Salamine, où il essaie, en vain, de reconquérir le trône qui lui est destiné, puis allant fonder en Espagne la ville de Carthagène.

THALIE. Muse de la comédie et de la poésie joyeuse, Thalie est représentée sous les traits d'une jeune fille enjouée, couronnée de lierre, serrant une guirlande dans la main droite et le masque grimaçant de la comédie dans la main gauche. Muse des pâtres et des bergers, elle tient parfois une houlette.

THAMYRIS. Originaire de Thrace, fils de Philammon et de la nymphe Argiopé, Thamyris était célèbre par ses inventions vocales et lyriques et passait, avec Orphée, pour l'un des plus fameux poètes mythiques de la Grèce. Il avait appris la musique de Linos et avait, dit-on, enseigné son art à Homère. Plusieurs légendes courent sur ce personnage. On raconte que Thamyris était amoureux de Hyacinthe; il avait pour rival Apollon. Le dieu, pour l'éliminer, s'empressa d'aller dire aux Muses que le poète s'était vanté de les surpasser. Irritées, les neuf divinités privèrent Thamyris de la vue et de la faculté de chanter. Le malheureux, de désespoir, brisa sa lyre et la jeta dans les eaux du fleuve Balyra.

THANATOS. Dans sa tragédie *Alceste*, Euripide cite ce dieu comme celui de la Mort. Thanatos, il est vrai, demeure dans les Enfers, où il a été enfanté par la Nuit en même temps qu'un frère jumeau, Hypnos, le sommeil. Tout comme Orcus, son homologue dans la religion romaine, on ne lui connaît aucun mythe particulier. Il est plutôt le messager de la mort que la mort elle-même.

THAUMAS. Comme toutes les divinités primordiales, ce fils de Pontos et de Gaia ne possède pas de légende, mais appartient par sa généalogie à la branche importante des dieux de la Mer. Il s'unit à une Océanide,

Thalie, la Muse de la comédie qui, selon la tradition, naquit dans les champs parmi les pâtres et les divinités agrestes, porte le masque du théâtre et la houlette du berger, ainsi qu'une couronne de lierre sur le front : deux attributs qui rappellent que la comédie fut d'abord le spectacle rustique. (Musée du Vatican.)
[Phot. Alinari-Giraudon.]

Électra, fille d'Océan, qui enfanta des monstres, les Harpyes, et la messagère très aimée des dieux, Iris.

THÉANO. Fille du roi de Thrace Cissée, Théano avait pour sœur, selon l'une des généalogies héroïques connues, Hécube, épouse de Priam. Mariée à Anténor, elle fut chargée par la ville de Troie du culte d'Athéna. Comme elle avait reçu Ulysse et Ménélas avec bienveillance, lorsqu'ils étaient venus en ambassade pour réclamer la restitution d'Hélène ravie par Pâris, Théano fut épargnée par les Grecs, ainsi que son mari et ses enfants, lors du massacre qui suivit la prise de Troie. Elle vécut ensuite en Illyrie. Cependant, une autre tradition prétend qu'elle eut la vie sauve parce qu'elle avait trahi sa patrie en livrant aux Grecs le Palladion, statue d'Athéna, d'où dépendait le salut de sa cité.

THÈBES. Capitale de la Béotie, Thèbes, la plus célèbre des villes de la mythologie, fut fondée par le héros fabuleux Cadmos. La citadelle qui y fut bâtie se nomma *Cadmée* en son honneur. Plus tard, Zéthos et Amphion régnèrent sur la ville et bâtirent de nouvelles murailles : le premier transportait les pierres, tandis que le second jouait de la lyre avec tant d'habileté qu'il charmait les matériaux de construction : ceux-ci se disposaient d'eux-mêmes selon les plans. D'après certaines légendes, Héraclès et Dionysos naquirent à Thèbes, et la ville devint ensuite le lieu de deux grandes épopées mythiques, celle des Sept Chefs et celle des Épigones. Mais ce sont surtout les poètes tragiques qui l'ont évoquée en racontant les malheurs de ses rois accablés par le destin, tels Labdacos, Laïos, Œdipe, Étéocle et Polynice.

THÉIA. L'une des toutes premières divinités, Théia est la fille d'Ouranos et de Gaia. Unie à Hypérion, elle

devait donner le jour à trois enfants de lumière : Hélios, le Soleil, Éos, l'Aurore, et Séléné, la Lune.

THÉMIS. Fille d'Ouranos et de Gaia, Thémis appartient à la génération des dieux primordiaux. Elle est l'une des épouses de Zeus et la mère des Heures, des Moires, des Nymphes de l'Éridan, et, suivant certains auteurs, des Hespérides. Selon Homère, elle est la personnification de l'ordre établi et des lois qui régissent la justice. Respectée par tous les dieux de l'Olympe, elle assiste aux délibérations des dieux et des hommes, et préserve en toutes occasions l'équité des décisions qui y sont prises. Définie parfois comme une divinité qui jouit du don de prophétie, elle installa son oracle à Delphes, où il succéda à celui de Gaia. Mais Apollon la supplanta elle-même. On la représente avec une balance et une épée dans les mains (les deux emblèmes de la justice). Mais, surtout, ses yeux bandés demeurent le symbole de l'impartialité des sentences qu'elle rend.

THERSANDROS. Par son père Polynice, Thersandros était le petit-fils d'Œdipe; il participa à l'expédition victorieuse des Épigones contre Thèbes, puis ses activités guerrières le conduisirent, aux côtés d'Agamemnon, sur le chemin de Troie. Mais son navire s'échoua en Mysie, et les Grecs, en profitèrent pour ravager le territoire du roi Télèphe, qui parvint à tuer Thersandros. Il avait épousé Démonassa, fille d'Amphiaraos, l'un des Sept Chefs; un fils était né de cette union, Tisaménos, qui régna un moment sur Thèbes.

THERSITE. Combattant grec de la guerre de Troie, Thersite se signala par sa laideur, sa lâcheté et sa méchanceté. Sur sa mort, on connaît deux traditions, qui ne lui sont guère favorables. Selon la première, il aurait

tenté de fomenter une mutinerie et aurait été tué par Ulysse; d'après la seconde, il aurait arraché avec la pointe de sa lance les yeux de Penthésilée, la reine des Amazones, blessée mortellement par Achille. Ce dernier, irrité de tant de cruauté, aurait fracassé le crâne de Thersite à coups de poing.

THÉSÉE. L'un des plus grands héros grecs de l'Attique, Thésée était considéré par les Athéniens comme un personnage historique. Il est un fait qu'il joue son rôle dans la plupart des légendes, et un proverbe laconique court dans la cité d'Athènes : « Rien sans Thésée. » Suivant la tradition la plus communément admise, il est simplement le fils d'Æthra et d'Égée, roi d'Athènes; mais on disait aussi que sa force prodigieuse ne pouvait lui avoir

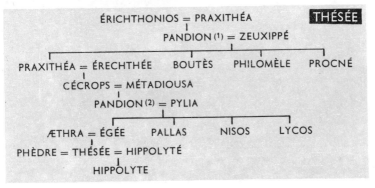

```
            ÉRICHTHONIOS = PRAXITHÉA        THÉSÉE
                       |
              PANDION (1) = ZEUXIPPÉ
                       |
  ┌──────────────┬──────────┬───────────────┬──────────┐
PRAXITHÉA = ÉRECHTHÉE   BOUTÈS   PHILOMÈLE        PROCNÉ
        |
  CÉCROPS = MÉTADIOUSA
        |
  PANDION (2) = PYLIA
        |
  ┌──────────┬──────────┬──────────┬──────────┐
ÆTHRA = ÉGÉE   PALLAS       NISOS       LYCOS
  |
PHÈDRE = THÉSÉE = HIPPOLYTÉ
        |
   HIPPOLYTE
```

THÉ

été conférée que par un dieu et que Poséidon était son père.

Élevé par sa mère chez son grand-père Pitthée, à Trézène, il ignora tout sur sa naissance. Égée avait en effet quitté Æthra en lui ordonnant de ne rien révéler à l'enfant qui allait naître tant que ce dernier ne serait pas capable de soulever le rocher sous lequel il avait placé ses sandales et son épée. Thésée grandit donc sans savoir qu'il était le fils d'un roi, mais fit preuve, dès son plus jeune âge, d'un courage et d'un sang-froid remarquables : Héraclès, qui était venu se reposer à la cour de Pitthée, jeta négligemment à terre la peau de lion dont il se vêtait; aussitôt, tous les serviteurs et les familiers du roi s'enfuirent affolés; seul Thésée resta à sa place, et, tirant son épée, il s'apprêta à pourfendre le lion. Lorsqu'il eut seize ans, Æthra le conduisit près du rocher; le jeune héros le souleva et découvrit les deux trophées cachés là par Égée. Il décida de rejoindre aussitôt son père. Mais comme la région qu'il devait parcourir était infestée de monstres et de bandits, sa mère et son grand-père lui recommandèrent de prendre la route de mer. Thésée passa outre à ces conseils de prudence et prit le chemin d'Athènes par la voie de terre, décidé à prouver à tous les habitants de l'Attique qu'il était véritablement fils d'un roi. Il tua successivement Périphétès, Sciron, Sinis, une truie énorme qui désolait la contrée, Procruste, Cercyon, et, avant d'entrer dans Athènes, il se purifia de toutes les souillures de ces meurtres dans les eaux du Céphise. Athènes était alors toujours gouvernée par Égée, mais, en fait, le pouvoir réel était tout entier entre les mains de la magicienne Médée, qui avait épousé le roi et inspirait ses décisions. Médée

S'inspirant d'une des versions de la légende, l'artiste a représenté Thésée comme le fils de Poséidon. Le héros vient saluer au fond des mers le dieu son père. Vase grec. (Bibl. nat.) [Phot. Giraudon.]

Émouvant dans sa jeunesse et sa force, Thésée terrasse le Minotaure en le saisissant par une de ses cornes et en le frappant de sa massue. Art romain. (Villa Albani, Rome.) [Phot. Anderson-Giraudon.]

comprit aussitôt qui était Thésée et décida Égée à empoisonner cet étranger, capable d'usurper le trône. Reçu avec d'hypocrites honneurs, Thésée put, au cours du repas, se faire reconnaître de son père en tirant son épée pour découper un morceau de viande. Redevenu un roi dans toute sa puissance, parce qu'il sentait la perennité du pouvoir enfin assurée, Égée répudia Médée et la chassa de son palais.

Cependant, les Pallantides, les fils de Pallas, frère d'Égée, qui avaient cru que le roi n'aurait jamais de postérité et qui avaient espéré régner un jour sur Athènes, conspirèrent pour abattre Thésée. Le héros réussit à les vaincre et à les massacrer tous. Il fut banni de la ville pour ces crimes pendant une année. Mais Athènes avait trop besoin de Thésée pour la délivrer de l'effroyable tribut que lui imposait le roi de Crète Minos : sept jeunes gens et sept jeunes filles devaient, tous les sept ans, être envoyés dans l'île pour y être dévorés par le Minotaure. Thésée proposa immédiatement de délivrer sa patrie de cet impôt sanglant, et il s'embarqua avec les victimes. Parvenu en Crète, il séduisit Ariane, une des filles de Minos, et la jeune fille lui donna une pelote de fil grâce à laquelle le héros réussit à trouver son chemin dans le Labyrinthe, demeure du Minotaure, et put ainsi tuer à coups de poing le monstre endormi. Après avoir accompli cet exploit, qui devait lui valoir la reconnaissance de tout le peuple athénien, il enleva Ariane et reprit la route pour Athènes. Mais, sur le chemin du retour, il abandonna Ariane dans l'île de Naxos, sans doute

par ordre de Dionysos, qui désirait épouser la jeune femme. Attristé par cette séparation, mais fier de ses exploits, Thésée oublia de hisser la voile blanche comme son père le lui avait ordonné avant son départ. Égée, scrutant la côte, aperçut les voiles noires du bateau et crut que son fils avait péri; de désespoir, il se précipita dans la mer.

Devenu roi, Thésée eut un rôle politique immense et bienfaisant. En réunissant les différentes bourgades, il assura l'unité de la cité. Il instaura de grandes fêtes : les Panathénées, et créa les jeux Isthmiques en l'honneur de Poséidon. Il institua un gouvernement stable et promulgua des lois sociales peu favorables aux riches et aux nobles. Mais le temps de ses prouesses n'était point terminé. En compagnie de Pirithoos, roi des Lapithes, un de ses plus fidèles amis, il accompagna les Argonautes dans leur conquête de la

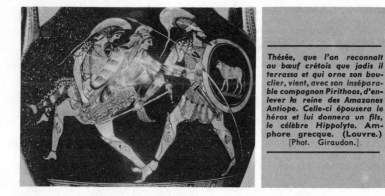

Thésée, que l'on reconnaît au bœuf crétois que jadis il terrassa et qui orne son bouclier, vient, avec son inséparable compagnon Pirithoos, d'enlever la reine des Amazones Antiope. Celle-ci épousera le héros et lui donnera un fils, le célèbre Hippolyte. Amphore grecque. (Louvre.)
[Phot. Giraudon.]

Toison d'or, participa à la chasse du sanglier de Calydon et mit son ingéniosité au service des Sept Chefs en aidant Adraste à recouvrer les corps des héros morts à Thèbes. On retrouve cette humanité du héros dans la bienfaisante hospitalité qu'il accorda à Œdipe banni de son pays. Mais, de toutes ses aventures, la plus célèbre demeure celle qui l'opposa aux Amazones; il réussit à leur enlever leur reine Antiope, malgré le siège qu'infligèrent à Athènes ces femmes guerrières et cruelles. De cette union devait naître Hippolyte. Après la mort d'Antiope, Thésée épousa Phèdre, qui lui donna deux fils, Acamas et Démophon.

Avec Pirithoos, il partit pour le royaume des Ombres afin de s'emparer de Perséphone. Sur la Terre, dans la cité abandonnée par son roi, les intrigues se multiplièrent; les nobles étaient irrités par les réformes démocratiques que Thésée avait imposées à la cité; ils appelèrent les Dioscures à leur aide. Ceux-ci accoururent pour délivrer leur sœur Hélène, enlevée par Thésée et gardée par Acthra, ensuite pour placer Ménesthée sur le trône d'Athènes. Aux Enfers, pendant ce temps, Thésée et Pirithoos étaient accueillis avec une bienveillance feinte par Hadès et Perséphone, qui les invitèrent à s'asseoir à leur table. Ils ne purent se relever de leur siège, appelé « Chaise de l'oubli », parce qu'on y perdait la mémoire. Pirithoos devait y rester fixé éternellement, tandis que Thésée, après de longs mois d'attente, était délivré par Héraclès. Mais l'état dans lequel il retrouva son royaume, après une si longue absence, l'incita à s'expatrier et à se retirer à Scyros chez le roi Lycomède, qui, après lui avoir manifesté des marques d'amitié, l'assassina traîtreusement. Une fois, pourtant, Thésée quitta le domaine de la mythologie pour entrer dans celui de l'histoire : les Athéniens affirmèrent l'avoir vu lors de la bataille de Marathon (490 av. J.-C.).

THESPIOS. Fils d'Érechthée et souverain éponyme de Thespies en Béotie, Thespios accueillit à sa cour Héraclès, qui venait de tuer le lion du Cithéron. Ce roi avait cinquante filles. Avec sa complicité, Héraclès s'unit pendant cinquante nuits, ou pendant une seule, à chacune d'elles, et engendra de nombreux enfants. Sept d'entre eux restèrent à Thespies, deux furent envoyés à Thèbes, et les autres, sous la

Thétis, qui craint tant pour la vie de son fils Achille, vient vérifier chez Vulcain la qualité des armes qu'elle offrira au héros. A gauche, un des Cyclopes achève de ciseler le casque, tandis que Vulcain présente le bouclier au poli si parfait que Thétis peut s'y contempler comme dans un miroir. Fresque de Pompéi. (Musée national de Naples.) [Phot. Anderson-Giraudon.]

direction de Ioalaos, gagnèrent la Sardaigne, où ils fondèrent une colonie.

THÉTIS. Fille de Nérée et de Doris, Thétis est sans doute la plus célèbre des Néréides. Elle se signala dès son plus jeune âge par sa douceur et son sens de l'hospitalité. Elle accueillit Héphaïstos, précipité du haut de l'Olympe par Zeus courroucé. Elle n'accepta pas d'épouser Zeus, car elle ne voulait pas affliger Héra, qui avait été sa nourrice. Mais on dit aussi, à ce propos, que Poséidon et Zeus délaissèrent Thétis quand ils apprirent de Thémis que la Néréide donnerait le jour à un fils plus puissant que son père. Pélée, un mortel, put ainsi épouser la divinité marine, qui, pour lui échapper, avait pris toutes les formes possibles, mais qui, finalement, avait dû se soumettre. Les noces de Thétis et de Pélée furent honorées par la présence de tous les dieux, qui apportèrent un cadeau. Mais la déesse Discorde, qui n'avait pas été conviée, jeta dans la joyeuse assemblée sa fameuse pomme, origine de nombreux maux. De Pélée, Thétis eut un fils, le grand Achille, qu'elle éleva avec amour. Pour le rendre insensible à toute blessure, elle le plongea dans le Styx. Comme elle le tenait par le talon, celui-ci resta seul vulnérable. Elle chercha à le soustraire à la guerre de Troie et le cacha à la cour de Lycomède, roi de Scyros. Elle voulut également lui éviter des coups mortels en lui offrant une armure forgée par Héphaïstos. Elle lui conseilla enfin de ne pas combattre, mais en vain. Son fils mort, elle reporta toute son affection sur Néoptolème, son petit-fils, et lui sauva la vie en lui demandant de ne pas regagner tout de suite sa patrie après la chute de Troie. Ainsi, Néoptolème échappa à la grande tempête qui détruisit la flotte grecque.

THISBÉ. Belle jeune fille de Babylone, Thisbé fut aimée de Pyrame. Elle se tua de désespoir à la mort de son amant.

THOAS. 1° Ce fils de Dionysos et d'Ariane était le roi de l'île de Lemnos et avait épousé Myrina, dont il eut une fille, Hypsipyle. Lorsque les Lemniennes décidèrent de tuer tous les hommes de l'île qui les abandonnaient après la malédiction d'Aphrodite, Thoas fut sauvé par sa fille et put s'enfuir, selon les uns ou les autres, dans les Cyclades, à Chios, ou en Tauride. Dans ce dernier cas, sa légende est souvent confondue avec celle de Thoas, roi de Tauride, où la principale prêtresse, Iphigénie, avait notamment pour fonction de sacrifier à la déesse Artémis tous les étrangers qui s'aventuraient dans le pays. Oreste et Pylade, grâce à leur sœur, ne furent pas immolés et purent s'enfuir, et Thoas, qui s'était lancé à leur poursuite, fut tué.
2° Un autre **Thoas** est fils de Jason et d'Hypsipyle, et petit-fils du précédent.
3° La légende de la guerre de Troie a retenu le nom d'un **Thoas**, roi de Calydon, qui se rendit avec quarante vaisseaux devant Troie et fit partie du contingent des héros qui s'installèrent dans le cheval de bois.
4° On connaît encore un roi de Corinthe, **Thoas**, petit-fils de Sisyphe, qui succéda à son père Ornytion, tandis que son frère Phocos émigrait dans le pays appelé par la suite *Phocide*.

THYA. Fille de Castalios, prêtre de Dionysos, ou du dieu-fleuve Céphise, Thya fut, dit-on, aimée d'Apollon et donna le jour à Delphos, le héros éponyme de Delphes. Elle fut, assure-t-on aussi, la première femme à sacrifier au culte de Dionysos, et elle institua le culte qui, chaque année sur le mont Parnasse, était célébré par les femmes d'Athènes, les Ménades, appelées également en cette occasion « les Thyades ».

THYESTE. Fils de Pélops et d'Hippodamie, Thyeste se signala dans la légende par la haine qui l'opposa à son frère jumeau Atrée. Tous deux assassinèrent leur demi-frère Chrysippos et furent pour ce crime chassés par leur père. Ayant trouvé asile auprès du roi de Mycènes, Sthénélos, ils se disputèrent férocement le pouvoir. Thyeste séduisit Aéropé, l'épouse d'Atrée. Quand Atrée fut élu roi, il bannit son frère, feignit une réconciliation et invita Thyeste à un banquet : il lui servit ses deux enfants. Horrifié, Thyeste maudit son frère et toute sa descendance.

THYONÉ. Ce nom fut donné à Sémélé, quand son fils Dionysos descendit aux Enfers pour la ravir et la transporter dans l'Olympe, où elle figure au nombre des immortels.

TIBRE. Fleuve d'Italie qui traverse Rome, le Tibre s'appelait autrefois Albula. Il acquit son nom en souvenir de Tiberinus, roi d'Albe-la-Longue, qui se noya dans ses eaux. Dieu-fleuve à la barbe verte et aux traits de vieillard débonnaire, il était tout particulièrement vénéré par les habitants de Rome ayant, jadis, préservé les vies de Romulus et de Remus, lorsque ceux-ci avaient été abandonnés dans une corbeille au fil de ses eaux. Le Tibre apparaît également dans la légende d'Énée.

Le Tibre est représenté sous les traits d'un aimable vieillard. D'une main il tient une rame, emblème des marins qui passent sur ses eaux et commercent sur ses rives; de l'autre, il serre la traditionnelle corne d'abondance, symbole du pouvoir fécond de ses eaux. Contre son flanc, on distingue la louve qui allaite Romulus et Remus, les deux jumeaux fondateurs de Rome que le Tibre refusa d'engloutir. **Art Romain. (Louvre.)** [Phot. Giraudon.]

Il se révèle en songe au héros troyen et lui conseille de remonter sa vallée pour se rendre chez le roi Évandre, qui gouvernait la modeste cité de Rome. Enfin, le Tibre eut de la prophétesse Mantô un fils, Bianor, qui fonda la ville de Mantoue, dont il devint le premier roi.

TIRÉSIAS. Avec Calchas, Tirésias est l'un des plus célèbres devins de la mythologie grecque. Né de la nymphe Chariclo, il acquit son don de prophétie dans des conditions extraordinaires. Un jour, il rencontra deux serpents qui s'accouplaient et les tua. Il fut aussitôt changé en femme. Sept ans plus tard, il rencontra les mêmes serpents entrelacés et reprit sa forme première. Pour avoir été dans son existence homme et femme, il fut choisi comme un précieux arbitre par Zeus et Héra, qui se disputaient au sujet de l'amour. Sa réponse n'ayant pas plu à la déesse, Tirésias fut frappé de cécité; Zeus, en compensation, lui accorda une vie sept fois plus longue que la normale et le don de prédire l'avenir. Conseiller des Thébains, Tirésias révéla à Œdipe son involontaire et criminel inceste, prédit la guerre des Sept Chefs, déclara que Thèbes obtiendrait la victoire si Ménœcée, fils de Créon, consentait à se sacrifier; enfin, il conseilla aux Épigones de conclure un armistice et de s'enfuir de la ville; il partit avec eux. En chemin, poussé par la soif, il se désaltéra à la fontaine de Telphuse, et, comme l'eau était glacée, il en mourut. Il laissait une fille, la prophétesse Mantô. Toutefois, aux Enfers, Tirésias ne perdit pas ses dons et conseilla Ulysse sur les meilleurs moyens de regagner sain et sauf sa patrie. Sa longue vie lui permit de se mêler à de nombreuses légendes, même fort éloignées les unes des autres dans le temps mythique.

TISAMÉNOS. 1° Fils d'Oreste et d'Hermione, Tisaménos, roi de Sparte, fut chassé de ses États par les Héraclides et tué, dit-on, au cours des combats. Cependant, d'autres traditions affirment qu'il eut la vie sauve et qu'il put quitter son royaume pour chercher refuge sur la côte ionienne. Mais ses fils s'emparèrent du territoire où il avait péri et le nommèrent Achaïe. Cométès, son fils aîné, émigra en Asie.

2° On connaît également sous le nom de Tisaménos un héros, fils de Thersandros et de Démonassa. Quand son père fut tué par Téléphe, Tisaménos était encore trop jeune pour prendre le commandement des Béotiens en Mysie au cours de la guerre de Troie, et il dut provisoirement céder sa place à Pénéléos, autre héros béotien. Parvenu à l'âge adulte, Tisaménos occupa le trône de Thèbes.

TITANIDES. On désigne sous ce nom, les filles d'Ouranos et de Gaia : Téthys, Théia, Thémis, Mnémosyne, Rhéa et Phoébé. Unies à leurs frères, elles donnèrent naissance à une foule de divinités.

TITANS. Les fils et les filles d'Ouranos et de Gaia habitaient les demeures des cieux. Ils étaient douze : six fils, Océan, Cœos, Crios, Hypérion, Japet, Cronos; et six filles, Téthys, Théia, Thémis, Mnémosyne, Phœbé et Rhéa, qui portaient le nom général de *Titanides*. Indignés qu'Ouranos voulût les précipiter dans le Tartare, ils se révoltèrent, mutilèrent leur père et régnèrent à sa place. Le dernier d'entre eux, Cronos, dévora ses enfants, car il craignait qu'ils ne lui ravissent le trône. Mais le plus jeune de ses fils, Zeus, miraculeusement échappé à cette série d'infanticides, lui donna un breuvage pour lui faire vomir ses frères et ses sœurs. Avec leur aide, le dieu entra en lutte contre les Titans, qui s'armèrent de gigantesques rochers arrachés aux montagnes et se postèrent en Thessalie sur le mont Othrys, tandis que les enfants de Cronos s'établissaient sur l'Olympe. La lutte, la Titanomachie, fut effrayante et à la dimension des belligérants. Mais Zeus réussit à s'assurer la victoire grâce au concours des Cyclopes forgeurs de foudre et des Héchatonchires; les vaincus furent précipités au fond du Tartare. Cependant, la victoire n'était pas définitivement acquise. Certains Titans, tels Mnémosyne et Japet, s'étaient bien ralliés à la cause de Zeus; mais d'autres monstres, les Géants et Typhon, s'apprêtaient à mener l'assaut contre l'Olympe.

On donne diverses interprétations de ce combat. Il semble que la Thessalie ait été une contrée soumise, en un temps fort éloigné, à des bouleversements géologiques dont des témoins auraient rapporté les terribles effets. La tradition se serait ensuite emparée de ces récits pour en faire un mythe.

TITHONOS. Fils de Laomédon, roi légendaire de Troie, et frère aîné de Priam, Tithonos avait pour mère Strymo, la fille du dieu-fleuve Scamandre. Sa beauté le fit remarquer par Éos, l'Aurore, qui s'en éprit et l'enleva. De cette union, deux fils naquirent, Memnon et Émathion; or, tandis que Éos conservait une éternelle fraîcheur, Tithonos, le mortel, commença à vieillir, et, peu à peu, ses cheveux blanchirent. Éos obtint de Zeus qu'il accordât à son époux l'immortalité : par étourderie, elle omit d'ajouter à sa demande la jeunesse éternelle. Tithonos ne mourut point; mais la vieillesse continua à s'appesantir sur lui. Il se dessécha et se tassa sur lui-même : Éos, désolée, métamorphosa son époux en cigale. Il demeure le symbole de la décrépitude.

TITYOS. Ce géant, fils de Zeus et d'Élara, la fille du roi d'Orchomène, naquit dans les entrailles de la terre où le dieu avait caché son amante, afin de la soustraire à la jalousie d'Héra. Pour avoir poursuivi Léto et voulu lui faire violence, Tityos fut

Protégé en vain par sa mère nourricière, la Terre, le géant Tityos, qui a tenté de violenter Léto, tombe sous les traits d'Apollon, qui venge ainsi l'affront fait à sa mère. Remarquons le contraste entre le dieu et le géant, l'un souverain et vêtu avec soin, l'autre à la barbe hirsute et le dos recouvert d'une peau de bête : en fait un symbole toujours constant dans la mythologie de la lutte des forces de la lumière contre les forces sombres enfantées par la Terre. Cratère grec. (Louvre.) [Phot. Giraudon.]

foudroyé par Zeus, ou encore, selon une autre version, tué par les flèches d'Apollon et d'Artémis, qui vengeaient ainsi leur mère. Les dieux le jetèrent dans le Tartare : là, son corps couvre neuf arpents, et deux vautours lui rongent sans cesse le foie, viscère qui apparaît chez les Anciens comme le siège des désirs brutaux et de la volonté de puissance.

TLÉPOLÈME. Fils d'Héraclès et d'Astyoché, Tlépolème participa à l'expédition qui devait assurer aux Héraclides la souveraineté sur l'ensemble du Péloponnèse. Argos échut en partage à Tlépolème; mais le héros, ayant tué un jour accidentellement son grand-oncle Licymnios en le frappant d'un coup de bâton qu'il destinait à un de ses esclaves, il fut chassé de la cité d'Argos. Il aborda dans l'île de Rhodes, dont il devint le roi, et épousa Polyxo. Puis, comme il avait été l'un des prétendants d'Hélène, il arma une petite flotte de neuf navires et partit contre Troie. Il fut tué au cours d'un combat contre Sarpédon; ses compagnons, à la fin de la lutte, s'établirent dans les îles ibériques, tandis que Polyxo se vengeait de sa mort sur Hélène.

toison d'or. Le célèbre bélier à la toison d'or était un don d'Hermès à Néphélé, épouse d'Athamas, roi d'Orchomène en Béotie. Ce bélier était doué d'intelligence et de raison, pouvait parler et possédait la faculté de parcourir l'espace au gré de sa volonté. Le fils de Néphélé, Phrixos, persécuté par sa marâtre Ino, put s'enfuir avec sa sœur Hellè sur le dos de l'animal. Parvenu en Colchide, où régnait Aiétès, qui lui donna sa fille Chalciopé en mariage, Phrixos sacrifia le bélier à Zeus. Le dieu des dieux fit alors de la toison d'or de l'animal un gage de prospérité et de puissance, et Aiétès attacha cette précieuse dépouille à un chêne dans le bois d'Arès. La toison d'or fut ensuite enlevée par Jason et les Argonautes.

TRIPTOLÈME. Fils de Céléos, roi d'Éleusis, et de Métanira, ou, selon d'autres traditions, fils d'Océan et de Gaia, Triptolème était le favori de Déméter, car la déesse avait reçu l'hospitalité de Céléos, lorsqu'elle s'exila de l'Olympe après l'enlèvement de sa fille Coré-Perséphone. Par reconnaissance, elle avait d'abord désiré accorder l'immortalité à Démophon, le jeune frère de Triptolème,

mais Métanira s'était effrayée de ses
pratiques mystérieuses, et, surprise,
Déméter avait lâché le jeune garçon
dans le feu purificateur. En compensation, Déméter se prit d'affection pour
Triptolème; elle lui enseigna l'agriculture et lui offrit un char attelé de
dragons sur lequel Triptolème parcourt
la Terre, tout en semant des grains.
Il rencontra parfois des difficultés dans
sa mission : le roi Lyncos, de Scythie,
à qui il avait appris l'agriculture, voulut attenter à sa vie. A Patras, le fils
du roi Eumélos vola le char du héros,
mais se tua.

Associé à Déméter et à Perséphone en
une sorte de trinité de la fertilité, Triptolème passe aussi pour avoir fondé
les mystères d'Éleusis et établi dans
cette ville le culte de Déméter. Les
artistes l'ont représenté sous les traits

d'un jeune homme coiffé du pétase, un sceptre dans une main et un épi de blé dans l'autre, deux emblèmes de sa souveraineté sur la fécondité de la Nature.

TRITON. Ce dieu, primitivement étranger à la Grèce, fut adoré par les marins et reçut ensuite un culte et une légende. Il avait pour demeure la mer tout entière, car il y était né de l'union de la Néréide Amphitrite et du dieu de toutes les eaux des océans, Poséidon. Il a des apparences diverses, mais on le représente généralement comme un homme dont le corps se termine par deux énormes queues de poisson. A la fois bienveillant et terrible, il souffle dans une énorme conque marine, qui mugit au cours des tempêtes. Les marins le vénèrent surtout comme un dieu qui apaise les flots déchaînés et comme un intermédiaire entre eux et Poséidon. Il indiqua aux Argonautes la bonne route, rappela à lui les eaux du Déluge et calma la tourmente suscitée par Junon contre le Troyen Énée.

TROIE. Capitale de la Troade, territoire situé à l'entrée de l'Hellespont, sur la côte d'Asie Mineure, Troie est célébrée par Homère tout au long de l'*Iliade*. Son origine légendaire est diversement contée. Cependant, la tradition la plus commune veut que la ville ait été fondée par Ilos, fils de Tros, et qu'elle ait pris, en l'honneur de ces deux héros, le nom d'Ilion, puis celui de Troie. Le dernier roi de la ville fut Priam, fils de Laomédon. C'est sous son règne que les Grecs assiégèrent la ville pendant dix ans, l'incendièrent et la pillèrent jusqu'à la destruction totale. A partir du XIXᵉ siècle, les savants et les archéologues ont entrepris des fouilles sur la colline d'Hissarlik pour tenter de démontrer la réalité historique de l'existence de Troie. On a ainsi trouvé les restes superposés de neuf villes, et, à la couche VII A, correspondait la cité de Priam, où l'on pouvait relever des traces d'incendie. Aussi, on ne conteste plus de nos jours qu'il ne se soit produit, vers la fin du XIIIᵉ siècle av. J.-C., un conflit entre des envahisseurs grecs et les indigènes du pays de Troade. La ville aurait finalement été détruite par un tremblement de terre.

TROÏLOS. Fils de Priam et d'Hécube, Troïlos passe aussi pour avoir été engendré par Apollon. Un oracle ayant

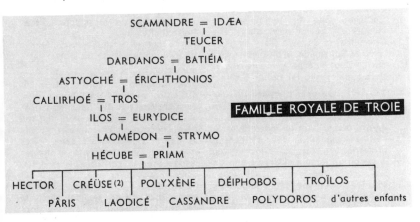

SCAMANDRE = IDÆA
|
TEUCER
|
DARDANOS = BATIÉIA
|
ASTYOCHÉ = ÉRICHTHONIOS
|
CALLIRHOÉ = TROS
|
ILOS = EURYDICE
|
LAOMÉDON = STRYMO
|
HÉCUBE = PRIAM

FAMILLE ROYALE DE TROIE

HECTOR | CRÉÜSE (2) | POLYXÈNE | DÉIPHOBOS | TROÏLOS
PÂRIS | LAODICÉ | CASSANDRE | POLYDOROS | d'autres enfants

déclaré que Troie ne tomberait pas aux mains des Grecs si Troïlos atteignait l'âge de vingt ans, Achille, pour déjouer la prédiction, tua le héros troyen. Cependant, les circonstances de sa mort diffèrent selon les versions. La plus connue affirme qu'Achille, amoureux, demanda à Troïlos de céder à ses avances. Celui-ci s'enfuit pour se réfugier dans le sanctuaire d'Apollon Thymbréen. Achille, courroucé, passant outre aux lois sacrées, l'aurait alors tué sur l'autel du dieu.

TROPHONIOS. Fruit des amours d'Apollon et d'Épicasté, l'architecte Trophonios fut englouti dans les entrailles de la terre, après avoir tué son beau-père Agamède. Toutefois, honoré après sa mort, il eut droit à un oracle en Béotie. Les consultants se purifiaient dans les eaux de la rivière Hercyné et sacrifiaient au génie de Trophonios, représenté par le symbole chthonien par excellence, le serpent, et à Déméter, sa nourrice.

TROS. Petit-fils de Dardanos, et fils d'Érichthonios et d'Astyoché, Tros fut un des fondateurs de la ville de Troie, à laquelle il donna son nom; par la suite, il acquit la souveraineté sur l'ensemble de la Troade. Époux de Callirhoé, fille du dieu-fleuve Scamandre, il devint père d'une fille, Cléopâtra, et de trois fils, Ilos, Assaracos et Ganymède, le plus jeune, qu'il offrit à Zeus en échange de deux coursiers rapides que lui remit le dieu.

TUCHÊ. On peut comparer la divinité Tuchê à la Fortuna romaine. Comme elle, Tuchê symbolise le hasard bienveillant ou malveillant des destinées humaines. Pour s'attirer sa protection, toutes les cités lui ont construit un temple et dressé une statue, qui la représente généralement sous les traits d'une femme imposante, coiffée de la couronne murale et entourée d'attributs divers (corne d'abondance, roue ou gouvernail) qui tournent vers des destinées incertaines, fastes ou néfastes.

TURNUS. Roi des Rutules, fils de Daunus et de la nymphe Vénilia, Turnus porta les armes contre Énée; il lui disputait, en effet, la main de Lavinia, fille du roi Latinus. Il périt sous les coups du héros troyen.

TYDÉE. Fils d'Œnée, roi de Calydon en Étolie, et demi-frère de Méléagre, Tydée commit dans sa jeunesse un meurtre et dut s'expatrier. Il se rendit auprès d'Adraste, roi d'Argos, qui accepta de le purifier et lui donna sa fille Déipylé en mariage en même temps qu'il accordait la main d'une autre de ses filles à Polynice, chassé de Thèbes. Les deux gendres d'Adraste prirent ensemble le chemin de Thèbes et participèrent à la célèbre lutte des Sept Chefs. Tydée décida, pour montrer sa force, de lutter en combat singulier contre les plus vaillants des Thébains; il eut toujours l'avantage. Toutefois, après maintes actions d'éclat, il fut blessé mortellement par Mélanippos, qui succomba également. Athéna, qui avait protégé Tydée, se décidait à lui accorder l'immortalité, quand Amphiaraos présenta à Tydée, mourant, le crâne de Mélanippos : Tydée l'ouvrit et en avala la cervelle. Écœurée d'une telle sauvagerie, Athéna abandonna le héros à la mort.

TYNDARE. Selon la tradition la plus commune, Tyndare est le fils d'Œbalos et de Gorgophoné; cette dernière était née de l'union de Persée et d'Andromède. A la mort de son père, Hippocoon s'empara du royaume de Sparte et chassa ses deux frères Icarios et Tyndare. Tyndare trouva refuge chez le roi Thestios d'Étolie, dont il épousa la fille, Léda. Il put recouvrer par la suite son royaume avec l'aide d'Héraclès. La célébrité de Tyndare trouve son origine dans

Un épisode de la guerre des Sept Chefs : Tydée, allié de Polynice, tue Ismène, la sœur d'Étéocle, qui reposait en compagnie de son amant Théochyménos. (Phot. Giraudon.)

sa descendance, les Tyndarides, parmi lesquels on peut citer les Dioscures, Hélène, Clytemnestre, tout en faisant la part de la paternité de Zeus, qui s'unit à Léda sous la forme d'un cygne. Ménélas devint son gendre en épousant Hélène, et il succéda à Tyndare sur le trône de Sparte. La fin du roi reste mystérieuse; on dit qu'il compte au nombre des Grecs qui furent ressuscités par Asclépios et divinisés.

TYPHON. Afin de venger ses petits-fils, les Titans, emprisonnés dans les Enfers sur l'ordre de Zeus, leur vainqueur, Gaia donna naissance à un monstre effrayant, au corps couvert d'écailles, et dont les cent gueules vomissaient du feu. Typhon s'attaqua aux dieux de l'Olympe. Il s'ensuivit l'ultime lutte entre les cieux et la Terre, entre les dieux de la Lumière et les sombres principes enfantés par les entrailles de la Terre. Dans ce combat, on peut voir aussi l'image symbolique d'un cataclysme volcanique qui aurait ravagé les Cyclades, laissant aux hommes un souvenir d'effroi. Enfin, vaincu, Typhon, dernière force anarchique soulevée contre la loi, l'ordre de Zeus et des Olym-

piens, fut précipité, lui aussi, au fond des Enfers : il y rejoignit les Titans. Cependant il avait eu le temps de s'accoupler avec Échidna. Celle-ci enfanta de ses œuvres toute une suite de monstres plus affreux les uns que les autres : Cerbère, l'Hydre de Lerne, la Chimère, le Sphinx, les Harpyes et la plupart des divinités malfaisantes du monde souterrain. Une autre tradition lui attribue pour mère non pas Gaia, mais Héra, prompte à se venger de Zeus, qui, sans son concours, avait engendré Athéna. Après maintes poursuites mouvementées, Typhon fut finalement foudroyé par Zeus et enseveli sous le mont Etna, par le cratère duquel il vomit encore des flammes.

TYRO. Fille de Salmonée et d'Alcidicé, Tyro fut élevée par son oncle Créthée, à la mort de son père, et cruellement traitée par sa belle-mère Sidéro. La malheureuse jeune femme s'éprit d'un amour sans espoir pour le dieu-fleuve Énipée, dont Poséidon revêtit la forme pour pouvoir la séduire; deux jumeaux naquirent de cette union, Pélias et Nélée, qui furent abandonnés sur l'ordre de Sidéro. Plus tard, les deux frères délivrèrent leur mère de sa marâtre. Tyro put alors épouser son oncle Créthée et mit au monde trois enfants : Æson, père de Jason, Phérès et Amythaon. On raconte aussi que pour se venger de Salmonée, son frère, Sisyphe fit violence à Tyro, sa nièce, et lui donna deux fils, qu'elle massacra aussitôt.

U

ULYSSE. Le plus célèbre héros grec de l'Antiquité, avec Héraclès, Ulysse naquit dans l'île d'Ithaque, dont son père Laërte, époux d'Anticlée, était le roi. Des traditions postérieures prétendent que Sisyphe, en visite dans l'île, se serait lié à Anticlée, alors fiancée à Laërte, et aurait engendré Ulysse. Par sa mère, Ulysse descendait d'Autolycos, fils d'Hermès. Le héros était donc de race divine. Dans son enfance et sa jeunesse, Ulysse fit de nombreux voyages et se rendit en particulier chez son aïeul Autolycos, qui l'invita à participer à une chasse au sanglier sur le mont Parnasse. Blessé par une défense d'une des bêtes, Ulysse gardera au genou une cicatrice qui lui permettra, des années plus tard, de se faire reconnaître de son épouse. Reçu ensuite à la cour d'Iphitos, il acquit le précieux arc d'Eurytos, qui lançait des flèches imparables. Ayant atteint l'âge adulte, il remplaça son père trop âgé sur le trône d'Ithaque et chercha une épouse.

Il jeta, comme beaucoup d'autres héros de la Grèce, son dévolu sur Hélène, la fille du roi Tyndare, dont la beauté et la grâce avaient fait le tour du pays. Habilement, il fit jurer à tous les prétendants de venger tout outrage qui pourrait un jour être fait au futur époux ou à Hélène, pensant ainsi s'attirer la faveur de Tyndare. La jeune fille ayant choisi Ménélas, roi de Sparte, Ulysse reçut en consolation la sage Pénélope, fille du roi Icarios. De cette union naquit un fils unique, Télémaque.

Peu après cette naissance survint le rapt d'Hélène par Pâris, fils de Priam, roi de Troie. Aussitôt, Ménélas réunit tous les anciens prétendants de sa fille et leur rappela leur serment, les conjurant d'y rester fidèles ; les héros acceptèrent de tenir leur promesse et se concertèrent alors pour lever une armée, afin d'envoyer une expédition punitive contre la ville de Troie. Ulysse, qui aimait la paix, simula la folie pour échapper à son enrôlement dans l'armée des Grecs. Il laboura le sable de la mer et sema du sel. Mais Palamède, qui était venu le trouver pour le convaincre de partir avec lui, plaça le petit Télémaque devant la charrue de son père, qui souleva aussitôt le soc de son outil et détourna ses bêtes, montrant bien par ses gestes qu'il avait conservé tous ses esprits ; Ulysse dut quitter sa chère patrie. Il fut alors

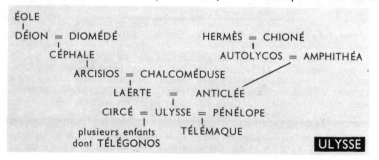

ÉOLE
|
DÉION = DIOMÉDÉ   HERMÈS = CHIONÉ
      | |
   CÉPHALE   AUTOLYCOS = AMPHITHÉA
      |
  ARCISIOS = CHALCOMÉDUSE
      |
    LAËRTE = ANTICLÉE
      |
  CIRCÉ = ULYSSE = PÉNÉLOPE
      | |
plusieurs enfants TÉLÉMAQUE
dont TÉLÉGONOS

ULYSSE

envoyé avec Ménélas en ambassade à Troie pour réclamer pacifiquement Hélène. Mais sa mission demeura sans résultat. En revanche, il réussit à décider Achille, réfugié dans le gynécée du roi Lycomède à Scyros, à rejoindre les Grecs, car un oracle avait prédit que le concours de ce héros était indispensable à une sûre victoire des Grecs. A la tête d'une flotte de douze vaisseaux, Ulysse gagna Troie et se montra d'un courage et d'une vaillance remarquables, tuant en particulier de nombreux héros troyens. Pourtant, il sut garder en toutes circonstances son sang-froid et se révéla surtout au cours de la guerre comme un habile et prudent diplomate, cherchant à tout prix à maintenir l'union entre les Grecs à force de persuasion, de discours, de missions secrètes, d'espionnages et de ruses. C'est ainsi qu'on le vit se glisser, avec son inséparable compagnon Diomède, dans la ville et y ravir le Palladion, statue protectrice de la cité. Une autre fois, il réussit à s'emparer des cavales de Rhésos avant . qu'elles n'aient bu l'eau du Xanthe (Scamandre), ce qui, selon une prophétie, leur aurait donné des forces surnaturelles propres à assurer une victoire aux Troyens. Il put aussi, grâce au silence voulu d'Hécube, pénétrer dans le palais du roi de Troie et inciter Hélène à trahir les Troyens. Cependant, malgré les années, Ulysse n'avait jamais pardonné à Palamède, qui l'avait forcé à quitter son royaume, Pénélope et son fils. Il accusa donc Palamède de trahison, affirmant que le héros correspondait secrètement avec les Troyens et recevait en échange de l'argent. On découvrit, en effet, des lettres et des pièces de monnaie qui avaient été contrefaites par Ulysse et placées dans la tente de Palamède pour le perdre. Palamède périt lapidé par les Grecs en colère. Ulysse participa par la suite à de nombreux autres

épisodes de la guerre de Troie; à la mort d'Achille, il s'adjugea les armes du héros après les avoir disputées à Ajax, et il fit partie ensuite du corps des Grecs qui s'introduisit dans les flancs creux du cheval de Troie. Une fois la ville prise et saccagée, Ulysse reçut Hécube, la veuve de Priam, en partage et lui jeta, dit-on, la première pierre, lorsque la malheureuse fut lapidée pour avoir tué le roi Polymestor.

Après l'Iliade, Homère nous raconte dans l'Odyssée, le retour long et mouvementé d'Ulysse vers sa patrie, et les aventures et les périls que le héros eut à affronter. Il quitta donc Troie saccagée et fut rejeté par une tempête sur les côtes du pays des cruels Cicones, en Thrace, puis, sans cesse ballotté par des vents contraires et des flots capricieux,

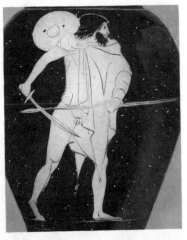

L'air farouche et résolu, Ulysse tient dans ses mains le glaive et la lance grâce auxquels il sortira sain et sauf de ses périlleuses aventures. Il porte la tunique courte et le chapeau du voyageur, symboles de sa destinée errante pendant vingt années. Vase grec. (Louvre.)
[Phot. Giraudon.]

il aborda chez les Lotophages de Libye, qui se nourrissaient de lotus, la plante qui fait tout oublier. Ulysse eut tout le mal à arracher ses compagnons à cette terre de perdition et reprit enfin la mer vers la Sicile, le pays des Cyclopes. L'un de ces monstres à l'œil unique, Polyphème, dévora la moitié de ses compagnons, mais le héros réussit à lui crever son œil et à s'échapper à grand-peine avec le reste des marins. Poséidon, qui était le père de Polyphème, décida de venger son fils et suscita dès lors de monstrueuses tempêtes pour mener les navires d'Ulysse à leur perte. Ayant abordé au nord de la Sicile, Ulysse fut accueilli favorablement par le roi Éole, qui lui remit une outre renfermant tous les vents dont il avait la charge. Les compagnons d'Ulysse pensèrent qu'elle renfermait des trésors ou du vin; ils l'ouvrirent et déchaînèrent la plus formidable des tempêtes qu'on ait jamais vues. Le navire des infortunés navigateurs échoua non loin de l'île des Lestrygons, peuple cannibale auquel Ulysse put échapper non sans que le roi de cette peuplade, Antiphatès, n'ait dévoré l'un de ses compagnons. Le héros jeta enfin l'ancre dans l'île d'Ǣa, où le reçut Circé, qui métamorphosa tous

Circé vient de changer les têtes de deux compagnons d'Ulysse, l'une en tête de loup, l'autre en tête de bélier. Fou de rage, le héros saisit la magicienne par la chevelure et la menace de son glaive pour la contraindre à rendre à ses compagnons leur forme humaine. **Urne cinéraire. IVᵉ s. av. J.-C. (Musée d'Orvieto.)** [Phot. Alinari-Giraudon.]

Ce bas-relief reproduit l'épisode sans doute la plus célèbre de l'Odyssée. Tandis que ses compagnons, les oreilles bouchées par de la cire, rament en cadence, Ulysse, attaché au mât du navire, écoute le chant des Sirènes. Son visage reflète une passion presque folle ; un de ses poings est crispé, son corps est penché en avant comme attiré par les mélodies suaves des monstres enchanteurs. Il tente en vain de faire craquer ses liens. Terre cuite de Myrina (Eolide). [Louvre.] [Phot. Giraudon.]

les marins en pourceaux ; mais bientôt la magicienne leur rendit leur forme première. Ulysse resta quelques mois en compagnie de l'enchanteresse, qui lui donna un fils, Télégonos.

Le héros débarqua ensuite dans le pays des Cimmériens, en ces régions où coule l'Océan qui marque les limites de la Terre, et pénétra dans l'Hadès, afin de consulter le devin Tirésias sur la route la plus favorable pour regagner Ithaque. Le devin affirma qu'il aborderait dans sa patrie, seul et démuni de tout ; qu'il devrait tuer tous les prétendants de Pénélope. Après avoir croisé les âmes des grands héros morts et l'ombre de sa mère Anticlée, Ulysse sortit des Enfers et reprit la mer. Il évita les Sirènes en bouchant les oreilles de ses compa-gnons avec de la cire et en se faisant attacher au grand mât. Puis son vaisseau put s'écarter des roches Splymgades, Charybde et Scylla. Abordant sur les côtes de l'île de Thrinacie, les navigateurs affamés commirent l'imprudence de dévorer des bœufs consacrés à Hélios. Zeus foudroya tous les impies et détruisit les navires dans une tempête. Seul Ulysse fut épargné et réussit à s'échouer sur un radeau de planches dans une des Cyclades, l'île d'Ogygie, où, par amour, la nymphe Calypso le retint prisonnier pendant huit ans jusqu'au jour où, sur l'ordre des dieux, elle dut rendre la liberté à Ulysse, qui repartit sur les flots, essuya encore bien des tempêtes, et la mer, finale-ment, le rejeta, nu et évanoui, sur le rivage de l'île des Phéaciens. Nausicaa, la fille d'Alcinoos, roi de l'île, le découvrit. Lavé, restauré, il put enfin, et pour la dernière fois, gagner la haute mer sur un vaisseau que lui avait prêté son hôte. Il jeta enfin l'ancre sur les côtes de l'île d'Ithaque, après vingt ans d'absence. Déguisé en mendiant, il se rendit chez Eumée, son porcher, et se fit reconnaître, puis il retrouva son fils Télémaque, et gagna son palais occupé par les prétendants, qui affirmaient qu'Ulysse était mort et poussaient Pénélope à choisir l'un d'eux pour époux. Il eut une querelle avec Iros, un mendiant dévoué aux prétendants, et l'abattit; puis il alla trouver Pénélope et, sans se faire reconnaître, accueillit avec joie la proposition qu'elle fit de prendre pour époux celui qui serait capable de tendre l'arc d'Ulysse. Aucun des hommes n'y parvint; seul Ulysse put tirer et commença, aidé de Télémaque, à massacrer les prétendants et les servantes qui s'étaient prostituées. Puis il se fit reconnaître de Pénélope. Grâce à Athéna, les parents des prétendants massacrés, qui avaient pris les armes et voulaient se venger, s'apaisèrent, et le royaume d'Ithaque retrouva enfin le calme. Selon d'autres versions, Ulysse aurait été tué quelque temps après par Télégonos, qui ignorait qu'Ulysse était son père et l'avait percé d'un javelot fait d'une aiguille de raie. Ainsi s'accomplissait une prophétie suivant laquelle le héros devait périr de la main de son fils et par la mer. Rusé, habile et ingénieux, sachant éviter tous les dangers par son courage et son éloquence, Merveilleux dompteur de la mer déchaînée, Ulysse était le héros type dans lequel tous les Grecs aimaient à se reconnaître.

URANIE. Muse de l'astronomie, Uranie tient, d'ordinaire, dans sa main gauche, une sphère céleste sur laquelle elle désigne, à l'aide d'un compas, les positions respectives et les évolutions des astres.

Uranie, la Muse de l'astronomie, inscrit avec un compas sur un globe céleste la course des étoiles. Statue antique. (Musée du Vatican.) [Phot. Anderson-Giraudon.]

VZ

VÉIOVIS. Cette ancienne divinité italique est considérée comme le contraire de Jupiter, dieu du Ciel; on invoque donc ce dieu, en même temps que Pluton, comme l'un des maîtres des Enfers. Il préside aux tremblements de terre et aux manifestations volcaniques. A une époque plus tardive, après l'hellénisation du Panthéon romain, il fut identifié avec Apollon, et représenté sous les traits d'un jeune dieu, armé de flèches.

VENTS. Fils d'Éos et d'Astræos, les Vents sont, parmi les manifestations de la nature, moins des dieux que des puissances divinisées. Le maître des dieux et des vents se nomme Éole; en fait, son pouvoir est modeste : il est délégué par Zeus, et c'est de lui qu'il reçoit des ordres pour lâcher les vents contenus dans des cavernes ou dans des outres. Les vents malfaisants détruisent tout sur leur passage et sèment les calamités. En revanche, les vents ordinaires sont, à l'origine, bienfaisants. Ils sont au nombre de quatre : Borée, le vent du nord (*Septentrio* en latin), Euros, le vent du sud-ouest (*Volturnus*), Notos, le vent du sud (*Auster*), et Zéphyre, le vent d'ouest (*Favonius*). Si les Latins ne vénéraient que ces quatre vents, les Athéniens, à l'époque classique, en ajoutèrent quatre autres à leur culte et firent construire un temple octogonal où figurait, sur chaque angle, l'image de l'un d'eux correspondant au point de l'horizon d'où il soufflait habituellement. Cette multiplication des vents et l'adoration sincère dont ils étaient l'objet s'expliquent aisément dans un pays où l'agriculture et la navigation avaient une place économique prépondérante et dépendaient en partie du temps apporté par les vents.

VÉNUS. Ancienne divinité italique de peu d'importance, Vénus protégeait à l'origine les potagers, assurant la fécondation des fleurs et la maturation des plantes. A partir du IIe siècle av. J.-C., elle fut assimilée à la déesse grecque Aphrodite, dont elle prit les caractères, les légendes et les attri-

Dans le bassin d'une fontaine, Vénus, la déesse de la Beauté, réputée pour l'éclatante blancheur de sa peau, prend un bain, servie par un petit Amour. Camée antique. (Phot. Giraudon.)

La mer, d'où surgit Vénus, est symbolisée ici par une immense coquille Saint-Jacques, première demeure de la déesse et de son fils Cupidon. Bas-relief romain. (Galerie Borghèse, Rome.)
[Phot. Anderson-Giraudon.]

buts : elle acquit une notable autorité dans le culte romain. Au Ier siècle, César, qui faisait remonter l'origine de sa famille, la *gens Julia*, à Énée, fils d'Anchise et de Vénus, fixa le culte de son « aïeule ». Les Romains consacrèrent à la déesse le mois d'avril, époque où se manifeste dans toute la nature le renouveau de l'amour.

VERTU. Divinité allégorique romaine et symbole du courage viril, Vertu est souvent représentée avec l'Honneur. Les Romains associèrent les deux divinités en leur élevant deux sanctuaires. On représentait en général la Vertu sous les traits d'une femme fière et austère, qui portait dans une main la lance et dans l'autre l'épée.

VERTUMNE. Divinité d'origine étrusque, Vertumne symbolisait avant tout les changements qui se manifestent dans la nature, et surtout le passage de la floraison à la fructification. Parce que son nom a pour racine *vertere*, mot latin qui signifie « changer », les Romains construisirent à propos de Vertumne une légende qui montrait le jeune dieu amoureux de la nymphe Pomone. Pour la séduire, il prit différentes formes, qui représentaient les diverses saisons de l'année. Il se métamorphosa en laboureur, puis en moissonneur, puis en vigneron, et finit par s'unir à la déesse des Jardins sous les traits d'un jeune homme dans la fleur de sa beauté. Les jardiniers vouaient à Vertumne un culte particulier et lui faisaient l'offrande des premières fleurs en bouton et des premiers fruits.

VESTA. Vesta est une des grandes divinités romaines, dont le culte remonte sans doute à des temps très anciens, puisqu'elle a été assimilée à la déesse Hestia et qu'elle a été adorée aussi bien par les Grecs que par les Troyens. Vesta est avant tout la divinité du Foyer. Elle est représentée non pas par une statue, mais par le feu, son symbole vivant. Toute cité a elle-même son foyer et son feu sacré entretenu par des prêtresses, les Vestales, qu'on enterre vives si elles ont failli à leur vœu de chasteté. Si le feu s'éteint, on ne peut le rallumer qu'au moyen des rayons du soleil concentrés par un miroir. D'après la légende, Romulus et Remus seraient nés de la vestale Rhéa Silvia, et Numa Pompilius, le second roi de Rome, aurait institué un service en son honneur.

VICTOIRE. Fille de Pallas et de Styx, sœur de Zélos («l'acharnement»), de Cratos («la puissance») et de Bia («la violence»), la Victoire (appelée Nikê par les Grecs) appartenait à la première génération des dieux. Elle possédait sur l'Acropole d'Athènes un célèbre temple. Elle était toujours associée à la déesse Athéna (*Athéna Nikê*). Ordinairement, les artistes la figuraient sous les traits d'une femme ailée, qui portait la palme et la couronne, guidant les dieux et les héros dans le cours de leurs exploits. Les Romains, pour leur part, prétendaient que l'effigie de la Victoire avait été élevée par Palans, héros éponyme de la colline du Palatin, où ils avaient édifié un temple en son honneur.

VIEILLESSE. Fille de l'Érèbe et de la Nuit, vénérée autant à Athènes qu'à Rome, la Vieillesse, divinité allégorique, est représentée avec tous les attributs traditionnels de la décrépitude et de la tristesse : vêtue de noir, elle s'appuie, toute courbée, sur un bâton.

VIGNE. La vigne fut, dit la légende la plus commune, offerte en récompense par Dionysos au roi Œnée, qui avait accepté de lui prêter sa femme. Mais on raconte aussi à ce sujet que Staphylos («la grappe», en grec), berger d'Œnée, s'aperçut un jour qu'une de ses chèvres, en mangeant du raisin, devenait bien vite toute joyeuse. Il imagina alors de presser le fruit et recueillit le jus, qui devint du vin. La vigne et le vin apparaissent dans bien d'autres légendes : celle d'Ampélos (le « cep de vigne »), qui

La déesse Vesta, incarnation du foyer, apparaît ici comme une simple femme romaine, la tête recouverte, comme il était d'usage, par un pan de la *palla*, sorte de châle. Monnaie romaine. (Phot. Larousse.)

De ses deux ailes, la déesse Victoire vole en hâte vers le vainqueur, auquel elle décerne la couronne, serrée dans une de ses mains. Remarquons ici l'adresse et l'invention du graveur, qui a imaginé une troisième aile formée par le bas de la tunique de la divinité. Monnaie grecque. (Bibl. nat. Cabinet des Médailles.) [Phot. Giraudon.]

se tua en voulant atteindre une grappe de raisin; celle de Polyphème, enivré par Ulysse, qui réussit ainsi à crever l'œil du Cyclope; celle d'Œnopion, qui introduisit dans son royaume de l'île de Chios l'usage du vin, tout comme Saturne chez les Romains enseigna aux habitants de l'Italie la culture de la vigne. Les Anciens voyaient dans la vigne et dans Dionysos, dieu du Vin entouré d'un cortège de divinités joyeuses et ivres, l'image symbolique de la force de la nature pleine de sève, comme celle qui coule de la grappe de la vigne. Avec la culture du blé, celle de la vigne est la première manifestation de la civilisation agricole.

VIRBIUS. Ressuscité par Asclépios, Hippolyte fut transporté, dit une légende, par Artémis dans le bois sacré d'Aricie, en Italie. Puis, lorsque le héros mourut, il fut divinisé et son nom changé en celui de Virbius, dieu romain associé au culte de Diane. Les chevaux qui avaient provoqué la mort d'Hippolyte n'étaient pas autorisés à pénétrer dans le bois sacré.

VOLTURNUS. Cette vieille divinité romaine, dont les particularités cultuelles nous sont inconnues, est sans doute le *numen* d'un fleuve. Peut-être tire-t-elle son origine de la religion des Étrusques, qui adoraient le dieu-fleuve Volturnus en Campanie.

VOLUPTÉ. Personnification du plaisir sous toutes ses formes, la Volupté prend les traits d'une jeune femme à la belle et vive carnation et à l'attitude pleine de mollesse et de sensualité.

Aidé par trois Cyclopes qui frappent avec de longs marteaux sur l'enclume, Vulcain, le dieu-forgeron, travaille le fer pour façonner les armes des héros : le bouclier, le casque, à gauche, et l'armure, à droite, sous le regard vigilant d'Athéna et d'Héra. Sculpture antique. (Palais des Conservateurs, Rome.) [Phot. Alinari-Giraudon.]

Elle fut vénérée à Rome, où on lui éleva sous l'Empire un temple.

VULCAIN. Comme la plupart des dieux primitifs romains, Vulcain perdit son caractère indigène lorsque les dieux grecs envahirent le Panthéon romain. D'une origine fort lointaine, sans doute étrusque, ayant sa place dans certaines légendes, comme celles de Romulus et de Titus Tatius, le Sabin, Vulcain était vénéré originellement comme un grand dieu. Dieu du feu — ce feu dont toutes les mythologies ont fait l'élément primordial du monde —, Vulcain fut assimilé à l'Héphaïstos grec et réduit au simple état de dieu-forgeron, forgeant et fabriquant les armes des dieux dans les cavités des volcans de l'Italie du Sud.

Z

ZAGRÉOS. Zeus s'unit à Perséphone sous la forme d'un serpent et engendra un fils, Zagréos, qu'il confia aux Curètes pour le soustraire aux colères jalouses d'Héra. Mais l'épouse du dieu réussit à retrouver l'enfant et chargea les Titans d'exécuter sa vengeance. Se voyant menacé, Zagréos prit toutes sortes de formes, humaines, animales et, finalement, se métamorphosa en taureau. Les Titans saisirent alors l'animal par les cornes et, l'ayant déchiré à belles dents, le dévorèrent. Les restes du malheureux furent enterrés à Delphes par les soins d'Apollon. Mais Athéna-Pallas réussit à sauver le cœur encore palpitant de Zagréos et put ainsi le confier à Zeus. Sémélé ou, selon d'autres, le dieu suprême lui-même, avala le cœur de l'enfant, concevant ainsi un nouveau dieu Dionysos. Ce mythe de la résurrection de Zagréos a été l'objet d'un culte particulier au cours des mystères orphiques.

ZÉPHYRE. Connu par les Romains sous le nom de *Favonius*, Zéphyre, personnification divine du vent d'est, apporte la fraîcheur et la pluie bienfaisantes aux climats brumeux d'Italie. Jeune homme ailé, il glisse doucement dans l'espace et annonce l'humide printemps. Il s'unit à Chloris, déesse de la Végétation nouvelle, qui donne le jour à un fils, Carpos, le Fruit. Comme tous les dieux, Zéphyre manifeste parfois sa colère. On raconte à ce propos que, jaloux de l'affection qu'Apollon témoignait à Hyacinthe, l'un de ses compagnons, lorsqu'il s'exerçait à lancer le disque, Zéphyre détourna d'un souffle puissant la plaque de métal, qui, heurtant au front Hyacinthe, le tua net.

ZÉTÈS. Ce Boréade, fils de Borée et d'Orithye, participa avec son frère Calaïs à l'expédition des Argonautes, délivra ses neveux persécutés par leur belle-mère Idæa, et débarrassa Phinée des Harpyes, qui le tourmentaient. Comme son frère, il fut tué soit par les Harpyes, qu'il avait pourchassées, soit par Héraclès.

ZÉTHOS. Fils de Zeus et d'Antiope, Zéthos, dont la légende est inséparable de celle de son frère jumeau Amphion, fut abandonné sur le mont Cithéron et réussit, par la suite, à venger sa mère persécutée par Dircé, épouse de Lycos. Tandis qu'Amphion épousait Niobé, Zéthos se mariait avec Thébé, héroïne éponyme de Thèbes. Mais tous leurs enfants, sauf deux, furent tués par Apollon et Artémis, dont ils avaient insulté la mère Léto.

ZEUS. Celui qui s'assura la prééminence sur tous les dieux de la mythologie ne fut à l'origine qu'un dieu un peu plus redoutable que les autres.

Zeus n'apparaît point ici sous les traits d'un vieillard, mais sous ceux plus triomphants d'un homme dans sa pleine maturité, dans sa force et sa sérénité éternelle. Le visage est beau; le profil grec bien marqué; les cheveux et la barbe sont peignés et ordonnés avec soin. Les épaules et le thorax sont musclés avec force mais sans lourdeur, comme ceux d'un athlète. L'ensemble du buste exprime à la fois la jeunesse, la lucidité et l'éclat d'un dieu qui sut vaincre les forces anciennes, brutales et sombres de la terre et des cieux. Zeus d'Histiae. Bronze grec. V° s. av. J.-C. (Musée national d'Athènes.) [Phot. E. Seraf.]

Seuls des siècles d'histoire, de mythes et de traditions diverses le consacrèrent premier des dieux. Adorant des dieux multiples, s'ignorant souvent les uns les autres, les peuples des cités grecques, séparés autant par les destinées géographiques que par les incertitudes de l'histoire, n'eurent que fort tard le sens de l'unité divine indispensable à l'élaboration d'une hiérarchie entre les dieux, au sommet de laquelle Zeus finit par s'imposer.

A l'origine, Zeus était le dieu des phénomènes atmosphériques, celui qui éclaire le ciel, le couvre de nuages, dispense sur la terre pluie et neige, lance des éclairs et fait rouler le tonnerre (on disait même, en une contraction tout à fait significative : « Zeus pleut ou Zeus tonne »). Pourtant, dans un pays comme la Grèce, où l'agriculture prédomine, ce pouvoir étroit d'un dieu sur des éléments incontrôlés, dispensateurs des fléaux ou de la fertilité, prenait déjà une importance de tout premier plan. Avec Homère, puis Hésiode, Zeus acquit peu à peu sa personnalité définitive. Homère le définit comme le premier des dieux et le souverain suprême des mortels aux actions desquels il se mêle. Hésiode, de son côté, contribua à accentuer la primauté de Zeus en lui accordant une généalogie et des mythes. Fils de Cronos et de Rhéa, Zeus fut sauvé de la gloutonnerie infanticide de son père par sa mère, qui le confia aux Corybantes, aux Curètes et à la chèvre Amalthée. Parvenu à l'âge adulte, il fit restituer à son père ses frères et sœurs, qu'il avait dévorés : Poséidon, Hadès, Hestia, Déméter, Héra; puis, ayant délivré les Cyclopes et les Héchatonchires, il prit la succession de Cronos, non sans avoir soutenu une lutte effroyable contre les Géants révoltés, pour asseoir d'une manière définitive sa souveraineté sur les dieux. Zeus songea alors à assurer sa postérité : il épousa successivement Métis, la Raison, dont il eut Athéna, Thémis, la mère des Moires, Déméter, sa sœur, mère de Perséphone, Mnémosyne, mère des Muses, Aphrodite, mère des Grâces, Latone, qui enfanta Apollon et Artémis, et enfin Héra, qui resta son épouse légitime et lui donna Hébé, Arès, Héphaïstos. Zeus eut en outre d'innombrables aventures avec des mortelles, qui mirent au monde la race des héros et des demi-dieux. Il assurait ainsi entre les dieux et les hommes une sorte de hiérarchie dont son pouvoir tirait bénéfice. Aussi, après les fluctuations et les transformations d'une terre en pleine création, après des luttes entre les dieux primordiaux et l'anarchie qui en était la conséquence, Zeus apparut comme l'image de l'apaisement, de l'ordre, de la sagesse et de la justice. En effet, les règles qu'il élabora pour les cieux et les dieux, Zeus les établit également dans les sociétés terrestres. Les rois, désormais, gouvernèrent les cités et les peuples. Tous lui durent des comptes. Zeus put s'arroger les deux titres enviés de « père des dieux » et de « père des hommes ». Il fut consacré comme le dieu universel, possesseur de tous les biens célestes et terrestres. De lui tout procède : il porte des épithètes et des surnoms innombrables, qui, tous, indiquent les fonctions ou les localités où il est honoré. Il trône en majesté, entouré de ses attributs ordinaires et souverains : l'aigle, le foudre et la victoire, tel le représente la célèbre statue de Zeus Olympien de Phidias, qui lui donne pour toujours cette grandeur suprême dont il est le seul parmi les dieux et les hommes à posséder la marque.

ZODIAQUE. Ensemble des lieux célestes parcourus dans l'année par le Soleil, le Zodiaque est divisé en douze parties, ou signes, qui symbolisent chacune un mythe, une légende ou la figure d'une constellation. Le Bélier est celui-là même qui, dans la mythologie, porte la Toison d'or. Le Taureau est l'animal qui enleva Europe. Les Gémeaux rappellent le souvenir des Dioscures : Castor et Pollux. Le Cancer, gigantesque écrevisse, fut envoyé

par Héra pour mordre Héraclès. Le Lion n'est autre que celui que ce dernier tua à Némée. La Vierge figure, pour les uns, Astrée, pour les autres, Érigoné. La Balance est l'attribut par excellence de la Justice. Le Scorpion est l'animal qui fut dépêché par Artémis pour piquer Orion. Le Sagittaire est l'image du centaure Chiron. Le Capricorne est l'emblème de la chèvre Amalthée, nourrice de Zeus. Le Verseau s'assimile avec Ganymède, et les Poissons commémorent ceux qui transportèrent sur leur dos Cupidon et Aphrodite, pourchassés par Typhon.

Une image de Zeus qui complète la précédente. Le corps est à la fois svelte et robuste, bien préparé aux combats, nullement empêtré par des vêtements. La main droite s'apprête à jeter le foudre, avec un geste harmonieux de l'avant-bras et un mouvement du corps en avant identiques à ceux d'un lanceur de javelot. Lécythe. (Bibl. nat.) [Phot. Giraudon.]

PRINCIPALES SOURCES LITTÉRAIRES DE LA MYTHOLOGIE

Vers 800 av. J.-C.	HOMÈRE	*L'Iliade. L'Odyssée.*
Vers 725	HÉSIODE	*La Théogonie. Les Travaux et les Jours.*
Vers 525-456	ESCHYLE	*Les Suppliantes. Les Perses. Les Sept contre Thèbes. Prométhée enchaîné. Agamemnon. Les Choéphores. Les Euménides.*
518-438	PINDARE	*Les Épinicies : Odes Olympiques, Pythiques, Néméennes et Isthmiques.*
496-405	SOPHOCLE	*Ajax. Antigone. Œdipe roi. Électre. Les Trachiniennes. Philoctète. Œdipe à Colone.*
Vers 484-vers 420	HÉRODOTE	*Histoires.*
480-406	EURIPIDE	*Alceste. Médée. Hippolyte. Les Héraclides. Andromaque. Hécube. Héraclès furieux. Les Suppliantes. Ion. Les Troyennes. Iphigénie en Tauride. Électre. Hélène. Les Phéniciennes. Oreste. Iphigénie à Aulis. Les Bacchantes. Le Cyclope.*
Vers 295-vers 230	APOLLONIOS DE RHODES	*Les Argonautiques.*
Vers 310-vers 235	CALLIMAQUE	*Hymnes à Zeus, à Apollon, à Artémis, à Délos. Pour le bain de Pallas. Les Argonautiques.*
310-250	THÉOCRITE	*Idylles.*
Vers 150	APOLLODORE	*Sur les dieux. Bibliothèque.*
Vers 90-20	DIODORE DE SICILE	*Bibliothèque historique.*
Vers 87-vers 54	CATULLE	*Odes, Élégies parmi lesquelles : Attis; les Noces de Thétis et Pélée; la Chevelure de Bérénice.*
71-19	VIRGILE	*Bucoliques. Géorgiques. L'Énéide.*
Vers 47- vers 15	PROPERCE	*Élégies.*
59 av.-17 ap. J.-C.	TITE-LIVE	*Histoire romaine.*
43 av.-17 ap. J.-C.	OVIDE	*Les Métamorphoses. Les Fastes.*
4-65	SÉNÈQUE	*Hercule furieux. Les Troyennes. Les Phéniciennes. Médée. Phèdre. Œdipe. Agamemnon. Thyeste. Hercule sur l'Œta.*
40-96	STACE	*La Thébaïde. L'Achilléide.*
Vers 50-vers 125	PLUTARQUE	*Vies parallèles.*
125-vers 180	APULÉE	*Métamorphoses.*
Fin du IIᵉ siècle	PAUSANIAS	*Périégèse ou Description de la Grèce.*

— **édition 1985** —

IMPRIMERIE HÉRISSEY. — 27000 - ÉVREUX.
Dépôt légal 1985-3ᵉ — Nᵒ 37121. — Nᵒ de série Éditeur : 12669.
IMPRIMÉ EN FRANCE (*Printed in France*). — 701014 O-Juin 1985.